교과교육론

이선애 · 정현숙 · 송경섭 · 김지혜 · 유은석

창지사

머리말

“교과교육(a subject Teaching)”은 ‘학교에서 교육의 목적에 맞게 가르쳐야 할 내용, 계통적으로 짜 놓은 일정한 분야를 지식과 기술 따위로 가르치며 인격을 길러 줌’으로 해석되고 있다.

혹자는 교과가 존재해야 학습과 교육이 수행되므로 수업이나 교육 이전에 교과의 형성이 중요하다고 한다. 교육현상에 교과는 과연 어떻게 영향을 미치며, 그 역할은 무엇일까를 고민하게 하는 말로 교과와 교육수행과의 관계를 고찰하다가 유아교육이라는 교육현장을 살펴보면 일반화된 교과의 중요성이나 필요성에 대한 의문도 든다.

유아교육에서 ‘교과교육’이라고 하면 무엇을 교과로 가르치고 어떻게 지원할 것인가가 쟁점이 되어야 할 것이다. 유아를 중심으로 교육하는 교육과정을 어떠한 교과를 통해 교육을 이행할 것인지에 대한 고민과 더불어 유아만의 독특한 특징을 고려한다면 학교교육과 같은 교과 존재를 부인하게 된다. 그 이유를 들자면 유아교육은 교육대상자와 교육체계의 관점과 교육수행자의 교수-학습법과 교육철학적 관점이 융합되고 통섭적인 관점에서 운영되어야 하기 때문이다.

그러나 현대유아교육의 방향은 사회가 복잡해지고 가정기능이 유아교육기관으로 이동하듯 부모의 요구도 매우 다양해지고 있는 실정이다. 사회의 다양성과 학부모 욕구의 다변화로 유아교육 안에서도 더욱 다각적인 관점에서의 교육수행이 논의되고 교육과정 내의 교과나 흥미영역의 구성이 연령에 따라 어떻게 재구성되어야 하느냐의 담론도 제기되고 있다. 그러므로 기존의 유아교육 안에서 교과교육에 대한 개념이나 인식의 변화가 있어야 할 것이다.

‘교과교육론’은 유아교육자의 필수전공서이므로 수년간 이 과목을 교수해온 저자로서는 이 과목의 중요성과 필요성을 아무리 강조해도 과하지 않으며, 매우 어려운 교과목임을 부인할 수 없다. 그러므로 유아교육의 전반적인 교과형성에 대한 개요를 제시하고 지원하는 교과로 일반적인 유아교과내용의 개요나 목적, 영유아의 발달과 교과와의 관계, 개별교육의 차이에 대한 교수학습법, 영유아의 need까지 관심을 갖고 이해해야 한다. 그러기에 본서는 이러한 영유아의 관점과 유아교육이나 보육을 전공하는 교육자들과 실행자를 위해 다양한 관점에서 사례를 중심으로 제작되었음을 밝힌다.

본서의 구성을 살펴보면...

Part 1에서는 교과교육의 이론적 기초로 유아교육의 학문적 기초, 유아발달과 교수-학습이론, Part 2에서는 교과교육의 교수-학습 원리 및 운영으로 일과운영에서의 교과교육, 교사역할, 주제중심의 계획 작성과 이야기 나누기, Part 3에서는 유아교육과정과 교과교육으로 유아언어, 유아문학, 유아음악, 유아미술, 유아동작, 유아체육, 유아과학, 유아수학, 유아사회, 교과교육의 평가를 다루었다.

이번 작업을 통해 수년간 먼저 '유아교육'의 길을 걸은 유아교육전문가로서 유아의 관점에서 더욱 지원해야 하는 유아교과교육에 대한 교과의 내용이나 방법이 발달되어야 함을 느끼며 부족한 면을 알게 되어 연구의 박차를 가할 수 있는 계기가 되기도 하였다. 그러나 오늘의 부족함이나 어려움이 내일의 유아교과교육의 발전에 자양분임을 알기에 많은 분을 비롯하여 함께 집필해 주신 여러 교수님과 창지사 편집부에 감사의 마음을 전한다.

감사합니다. 그리고 고맙습니다.

2016년 한 여름에
저자 씀.

목차

Part 3. 유아교육과정과 교과교육

PART 01 교과교육론의 이론적 기초

'교과교육'이라는 용어는 '교과'와 '교육'이라는 두 가지 단어가 합성되어 이루어져 있다. 여기에서 '교육'이란 가르치고 배우는 행위를 말하며, '교과'는 교육목적 달성에 필요한 지식과 기능을 학문적으로 체계화한 영역으로 교육하고자 하는 내용을 말한다. 교육이라는 것은 인류의 역사가 시작된 이래로 발단되었으며, 시대와 사회적 환경에 따라 변화를 거듭해 왔으며, 진보하고 변화하는 교육에 따라서 교육내용도 일부 추가되거나 삭제되기도 하였다.

'교과교육론'에 대한 이론적 기초는 그 사회가 지닌 역사적 관점이나 가치, 그 시대의 정치적 관점과 체제에 의해 많은 변화가 있다. 이러한 사회적·정치적·역사적·사회가치적 변화를 가져온 교과교육에 대한 이해를 돕기 위해 기본적인 학문적 배경과 현상을 살펴볼 필요가 있다. 그러므로 이 Part에서는 유아교과교육의 학문적 기초와 유아교과교육과 교수학습 이론에 대하여 고찰해 보도록 하겠다.

CHAPTER 01

유아교과교육의 학문적 기초

교과의 개념은 라틴어 '쿠레레(Currere)'라는 어원으로부터 출발한 'Curriculum'이라는 용어로 경기 코스, 트랙, 나아가 수행해야 할 교수요목(course of study)을 의미한다. 예로부터 교육현장은 학습자에게 '무엇'인가를 가르쳐 왔다. 학습자에게 그 '무엇'을 의도적으로 가르치는 행위를 '교육'이라고 본다면 그 '무엇'이 교육의 내용이 된다. 따라서 의도적인 현장교육에서 '교육'이라 함은 학습자에게 어떠한 교육목표를 성취시키기 위하여 일정한 수준의 교육내용을 선정하고 조직해 놓은 공통적인 기준을 일컫는다.

현대에 이르러 '교과교육론'이라는 용어는 '교과를 교육하는 학문'으로 해당 교과에 대한 기초개념과 지식을 포함하여 교육하고자 하는 교과를 어떠한 방법으로 가르칠 것인가를 이해하는 것이다. 즉, 교과교육론은 각 교과의 기초지식과 목표, 내용 및 방법을 알고 교수-학습과정에서 요구되는 이론 및 실제를 수행하는 것을 의미하며, 교과교육의 이론과 원리를 제공해 주는 교과교육학은 실천을 전제로 하므로 교육의 실천 속에서 응용되고 활용되는 실천적 · 실용적 성격을 지니고 있다.

또한, 현대사회의 교과들은 학문의 흐름과 분화로 인하여 통합 · 개폐 · 증감되어 왔으나, 교과의 개념은 아직도 학문의 내용을 조직하는 기본적인 단위로서의 성격을 유지하려는 경향을 강하게 갖고 있다.

그러므로 우리는 일반적인 교과교육론에 대한 이해를 기본으로 유아교육에서의 교과교육의 개념과 그 역사적 배경을 고찰해 볼 필요가 있으며, 그 내용을 현장교육과 연계하여 재구성해야 할 것이다.

01 유아교과교육의 개념과 역사

일반적으로 '교육(education)'은 넓은 의미로 인간이 배우고 익혀야 할 중요한 행동이나 지식을 잘 가르치고 배우는 모든 과정이라고 할 수 있다. 이러한 관점에서 볼 때 유아교육은 '교육받아야 할 유아를 가장 효율적이고 다양한 방법으로 가르치는 것'이라는 의미를 가진다. 현대사회에서 교육은 잘 가르치기 위해 체계화된 일련의 교육내용을 가지는데, 이러한 교육내용을 체계화하고 문서화한 것을 '교육과정(curriculum)'이라고 한다.

유아는 아주 자연스러운 방식으로 배우면서 자신의 흥미에 기초하여 교과영역들을 무의식적으로 통합시킨다. 따라서 유아교육과정은 수많은 구성요소가 통합되어야 하며, 유아 교과교육학은 유아의 전인발달을 목적으로 각 학문적 교과의 통합에 의한 효과적인 운영과 유아교육에서 성취해야 할 구체적 목표설정을 위해 교과영역별 체계적 교육과정이 정립되어야 한다.

그러므로 유아교육에서의 교과교육의 개념을 이해하기 위해 좀 더 구체적이고 자세히 살펴보고 일반화가 가능한 보편적인 '교과교육'에 대한 개념을 고찰해 보아야 한다.

1) 교과교육의 개념

'교과교육(敎科敎育)'은 교과와 교육이라는 두 가지 개념이 합성되어 있다. 먼저 교육(敎育)이란, 가르치고 배우는 행위가 함께 존재한다. 여기에는 교사가 의도적으로 계획한 교육적인 활동을 통해 학습적인 것뿐만 아니라 인성적인 면까지 포괄적으로 포함되어 있다. 인류 역사 이래로 인간은 유형·무형으로 교육을 행해 왔으며, 인류의 진화와 더불어 교육도 진보와 발전을 거듭하여 지금에 이르게 된 것이다.

'교과(敎科)'는 교육목적 달성에 필요한 지식과 기능을 학문적으로 체계화한 영역으로 교육하고자 하는 내용을 말한다. 교과는 인류가 진화하면서 여러 문화양식 가운데서 인간의 생존과 발전에 기여해 왔다고 여기는 특정영역의 지식이나 사고 양식, 경험과 같은 문화적 요소에 의해서 가치 있는 내용을 선정하였다. 더불어 앞으로의 사회에서 가치 있을 것이라고 여겨지는 내용을 선정하여 조직하기도 한다. 각 교과는 독특한 영역으로 구분되어 교육의 대상이나 사회적 필요에 따라 통합되거나 분리되면서 유지되어 왔다. 교과가 통합·분리되는 과정을 거치더라도 교육대상자의 발달과정을 무시하거나, 균형적 발달을 해치는 결과를 가져오는 것은 바람직하지 않다. 교과는 인간의 전인적 성장과 발달에 가치를 두어야 하기 때문이다.

따라서 '교과교육론'이란, 교과를 교육하는 학문으로 해당 교과에 대한 기초개념과 지식을 포함하여 교육하고자 하는 교과를 어떠한 방법으로 가르칠 것인가를 아는 것이라고 볼 수 있다. 다시 말해, 각 교과의 기초지식과 목표, 내용 및 방법을 알고 교수-학습활동과정에서 요구되는 이론 및 실제를 수행하는 것을 의미한다.

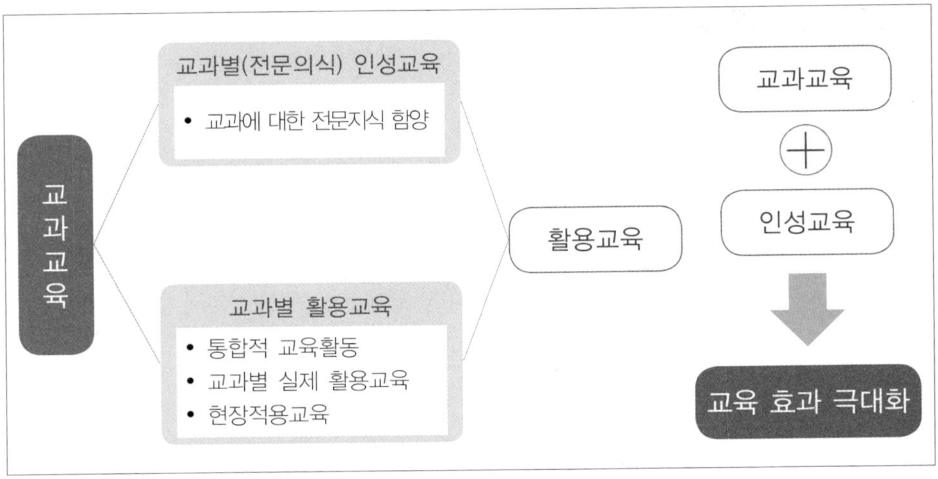

[그림 1-1] 교과교육의 개념

종합해 보면, 교과교육론은 가르치는 방법적 원리뿐만 아니라 교과내용에 대한 이해를 포함한 보다 포괄적인 학문으로 정립되어야 하며 각 교과를 어떻게 효율적으로 지도할 것인지에 대해 아는 것으로 교육원리, 교과내용, 교수방법 등이 포함되어야 한다. 교과교육론은 교과교육의 목표를 파악하여 그 목표를 달성하기 위한 내용을 선정 · 조직하고 효과적으로 가르치며, 교육현장에서 교육적 가치와 지원체계인 교재교구를 마련하고 이를 교육현장에서 수행하는 과정과 결과에서 평가를 하는 과정이 주요소로 되어 있다.

이처럼 최근의 교과교육론에서는 교육내용으로서 교과를 이해하는 것이 '교과를 어떻게 가르치냐?' 하는 것 못지않게 중요하다고 보고 있으며, 이에 따라 교과교육론은 가르치는 방법적 원리뿐만 아니라 교과내용에 대한 이해를 포함하는 포괄적인 학문으로 정립되어야 할 필요성이 제기되고 있다.

이와 같은 내용을 바탕으로 교과교육론에 대한 개념을 정리하면 다음과 같다.

첫째, 교과별 특성에 대한 안목을 가지고 교육내용과 교수방법에 대한 원리를 이해하는 것이다.

둘째, 각 교과에 대한 전문적인 지식뿐만 아니라 학습자 개개인의 인성형성까지 지도하는 것이다.

또한, 교과교육은 인간이 살아가는 데 유용하게 활용되는 가치를 가르치는 것을 목표로 하고 있으므로 지력으로서의 교육은 두 가지 기능을 가지고 있어 그 기능을 살펴볼 필요가 있다.

첫째, 인류가 물려받은 인간과 사회에 관한 지식과 문화유산을 전수하는 것이다.
둘째, 이러한 기능을 수행함으로써 정신적 특성을 계발하는 것이다.

즉, 교육을 통하여 계발되는 정신적 요소를 살펴보면 그 특성은 다음과 같다.

- 효과적으로 사고하는 능력
- 생각을 전달하고 전달받는 능력
- 적절한 판단을 하는 능력
- 가치를 분별하는 능력

이러한 정신적 특성이 교육결과로 나타날 수 있도록 교과자체의 지식방법을 통해 가르쳐야 하며, 각 교과에서 배운 내용이 모든 인간의 활동에 효율적으로 활용될 수 있도록 끊임없이 개발되어야 한다. 또한, 교과교육론은 현장에서 요구되는 실천적 학문이므로 각 교과를 효율적으로 지도할 수 있어야 한다.

즉, 교과교육(subject matter)은 교육과정에 담긴 다양한 지식의 내용을 필요에 의해 구분하여 정해 놓은 교육영역을 말한다. 유아교육에서는 통합교육을 하는 이유로 교과교육에 대한 용어가 자주 등장하지 않으며, 오히려 교수방법(teaching method)이나 교수-학습(teaching & learning)이라는 용어가 더 적절하게 사용된다. 그러나 교과중심교육을 하는 초 · 중 · 고등학교와의 연계를 고려할 때 이미 교육학에서 매우 중요한 핵심 용어의 하나인 교과의 이해는 유아 교과교육과정에서도 고찰해 보아야 할 것이다.

2) 유아교과교육의 개념

유아교육에서 다루는 교과교육의 내용은 유아교육과정의 각 생활영역에 내재되어있다고 볼 수 있는데 누리과정에 따르면 교육과정 영역은 신체운동 · 건강영역, 의사소통영역, 사회관계영역, 자연탐구영역, 예술경험영역의 5개 영역으로 구성되어 있다. 누리과정에서의 영역이란, 유아가 실제 생활에서 하는 경험을 통합적인 영역으로 구분한 것으로, 흥미영역은 전인발달의 요소로 구분하되 영역별로 유아가 학습해야 할 내용을 구체화한 것이다.

또한, 유아교육은 교육의 대상이 미분화된 발달상태의 유아로서 제 발달이나 학습내용에서 통합적으로 이루어지는 것이 효과적이므로 유아교육과정은 각 교과로 나누어지지 않고 학습내용이 통합되는 생활중심, 놀이중심으로 이루어지고 있다. 즉, 유아교육에서는 초 · 중등교육에서 가르치는 내용의 체계적인 교과서는 없으나 유아교육과정의 생활영역에서 교육내용을 초 · 중등교육의 교과와 연계해 볼 수 있으며 이는 유아교사양성 교육과정의 교과교육과도 연결된다.

유아교육과정은 생활주제를 중심으로 주제와 소주제에 따라 일일교육의 교육목표가 설정되고 이를 이루기 위해 일과활동의 유형별로 교수-학습내용의 선정 및 조직에 의해 지도되고 평가가 이루어진다. 유아교육과정은 교육학 영역의 지식이 주제중심의 교육이 재구성되어 교육활동으로 전개된다. 이러한 점에서 유아 교과교육학은 초 · 중등 교과교육과는 형식은 다르나 내용에서는 연계된다는 것이다.

특히, 유아교육과정은 주제별 단원활동접근, 활동영역 및 흥미영역의 운영과 통합된 교과영역의 구성, 융통성을 통한 개별화된 교수로 실행되어야 한다. 이러한 유아의 통합적 교육을 도와주기 위해 교사는 각 교과내용인 언어, 수학, 과학, 미술, 음악, 동작교육 등에 대한 전문적 이해를 기초로 실제에 적용해야 하므로 교과교육의 내용을 선정하는 데 유아발달과 학습자의 특성 및 유아의 욕구와 흥미 등을 고려한 원리를 습득해야 한다.

그러므로 유아가 학습해야 할 내용, 교과교육의 내용을 선정하는 데에는 다음과 같은 원리를 이해해야 한다.

〈표 1-1〉 교과교육 내용을 선정하는 원리

원리	내용
기회의 원리	어떤 교육목표를 달성하려면 목표가 의미하는 행동을 학습자가 실제로 경험해 볼 수 있는 기회를 가질 수 있어야 한다.
흥미의 원리	수업자료의 내용이 학습자의 흥미를 유발할 수 있어야 한다.
유용성의 원리	교육 내용, 학습경험은 생활 속에서 유용해야 한다.
확실성의 원리	교육 내용은 원칙적으로 참인 것이어서 믿을 수 있어야 한다.
타당성의 원리	교육 내용은 목표 달성에 적합해야 한다.
만족의 원리	교육 목표가 지향하는 활동을 통해 학습자가 만족을 느낄 수 있어야 한다.
연계성의 원리	내용이 서로 관련되고 일관성을 가져야 하며, 수업 내용과 용어에 모순이 있거나 차이가 있어서는 안 된다.
균형성의 원리	교육 내용이 특정 집단의 이익을 주거나 성, 직업, 인종, 사회, 계층, 종교, 연령, 장애 등에 관한 편견을 주어서는 안 된다.
학습 가능성의 원리	학습할 수 있는 교육내용을 선정해야 한다.

이와 같이 선정 원리를 통해 유아교육에서 교과교육의 내용을 선정해야 할 것이다. 유아교육 안에서 '교과교육'이라는 용어와 개념이 생소할 수 있으나 교과교육의 개념이 유아교육 안에서 어떻게 적용 · 활용되는지에 대한 이해는 유아교사에게 필수적인 학문적 기초로 개념화 되어야 한다.

3) 유아교과교육의 역사

교과에 대한 기원은 희랍사회나 로마사회에서 귀족계급인 자유민을 상대로 음악, 체육, 수학, 천문학, 변증법을 교육한 것이다. 교육내용이 중세시대에 와서는 7자유과로 문법 · 수사학 · 변증법의 3학과 대수 · 기하 · 천문학 · 음악의 4과로 변화되었다. 이 7자유과는 교과의 기원으로 볼 수 있으며, 산업혁명을 거쳐 현대적인 새로운 교과가 생겨난 후에도 학교의 교과로서 영향을 미치고 있다.

17~18세기에 들어오면서 르네상스와 종교개혁의 영향으로 유아교육에 대한 의식이 달려짐으로써 중세의 아동관과 교육관은 근본적인 변화를 맞이하게 되었다. 코메니우스(Comenius, 1592~1670)는 『대 교수학』에서 교육의 목적을 실현하기 위

해 실학주의(realism)에 입각한 교과이론을 전개하였는데, 여기에서 그는 모든 지식을 교수하고 학습시켜야 한다는 것을 강조하였으며, 이를 돕는 보편적인 교수기법으로서의 교육학을 체계화시켰다. 과학적 연구방법을 교육이론, 교육과정, 교수법에 적용시켰으며, 모든 교재는 학년에 따라서 배열하고 유아발달에 맞추어 가르치되 간단한 것부터 복잡한 것으로, 이미 알고 있는 내용부터 아직 모르고 있는 내용으로 나아가야 한다는 교수-학습의 원리를 주장하였다.

18세기 미국과 유럽의 학교에서 이루어지던 교육과 대조를 보이는 교육방식은 페스탈로치(pestalozzi, 1746~1827)에 의해 시작되었다. 페스탈로치는 초등학교 교육과정에 지리, 과학, 미술, 음악의 교과를 도입하여 교육과정의 근대화를 실천하였다.

교육과정은 19세기에 이르러서 비로소 독립된 학문으로 연구되기 시작했고, 그 이전에는 인간 생활 전반에 걸친 철학적인 성찰의 한 가지로 교육학이 다루어졌다.

20세기 들어서면서 듀이(Dewey, 1859~1952)에 의해 제창된 진보주의 교육은 그의 사상의 기반인 실용주의에 뿌리를 두고 있어서 기존의 이상적이고 기계주의적인 교육을 비판하고 "교육이란 이상이나 관념의 추구가 아니라 실생활 그 자체"라고 주장하였다.

20세기 초반에 이르러 미국에서는 교육의 가능성에 관한 관심이 여러 방면으로 점점 고조되어 표현되었다. 1957년 10월 4일 구소련이 인공위성(Sputinik 1호)의 발사에 성공하자 '스푸티니크 쇼크'라는 충격을 받아 기존의 학문이 지나치게 생활중심, 경험중심의 교육과정이었음을 비판하고 학문중심, 교과중심의 교육과정으로 전환하는 등 교육 전반에 걸친 변화를 가져왔다. 그러나 이러한 학문중심 교육과정은 가치관의 혼란과 교육의 대중화, 교육의 과학화에서 오는 교육의 비인간화를 극복하는 데 도움이 되지 않는다는 점에서 1970년부터 학문중심의 교육과정에 대한 비판이 일어나게 되었다. 그 결과 인간중심 교육과정의 관점에서 교육과정의 이론이 전개되면서 사회재건을 위한 교육과정이나 인지중심 교육과정 등 다양한 교육과정이 출현하였다.

02 유아교과교육과 교과교육학의 이해

우리나라의 유아교육은 「교육기본법」과 「유아교육법」에 따라 교육하도록 규정되어 있다. 교육과정은 학습자에게 제공할 학습경험을 선정하고 조직하여 교육경험의 질을 구체적으로 관리하는 교육의 기본 설계도라고 할 수 있다. 교육과정은 유아교육기관에서 '왜, 무엇을, 어떻게, 어느 수준과 범위로 가르치고 평가하느냐'를 계획하는 교육설계도이기 때문에 교육목표와 내용, 교육의 방법이나 운영 방식, 교육평가를 포괄하는 폭넓은 개념으로 보아야 한다.

또한, 유아교육에서의 교육과정은 국가에서 일방적으로 만들어서 주는 '주어지는 교육과정'만을 위한 교육이 아니라, 교육을 직접 실천하는 각 유아교육기관에서 다양하게 편성하여 운영하는 '만들어가는 교육과정'이라는 점에 그 특징이 있다. 유아교육기관의 교육과정은 국가수준에서 '기준'을 결정하고, 이를 문서로 고시(공포)함으로써 시행되어 왔는데, 이 문서화된 계획이 제정 · 고시된다. 또는 공포된 시기를 기준으로 유치원 교육과정일 경우 '제1차 유치원 교육과정'과 같이 명칭을 부여하였다. 2007년 12월 19일에 개정 · 고시한 교육과정은 2003년 교육과정 수시개정 체제전환에 따라 7차로 개정된 교육과정으로 '2007년 개정 유치원 교육과정'이라 불리게 되었다. '2007년 개정 유치원 교육과정'은 교육인적자원부 장관이 「유아교육법」에 따라 결정하고 고시한 국가수준의 법제적인 성격을 가진 교육과정으로, 유치원의 교육내용에 관한 전국 공통의 일반적인 기준으로 교육법규에 의거하여 고시한 국가수준의 '기준'임을 명시하고 있다.

그러나 교육과정의 통합으로 인해 유치원과 어린이집의 3~5세는 같은 교육과정인 '누리과정(교육과학기술부, 보건복지부, 2013)'으로 불리는 유아 공통교육과정을 중심으로 교육되고 있다. 누리과정은 국가수준의 공통성과 개인수준의 다양성을 추구하는 교육과정, 유아의 전인적 성장발달과 행복을 추구하는 교육과정, 자율성과 창의성 신장을 위한 유아중심의 교육과정, 일상생활과 놀이 속에서 통합적으로 실현해 가는 교육과정, 교육청-지역자치 담당부처(시군구청), 지역사회, 유아교육기관, 교직원(보육교직원), 유아, 학부모가 함께 실현해 가는 교육과정, 유아교육의 질적 수준의 유지 · 관리를 위한 교육과정이라는 성격을 제시하고 있다.

이처럼 유아교육에서의 교과교육은 통합적인 운영을 지향하고 있으며, 국가에서 고시한 국가수준의 교육과정을 유아의 발달수준, 흥미와 경험 및 계절과 기관 특성을 고려하여 각 유아교육기관의 실정에 맞게 만들어 운영하고 있다.

1) 유아교육에서 교과교육

유아교육에서 교과교육의 내용은 유아교육부터 초 · 중 · 고등교육에 이르기까지 연관성을 띠고 있으며, 각 연령의 발달특성을 고려하여 학제와 교과가 구분되어 있다. 유아교육은 발달특성상 교육(education)과 보호(care)라는 양면성을 가지고 있으며, 이 점이 초등교육과는 다르다.

유아교육은 개별적 인간으로서 유아자신에 초점을 두고 유아나름의 자아실현을 돕는다. 반면, 초등교육은 각 아동의 개인적 관심이나 창의적 표현보다는 미리 준비되어 제시되는 지식체계가 교육의 중심적 역할을 한다. 교육내용에 있어서도 유아교육은 유아가 경험하는 모든 것을 교육내용으로 간주하지만, 초등교육은 지식체계에 따라 구분된 교과목에서 교육내용이 다루어진다. 교육방법면에서도 현저한 차이가 있다. 유아교육에서는 개별학습, 구체적 조작학습, 놀이활동을 통한 교육, 흥미영역, 자유선택활동, 대 · 소집단 학습의 융통성 있는 운영, 단위활동 시간의 다양성 등이 주된 개념이다. 그러나 초등교육은 고정된 교수적인 시설의 위치, 칠판, 시설물의 고정적 배치, 지정된 아동의 자리, 40분 단위수업시간 등을 특징으로 한다. 초등학교 저학년의 경우, 통합적 교과를 부분적으로 적용하고 있지만, 유아교육과는 기본적인 개념이 다르다.

그러므로 유아교육에 있어서 교과교육의 이해를 돕기 위해 누리과정과 표준보육과정의 연계성과 구성을 알아보고자 한다.

(1) 누리과정의 이해

누리과정은 2011년 5월 2일 만 5세 누리과정 도입을 발표하고, 9월 5일 만 5세 누리과정을 고시하고, 9월 30일 만 5세 누리과정 도입 관련 법령을 개정공포하여 2012년 3월 1일부터 만 5세 유아를 대상으로 누리과정을 우선 적용하였다. 또한, 2012년 7월 10일 만 3~5세 누리과정을 고시하여 다음 해인 2013년 3월 1일부터 적용하였다. 표준보육과정과 연계하여 0~2세의 보육과정과 3~5세의 누리과정과의 연계를 중심으로 살펴보면 다음과 같다.

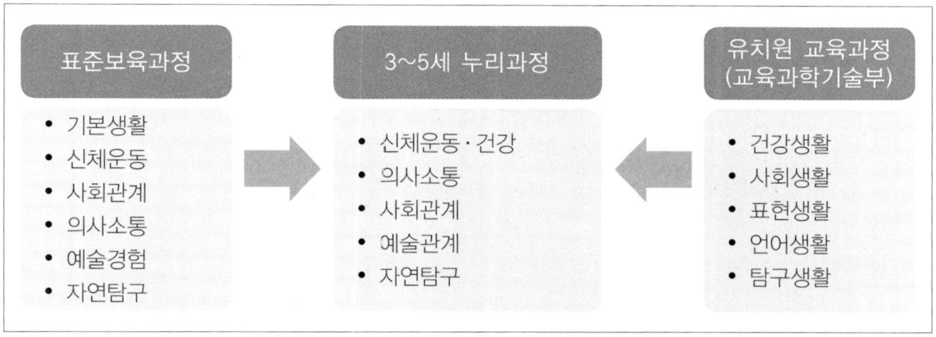

[그림 1-2] 표준보육과정과 유치원 교육과정의 누리과정 연관성

2013년 3월 1일부터 적용된 3~5세 연령별 누리과정은 어린이집의 표준보육과정과 유치원 교육과정을 통합한 만 3~5세 유아대상의 공통 보육 · 교육과정이다. 이는 유아기 단계에서 교육의 질 연관성을 제고하고, 생애 초기의 출발선상에서 공정한 기회를 보장받으며, 건강한 성장발달을 지원하여 만 3~5세 보육 · 교육에 대한 국가의 책임을 강화한다는 측면에서 통합되었다.

누리과정은 신체운동 · 건강영역, 의사소통영역, 사회관계영역, 자연탐구영역, 예술경험영역의 다섯 가지 영역중심으로 편성되어 있다. 그러나 초등학교는 교과, 특별활동, 학교 재량시간으로 편성하고, 교과는 1학년과 2학년의 경우 바른 생활, 슬기로운 생활, 즐거운 생활, 국어, 수학으로 나누어져 있다. 그리고 3학년 이상은 국어, 수학, 사회, 과학, 도덕, 실과, 체육, 음악, 미술, 외국어(영어)의 교과로 편성되어 있다.

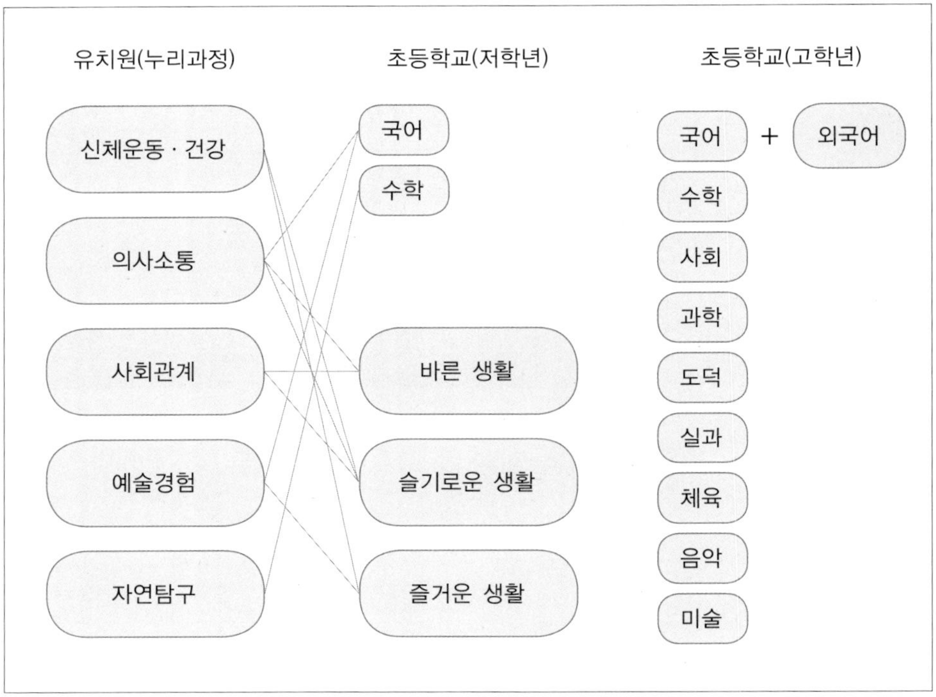

[그림 1-3] 유치원과 초등학교 교육과정의 관계

[그림 1-3]에서 보여 주듯이, 유아교육에서는 교과가 아닌 다섯 가지 영역으로 되어 있으며, 각 영역은 통합적 성격을 띠고 있다. 초등학교 1, 2학년의 경우에도 부분적으로 통합되어 있으나, 고학년으로 올라가면서 교과가 점차 분리된다. 이는 인간이 성장함에 따라 흥미나 능력이 달라지기 때문이다.

(2) 누리과정에서 추구하는 교과교육

누리과정에서 추구하는 교육의 목적은 만 3~5세 유아의 심신의 건강과 조화로운 발달을 도와 민주시민의 기초를 형성하는 것에 있다.

이에 따라 누리과정의 목표와 구성 방향을 살펴보면 다음과 같다.

① 목표

- 기본 운동능력과 건강하고 안전한 생활습관을 기른다.
- 일상생활에 필요한 의사소통능력과 바른 언어사용 습관을 기른다.
- 자신을 존중하고 다른 사람과 더불어 생활하는 능력과 태도를 기른다.
- 아름다움에 관심을 가지고 예술경험을 즐기며, 창의적으로 표현하는 능력을 기른다.
- 호기심을 가지고 주변 세계를 탐구하며, 일상생활에서 수학적 · 과학적으로 생각하는 능력과 태도를 기른다.

② 구성 방향

- 질서, 배려, 협력 등 기본생활습관과 바른 인성을 기르는 데 중점을 두어 구성한다.
- 자율성과 창의성을 기르는 데 중점을 두고, 전인발달을 이루도록 구성한다.
- 사람과 자연을 존중하고, 우리 문화를 이해하는 데 중점을 두어 구성한다.
- 만 3~5세 유아의 발달특성을 고려하여 연령별로 구성한다.
- 신체운동 · 건강, 의사소통, 사회관계, 예술경험, 자연탐구의 5개 영역을 중심으로 구성한다.
- 초등학교 교육과정과 0~2세 표준보육과정과의 연계성을 고려하여 구성한다.

이상에서 살펴본 바와 같이 유아교육에서 교과의 개념과 특징은 일반적인 교과 개념과 달리 현상적 가치와 실천적 가치가 포함됨을 알 수 있다.

2) 유아교육에서 교과교육의 이해

유아교육현장에서의 교과교육은 초 · 중등교육처럼 뚜렷하게 구분되어 있지 않고, 통합적으로 실천되고 있으므로 실제현장에서 어떻게 교과가 통합되는지 이해하는 것은 쉽지 않다. 더욱이 유아교사가 예비 유아교사단계에서 교사자격증을 취득하기 위해 이수해야 하는 전공과목은 대부분 유아 사회교육이나 유아 수 · 과학교육과 같이 '교과'로 편성되어 있는 반면, 교육과정이나 보육과정에서는 몇 개의 교과를 통합한 생활영역중심의 통합교육으로 편성되어 있다. 한편, 실제 교육과정과 보육과정을 실천하고 적용하는 유아교육기관에서의 하루일과는 대 · 소집단 활동과 주제를 중심으로 한 통합활동이 진행되도록 되어 있어 유아교육에서 교과목에 대한 이해를 더욱 어렵게 하고 있다.

이러한 유아교육에서 교과교육의 모호성을 정리하면 다음의 〈표 1-2〉와 같다.

〈표 1-2〉 유아교육과 교과통합의 모호성

	교육과정의 유형	교과 구분	교육활동
유아교육	• 국가수준 교육과정 • 시군구 교육지원청 수준 교육과정 • 유아교육기관별 교육과정	영역으로 구분	단위활동 중심
초 · 중등교육	• 국가수준 교육과정 • 시군구 교육지원청 수준 교육과정	교과로 구분	교과서 단위 중심

〈표 1-2〉에서와 같이 유아교육에서 교과의 이해는 예비 유아교사단계에서 배우게 되는 전공 교과를 진정한 교과로 이해할 수도 있고 교육과정이나 보육과정에서 구분되어 있는 5~6개의 생활영역을 교과로 이해하는 경우도 있으며, 유아교육기관현장에서 실제 하루일과를 구성하는 대 · 소집단 활동이 교과이어야 함을 주장하는 목소리도 있다. 이러한 모호성 때문에 유아교사는 예비 유아교사 양성과정에서 배운 교과중심 전공과목에 기초하여 누리과정이나 표준보육과정을 이해하여야 하며, 실제 유아교사가 되어서는 유아교육현장에서 하루일과를 대 · 소집단의 활

동유형별로 계획하여야 한다. 또한, 유아교사는 하루일과를 연간과 월안을 구성하는 생활주제를 중심으로 모든 교과를 적절히 통합하고 융통성 있게 조절해야 하는 어려움을 가진다.

결론적으로 유아교육에서 교과교육의 이해는 쉬운 과정이 아니며, 유아교사의 융통성 있는 이해와 실천이 무엇보다 요구되는 과정이다. 중요한 것은 유아교육은 놀이와 흥미중심으로 학습을 하는 유아의 발달특성을 고려해야 하기 때문에 유아교육기관에서의 교과는 초등교육처럼 개별적으로 낱개의 교과를 운영할 수 없고, 다양한 교과가 하나의 생활주제에 따른 활동으로 통합되어야 한다. 즉, 하나의 주제를 중심으로 다양한 활동이 전개되는 가운데 모든 교과가 자연스럽게 통합을 이루도록 해야 하는 것이다.

03 유아교과교육의 원리 및 지식

유아교과교육에서의 교수-학습의 원리는 교사가 유아의 효과적인 학습을 위하여 교수-학습과정을 어떻게 이해하고 접근하느냐 하는 것을 결정해야 하므로 매우 중요하다. 따라서 교사는 유아의 흥미, 요구, 발달수준과 학급형태 등을 고려하여 적절한 교수-학습의 방법을 선택해야 한다.

1) 유아교과교육의 원리

유아교육에서 교과교육의 원리라 함은 교육 전반에서 활용하고 있는 교수-학습 그 자체가 교수-학습의 과정이 되기도 하지만 넓은 의미로는 학습자, 교수학습자, 교육목표, 학습방법, 교육내용, 교육환경 등이 모두 포함된다. 유아를 위한 교수-학습방법은 학습해야 할 내용을 어떻게 가르칠 것인가에 해당되며, 교육내용은 교육대상, 교육목적이나 목표, 발달수준, 환경 등을 고려하여 선정된다.

특히, 유아교육의 경우 국가수준의 교육과정이 있지만, 그 교육과정으로 교수-학습을 주도하는 교사가 중요한 변수가 된다. 교사의 태도와 인성, 교육기관의 철학과 환경, 조직문화 및 풍토 등이 교수-학습에 많은 영향을 미치며, 이것으로 교수-학습의 성공 여부가 결정되기도 한다.

유아교사가 유아를 대상으로 교육과정을 운영하는 데 있어 교수-학습의 원리로 사용하는 교수원리를 기술하면 다음과 같다.

(1) 자발성 중심의 원리

교사가 동기유발을 어떻게 하느냐? 하는 점도 유아의 자발성에 많은 영향을 미친다. 일반적으로 동기유발을 위한 방법에 많이 사용되는 것이 주제에 적절한 환경구성이다. 환경구성은 유아로 하여금 자발적인 활동을 하도록 동기유발을 하고 홍미를 지속시키며, 유아가 활동에 참여하도록 하는 등 큰 역할을 한다.

즉, 환경구성은 유아를 자발적으로 놀이에 참여하게 할 수 있다. 자발적으로 하고 싶은 생각을 하도록 유도하며, 자유롭게 할 수 있다는 생각까지 들게 한다. 또한, 놀이가 진행되었을 때 유아의 홍미지속을 위해 그 활동을 하나의 행사가 되도록 유아들과 함께 계획해 보는 방법은 자발적인 창작의 원리를 수용하는 방법이 되기도 한다.

(2) 놀이 중심의 원리

놀이는 유아에게 있어 삶 그 자체이며, 학습의 본질이라고 할 수 있다. 유아는 놀이를 통해 주변의 사물을 탐색하고 상황을 이해하며, 지식이나 기술, 태도 등을 학습하게 된다. 유아에게 주입식으로 전달하는 것은 학습효과가 떨어진다. 유아가 직접 경험하면서 확실한 지식을 알게 되고 실천적으로 응용할 수 있게 된다. 놀이 중심의 학습은 구체적인 것에서 추상적인 것으로 체험학습이 될 수 있도록 해야 한다. 따라서 교사는 실내 · 외에서의 놀이를 통한 여러 활동 속에서 유아가 많은 것을 직접 체험할 수 있도록 해 주어야 한다. 또한, 교사는 유아의 발달수준에 적합한 놀이중심의 활동을 다양하게 준비해야 할 것이다.

(3) 개별화 중심의 원리

같은 연령일지라도 유아는 타고난 성향, 기질, 성격, 발달수준, 양육환경과 부모 변인, 사전경험 등이 모두 다르다. 한 학급의 유아가 단체로 구성되더라도 각 개인의 차이가 있으므로 개별적인 능력을 고려한 교수-학습의 계획을 마련해야 한다.

특히, 유아교육기관처럼 많은 유아를 대상으로 하는 경우, 교육의 개별화는 결코 쉬운 일이 아니다. 그러나 다양한 유아의 개인차를 이해하고 개인과 그룹의 교수학습법을 사용하여 지도한다면 유아 개인의 능력을 최대한 발휘시킬 수 있는 환경이 될 것이다.

(4) 흥미 중심의 원리

흥미의 원리란 활동목표를 달성하기 위한 활동내용에 흥미를 느끼도록 해야 한다는 원리이다. 흥미는 모든 활동의 원동력이므로 흥미가 없는 활동은 유아에게 아무런 의미가 없다. 흥미를 느끼고 있다는 것은 어떤 활동이나 대상에 대해 더 많은 관심과 주의를 가지고 열중하는 데서 어떤 심리적 만족을 느끼는 것을 의미한다. 흥미가 유아의 활동에 중요한 이유는 흥미는 어떤 분야에 대한 동기작용을 하며, 이러한 흥미의 정도가 활동에 영향을 주기 때문이다.

따라서 유아가 흥미를 느끼고 있지 않은 내용을 가르치는 것은 주입식이 될 수밖에 없다. 유아의 일상생활에서 흥미를 가질 수 있는 내용을 활동으로 끌어낼 수 있어야 한다. 생활중심적인 요소가 강할수록 유아가 접해 보았거나, 알고 있는 것일 가능성이 크므로 훨씬 더 흥미를 느끼고 접근하게 된다.

즉, 모든 활동은 유아의 흥미를 중심으로 전체적인 계획을 세우는 것이 필요하다. 유아의 활동을 지속시키는 요소는 유아의 흥미이므로 흥미를 느끼게 하는 것도 중요하지만, 그 흥미를 지속적으로 유지시키는 것도 중요하다.

(5) 생활 중심의 원리

유아는 일상생활에서의 구체적인 사물을 다룸으로 사물에 대한 개념을 습득할 수 있다. 유아의 생활주변에서 구체적인 사물이나 반 구체적인 사물을 비롯하여 추상적인 사물을 접할 수 있는 환경을 구성하는 것이 필요하다. 특히, 유아교육과정의 핵심이 유아의 생활과 경험을 위주로 구성되므로 생활중심 수업이 효과적으로 학습되기 위해서는 유아의 생활주변에서 일어나는 일이나 체험, 기본생활습관, 반복되는 일과를 통해 교육적으로 생활환경의 구성이 재조명되어야 할 것이다.

(6) 통합성 중심의 원리

유아교사가 한 가지 자료나 방법에 국한되지 않고 다양한 방법을 활용하는 것을 뜻하며, 교육과정의 영역, 활동 간의 통합, 발달영역의 전반적인 영역을 통합하는 것을 말한다. 따라서 활동에서의 통합과정은 동화를 듣고 난 후에 동극하기, 신체표현하기, 조형활동하기, 동화의 내용을 바꾸어 창작동화 엮어보기 등의 활동 모두에 적용된다.

(7) 균형성 중심의 원리

유아교육에서 균형 있게 활동을 하려면 교사 대 유아비율이 적절해야 한다. Weikart 와 Schweinhart(2000)은 교육의 질적 수준을 고려하여 교사 대 유아비율을 가능하면 1대 10을 넘지 말고, 집단의 크기도 한 반에 20명 이상 넘지 말 것을 제안하고 있다. 하지만 우리나라의 현실에서는 아직 이루어지지 않고 있다, 머지않은 미래에 우리나라도 유아교육에 대한 행정적 · 재정적 지원으로 교사 대 유아비율이 적정수준으로 유지될 수 있을 것이라 본다.

(8) 다양성 및 융통성 중심의 원리

유아의 주의집중시간을 고려하여 교수방법, 교수매체, 교재교구 등이 다양하고 융통성이 있어야 한다. 이를 고려하지 않는다면 효과적인 교육을 기대하기 어렵다. 한 가지 교수방법으로 일관하거나 다양하지 않은 교재교구로 환경을 구성하면, 유아는 활동에 흥미를 보이지 않을뿐더러 교실전체 분위기도 산만해진다. 따라서 교사는 생활주제와 발달수준에 맞는 다양한 환경을 마련해 주어야 한다.

현대의 유아는 과거에 비해 제품화된 학습자료나 대중매체를 통해 더 다양하고 풍부한 경험을 하고 있다. 유아의 이러한 개별 차는 과거에 비해 더 크게 나타나므로 이를 충족할 수 있어야 한다. 따라서 교사는 유아를 대상으로 접근하는 데 충분한 교수자료와 교수방법을 선정하여야 한다.

이와 같이 자발성중심, 놀이중심, 개별화중심, 흥미중심, 통합성중심, 균형성중심, 다양성 및 융통성중심의 원리 등을 기초로 한 교육방법은 유아에게 유아교육기관이 즐겁고 행복하게 보낼 수 있는 곳임을 느끼게 해 준다. 즉, 유아교육기관은 재미있고 흥미로운 활동이 많이 있어 가고 싶은 곳이고, 교사는 자애롭고 친절하며 유아 모두를 사랑하는 마음이 가득하고 공평하다는 것을 느끼게 할 수 있을 것이다.

2) 유아교과교육의 지식

통합적 인간관에 기초한 유아교육에서 '지식의 구성 및 재구성'은 유아가 그들의 세계에 대하여 분리된 내용 영역보다는 통합된 전체경험으로서 경험하고 배울 때 가능해진다. 교사가 유아에게 의미가 있는 상황에서 개념들을 제시하지 않고 각각의 분절된 내용으로 가르친다면 유아는 개념을 이해하기가 어려워 지식의 구성작업은 이루어지기 힘들 것이다.

그러므로 현대사회의 유아교육의 지식은 사회현상과 인간의 발달을 중심으로 다양한 가치와 교수법이 존재한다. 특히, 변화가 빠른 현대사회 가치에 부응하기 위해 어느 한 이론만이 적합하다고 말할 수는 없다. 유아교육의 특성상 통합적인 접근을 기초한 유아교육이 대두되고 있는 것도 이러한 현상을 지지하는 것이다.

(1) 통합적 인간관에 기초한 유아교육

현대에 들어와 유력한 인간관은 '인간을 통합적 존재로 보는 것'이다. 인간의 삶은 자아와 환경 간의 상호작용으로 점철되어 있으며, 이 상호작용의 과정에서 인간은 과거와 현재를 연결하고 나아가 미래를 지향하기 때문이다. 따라서 자아와 환경 간에 일어나는 상호작용의 양과 질은 인간발달의 중요한 계기가 되며, 이는 교육의 핵심과제가 되기도 한다.

모든 교육이론의 핵심에는 인간의 마음에 관한 가정이 들어 있다. 마음은 가슴과 정신을 포괄하는 말로서, 전통적으로 교육은 인간의 마음을 계발하는 일로 이해되어 왔다. 교육이 인간의 마음을 계발하는 과정으로 설명될 때, 이에 접근하는 입장은 낭만적 입장과 고전적 입장으로 구분된다. 즉, 낭만적 입장이 인간의 마음의 원천을 개인 '안'에서 찾으며 자연성과 자유를 교육의 본질적인 요소로 간주하여 유아의 창의성을 존중하는 데 비하여, 고전적 입장은 교과중심의 교수활동에 의하여 마음이 길러질 수 있다고 보고, 교육의 원천을 현존하는 제도에서 찾으려는 시도를 보인다.

그러나 낭만주의 철학자 프뢰벨(Fröebel)로부터 시작된 유아교육이 낭만적 요소가 강한데 비하여, 초등학교 이상의 학교는 국가시민으로서 필요한 기본능력을 육성하는 데 1차적 목표를 둔 관계로 표준적이며 고전적인 색채가 강하다고 할 수 있다. 콜버그(Kohlberg)와 메이어(Mayer)는 낭만적인 교육관이나 고전적 교육관이 전통적인 교육가치를 상대적인 경험만을 강조한다는 점에서 이들은 이상적인 교육모형이 될 수 없음을 지적한 바 있다. 이들은 그 대안으로 발달적 교육관을 제시하였는데, 이는 유아와 환경과의 상호작용으로 마음이 길러진다는 점에서 듀이와 피아제(Piaget)의 구성주의적 접근법과 맥을 같이 한다.

현대 유아교육은 루소, 페스탈로치, 프뢰벨, 듀이, 피아제를 계보로 낭만적 교육관에서 적극적인 발달적 · 구성적 교육관으로 진보되어 왔다. 구성적 교육관에서 유아는 지식의 구성자로 인식된다. 마음의 계발인 발달은, 유아의 개별적 행동을 통한 내적인 인지구조의 계속적인 변형에 의해 이루어진다고 본다. 각 유아는 생활 속에서 우연히 만나는 사회적 · 물리적 환경과의 상호작용을 통하여 계속해서 인지구조를 재구조화한다. 지적 · 사회적 · 정서적 · 감각 운동적 경험은 서로 분리되지 않으며, 이전의 경험이 새로운 경험과 통합되어 지식을 구성해 나간다. 유아는 기존의 정보를 직접적인 교수로 인해 수용하는 반응적인 존재가 아니라, 능동적인 활동에 의해 지식을 구성해 나가는 존재이다. 듀이의 상황 이론에 기초한 문제해결 사고와 피아제의 평형화 이론에 기초한 인지적 갈등의 조절은 이를 잘 설명해 준다고 하겠다.

이상에서 기술한 바를 정리하면, 현대 유아교육은 통합적 인간관을 가지고 있으며, 이때의 통합은 지식과 지식의 통합을 의미한다. 유아는 자아의 통합을 통해 자아실현을 해 가며, 지식의 통합을 통해 여러 학문을 포괄하여 지식들 간의 상호관련성을 지속적으로 형성해 갈 수 있다고 본다.

(2) 유아교육의 특징

유아교육과정에서 통합의 개념은 유아의 전인교육의 효율적인 학습을 위하여 유아의 경험, 흥미 및 요구와 교육내용 및 교수-학습방법을 통합하고, 유아와 유아 주변의 인적 및 물적 환경을 통합하며, 유아의 몸과 마음, 지성과 감성, 현실과 상상, 지식과 태도 및 기능 등을 통합할 수 있도록 교과목들을 통합적으로 재조직하고, 보고, 듣고, 느끼고, 생각하고, 표현하는 방법을 배우도록 하며, 학습한 지식 또는 사고방법을 일상생활에서 활용하고 통합하여 새로운 지식과 사고방법을 학습해 가도록 하는 것이다.

- 통합교육과정 운영을 위해 교사는 다음과 같은 점을 고려할 필요가 있다.

  통합교육과정을 구성한다는 의도 아래 많은 교육내용을 교육적 의도와 유기적인 관계없이 통합하는 것을 피해야 한다. 많은 교과목 또는 학문분야에서 연계와 위계를 고려하지 않고 이리저리 통합시킬 경우, 깊이 없는 단순한 사실들로 구성될 수 있다.

- 하나의 주제를 중심으로 교육활동을 전개할 때 교과 간 통합과 교과 내 통합이 이루어지도록 계획해야 한다.

  교과 간 통합은 주제 및 소주제 또는 주요내용을 중심으로 수, 과학, 언어, 조형, 음률 등의 교과영역들을 통합하는 것이다. 교과 내 통합은 한 주제 또는 한 활동을 중심으로 하나의 교과영역내의 여러 영역을 통합하는 것으로, 예를 들어, 언어영역을 말하기, 듣기, 읽기, 쓰기가 통합되는 것이다.

- 통합할 수 있는 것과 분리해야 하는 것을 구분하여야 한다.

  과도하게 통합된 교육과정은 개별 교과영역의 특성에 대한 명료성을 잃게 되며, 이에 따라 개별 교과영역이 다양한 유형의 지식을 인식하는 방법과 표상하는 방법에 기여하는 장점을 잃게 될 수 있다.

- 통합교육과정은 다양한 교육경험 및 교수-학습방법을 고려하여 구성해야 한다.

  유아가 감각을 활용하여 적극적으로 관찰하기, 몸으로 생각하기와 느끼기, 유추하기, 상상하기, 감정이입하기, 통합하기 등 다양한 방법을 활용하는 것이다.

- 통합교육과정은 유아가 학습한 지식 및 기능을 일상생활에서 활용하고 통합하여 새로운 지식을 만들어 가도록 해야 한다.

  수 이름, 순서짓기, 분류하기 등을 학습한 유아는 일상생활에서 이들을 활용하고 통합하여 새로운 지식이나 기능을 만들어 갈 수 있어야 한다.

- 실제로 통합교육과정을 운영할 수 있는 토대가 마련되었는지 점검해야 한다.

  교육과정이 통합될 수 있는 정도는 학습이 일어날 수 있는 상황에 영향을 받는다. 유아에게 유용하고 다양한 정보와 자료, 적절한 경험을 충분하게 제공하고 유아의 작업 결과물을 존중하는 교육현장의 상황이 제공될 때 비로소 교육과정의 바람직한 통합이 가능하다.

이와 같이 유아교육과정은 초·중등학교 교육과정처럼 교과영역 위주로 학습내용이 구성되지 않고 유아의 발달영역이나 생활영역 또는 프로젝트 중심으로 교육활동이 구성된다. 이는 유아교육이 지식의 기억 및 반복적 연습이 아니라 유아의 전인적 발달을 증진하는 데 있으므로 각 유아의 발달수준이나 흥미·욕구에 직접적으로 관련된 활동이나 자료들을 제공하기 때문이다.

따라서 유아교육활동은 다섯 가지의 발달영역 또는 생활영역으로 설정되었지만, 학습은 영역별로 분절되어 이루어지는 것이 아니라 통합적으로 이루어질 때 유아에게 의미 있는 학습이 된다. 즉, 유아교사가 습득하고 활용해야 하는 교수학습법은 다양할수록 교육의 효과가 함양될 것이다.

그러므로 유아교육은 통합적 접근을 통해 이루어져야 한다. 통합의 과정을 교육과정의 영역과 활동 간의 영역으로 나누어 기술하면 다음과 같다.

첫째, 교육과정 영역 간의 통합이 이루어지도록 운영한다.

자연탐구영역에서는 실험과 토론을 통해 통합 적용할 수 있다. 실험을 함으로써 탐구심을 기르고 또래와의 상호작용으로 사회적 관계를 증진시켜 나갈 수 있다.

둘째, 활동 간의 통합이 이루어지도록 운영한다.

신체의 기능을 학습하기 위해 신체를 움직이는 동작활동, 신체이름을 부르며 노래하기, 손바닥과 발바닥 찍기의 조형활동, 신체부분에서 낼 수 있는 소리탐색, 신체를 이용하는 게임 등의 활동을 전개할 수 있다. 즉, 활동과 활동은 일일주제와의 연계가 이루어지도록 구성이 되어 있어 활동 간의 통합은 당연히 이루어진다.

C H A P T E R 02

유아발달교육과 교수-학습이론

유아기 발달적 특성으로 인해 유아교육에서의 교수-학습유형은 명확하게 구분하기 어렵다. 대부분의 유아교육기관에서는 여러 가지 교수-학습유형이 동시에 사용되거나 통합적으로 사용되는 경우가 많다. 그러므로 교수-학습유형에 대한 분류기준은 유아교육기관이나 학자마다 다양하게 구분되고 있다.

특히, 시대와 그 사회의 이념 및 정서, 정치, 경제, 문화, 가치관 등 다양한 관점에서 이해관계가 형성되기에 유아교육의 교과교육과 교수-학습방법은 매우 유동적이고 학습자의 발달과 특성, 교수자의 철학과 교육관 및 교수자가 지니는 유아관 및 교직신념이 중요한 요인이 된다. 또한, 유아교육의 현장적용은 각 유아교육기관의 설립목적과 설립자의 교육철학, 프로그램, 지역사회의 환경 등 다각적인 관점에서도 이해할 필요가 있다.

그러므로 이 Chapter에서는 유아의 발달과 교수-학습과의 관계, 발달에 의한 교수-학습이론의 이해, 교수-학습의 유형을 제시하여 유아교육의 교수-학습방법에 대한 새로운 관점을 고찰해 보고자 한다.

01 유아발달과 교수-학습의 관계

유아기는 만 3세부터 5세까지의 시기로 영아기 다음으로 많은 변화를 경험하는 시기이다. 유아기는 영아기보다 변화의 속도가 다소 감소하며, 행동과 신체발달 면에서도 영아기의 특성을 벗어나게 된다. 유아기를 지내는 동안 유아는 모든 영역에서 현저한 발달을 이루어 가고, 발달영역 간의 유기적 상호연결에 의해 독특한 개인이 형성된다.

특히, 유아기의 발달속도는 영아기 때보다 다소 느려지기는 하나 전 생애를 걸쳐 보면 빠른 발달속도와 발달과업을 수행하는 시기이다. 유아기의 발달은 개인별로 속도의 차이는 나지만 여전히 중요한 발달을 의미한다. 그러므로 유아기의 발달을 통해 교수-학습 간의 관계를 이해해 보도록 하겠다.

1) 유아발달의 특징

유아발달을 크게 다섯 가지 발달영역으로 구분하여 그 특징을 살펴보도록 한다.

(1) 신체발달

유아기는 영아기와 달리 눈에 띌 정도로 현저한 신체적 변화가 보이지는 않는 반면 대근육 운동기술과 소근육 운동기술이 크게 향상된다. 유아는 성숙에 따른 신체적 능력과 더불어 경험이나 훈련이 상호작용하면서 신체발달을 이루게 된다. 유아의 연령이나 성별에 따라 신체적 성장속도는 다양하지만, 모든 유아의 신체적 발달은 몸통이나 다리부분에서 시작하여 배가 들어가고 다리가 길어지는 등 영아기의 모습과는 다른 모습의 체형을 갖추게 된다. 이러한 신체발달은 특히 중요한 발달영역 중의 하나이다.

(2) 인지발달

유아기는 피아제의 인지발달단계 중 전조작기에 속하며, 상징과 정신적 표상능력이 급격히 증가하여 인지발달에 상당한 진전을 이루는 시기이다. 그러나 아직 유아기의 인지발달은 제한적이어서 대체로 자아중심적이고, 사물의 외양에 의해 지배된다. 또한, 겉으로 드러난 특정사실에만 초점을 맞추어 비논리적인 추론을 하며, 주의집중력이 짧고, 사물을 비체계적이고 불완전한 방법으로 탐색하는 특성을 보인다. 지적 능력의 발달은 보다 복잡한 학습능력을 가능하게 하며, 또래 간의 사회적인 관계나 사회적 인지능력을 향상시켜 줌으로써 사회의 한 구성원으로 필요한 행동을 강화시켜 준다.

(3) 언어발달

유아기는 폭발적인 어휘력의 증가를 보이는 시기로 어휘나 문장의 길이 또한 증가하고 복잡한 의사소통도 가능하게 된다. 유아기 언어발달의 두드러지는 특징은 혼잣말이 나타난다는 것이다. 비고츠키에 의하면 유아가 자신에게 말하는 행동은 흔히 나타나는 정상적인 모습으로 혼잣말로 자신의 행동을 조정하는 것이라고 한다. 또한, 유아는 의사소통방법에 대한 이해가 향상되어 각 상황에 따른 적절한 대화를 사용할 수 있게 된다. 언어발달은 또래와의 사회적 관계뿐 아니라 개념의 발달이나 사고력발달에 기여하기 때문에 더욱 중요하다.

(4) 사회 · 정서발달

유아는 유아기 동안 사회적 · 정서적 · 도덕적인 영역에서 상당한 진전을 보인다. 특히, 또래와의 상호작용은 중요한 학습기회를 제공하고 유아의 사회화과정에 많은 영향을 준다. 유아는 또래와의 사회적인 관계를 잘 유지하기 위해 자신의 충동을 억제하여 사회적으로 수용되는 방식으로 적절한 행동을 취할 수 있는 자아통제력을 증가시키며, 자아개념의 발달로 스스로의 가치에 대해 평가하게 됨으로써 자긍심을 형성하게 된다.

이는 유아기의 중요한 측면으로 유아의 주도성에 기여하는 바가 크다. 또한, 유아는 상상력으로 인해 여러 가지 무서운 생각을 하게 되면서 두려움이라는 새로운 정서를 느끼게 된다. 그리고 타인에 대한 감정적인 적대적 공격성이 나타나게 되는데, 공격성을 조절하고 이타적인 행동을 학습하는 일은 유아기의 사회 · 정서발달에서 성취해야 할 가장 기본적인 과업 중의 하나이다.

2) 유아를 위한 교수-학습의 관계

유아의 신체, 인지, 언어 및 사회 · 정서발달을 돕기 위해 교사는 유아의 생활경험에 적절한 환경을 마련해 주고, 흥미와 욕구를 만족시킬 수 있도록 다양한 학습경험을 제공해 주도록 한다. 하루일과의 구성은 대 · 소근육발달을 위하여 움직임과 활동정도가 균형을 이루도록 하며, 유아가 스스로 학습을 계획하고 실행하는 경험을 하게 함으로써 독립적이고 긍정적인 자아개념의 발달과 자조기술을 습득할 수 있도록 한다.

이와 같이 유아기는 연령에 따라 발달특성이 있으므로 연령별 발달영역과 특성을 제시하면 다음과 같다.

〈표 2-1〉 3세 유아의 발달특성과 교수-학습

영역	특성
신체발달	• 발을 보지 않고 걷기, 뒤로 걷기, 균형 잡힌 보폭으로 달리기 및 방향을 바꾸고 멈추는 것을 잘할 수 있다. • 영아기에 비해 협응능력이 발달한다. • 소근육 운동능력에 있어서는 큰 구슬 꿰기 등의 활동이 가능하나 소근육 협응에 많이 요구되는 활동에서는 쉽게 피로감을 느낀다.
인지발달	• 아직 다른 사람의 감정을 이해하는 데 어려움을 느끼며, 자신의 관점에서 인식하는 자기중심성을 갖고 있다. • 과거와 미래를 알고, 어제와 내일을 안다. • 원과 같은 형태를 그리기 시작하며, 집이나 형체를 갖춘 그림을 그리기 시작한다. • 자신의 이름, 연령, 성별을 인식하고 있으며, 색깔을 구별할 수 있다.
언어발달	• 어휘력의 증진을 보이고, 단어 구성이나 의미에 있어 과일반화의 경향을 띤다. • 손유희나 운율이 반복되는 노래를 좋아하며, '누가', '무엇을', '어디에서', '왜'와 같은 질문을 많이 하고, '언제', '어떻게'와 같은 질문의 반응에는 혼동을 나타낸다. • 간혹 현재 상황을 잊고, 보다 흥미로운 부분에 집중하는 경향이 있다.
사회 · 정서발달	• 또래와의 놀이에서 이전 경험에 의존하여 방관자적 견지에서 지켜보기 또는 병행놀이와 연합놀이를 한다. • 아직 물건을 서로 나누거나 차례를 지키는 데 어려움을 나타낸다. • 간단한 성인의 요청에 따를 수 있고, 때때로 큰 아이처럼 대접받기를 원하나 여전히 순간순간 영아기 행동을 나타내기도 한다. • 열정적인 감정을 나타내기도 하며, 즐거움과 기쁨 및 유머 감각도 나타난다.
교수-학습방법	• 독립적이고 긍정적인 자아개념이 발달될 수 있도록 자조기술을 가르친다. • 유아의 생활경험에 적절한 환경을 마련하고 유아의 흥미를 고취시킬 다양한 학습경험을 제공한다. • 보육 시간 전반에 걸쳐 유아의 대·소근육 발달을 위한 움직임과 활동을 구성한다. • 유아와 함께 대화하고 반응을 경험함으로써 유아의 언어능력과 의사소통능력을 발달시키고 자극한다.

출처: 김두범 외(2008). 영유아 보육 프로그램.

〈표 2-2〉 4~5세 유아의 발달특성과 교수-학습

영역	특성
신체발달	• 발뒤꿈치에서 발가락으로 내딛는 일반적인 성인 걸음으로 걸을 수 있으며, 달리기를 잘한다. • 자신의 능력의 한계를 인식하기 시작하여 위험한 상황을 알아가게 된다. • 5세 정도가 되면 빠른 속도로 뒤로 걷기가 가능하고, 달리기에서도 민첩성과 속도감을 나타내며, 깡충깡충 뛰기를 할 수 있다. • 대·소근육 기능이 정교화되고 세련되어진다.
인지발달	• 주의집중력의 증진을 보이고, 세부적인 부분과 실제적인 것에 관심을 보이며, 보다 확장된 역할놀이의 특성을 보인다.
언어발달	• 4세 유아의 어휘력은 4,000~6,000단어 정도로 확장되며, 언어의 추상적인 용도에 보다 관심을 가진다. • 5살이 되면 5,000~8,000단어의 어휘를 사용하고, 어려운 발음이 보다 명료하고 정확해지며, 문장도 완전해지고 복합적이게 된다. • 아이디어를 표현하는 데 있어 언어적인 유창성이 증진된다.
사회 · 정서발달	• 연합놀이도 보이지만 진정한 의미의 주고받기나 협동놀이가 나타난다. • 친구들을 기쁘게 하고자 하며, 다른 사람을 칭찬하다. • 기질적 짜증이 점차 줄어들기 시작하나, 가끔 감정표현에 어려움을 느낀다. • 혼자서 옷 입는 것을 원하며, 자신의 간식도 스스로 챙길 수 있고, 5세가 되면 다른 유아들과의 극놀이를 즐긴다.
교수–학습방법	• 유아들의 우정 관계를 지원하고, 또래와 학습할 수 있는 기회를 제공한다. • 유아 주도적이고 활동적인 탐색을 장려하고 또래와의 활동에 참여하도록 지원한다. • 협동 작업의 가치를 인식하도록 소집단으로 작업할 수 있는 기회를 제공한다. • 미술이나 음악을 통하여 심미적으로 표현하거나 감상할 수 있는 기회를 제공한다. • 유아의 이름을 자주 불러 주고, 신체적 접촉이나 긍정적인 반응을 해 줌으로써 유아의 자아 존중감을 높여 준다.

출처: 김두범 외(2008). 영유아 보육 프로그램.

〈표 2-1〉과 〈표 2-2〉에서 유아의 발달을 살펴보았듯이 영역에 따른 제 발달의 특징을 알 수 있다. 특히, 연령에 따라 발달의 특성이 다르며, 발달의 속도와 발달의 질이 개인마다 다름을 유아교사라면 염두에 두어야 할 것이다. 연령이 어린 영아일수록 발달의 차이는 더욱 선명하며, 발달의 속도는 영아기일수록 크게 다름을

이해해야 한다. 유아에게 발달영역마다 중요한 발달과업과 발달요소가 존재하는 이유는 발달의 중심에 신체와 정서 및 인지와 사회적 성장이 관계가 있으며, 사회적 발달의 성숙은 유아의 삶 전체에 영향을 미치기 때문이다.

02 발달에 의한 교수-학습이론의 이해

인간이라는 존재의 본질이 무엇인지, 유아를 어떤 관점에서 바라보며, 유아가 어떻게 발달하고 학습하는지에 대한 철학적 · 심리학적 관점은 교사가 교수-학습 방법을 선택하는 근원이 된다. 이를 위해 유아의 발달과 교수-학습의 기반이 되는 대표적인 이론에 대하여 성숙주의 이론, 행동주의 이론, 구성주의 이론, 다중지능 이론을 중심으로 살펴보고자 한다.

1) 성숙주의 이론

성숙주의 이론에서는 인간이 태어날 때부터 가지고 있는 내적 성장의 힘에 의해 보편적 발달패턴을 토대로 예정된 내용과 순서에 따라 발달이 전개된다고 본다. 이 관점은 루소(Rousseau)의 철학에 근원을 두며, 인간의 발달이 예정된 패턴대로 전개되어 나아간다는 다윈(Darwin), 홀(Hall)의 이론과 '표준행동발달기준'을 제시한 게젤(Gesell)의 심리학에 기초한다.

이 관점의 대표적인 프로그램으로 썸머힐 학교(Summerhill school), 몬테소리 프로그램(Montessori program), 발도르프 프로그램(Waldorf program), 생태 유아교육프로그램 등이 있다.

(1) 성숙주의의 이론적 배경

루소는 인간이 모든 발달의 가능성을 본능적으로 가지고 태어나며, 순차적이고 건강하게 자라나는 내적 계획을 가지고 태어나기 때문에 환경적인 자극이 오히려 유아의 자연스러운 성장에 부정적인 영향을 미친다고 보았다. 그러므로 교사는 유아가 어떤 것을 배울 수 있는 준비가 갖춰질 때까지 수용하는 허용적인 양육을 해야 한다고 제안한다.

다윈의 진화론에 영향을 받은 홀은 『아동의 마음(*The Contents of Children's Mind*)』을 통하여 인간의 발달이 예정된 단계를 거친다고 주장하였다. 홀의 연구를 기반으로 게젤은 이미 초기에 결정된 유전적 요인에 의하여 유기체의 행동패턴의 방향이 결정되어 있다고 보는 성숙, 학습 준비도 개념을 제시하였으며, 유아관찰, 검사, 부모와의 면담과 같은 체계적인 연구를 통해 연령에 따라 행동의 표준을 수렴한 '표준행동목록'을 제시하였다. 이것은 유아의 성장 · 발달에 대한 기준을 제공하였으며, 연령수준에 따라 교수-학습을 계획하는 데 정보를 제공해 주었다.

성숙주의 이론의 주요개념을 살펴보면 다음과 같다.

- 성숙(maturation)
  형태학적 발달이 이루어짐에 따라 유아가 새로운 기능을 할 수 있게 되고, 이로 인해 자연스럽게 행동 변화가 나타나는 것을 의미한다. 유아의 발달은 성숙에 의해 통제되고 조절되므로 발달의 원동력은 유아의 유전적 요인이다.
- 학습 준비도(learning readiness)
  유아에게 무엇을 가르치기 위해서는 유아가 성숙될 때까지 기다려야 한다는 학습의 시기에 관한 것이다.

(2) 교수-학습에서의 시사점

성숙주의 관점에서는 유아가 어떤 것을 학습할 준비가 되었을 때 그것을 학습하는 방법도 터득하게 된다고 가정한다. 따라서 교사는 유아의 발달 및 성숙수준에 부합되지 않는 성취를 강요하거나 성숙을 재촉하기보다는 유아의 자발적인 활동을 관찰하여 교육적 개입의 순간을 포착한 후 형식적인 학습으로 이끄는 것이 바람직하다고 본다.

즉, 유아의 '학습 준비도'에 맞는 활동을 제공하고 허용적이고 편안한 환경을 마련해 준다면 유아가 스스로 자신의 잠재력을 개발하여 학습할 수 있다는 것이다. 그러므로 활동은 유아의 흥미나 요구에 따라 융통성 있게 운영하는 것이 필요하다. 성숙주의 관점에서 유아교사의 입장은 다소 소극적이고 관찰위주의 교수법과 역할을 지지하지만, 현대사회의 교육환경에서는 교수학습법의 다양한 전략을 통해 성숙주의적인 요소에 부합할 수 있도록 연구해야 할 것이다.

2) 행동주의 이론

행동주의 이론은 외적 환경의 자극과 반응에 의해 학습이 이루어진다고 보는 관점으로, 단계적으로 적합한 외적 경험을 제공함으로써 유아의 행동을 바람직한 방향으로 변화시킬 수 있다고 본다.

이 관점은 로크(Locke)의 철학에 근원을 두며, 왓슨(Watson), 파블로프(Pavlov), 손다이크(Thorndike), 스키너(Skinner), 반두라(Bandura)의 심리학에 기초한다. 이 관점의 대표적인 프로그램으로 디스타 프로그램이 있다.

(1) 행동주의의 이론적 배경

백지설(tabula rasa)에 근거한 로크의 관점은 아동은 태어날 때 아무것도 가지고 있지 않으므로 모든 발달은 성장하는 과정에서의 경험에 의해 구성된다는 것이다. 로크는 교사의 주의 깊은 지도, 효과적인 예시, 보상과 강화를 통해 유아를 원하는 방향으로 발달시킬 수 있다고 보았다.

행동주의 이론의 대표적인 대표자인 스키너는 조작적 조건화를 통해 어떤 행동을 촉진할 수 있는 환경이 마련된다면, 그 행동이 발생할 확률이 높아지고, 교사의 보상은 그 행동을 보다 강화시킬 것이라고 주장하였다. 반면 어떤 행동이 차별을 받게 되면, 그 행동은 점차 감소하게 된다. 즉, 유아의 모든 행동은 보상과 강화라는 외부자극에 의해 통제되면 일련의 계열적인 연속성을 띄는 것으로 보았다.

반두라의 사회학습이론은 직접적인 외적 강화 없이도 모델링을 관찰하거나 대리적 강화를 통해서 새로운 행동이 형성된다는 관점으로, 환경뿐 아니라 인지도 발달에 있어 중요한 요인이 됨을 보여 준다. 즉, 행동은 단순한 환경적 자극에 대한 반응을 통해 학습되어지는 것이 아니라 상황에 대한 개별적 반응과 해석을 통해 결정된다. 따라서 단순히 다른 사람의 행동을 기계적으로 모방만 하는 것이 아니라 상황에 대한 개별적 해석을 통해 각자 다른 행동을 하게 된다.

행동주의 이론의 주요개념을 살펴보면 다음과 같다.

- 강화

  어떤 반응에 대해 긍정적인 보상이 있으면 그 반응이 더 많이 나타나게 되는 것을 의미한다. 유아의 모든 발달은 환경의 영향과 연습에 의해서 증가하며, 이때 강화가 있으면 발달이 더 촉진된다.

- 모델링

  다른 사람의 행동을 관찰함으로써 새로운 행동을 학습하고 억제하기도 하는 것을 의미한다. 대리적으로 이루어진다고 하여 대리학습, 또는 모방을 통하여 이루어진다고 하여 모방학습이라고도 한다.

(2) 교수-학습에서의 시사점

행동주의적 관점에서는 유아에게 필요한 목표를 구체화하고 그 목표를 달성하기 위해 학습내용을 위계화 · 순서화하여 단계별로 제시함으로써 유아가 기존의 경험에 기초하여 새로운 지식을 습득하도록 지도하는 것을 강조한다.

즉, 교사는 유아의 연령에 적합할 뿐 아니라 다양한 발달상의 차이를 모두 포괄할 수 있도록 활동을 계획하여 유아와 환경의 상호작용을 촉진하고 바람직한 행동을 형성해 가는 환경을 구성해야 한다. 또한, 유아의 바람직한 행동을 강화하기 위해 반복과 연습을 강조하며, 직접적인 교수, 사회적 · 언어적 인정과 미소, 구체적인 보상 등을 제공하는 것이 필요하다.

3) 구성주의 이론

구성주의 이론은 유전과 환경의 상호작용을 통해 인간발달이 이루어진다고 보는 관점으로, 성장가능성을 가진 유아가 환경과의 상호작용을 하는 과정에서 능동적으로 지식을 구성해 간다는 것이다. 이 관점은 칸트(Kant), 듀이(Dewey)의 철학에 근원을 두며, 헌트(Hunt), 블룸(Bloom)의 심리학에 기초하여 피아제(Piaget), 비고츠키(Vygotsky)에 의해 전개된 이론이다.

이 관점의 대표적인 프로그램으로 뱅크 스트리트 프로그램(Bank street Program), 까미 드브리스 프로그램(Kamii & DeVries program), 하이 스코프 프로그램(High Scope Program), 레지오 에밀리아 접근법(Reggio Emilia Approach)등이 있다.

(1) 구성주의의 이론적 배경

듀이는 유아와 환경 간의 끊임없는 상호작용을 통해 경험의 재구성이 일어나며, 경험의 재구성을 통한 성장을 교육이라고 보았다. 따라서 유아가 경험을 통해 배우도록 아동중심, 흥미중심, 경험중심의 교육방법을 제시하였다. 즉, 교육은 미래를 위한 준비가 아니라 생활 그 자체이며, 유아의 발달과 흥미에 맞게 교육과정이 구성되는 것이 바람직하다는 것이다. 유아에게 가장 의미 있는 경험적 상황에서 많은 선택의 자유를 부여해 주어 유아가 경험을 통해 스스로 지식을 구성해 나가도록 하는 것이 필요하다고 본다.

피아제의 인지발달이론은 유아를 자신이 속한 세계를 조작하고 탐색함으로써 적극적으로 지식을 구성하는 존재로 본다. 즉, 유아는 동화와 조절이라는 적응과정을 통해 새로운 지식을 획득하거나 기존 사고의 틀을 재구조화시키면서 지식을 구성해 나간다는 것이다. 피아제는 인지발달을 4단계로 설명한다. 각 단계는 질적인 차별성을 가지며, 각 발달단계는 정해진 순서대로 진행되고, 발달의 속도에는 개인차가 존재한다.

피아제의 인지발달단계를 구분하여 살펴보면 다음과 같다.

- 감각운동기(출생~2세)

  신체활동과 감각을 통해 환경과 상호작용함으로써 정보를 획득한다.
- 전조작기(2~7세)

  언어가 급격히 발달하고 상징적 사고능력을 갖추게 된다. 자기중심적 사고, 물활론적 사고, 비가역성, 직관적 사고를 나타낸다.
- 구체적 조작기(7~12세)

  구체적인 사물이나 사건에 한해 논리적 사고를 할 수 있고 가역적 활동이 가능하며 보존개념을 획득하게 된다.
- 형식적 조작기(12세~)

  추상적 상황에 대해서도 논리적 사고가 가능하다.

비고스키의 사회구성주의에서는 인간을 역사적 · 문화적 존재로 보기 때문에 유아를 이해하기 위해서는 유아가 성장해 가는 사회 · 문화 그리고 관습적 맥락을 함께 이해해야 한다고 본다. 모든 유아는 동일한 인지발달단계를 거치지 않으며, 오히려 사회적 상호작용과정에서 유아발달이 이루어진다고 여기므로 사회 · 문화적 맥락을 중요하게 생각하였다.

또한, 그는 유아의 발달이 자신이 속한 문화권에서 보다 성숙한 구성원과의 상호작용을 통해 이루어진다고 보았다. 이 과정에서 언어는 사회적 상호작용의 매개가 되는 동시에 유아의 사고발달을 이끌게 되고, 인지발달의 중대한 역할을 하며, 유아의 정신기능의 핵심이 된다.

비고스키 이론의 주요개념은 다음과 같다.

- 근접 발달 지대(Zone of Proximal Development)
  유아가 독립적으로 수행할 수 있는 실제적 발달수준과 성인이나 또래의 도움을 받아 성취할 수 있는 잠재적 발달수준 사이의 중간영역을 말한다.
- 비계 설정(scaffolding)
  유아가 독립적으로 수행할 수 있도록 성인이나 또래가 도움을 제공하는 것을 의미한다.

(2) 교수-학습에의 시사점

구성주의적 관점에서는 발달이 교육보다 선행하기 때문에 유아를 위한 교육은 유아의 발달수준에 적합하게 실시되어야 함을 강조한다. 또한, 유아는 능동적인 지식 구성자이므로 교사는 유아가 환경과의 상호작용을 통해 스스로 지식을 구성해 갈 수 있도록 도와주는 것이 필요하다.

즉, 유아가 스스로 학습에 참여하도록 이끌고 자극을 주며, 모델이 되고, 관련된 과제를 유추해 내고 풍부한 경험의 기회를 제공하는 것이 중요하다. 또한, 교사는 유아가 다양한 경험을 통해 새로운 기술을 습득할 수 있도록 풍부한 교육적 환경을 조성하여 비계를 설정해 줌으로써 지적 도전자, 참여자, 촉진자, 안내자로서 유아의 학습과정에 개입해야 하는 것이 필요하다.

4) 다중지능이론

다중지능이론은 인간지능에 대한 단편적 이해를 비판하고 인간이 가진 인지적 능력의 다원성을 강조하며, 각 개인은 지능의 다른 구조(profile)를 가지고 있으므로 개인에 따라 다른 지능이 발달된다고 가정한다.

대표적인 학자로 서스턴(Thurstone), 길포드(Guilford), 가드너(Gardner)가 있다. 이 관점의 대표적인 프로그램으로 미국의 세인트루이스의 New City School 프로그램이 있다(Gardner, 1998).

(1) 이론적 배경

가드너는 개개인은 특별한 개성과 능력이 있다는 가정하에 교육을 통해 개인이 지닌 재능과 소질을 발굴할 수 있으며, 개인의 무한한 잠재적 능력을 이끌어 낼 수 있다고 보았다.

그는 지능을 언어적 지능, 논리 · 수학적 지능, 공간적 지능, 음악적 지능, 신체 · 운동적 지능, 대인관계 지능, 개인이해 지능, 자연관찰 지능, 실존 지능의 9가지 유형으로 제시한다.

9가지 지능은 개개인의 선천적 특성이나 경험에 따라 독특하게 작용하게 되는데 유아에게 적절한 격려와 풍부한 환경 그리고 적절한 교수-학습활동을 전개한다면 상당히 높은 수준까지 모든 지능이 개발될 수 있다고 본다.

이러한 지능은 단독으로 존재하면서 동시에 서로 복합적인 방식으로 상호작용하며, 각각의 지능 내에서도 발달의 양상이 다양하게 나타난다.

(2) 교수-학습에의 시사점

다중지능이론에서는 유아에게 다양한 종류의 지식과 지능을 발달시킬 기회를 제공해야 하며, 많은 양의 내용을 다루기보다는 핵심개념을 깊이 있게 다루는 것을 강조한다. 교사는 교수-학습활동에 있어 유아의 경험과 지식을 적용하도록 하기 위해서 유아의 지능구조에 대한 이해를 바탕으로 적합한 교수-학습방법을 사용하여 발달을 도울 필요가 있다. 즉, 교사는 교사 자신과 유아의 강점에 초점을 맞추어 활동을 계획하여 교사나 유아가 자신의 능력을 내보일 수 있도록 하는 것이 필요하다. 또한, 유아는 다양한 표상형태를 통해 배우므로 다양한 감각을 사용해서 배울 수 있는 기회를 제공받아야 한다.

다중지능이론의 주요개념을 살펴보면 다음과 같다.

- 언어적 지능
  단어를 효과적으로 사용하는 능력을 의미한다.
- 논리 · 수학적 지능
  논리력과 수리력 그리고 과학적인 능력을 의미한다.
- 공간적 지능
  시각적 · 공간적 세계를 지각하는 능력과 그것을 조절하고 변형하는 능력을 의미한다.
- 음악적 지능
  음악에 대한 지각력, 변별력, 변형능력, 표현능력을 의미한다.
- 신체 · 운동적 지능
  신체의 일부 혹은 전체를 사용하여 문제를 해결하고 창조물을 만들어내는 능력을 의미한다.
- 대인관계 지능
  다른 사람을 이해하는 능력을 의미한다.
- 개인이해 지능
  자아를 이해하는 데 관련된 지식과 그 지식을 기초로 적응하는 행위능력을 의미한다.
- 자연관찰 지능
  동식물이나 주변사물을 자세히 관찰하여 차이점이나 공통점을 찾고 분석하는 능력을 의미한다.
- 실존 지능
  처음에는 영적 지능으로 불렀던 것으로 인간의 존재이유, 생과 사의 문제, 희로애락, 인간의 본성, 가치 등 철학적인, 어떤 의미에서는 상당히 종교적인 사고를 할 수 있는 능력을 의미한다.

앞에서 살펴본 바와 같이 시대와 국가가 지닌 가치관과 사회현상에 의해 유아교육을 바라보는 관점과 방향, 교육내용을 형성하는 문화, 경제, 사회, 역사 등 다양한 가치가 존재하기에 그 시대에 적절한 교육사조나 교육적 이론이 형성 · 대두되는 것을 알 수 있다.

03 교수-학습의 유형

교수-학습의 유형을 설명하기 위해서는 먼저 유아교육에서의 학습과 놀이, 수업의 관계를 이해해야 하며 교육현장에서는 활용하고 있는 교수-학습방법을 유아중심, 교사중심, 유아-교사 상호중심의 교수-학습방법으로 나누어 설명할 수 있어야 한다.

1) 교수-학습의 유형

유아교육에서 교수-학습의 유형은 누가 교육의 주도권을 갖고 교육의 주체자가 되는가에 달려있다. 유아교육현장에서는 형식적인 교육과정의 운영보다 유아의 욕구와 흥미가 전제하는 잠재적인 교육과정이 교육의 주도권을 갖게 되는 경우가 많으므로 교수-학습의 유형은 매우 중요한 방법이 될 수 있다.

그러므로 유아교육현장에서 교육이 일어나게 하려면 수업의 의미와 수업의 개념을 이해하여야 한다.

(1) 교수-학습과 수업

유아교육현장에서 '수업'이란 '교수자가 학습자에게 어떤 지식이나 기술을 전수하고, 능력을 향상시키거나 가치관을 형성시키는 교육적인 활동'을 말한다. 인류의 초기부터 수업은 자연스럽게 생활 속에서 이루어졌다. 예를 들어, 자연에서 먹을 것을 얻을 수밖에 없었던 원시시대는 먹을 수 있는 것과 먹을 수 없는 것을 가르쳐 주는 수업이 필요했으며, 이는 개인적 혹은 집단적 수업을 통해 전수될 수밖에 없다.

즉, 수업은 인류 초기의 삶을 위해 필수적인 생존방식이자 자연스럽게 나타난 교수법이라고 볼 수 있다. 수업은 그것이 발생하게 된 최초의 이유에서 출발하여 점점 그 형식과 내용이 세련되어가는 과정을 가지며, 이렇게 수업이 체계화되고 구조화되는 과정을 '발전적' 수업이라고 한다.

오늘날 수업의 현상을 가장 잘 발견할 수 있는 곳은 학교이지만, 수업이 반드시 학교에서만 발생하는 것은 아니다. 가르치고 배우는 일련의 과정에서 교수자가 의도를 가지고 행하는 모든 교육적 활동이 수업이 될 수 있으므로, 넓은 의미의 수업은 '교육'과 별개의 것이 될 수 있다.

(2) 유아교육에서 '수업'의 의미

유아교육에서는 초등학교와 같이 교과단위의 수업을 하지 않는다. 그러나 유아교육은 신체운동 · 건강영역, 사회관계영역, 의사소통영역, 자연탐구영역, 예술경험의 다섯 가지 영역을 주요한 교과로 보며, 이를 생활주제를 중심으로 한 하루일과에서 다양한 활동(이야기 나누기, 조형, 게임, 실험,음악감상, 바깥놀이, 간식 등)을 통해 '통합'하여 실행하는 통합교육과정을 운영하고 있다. 이때 수업의 의미는 하루일과 중 발생하는 다양한 '활동'의 단위를 말한다.

유아교육에서 '수업'의 용어는 매우 관습적으로 활용되는 경향, 예를 들면 수업 잘하는 교사 혹은 공개수업, 부분수업이나 종일수업 등이 있으므로 유아교사는 유아교육에서 수업의 의미를 명확히 이해하려는 노력이 필요하다. 특히, 초등학교에서의 수업은 지식을 분철된 교과중심으로 운영하고 교과를 효율적으로 잘 가르치기 위해 조직한 단위시간을 '수업'으로 운영하는데, 이러한 초등학교의 수업은 유아교육에서 융통성 있게 활동을 중심으로 운영하는 수업과 구분이 된다는 점에서 유아교사의 이해가 필요하다.

수업의 중요성을 중심으로 유아교육현장에서의 교수학습법을 구성하는 요인과 방법을 고찰해 보겠다.

2) 유아교육현장의 교수-학습방법

유아교육현장에서 교수-학습방법은 누가 교육의 주체가 되는가와 주도권의 선택문제, 어느 영역에서의 교수방법이냐에 따라 다르게 설명할 수 있다. 그러므로 이 Chapter에서는 일반적으로 교수주도권의 선택을 다루고 놀이장면에서의 교수-학습방법을 제시하겠다. 먼저 교수주도권의 관점에서 교수-학습방법은 다음과 같이 크게 세 가지로 나누어 이해해 보면 다음과 같다.

(1) 유아중심의 교수-학습방법

유아는 자신의 흥미에 따라 활동을 선택하고 스스로 학습을 주도해 나간다. 유아의 학습과 발달은 자발적으로 이루어진다고 보기 때문에 학습의 대부분은 자유선택활동형태로 이루어진다. 따라서 교사는 유아의 연령에 따라 나타나는 행동에 적절한 환경을 제공한다. 교사는 유아의 행동이나 사고, 감정 등 개인차를 인정해 주어 수용적이기는 하지만 소극적이므로 교사와 유아의 활발한 상호작용은 이루어지기 어렵다. 이와 관계되는 학습방법으로는 개별학습법, 개념학습법, 탐구학습법, 협동학습법, 토의학습법 등이 있다.

유아중심 교수-학습방법의 장점과 단점은 다음과 같다.

① 장점

- 유아의 흥미, 능력, 욕구 등의 개인차를 고려하므로 발달의 적합성을 살리기가 용이하다.
- 여러 가지 사회적 상호작용이 활발하게 일어남으로써 자기표현 및 사회적 관계가 개발된다.
- 직접 경험, 탐구활동 그리고 발견적 과정의 활동에 적합하고 효과적이다.

② 단점

- 탐구나 발견학습의 과정은 시간이 오래 걸린다.
- 교사 대 유아의 비율이 높으면 지도, 관찰, 평가 등에 어려움이 있다.

(2) 교사중심의 교수-학습방법

교사중심의 교수-학습방법에서 교사는 유아를 계획된 학습목표 수행을 위한 학습으로 이끌기 위하여 통제적인 학습분위기를 유지한다. 이 방법은 교사가 중심이 되어 능동적인 역할을 하고, 유아는 수동적인 수용자 역할을 하게 된다. 과거에는 교사중심 교수-학습방법이 대부분이었으나, 현대에 와서는 아동중심, 학습자중심의 교육이 강조되면서 교사중심 방법이 무조건 배척되기도 하였다. 그러나 교수중심 교수-학습방법의 장점을 안다면 무조건 배척할 수만은 없을 것이다.

교사중심의 교수-학습방법의 장점과 단점은 다음과 같다.

① 장점

- 사실적 정보나 개념, 기술을 정확하게 전달 할 수 있다. 예를 들면, 사회적 지식은 탐구적 방법보다 설명식 강의법으로 가르치는 것이 효과적이다.
- 짧은 시간 안에 효과적으로 가르칠 수 있다.
- 동시에 많은 인원을 대상으로 편리하게 가르칠 수 있다.

② 단점

- 교사가 모든 교수-학습과정에서 주도적이므로 교사의 흥미, 편견, 인성 등이 교사의 능력과 기술에 반영되고, 유아의 학습상황에 영향을 미칠 수 있다.
- 교사가 계획한 지식을 일방적으로 전달하기 때문에 주입식 수업이 되기 쉽고, 높은 수준의 토의와 능동적인 참여가 이루어지기 어렵다.
- 유아는 개별적인 흥미와 요구가 달라서 개인의 특수한 여건이나 어려움, 개인차를 고려해야 하기 때문에 유아에게는 전적으로 적용되기 어렵다.

(3) 교사-유아 상호중심의 교수-학습방법

교사-유아 상호중심의 교수-학습방법에서 교사는 유아의 학습을 적극적으로 중재하며, 다양한 학습전략을 사용할 교수계획을 세운다. 교사와 유아의 상호작용수준은 상당히 높은 편으로 유아 스스로 문제를 해결하도록 장려한다. 학습상황에 따라 대화, 질문, 토의 등을 주요 교수전략으로 사용하며, 모든 상황에서 유아의 선택을 존중한다.

04 유아교육현장에서의 교수-학습방법

유아교육현장에서의 교수-학습방법을 제시하기 위해서는 영역별 교수-학습방법을 고찰하고 재구성해야 하므로 영역별 교수-학습방법의 방향과 교육내용을 살펴보고 하루일과 중의 교수-학습방법을 이해해야 한다.

1) 영역별 교수-학습방법

유아교육은 전인발달(지 · 덕 · 체의 조화로운 발달)이 목표이다. 이러한 목표에 도달하기 위하여 교육활동으로 연결하기 용이하도록 활동내용이 영역으로 구성되어 있다.

영역별로 중점을 두어야 할 교수-학습방법의 방향은 다음과 같다.

(1) 신체운동 · 건강영역의 교수-학습방법

신체운동 · 건강영역은 자신의 신체를 긍정적으로 인식하고, 유아기에 필요한 기본 운동능력을 기르며, 건강하고 안전한 생활습관을 갖도록 하는 것이 강조되고 있다. 이와 더불어 질병예방에 대한 부분과 생활 속에서 발생할지도 모르는 사고나 위험에 대비하여 안전교육도 강조한다. 따라서 나의 몸을 인식하고 움직이기 위하여 다양한 감각기관을 활용하고 협응해 보는 활동을 통해 기본적인 감각기능을 기르고, 신체를 움직이는 데 필요한 기본 운동능력을 발달시키는 활동을 한다.

또한, 건강하고 안전하게 생활하기 위하여 위생과 청결 관련 내용(이 닦기, 손 씻기 등), 신체를 민감하고 활발하게 움직이는 활동, 필요할 때 휴식하고 긴장을 이완하는 활동도 교수-학습에 포함되어야 한다. 기계문명으로 인하여 위험부담 또한 증가하여 작은 사고가 발생하는데 이를 예방하기 위한 재난 대비활동도 이루어져야 한다.

(2) 의사소통영역의 교수-학습방법

의사소통영역은 유아가 일상생활에서 언어 사용을 즐기고, 의사소통능력을 기르며, 바른 언어사용능력과 태도를 가지는 것에 중점을 둔다. 따라서 언어생활을 통해서 유아가 다른 사람의 말을 잘 듣고 이해하는 능력과 자신의 생각과 느낌을 말로 표현하는 능력을 기르도록 돕는다.

또한, 읽기와 쓰기에 대한 관심과 바르게 듣고 말하는 태도를 가질 수 있도록 글자와 글에 친숙해지는 경험을 위한 다양한 활동으로 구성된다. 듣고 말하는 활동에는 상대방을 배려하고 잘 듣는 태도가 중요하다. 따라서 전체적인 상황을 고려하여 듣고 말하는 상호작용적인 측면이 강조되어야 한다. 읽기와 쓰기활동에서 유아기는 글자의 해독보다는 그림이나 글자가 제시하는 전체적인 맥락을 단서로 사고하고 상상하는 과정이 더 중요하다. 실제로 일생생활에서 유아는 매일 다양한 문자를 접한다. 이러한 자연스러운 문자환경을 일일교육활동에 포함하여 기능적이고 의미 있는 맥락에서 언어활동을 제시해 주는 것이 바람직하다.

(3) 사회관계영역의 교수-학습방법

사회관계영역에서는 유아가 자신을 알고 소중하게 여기고, 가족 및 또래와 함께 지내는 방법뿐 아니라 공동체에서 함께 살아가는 방법을 익히며, 주변세계에 관심을 갖고 적응해 나갈 수 있는 기초능력을 기르기 위한 것이다. 나를 알고 존중하고, 나와 다른 사람의 감정을 알고 조절하는 등의 개인생활과 가족을 소중히 여기기, 다른 사람과 더불어 생활하기 등을 강조하는 집단생활, 그리고 사회에 관심 가지기 등의 내용을 통하여 민주시민의 기본 자질을 육성하는 데 중점을 둔다.

따라서 자신의 세계를 점점 확대해 감으로써 사회와 환경에 대한 관심을 넓히고 자신이 소속된 가정, 학교, 지역사회, 나아가 세계 속에 참여하는 책임 있는 구성원이 되는 데 필요한 삶의 태도, 가치, 기술의 틀을 형성하게 된다. 이를 위해 사회관계영역에서의 교육활동은 유아에게 친근한 생활주제를 중심으로 활동이 구성되어야 한다. 또한, 공동체 의식을 함양하는 통합적 학습의 장이 될 수 있도록 하여야 한다.

(4) 예술경험영역의 교수-학습방법

예술경험영역은 유아가 자연과 사물을 대하면서 느낄 수 있는 예술적 감각을 창의적으로 표현하고, 심미적 태도를 지님으로써 아름다움을 즐기고 추구할 수 있는 소양을 기르기 위한 것이다. 이를 위해 자연과 생활에서 소리, 음악, 움직임, 조형물 등에 관심을 가지고 아름다움을 찾아보며, 유아가 다양한 예술활동에 참여하여 음악, 움직임과 춤, 조형활동, 극놀이 등을 통합적으로 경험하고 예술적 표현을 즐기며, 다른 사람의 작품이나 자연과 생활 속에 아름다움을 감상하는 내용으로 구성된다.

이 영역에서는 특정한 예술적 개념이나 기능습득보다는 생각과 느낌을 자유롭고 창의적으로 표현해 보는 경험을 중심으로 한다. 직접 보고, 듣고, 만지고, 느껴보는 능동적인 활동 과정을 강조하고, 유아교육기관의 일과 중 자연스럽게 다양한 탐색 및 감상활동의 기회를 제공하며, 대·소집단 활동과 자유선택활동에서 골고루 경험하도록 통합적으로 다루도록 해야 한다.

(5) 자연탐구영역의 교수-학습방법

자연탐구영역은 인간이 자연과 더불어 조화로운 삶을 살아갈 수 있도록 유아기부터 자연을 존중하는 마음을 바탕으로 창의적으로 사고하고 탐구하며, 일상의 여러 문제를 논리적으로 해결할 수 있는 수학적 · 과학적 기초 소양을 기르기 위한 영역이다. 자연탐구영역은 탐구하는 태도 기르기, 수학적 탐구하기, 과학적 탐구하기의 세 가지 영역으로 구성되어 있다.

탐구하는 태도기르기는 주변의 사물과 자연환경에 대해 지속적으로 호기심을 가지고 적극적으로 탐구하며, 탐구하는 과정을 즐기고, 탐구기술을 활용하는 데 중점을 둔다.

수학적 탐구하기는 지면을 사용하여 기계적인 연습을 하거나 수를 읽고 쓰는 데에서 탈피하여 구체적인 경험을 통해 수학적 사고를 하도록 돕는 것이어야 한다. 따라서 일상생활에서 발생하는 다양한 수학적 경험을 활동으로 연결하여 기초적인 수, 공간 및 도형, 측정 등의 기초적인 내용을 다루어야 한다.

과학적 탐구하기는 유아에게 의미 있고 동기유발을 쉽게 일으킬 수 있는 주변세계와 관련된 내용을 중심으로 다루어야 한다. 따라서 유아 자신의 몸을 탐색하는 것은 물론, 유아와 친근한 생물, 직접 경험할 수 있는 자연현상과 사물에 관한 내용이 포함되어야 한다.

유아교육에서 다루는 내용을 다섯 가지 영역으로 구분하기는 했지만, 각 영역을 따로 떼어 활동하는 경우는 없다. 예를 들면, 요리활동에서 요리를 하는 동안의 여러 가지 변화과정을 관찰하는 자연탐구영역과 요리진행 중에 서로 의사소통이 원만하게 이루어져야 하므로 의사소통영역이 요구된다. 또한, 사회관계영역에서의 감정과 욕구조절이 필요하며, 신체운동 · 건강영역에서의 신체조절능력과 감각기관 활용도 적극적으로 요구된다. 따라서 각 영역을 구분하여 이해하기보다는 다섯 가지 영역을 함께 연계하여 접근하여야 한다.

유아교육의 특징을 누가 교육의 주도권을 가지고 있느냐와 교육과정 운영을 어떻게 접근하느냐에 대한 방법 논의가 있어야 하며, 고유특성인 유아의 발달과 연계하여 교육과정 안에서 어떻게 진행하느냐가 매우 필요한 이슈가 된다.

2) 하루일과에서의 교수-학습방법

유아교육기관에서 하루일과는 유아의 발달뿐만 아니라 성장을 위해 유아의 신체 및 정서발달 상태, 심리적 상태와 유아 개개인의 욕구, 유아의 기분, 흥미, 유아교육기관의 교육상황, 교사의 건강과 심리 등 다양한 관점에서 교수-학습방법에 영향을 미친다.

그러므로 유아교육기관에서의 하루일과 중의 교수-학습방법은 유아가 귀가할 때까지 계속적으로 이루어지므로 크게 등원, 자유선택활동, 대·소집단 활동, 정리 및 전이활동으로 구분하여 살펴보도록 하겠다.

(1) 등원

유아교육기관에서의 하루일과는 유아의 등원에서부터 시작된다. 유아교사는 유아가 등원하기 전 하루일과 활동을 다시 한 번 점검하고 교재교구와 실내·외의 시설 및 설비도 점검한다. 일반적으로 유아가 도착하면 유아교사는 교실이나 현관 입구에서 유아를 맞이하거나 도착한 차에서 내리는 유아를 맞이한다.

유아가 등원을 하면 교사는 반갑게 인사를 나누고, 개별 유아의 기분, 심리상태와 건강 등을 살피고 도보나 개인 차량을 이용하여 등원하는 유아의 경우에는 보호자와 함께 유아의 상태에 대하여 간단히 의견을 교환하기도 한다. 이때 유아교사는 유아와 눈 맞춤을 하면서 반갑고 건강하며 즐거운 하루일과를 보내자는 무언의 메시지를 주고받는다.

특히, 연령이 어린 영유아일 경우 유아교사는 부모와의 떨어지는 과정에서 힘이 들거나 심리적 안정이 필요할 때는 더욱 다정하고 편안한 공간과 인적 자원임을 상기시키는 방법의 교수-학습방법으로 지원해야 한다.

(2) 자유선택활동

유아교육현장에서 자유선택활동이란 자유놀이(free play)라는 용어에서 비롯되었다. 양옥승(2003)은 자유선택활동을 유아가 개별적인 흥미와 요구 및 발달수준에 따라 유아 개인의 학습내용과 속도를 조절하여 스스로 놀이를 선택하여 활동하는 것이라고 하였다. 유아의 개별적인 요구를 고려한 활동은 유아의 자존감 및 자기훈련, 사회적인 기술과 감각적인 반응의 기초를 형성해 주며, 자유선택활동은 실내·외에서 경험할 수 있는 다양한 종류의 흥미영역별 활동을 유아가 자신의 요구와 흥미에 따라 선택하고 계획하며 수행해 본 후 평가해 보는 시간이다.

그러므로 이 시간이 유아교육에서는 교사 자신의 학습적 가치와 교수-학습방법이 가장 많이 필요하고 유아 개개인과 그룹 형태로 지원할 수 있어야 한다. 이 시간이 유아에게 주어진 개별이나 소집단의 활동유형이 전개되기에 유아교사는 다양하고 구체적인 교수-학습방법과 역량을 발휘할 수 있어야 한다.

(3) 정리정돈 및 전이활동

정리정돈은 하루일과 중 자유선택활동이나 대·소집단 활동 등을 마무리하는 시간에 반드시 필요한 부분이다. 자유선택활동에서 하나의 활동을 끝내고 다른 활동을 선택할 때 활동이 끝난 교구들을 제자리에 두어야 한다. 따라서 자유선택활동이 진행되는 중에도 정리정돈은 수시로 이루어진다. 정리정돈은 개별적인 것과 전체적인 것으로 나누어 볼 수 있다. 자유선택활동시간에 자신이 하던 활동을 정리하고 다른 활동으로 전이하는 것은 개별적인 정리정돈이다. 전체적인 정리정돈은 모든 유아가 동시에 참여하는 것으로 실내·외 자유선택활동이 끝나고 이루어지는 것을 말한다. 보통 정리정돈은 10~20분 정도가 적당하지만, 상황에 따라 융통성 있게 조절한다. 교사는 정리정돈을 지나치게 강조하기보다는 유아가 자발적으로 정리정돈하는 습관을 형성할 수 있도록 칭찬과 격려를 통한 지도를 한다.

한편, 전이활동은 한 활동이 끝나고 다른 활동을 시작하기 전에 잠시 생기는 공

백 시간을 자연스럽게 연결해 주는 활동이다. 다음 활동 시 장소나 집단 형태의 변화가 있을 경우 유아가 명확하게 이해하도록 설명해 주어 이동을 원활하게 할 수 있도록 돕는다. 전이활동은 짧은 시간이지만 유아에게 무의미한 시간이 되지 않도록 하는 것이 중요하다.

그러므로 정리정돈시간과 전이시간에서 유아교사의 교수학습법은 다양하게 필요하지만, 개개인의 활동의 끝나는지의 여부를 고려하여 유통성과 시간적 안배를 주어야 한다. 이때 유아와 함께해야 하는 활동이나 그룹 유형의 활동이 이어진다면 유아 스스로 선택할 수 있는 기회를 주어 참여 여부를 지지해야 한다.

(4) 대 · 소집단 활동

대집단 활동은 일반적으로 한 반 전체 유아를 말하지만, 전체를 정확히 반으로 나누어 구성한 집단을 의미하기도 한다. 소집단 활동은 한 반을 2~3개의 집단으로 나누어 보조교사가 돕거나 한 교사가 시간대별로 집단을 달리하여 활동을 진행하기도 한다. 주제나 활동에 따라 유아들끼리만 활동이 이루어질 수 있으며, 소집단의 활동에서는 개별 유아의 특성과 발달수준을 고려하여 집단을 구성한다.

즉, 소극적이고 적극적인 유아를 혼합하는 것도 좋으며, 소극적인 유아를 적극적으로 참여할 수 있게 끌어내기 위하여 유아 각자에게 역할을 부여한다. 이러한 사회적 상호작용을 통하여 발달을 도모할 수 있다. 대 · 소집단 활동에는 이야기 나누기, 신체 및 음률, 게임, 동화 · 동시 · 동극, 과학, 요리, 현장 학습, 간식과 점심, 휴식과 낮잠 등이 있다.

그러므로 유아교사는 대집단 활동에서는 유아 대 교사비율이 높은 환경이기에 교수-학습방법의 종류나 유형을 신중히 선택해야 하며, 전체를 수업이나 활동에 적용할 수 있도록 방법을 제시하고 간혹 집단 활동을 이탈하려는 유아를 대상으로 병행할 수 있는 교수학습법도 생각해 두어야 한다. 이렇듯 유아교사의 하루 일과 운영 안에서의 교수학습법은 상황과 놀이장면 및 교육환경에 따라 다각적이고 다양한 관점에서 지지되고 지원되어야 한다.

PART 02 교과교육의 교수-학습 원리 및 운영

Part 2에서는 교과교육의 학습 원리를 알아보고자 먼저 유아교육기관의 하루 일과 운영에서의 교과교육의 양상과 특징을 살펴보고자 한다. 일과 운영 속에서 프로그램과 교과 통합의 실제에 대해 살펴본 후 이를 토대로 교수-학습 계획을 수립하는 원리와 실제의 방법을 고찰하고자 한다. 아울러 연간, 월간, 주간, 일일, 단위교육활동으로 이어지는 주제에 따른 개연성과 연계성이 있는 계획안 작성법을 숙지하여 실제로 작성할 수 있는 방법을 제공하고자 한다.

C H A P T E R 03

일과운영에서의 교과교육

Chapter 3에서는 유아교육기관의 하루일과 구성의 순서와 각각의 특징에 대해 살펴보고자 한다. 일과운영의 기본 원리를 숙지하여 발달에 맞는 일과구성을 할 수 있으며, 교수-학습 프로그램으로서의 교과교육을 숙지하여 교실 안에서의 통합활동방법에 대해 안내한다. 먼저 하루 일과운영의 특징을 알아보고 교수 학습 프로그램별 교과교육에 대한 내용을 이해한다. 아울러 세계 여러 나라의 대표적인 유아교육 프로그램의 특징에 대해 알고 교과 간의 통합교육방법에 대해 논의한다. 유아교육기관에서 가장 많은 비중을 차지하고 있으며, 유아의 학습이 빈번하게 일어나는 자유선택활동의 중요성도 살펴보고자 한다.

01 하루 일과운영에서의 교과교육

하루의 일과를 계획하여 유아에게 제공되는 활동은 유아교육기관이 지향하는 프로그램의 철학과 목표에 따라 달라질 수 있지만, 대부분의 유아교육기관에서는 누리과정에 기초하여 일과를 제공하고 계획한다. 일과계획 및 운영 시에는 일과 진행 순서를 일관성 있게 계획해야 유아가 편안함을 느끼고 자신의 앞으로의 일정을 마음속으로 준비할 수 있다. 또한, 동적인 활동과 정적인 활동, 대집단과 소집단 활동을 균형 있게 계획하고 유아의 집중력을 높이는 일과구성을 해야 한다. 이때 유아의 발달수준, 신체적인 욕구, 유아교육기관의 시설과 공간, 학급의 원아 수, 교사 수를 고려한다.

1) 유아교육기관의 일과운영의 기본 원리

유아교육기관의 일과운영을 위한 기본 원리를 살펴보면 다음과 같다.

- 매일의 일과계획은 일관성이 있어야 한다

  일관성 있는 활동은 유아가 쉽게 이해할 수 있어서 안정감을 느끼고 다음에 무슨 활동을 할 것인가를 파악할 수 있게 해주어 스스로의 행동을 적응할 수 있게 해 준다. 하루일과 활동에 관한 순서판을 교실 입구에 걸어 놓아서 유아가 쉽게 그날의 활동을 알 수 있게 하거나 모이는 시간에 교사와 유아가 함께 오늘 어떤 활동을 하게 될지에 대하여 소개하는 시간을 갖는다. 만약 우리도 새로운 교육 연수에 갔는데 일정표를 주지 않는다면 계속 어떻게 일정이 진행되는지 궁금해서 물어보는 것과 똑같은 상황을 상상하면 유아에게 일과를 알려주는 것이 당연함을 알 수 있다.

- 일과계획 속의 일정한 시간은 유아의 신체적인 욕구, 즉 화장실 가기와 간식 먹기가 반영되어야 한다

놀이에 열중하게 되면 유아는 아직까지 자신의 배설욕구를 적절히 조절할 수 없고, 피곤하거나 배가 고프면 쉽게 짜증을 내기 쉽다. 성인은 이 같은 신체적 컨디션을 말로 표현하지만, 유아는 표현하지 못하고 다른 방법으로 갈등 상황을 일으키거나 축 늘어져 있기 때문에 교사가 이를 배려하여 일과구성에 안배해야 한다.

따라서 일과계획은 반드시 의도적으로 유아의 신체적 욕구를 조절할 수 있도록 계획되어야 한다. 만약 동적인 활동을 하였다면 다음에는 휴식시간을 갖거나 정적인 활동을 하여서 자연스럽게 전이가 되도록 해야 할 것이다.

- 일과계획은 무엇보다도 교사가 미리 자신의 짜인 틀에 유아를 끼워 맞추기보다는 유아의 요구에 따라 적극적으로 참여하고 의사결정을 하도록 도와야 한다

예를 들어, 두 그룹으로 나누어 수업을 할 경우에도 의도적으로 집단을 나누기보다 먼저 하고 싶은 친구가 선택할 수 있는 자유권을 주어서 약간의 수치가 맞지 않더라도 스스로 결정할 수 있도록 해야 한다. 또한, 교실의 규칙을 정할 경우에도 스스로 세워서 책임을 질 수 있는 습관을 길러주어야 한다.

- 일과 활동 계획은 각 프로그램의 철학에 근거해야 하지만, 어떠한 프로그램이든 간에 활동의 내용과 순서는 균형 잡힌 계획이어야 한다

활동적 계획 / 조용한 활동
실내 활동 / 실외 활동
개별 활동 / 대 · 소집단 활동
교사 선택 활동 / 유아 선택 활동

또한, 이러한 활동은 일과활동 순서를 결정할 때 서로 다른 활동들이 교차될 수 있도록 하여야 한다. 예를 들면, 조용하게 이야기를 듣는 시간 다음에는 실외놀이나 율동을 하도록 한다.

- 일과 활동 계획은 여러 가지 유형의 상호작용이 일어날 수 있도록 계획한다

  교사와 개별 유아의 상호작용, 교사와 소집단 · 유아와의 상호작용, 유아와 유아 간의 상호작용, 유아와 교구와의 상호작용의 기회가 골고루 제시될 수 있어야 한다.

- 일과 활동 계획은 융통성 있게 운영되어야 한다

  날씨의 변화, 유아의 흥미의 지속성을 고려하여 계획한 활동이라도 다른 것으로 대체하거나 활동시간을 길게 혹은 짧게 조정하여야 한다. 예를 들면, 봄 동산에 현장견학 가려고 계획했더라도 날씨가 흐릴 경우 다른 것으로 대체해야 하므로 실내에서 할 수 있는 활동을 미리 계획해 두어야 한다.

  또한, 유아가 '의자 뺏기 게임'에 아주 흥미롭게 참여했더라도 그 게임이 아주 재미있을 때 끝마치도록 하여 다음에도 그 놀이를 하고 싶어 하도록 유도한다. 아무리 재미있는 활동이라도 너무 오래 하면 유아는 곧 싫증을 느끼기 때문이다.

- 효과적인 일일활동 계획은 활동을 계획한 다음, 그 활동을 수행해 보고 활동의 평가가 이루어질 수 있도록 한다

  활동을 평가하는 것은 보완할 점뿐만 아니라 잘된 점도 기록해 놓아야 한다. 평가는 누구에게 보이기 위해서가 아닌 나 자신의 수업을 되돌아보고 다음 수업에 참조하기 위함이다. 이같은 이유로 잘된 점도 평가해 놓으면 다음 수업에 참고하여 더 질 좋은 수업을 할 수 있다. 예를 들어, 보완할 점은 빨간색, 잘된 점은 파란색으로 표시해 두면 다음 수업에 참고할 때 용이하다.

2) 교육시설의 일과운영 내용

교육시설의 하루일과는 8시간 이상에 걸쳐 진행되므로, 일과활동은 유아의 신체적 · 정서적 상태를 고려하여 무리 없이 구성되어야 한다. 유아를 위한 하루일과를 구성할 때 고려해야 할 내용은 다음과 같다.

- 유아를 위한 활동은 전인적인 발달에 초점을 둔 보호와 교육이 통합되어 구성된 양질의 활동으로 제공되어야 한다

  예를 들어, 영아를 대상으로 일과를 구성할 때, 수면, 수유, 대·소변 가리기 등 신체적 욕구 충족을 위한 활동이 대부분이므로 이러한 활동을 교육적으로 접근시켜 나가야 할 것이며, 유아를 대상으로 일과를 구성할 때는 신체적 욕구 충족을 위한 활동의 시간이 감소되고, 교육을 위한 활동의 시간이 증가될 수 있다.

- 유아의 발달 정도를 고려한 발달에 적합한 활동으로 구성되어야 한다

  영유아교사는 각 연령 단계에서 일어나는 인지적 발달을 정확하게 예측하고, 각 활동은 기대되는 발달을 도와주고, 촉진할 수 있도록 제공되어야 한다.

- 각 유아의 개인적인 발달의 차이를 고려한 개별적 접근이 이루어지도록 일과를 구성해야 한다

  특정한 연령집단의 유아에게는 발달의 공통적인 경향도 있지만, 각기 다른 가정환경, 가족 배경, 성격을 가지므로 개인차가 생긴다. 이러한 개인차를 고려한 활동에서 영유아의 개인적인 흥미, 발달속도, 경험과 능력이 반영되어야 한다.

3) 일일활동 계획 및 구성

일일활동의 계획은 시간별로 구분된 활동시간대의 형태로 운영된다. 이러한 시간대별의 활동은 서로 분리된 하나의 교과목 성격을 갖는 것이 아니라 유아의 전인적인 발달을 위하여 통합적인 활동으로 연결된다.

예를 들면, 음악시간, 미술시간, 과학시간으로 분절되기보다는 이러한 시간을 통하여 교육과정이 추구하고자 하는 유아의 언어발달, 기술발달, 문제해결력, 사회성 발달을 이루게 하는 것이다.

일일 활동의 구성은 다음과 같이 서로 연관성 있게 통합적으로 이루어지도록 구성한다.

(1) 10분 등원 지도

하루 생활의 시작은 등원과 함께 시작된다. 등원시간에는 유아가 전날 밤은 어떻게 지냈는지 수면상태 등을 알아보고 부모와 상세한 대화를 통해 보육에 필요한 정보를 교환하는 시간이다.

즉, 비형식적으로 유아를 점검하는 시진을 한다. 교사는 안정적으로 유아를 맞이하고 유아와 라포(rapport)를 형성하여 유아가 부모와 편안하고 자연스러운 분위기에서 헤어질 수 있도록 돕는다. 또한, 유아의 건강상태나 기분을 체크한다. 각 개인 유아에게 주의를 기울일 수 있는 시간이므로 가방의 준비물이나 가정과의 쪽지를 챙기는 등의 세심한 집중을 해야 하는 시간이다.

또한, 일찍 등원하여 아침을 못 먹은 유아는 가방에 챙겨온 간식을 꺼내어 먹을 수 있도록 배려해 주는 것도 잊지 말아야 한다. 각 가정과의 '연락장'을 활용하여 유아에 대한 건강, 수면, 식사, 배변, 준비물, 언어전달에 대한 정보 교환이 이루어지면 많은 도움을 받을 수 있다. 전날 밤에 수면을 제대로 취하지 못한 유아는 침실에서 계속 잠을 잘 수 있도록 배려한다.

(2) 40~60분 실내 · 자유선택활동

철저히 계획하여 준비된 실내환경에서 유아가 자신의 흥미와 능력에 맞는 놀이를 스스로 선택하여 활동하도록 한다. 선택한 영역에서 개별적 또는 다른 유아와 적절히 상호작용하면서 놀이를 한 뒤 평가하는 것까지 포함하여 어떤 활동보다 개인차를 고려한 통합교육이 가능한 시간으로, 하루일과 중 가장 많은 시간적 비중을 차지하는 것만 보더라도 가장 중요한 시간임을 알 수 있다. 특히, 등원시간이 서로 다를 경우에는 유아가 자기 학급 교실로 들어서면서부터 시작되는 경우도 많다.

(3) 10분 정리정돈 및 화장실 다녀오기

활동을 정리하고 자신이 계획했던 활동에 대하여 평가해 본다. 교사는 정리 시간이 오래 걸릴 것이라고 예상되는 유아에게는 정리신호를 울리기 전에 미리 귀띔해 주어 유아가 당황하는 일이 없도록 배려해 주고 함께 정리한다.

(4) 20분 간식(유아의 경우)

간식은 학기 초에는 다 함께 먹을 수 있으나 점차 자유선택활동 시간에 간식 영역에서 자신의 이름표를 뒤집어 개별 간식을 먹을 수 있도록 하여 유아의 놀이시간을 더 연장해 줄 수도 있다.

(5) 40분 대 · 소집단 활동

집단 활동이란 함께 모여서 여러 가지 교육활동을 하는 것을 말하며, 집단 크기에 따라 대, 소집단으로 나뉜다. 단원이나 주제, 활동종류에 따라 집단이 나뉘며 생활주제에 맞는 다양한 활동을 하게 된다. 대집단 활동은 한 반 전체 유아가 함께 모여서 하는 활동을 말하며, 상황에 따라 달라지기는 하지만 대체적으로 출결상황, 날씨의 변화, 하루계획에 대해 알아보는 것으로 시작하여 그림책 듣기, 이야기 나누기, 음률 지도, 게임, 휴식, 점심 식사, 실외놀이, 생일 축하, 평가시간 등이 이에 해당한다. 소집단 활동은 한 반을 2~3개의 집단으로 나누어 집단마다 다른 교사가 지도하거나 돌아가면서 한 교사가 지도하는 형태를 말한다. 인지적 활동이 집중적으로 이루어질 수 있는 이야기 나누기, 과학실험, 창의성을 도울 수 있는 음률 활동, 동시짓기, 조형활동, 요리활동, 동극활동 등 보다 적극적으로 참여할 기회를 줄 수 있는 활동으로 이루어진다.

집단으로 모일 때에는 주의를 집중시키는 활동으로 손유희를 비롯하여 노래 부르기, 관찰력 게임, 수수께끼, 이야기 꾸미기, 탐정놀이, 손인형 사용하여 도입하기, 말 잇기, 수 놀이, 동작 따라 하기 등 여러 가지 활동을 활용하는 것이 매끄러운 수업 진행에 도움이 된다.

(6) 40~60분 점심 식사

점심식사 전에는 당번을 정하여 음식배식을 돕거나, 책상을 닦는 역할을 부여하면 책임감 형성에 효과적이다. 먼저 먹은 친구들에게는 양치 후 독서를 하여 안정적인 교실분위기를 형성해 주는 것도 좋다. 점심시간에는 다양한 음악을 틀어주며, 교사는 돌아가면서 유아들 자리에서 함께 식사를 하면서 올바른 식습관을 지도한다.

이 시간은 친구들과 즐거운 경험을 나누고 언어적 상호작용도 증진시킬 수 있으며, 음식과 식사에 대한 긍정적이고 바른 태도를 가질 수 있다. 식사를 마치고 나면 양치질을 한다.

(7) 60분 실외놀이

실외놀이도 실내자유선택활동처럼 교사의 계획하에 이루어져야 한다. 교사는 주제에 맞는 실외놀이 활동 교재교구를 준비해 두어야 하며, 미리 기구의 안전 설비를 점검하고 모래를 세척하는 등의 위생관리를 해야 한다. 또한, 유아가 잘 보이는 곳에 위치하여 안전사고가 나지 않도록 하는 것도 중요하다. 수로를 이용한 물놀이나 목공놀이 포대에 모래담기놀이 등을 내어줄 수 있다.

(8) 10분 평가 및 귀가지도

귀가시간이 다가오면 교사는 어린이 개인이 가지고 가야 할 물건이나 전달사항이 있는지 점검한다. 등원시간과 비교하여 특별한 변화가 없는지 영유아를 살핀 후 개별적인 연락 사항이 있으면 준비한다. 이때 등원 시에 활용한 보육시설과 가정과의 '연락장'을 활용하여 영유아의 하루생활을 간간이 기록해서 부모님께 전해주기도 한다. 특별히 영유아의 건강이 좋지 않다든지 친구와 놀다 다친 곳이 있으면 어린이집에서 있었던 일 등을 자세히 적어서 전달하는 것이 좋다.

특히, 귀가지도 시간에는 유아가 흥분하기 때문에 안전사고가 많이 일어난다.

교사는 시간적 여유를 두고 유아와 하루 평가를 하고 인사를 나눈다. 연령이 어릴 경우에는 시간을 더욱 두고 옷 입기와 머리모양 등의 기본생활습관지도를 함께 해 주는 것도 중요하다.

가정에 발송되는 통신문이 있는 경우에는 각각의 이름을 기재한 후 이 시간에 나누어 주기보다는 미리 점심이나 아침에 가방에 넣어 놓으면 혼잡을 피할 수 있다. 귀가시간에는 부모님이 오실 때까지 당번교사가 전달 사항을 전하도록 하며, 차량 탑승 하원 원아 외의 다른 원아들은 간단한 놀이를 하며 부모님이 오실 때까지 교사와 활동 후 귀가한다.

4) 일일활동의 전개

일일활동을 전개하기 위해 유의해야 할 사항은 다음과 같다.

- 교육 내용을 전개하기 위하여 사용될 준비물을 선정한다.

  유아교육에서는 다양한 활동을 통하여 학습을 전개시키게 된다. 교사는 한 가지 개념을 전개시키기 위해서 유아가 가장 흥미 있고 동기유발이 될 수 있는 활동을 선택해야 한다. 예를 들면, 노래, 그림 그리기, 손유희, 과학활동, 현장 체험 학습, 동화 듣기, 게임 등의 여러 가지 활동을 한 가지 개념을 전개시키는 데 함께 사용할 수 있다.

  생활주제 '가족' 단원에 대해 일일활동을 구성할 경우에는 일일활동의 소주제가 '아빠'가 될 수 있고 이날의 새 노래는 「아빠 힘내세요」, 이야기 나누기 주제는 '아빠가 사용하시는 물건', 게임 '아빠 되어 보기', 동화 듣기 「세상에서 제일 힘센 수탉」 등에 대해 수업을 전개해 나가게 되는 것이다.

- 일단 활동이 선정되면 사용될 교재의 종류를 선정한다.

  실물을 사용할 것인지, 그림이나 다른 상징적인 표상을 사용할 것인가를 결정하는 것이다. 유아는 실물자료를 제공해 주는 것이 가장 적절하지만, 코끼리 같은 실물재료를 제공할 수 없을 경우에는 사진자료를 제공하고 사진자료가 여의치 않을 경우에는 그림자료를 제공한다. 요즘은 매스미디어의 발달로 동영상이나 컴퓨터자료도 종종 제공한다.

- 집단 형성을 고려한다.
  대 · 소 집단 중 선택을 한다. 보다 심도 있는 주제를 나누려고 계획한다면 소집단을 해야 하며, 창의성의 발현되는 수업을 전개한다면 개별 집단을 고려해야 할 것이다.
- 학습 경험을 위한 환경 조성을 고려한다.
  학습활동을 실제로 전개할 장소를 결정해야 하는데 원으로 모여 앉을 것인지, 강당에서 전개할 것인지, 소집단으로 책상에 모여 앉을 것인지를 결정하는 것이다.
- 제시 형태를 고려해야 한다.
  교사가 중심이 될 것인지, 유아 자신이 선택하도록 할 것인지를 결정하는데 계획단계에서 가장 효과적인 제시방법이 연구되어야 할 것이다.
- 동기유발의 형태를 결정한다.
  동기유발을 할 수 있는 전략은 유아 집단의 성격이나 활동에 따라 다양하게 전개되어야 한다. 동기유발 방법은 연령에 따라서도 다양하게 나타난다. 어린 연령인 경우에는 인형을 사용한 역할극 시연을 선호하며, 연령이 높을 경우에는 말놀이를 선호한다.

즉, 일일교육활동을 전개할 때는 유아교육기관의 하루일과를 미리 고려하여 일일 계획을 구성해야 할 것이다. 교사는 항상 유아교육기관의 일정과 행사를 체크하여 반 운영의 일과계획을 하고 운영해야 한다.

02 교수-학습 프로그램에서의 교과교육

프로그램에 대한 사전적 의미는 "진행되는 계획이나 순서, 혹은 목록"으로 정의된다(김혜경 · 유희정, 2004). 이에 기초하여 본다면 교수-학습 프로그램이란, 유아를 대상으로 진행되는 계획이나 순서, 혹은 목록이라고 할 수 있다(민성혜 · 김송이 · 김영애, 2008). 즉, 프로그램은 어떤 내용이나 목적, 목표 혹은 내용만을 단순히 일컫는 것이 아니라 상당히 과정적인 개념이라고 볼 수 있다. 여기서는 다양한 프로그램의 시대적 프로그램을 고찰하고자 한다.

1) 활동중심 통합교육과정

교사-유아 상호주도의 주제선정을 강조하는 '활동중심 통합교육과정'에서 유아교사가 수립하게 되는 교육계획은 종래의 단원중심 교육과정에서의 교육계획과 비교해 볼 때, 그 내용 및 교수방법에 많은 차이가 있다.

활동중심 통합교육과정에서 교사가 수립하게 되는 연간 교육계획안은 '연간교육 주제목록안', '주제별 연관활동 목록안', '활동영역별 연간 활동 계획안'을 내용으로 한다. 활동중심 통합교육과정에서는 전통적 단원중심 교육과정에서 사용하는 '월간 계획', '주간 계획', '일일 계획'이라는 용어 대신 '안(案)'이라는 용어를 사용하는데, 그 이유는 '교육 내용이나 그 실시의 시기'가 미리 결정되지 않았다는 것을 의미하기 위함이다.

(1) 연간 교육주제 목록안

'연간 교육주제 목록안'에는 일 년 동안의 유아교육기관 교육과정에서 다루게 되리라고 예상되는 주제와 주제별 '방사선형 주제 계획안'들이 총괄적으로 열거되어 있다. '연관 교육주제 목록안'에는 ① 교사의 경험에 근거하여 볼 때, 유아가 여러 해에 걸쳐서 공통적으로 관심을 보여 왔던 주제, ② 그 해에 실시될 것으로 예성된 특별한 국가 행사와 관련된 주제(예 : 올림픽), ③ 교육부의 누리과정 교육활동자료집에 제시된 주제, ④ 교육을 진행하는 과정에서 유아의 제안과 합의에 의해 도입된 주제, ⑤ 교육을 진행하던 중에 교사의 제안과 유아의 합의에 의해 새롭게 첨가된 주제 등이 연간 교육주제로 선정되어 있으며, 이러한 연간 교육주제 목록안은 일 년 동안의 교육진행과정에서 계속 첨삭된다.

또한, 활동중심 통합교육과정의 '연간 교육주제 목록안'은 선정된 주제의 도입·전개시기를 특정한 월·주·일로 명시하지 않는 특징이 있다. 즉, 교사는 교육계획 수립 시 연간 교육주제 목록을 1, 2학기로 분류한 다음 어떤 주제가 어떤 시기에 진행될 때 가장 효과적일 것인지를 예상하여 계획을 세우지만, 주제 도입 시기를 고정시켜 놓지는 않는다. 그것은 활동중심 통합교육과정에서는 어떤 주제의 도입 시기가 교사에 의해서 일방적으로 결정·고정되어 있는 것이 아니라, 유아의 자연스러운 흥미유발, 유아의 제안과 합의, 교사의 제안과 합의에 따라 융통성 있게 결정되기 때문이다.

(2) 주제별 연관활동 목록안

'주제별 연관활동 목록안'이란 특정 주제와 연관된 활동들의 총체를 말한다. '주제별 연관활동 목록안'을 수립함에 있어서, 교사는 유치원의 교재교구 목록과 영역별 활동목록을 참고로 하여, 특정 주제와 연관된 활동들을 일차 선정한 다음, 활동영역들 간의 균형과 통합이 잘 이루어지도록 활동들을 재조직한다. 주제별 연관활동은 개별적으로 이루어지는 경우도 있고, 집단적으로 이루어지는 경우도 있는데 집단의 규모는 활동의 종류, 내용 및 방법에 따라 대집단·중집단·소집단으로 나누어진다. 개별 활동 및 집단 활동의 예는 다음과 같다.

〈글상자 3-1〉 개별 활동 및 집단 활동의 예

〈개별 활동〉

• 자유선택활동: 이 활동은 다음과 같은 다양한 활동영역에서 이루어지며, 개별적으로 일어난다.

실내자유선택활동	언어, 수, 과학, 미술, 요리, 책 보기, 조작 활동, 나무토막 활동, 역할놀이
실외자유선택활동	모래, 물, 목공, 신체활동기구를 사용하는 활동, 실외놀이기구를 이용한 활동, 게임, 동물 사육, 식물 기르기, 관찰 등

〈집단 활동〉

이야기 나누기	• 주제와 관련된 이야깃거리 소개하기 • 주제 토의 및 토론 • 언어를 통한 문제해결 활동	
동시 · 동화 · 동극	• 동시 듣기 · 짓기 • 동화 듣기 · 만들기 • 동극 꾸미기	• 영화 감상 • VCR 감상
음악	• 노래 • 노래극	• 악기 놀이 • 음악감상
신체활동	• 창의적 신체표현 활동 • 음률	• 게임
현장 학습	• 견학	

(3) 활동영역별 연간 활동 계획안

'활동영역별 연간 활동 계획안'이란 활동영역별 활동목록의 총체이다. 이것을 수립함에 있어서 교사는 활동영역별로 가능한 모든 활동을 수집 · 선정한 다음, 활동의 위계성과 유아의 발달수준을 고려하여 활동의 난이도에 따라 활동을 순차적으로 조직한다. '활동영역별 연간 활동 계획안'은 주제별 연관활동 계획안 수립 시 참고자료로써 유용하게 사용될 뿐 아니라, 교육과정 진행 중에 주제와 관계없이 유아에게 제공해야 할 활동들을 선정하는 데 있어서 지침이 된다. 왜냐하면 '활동영역별 연간 활동 계획안'에는 활동의 위계성과 난이도가 잘 나타나 있기 때문이다.

한편 활동중심 통합교육과정에서 교사가 수립한 연간 교육계획안은 특정 생활주제의 도입단계에서 재구성되는 과정을 거치게 된다. 여기에는 ① 주제계획안 재구성, ② 주제별 연관활동 계획안 수립, ③ 일일 활동계획안 작성 및 평가가 포함된다.

(4) 주제 계획안 재구성

유아에 의하여 주제가 선정된 다음, 주제전개를 위하여 교사가 제일 먼저 하게 되는 준비는 주제 계획안의 재구성이다. 교사가 자신이 계획한 연간 교육주제 목록 안에 들어있는 주제 계획안을 그대로 실행에 옮기지 않고 재구성하는 이유는 다음과 같다.

- 유아가 제안한 주제의 시작점과 '교사가 예상한 주제 계획안'에 있는 주제의 시작점이 다르기 때문이다. 즉, 교사는 어떤 주제가 어느 방향으로든지 도입될 수 있도록 하는 매우 융통성 있는 예상안을 갖고 있으나, 유아가 제안하는 주제는 그것 자체가 주제 전개의 뚜렷한 시작점이 된다.
- 유아가 제안한 주제의 크기와 교사가 예상한 연간 교육주제 목록안에서의 주제의 크기가 서로 다르기 때문이다.
- 유아가 제안한 주제의 크기와 교사가 예상한 주제 계획안에서의 주제의 크기가 서로 같은 경우라 할지라도 주제가 도입된 시기에 따라 주제와 관련된 '유아의 선 경험정도'가 매우 다르기 때문에, 주제 전개내용에 있어서의 증감이 요구되기 때문이다.
- 유아가 제안한 주제가 교사가 전혀 예상하지 못한 주제인 경우에는 새롭게 주제 계획안을 수립해야 하기 때문이다.

2) 몬테소리 유아교육과정

몬테소리 유아교육과정의 교육이론은 종래의 전통적인 개념의 유아에서 탈피한 새로운 유아를 발견하려는 노력에서 시작된다. 몬테소리는 유아관찰을 통하여 발견한 아동관에서 유아는 흡수 정신과 민감기를 지니고 있으며, 이러한 능력이 집중과 반복을 통해 정상화되는 과정을 바로 '교육'이라고 주장했다.

몬테소리는 이러한 잠재력을 지닌 유아에게 그 능력을 발휘할 수 있는 환경을 마련해 줌으로써 인간생명의 존중에 봉사하는 것이 교육의 목적이라고 하였다. 따라서 몬테소리 유아교육은 인간 발달과정에 필요한 모든 것을 충족시켜 줄 수 있는 환경을 준비하고 그 준비된 환경 안에 자유를 부여하는 실천교육이라 할 수 있다.

(1) 교육목적

유아의 발달수준에 적절한 교재와 교구를 사용해서 유아가 스스로 독립적으로 성장해 나가도록 하는 것이다. 즉, 유아 본래의 정신인 정상성(normal)을 찾고 보존하는 것이다. 몬테소리에게 있어서 '정상화된 유아'란 천성이 왜곡됨이 없이 발달된 유아로서 다른 사람에게 의지하지 않는 독립적인 유아이다.

(2) 아동관

인간은 출생할 때부터 정신적 생명을 내부에 간직하고 있다. 정신과 육체를 이원적으로 파악하고 교육은 궁극적으로 유아의 정신발달을 조성하는 데 있다. 유아를 환경으로부터 정보를 수집·탐색·학습하는 존재로 본다. 또한, 선천적으로 자신의 잠재능력을 전개해 나갈 수 있는 존재로 본다. 유아의 자발적 활동을 존중하며, 준비된 환경 내에서 자신의 내면 발달속도에 따라 발전하는 정상화의 개념을 강조하였다. 유아가 특정행동에 예민하여 쉽게 배울 수 있는 '민감기'가 있다고 생각한다.

→ 주로 0~6세 사이 유아 내부에 잠재해 있는 흡수하는 정신능력을 통하여 환경을 받아들이며, 스스로 경험하고 배우게 된다.

(3) 유아의 발달 원리

몬테소리는 교육과정의 근간을 이루는 세 가지 발달원리를 제시하였다. 이는 다음과 같다.

① 민감기

유아는 특정 행동에 감수성이 예민하여 쉽게 배울 수 있는 '민감기'가 있어 이 시기에 적극적인 환경과 접촉하여 환경에 적응하게 된다고 한다. 0~6세 동안 발달영역에서의 민감성은 연속적인 과정과 무의식적으로 이루어진다.

② 흡수 정신

유아의 정신을 '흡수하는 정신'으로 정의하며, 이는 유아가 그의 내부에 잠재해 있는 흡수하는 정신능력을 통하여 환경을 받아들이며, 스스로 경험하여 배우게 되는 특성을 말한다.

③ 정상화

정상화는 유아가 그 유아를 위해서 준비된 환경(자유) 안에서 작업을 선택하고 목적 있는 작업과 연결되어 집중을 하고 그 작업을 완성하면 저절로 생기는 현상이다.

④ 교육방법

- 유아의 내적(자연적) 요구에 따라 활동을 통한 학습의 자극을 주어야 한다.
- 유아의 신체적인 의지력을 조직할 수 있는 활동이다.
- 단순한 동작에서 자연스럽게 점차 복잡한 활동으로 변화한다.

(4) 교수원리

교수원리란 궁극적으로 교육과정을 통해 일어나기를 바라는 목표를 달성하기 위해 유념해야 할 교수방법을 의미한다.

① 고립화의 원리

고립화란 유아발달에 있어 각 부분의 다른 부분과 상호관련되어 있는 가운데 각 부분이 구조, 역할, 본질 등을 추출하여 그 부분의 완전한 활동을 기대하는 것이다. 특히, 본질적인 특징을 명백하게 함으로써 서로 관계하는 곳에 생기는 새로운 힘이 장래 성인으로서 사회에 공헌할 수 있는 능력을 개발하는 데 있어서도 필수적인 원리로 보았다. 몬테소리교육에서 배려되는 고립에는 감각 자극의 고립, 개념의 고립, 곤란의 고립, 환경의 고립을 들 수 있다.

② 자기훈련

자신의 의지에 따라 선택적인 활동을 할 수 있는 자기훈련(self disciplinc)이다. 유아가 관심을 가지고 있는 대상을 선택하여 집중하고 자기훈련의 기회를 가졌을 때 교구에 대한 집중능력을 기를 준비가 된 것이라고 본다. 자기 훈련발달은 두 가지로 분류될 수 있다. 하나는 내적인 훈련의 개발로 유아와 교구와의 관계이며, 다른 하나는 외형적인 훈련의 개발이다.

(5) 교육내용

몬테소리의 교육내용에는 일상생활의 훈련, 감각교육, 산수교육, 언어교육, 문화교육의 5개 과정이 포함되어 있다.

일상생활의 연습은 기본적인 운동습득을 가능하게 해 주며, 의지력의 단련, 독립심, 자립심, 집중력의 양성, 교사와 유아 간 신뢰관계의 확립에 도움을 준다. 일상생활의 습관을 토대로 감각교육을 행하게 되는데 감각교육은 산수, 언어 문화교육의 기초로 간주된다.

몬테소리의 감각 교구(16개)는 다음과 같다.

- 원기둥 꽂이, 분홍 탑, 갈색 계단, 빨간 막대, 색깔 원기둥, 색판, 기하 도형과 카드, 기하 입체, 구성 삼각형, 촉각판, 온각통, 중량판, 비밀 주머니, 소리통, 미각병, 후각통, 기타 2항식 입방체, 3항식 입방체, 음감벨 등

일상생활 훈련에는 개인 관리, 환경관리, 사회적 관계, 동작의 조정과 분석이 포함된다. 언어교육에는 읽기와 쓰기 교육이 포함되며, 종이 글자, 알파벳, 언어 카드 등의 교구가 있다. 수학교육에는 수의 소개, 덧셈, 뺄셈, 곱셈, 나눗셈의 기본공식의 학습, 분수 및 기하의 도입 등의 활동이 있다. 문화 영역에는 사회화 인간, 습관, 예술, 문학, 생물, 지리, 미술, 음악에 관한 활동들이 포함되어 있다.

(6) 교사의 역할

- 유아의 발달단계와 흥미에 맞게 준비된 환경을 마련해 주는 일이다.
- 관찰자로서의 역할을 한다.
- 촉진자로서의 역할을 한다.
- 유아에 대한 존중을 기본적으로 가진다.
- 작업 중에 유아를 방해하거나 중단시키지 않으며, 유아 스스로 시행착오를 통해 오류를 깨닫도록 해 준다.

(7) 몬테소리의 교구 특성

- 순서적으로 되어 있다.
- 잘못의 정정이 되어 있다.
- 교구마다 특별한 목적이 있다.
- 단순한 것에서부터 복잡한 것으로 진행해 나간다.
- 구체적인 것에서 추상적인 것으로 진행해 나간다.
- 교구를 만짐으로써 아이들이 스스로 배운다("수 막대 2와 3을 합쳐보니 5가 되더라." - 스스로 진리 발견).

3) 레지오 에밀리아 유아교육과정

이탈리아 북쪽에 위치한 인구 약 15만 명이 살고 있는 레지오 에밀리아 로마냐 지역은 농업과 산업도시뿐만 아니라 예술의 도시로 부유한 지역 중 하나이다. 오랫동안 유아교육의 패러다임을 개발하였으며, 이러한 경향은 미국의 유아교육에 실질적 지침을 제공하였다. 1991년 『뉴스위크지』에 세계에서 가장 훌륭한 유아교육 프로그램에 언급된 이후 전 세계적으로 알려지기 시작했다. 레지오 에밀리아 접근법은 교사, 부모, 지역사회가 모두 한 그룹을 이루어 유아를 위한 총체적 교육을 이루어 온 것이라고 평가받고 있으며, 장 · 단기 프로젝트 실시, 다상징적 접근법, 발현적 교육과정운영 및 기록작업 등으로 유아교육계에 관심을 모으고 있다.

레지오 에밀리아 접근법은 철학적 · 심리학적 기초 위에서 이론과 실제를 연결함으로써 유아교육실제의 질을 향상시켰으며, 아동중심적인 방법을 지향하여 유아로 하여금 다양한 시각으로 환경을 관찰하도록 하였다. 캐츠(1996)는 레지오 에밀리아 접근법이 프로젝트 접근법을 실천하고 있는 프로그램으로서 유아의 경험을 다양한 상징적 방법을 통해 도식화하여 유아의 능력을 일깨워 주고, 또한 유아 교수-학습방법의 새로운 방법을 모색하게 해 준 것으로 평가하고 있다.

레지오 에밀리아에서는 유아를 위한 교육기관으로 교회에서 운영하는 사립기관, 국가에서 운영하는 국립기관, 시에서 운영하는 시립기관의 세 가지 형태가 있다. 시에서 운영하는 프로그램은 좀 더 부유한 이탈리아 북쪽 지방과 중심지방에서 사용되고 있으며, 발전 중에 있는 남쪽 지방에서는 자기 도시에 맞는 프로그램을 만들기 위해 나라와 주에서 제공하는 자금을 혼용하여 이용하고 있다(김수영 · 김수임 · 정정희, 2008).

(1) 레지오 에밀리아 접근법의 정의

'레지오 에밀리아 접근법'은 이탈리아의 시립 유아교육체제를 말한다. 현재 3~6세 유아를 위한 유아학교와 0~3세 유아를 위한 영유아센터가 교육과 탁아 및 복지의 개념을 연합하여 정상아뿐만 아니라 특수아를 포함하여 질 높은 종일제 프로그램을 운영하고 있다.

'레지오 에밀리아 접근법'의 운영은 프로젝트 중심의 학습, 발현적 교육과정의 운영, 표상을 활용한 다 상징적 교수법, 사회적 상호작용을 통한 협력 학습, 기록화의 교육적 활용, 프로젝트에 부모의 공동 참여, 지역사회중심의 운영, 학습을 자극하는 물리적 환경, 전문적 교사, 현직 교육 등 새로운 교육방법을 계속적으로 개발, 현장실제에 적용하고 있다.

(2) 교육목적

표현적 · 의사소통적 · 인지적인 언어를 통합하여 스스로 사고하는 힘을 구축해 갈 수 있는 재통합된 유아를 길러내는 것이다. 의사소통기술, 사회 · 정서, 과학 및 창의적 사고력 등을 증진시킴으로써 전인교육을 지향한다. 사고능력을 향상시킴으로써 유아로 하여금 자기 주변의 환경을 보다 적극적으로 탐색할 수 있는 능력을 배양하는 전인적 교육을 지향한다.

(3) 교육관

학습자가 사회 또는 환경과의 부단한 상호작용을 통해 능동적으로 성장 · 발달하는 것으로 이로써 올바른 유아교육을 통해서 정의로운 사회를 만들 수 있다고 한다. 또래나 성인, 사회 문화적 환경과의 관계로부터 동기유발되며, 학습하는 풍부한 잠재력과 권리를 가진 주체로서의 '사회적 구축 주의자'로 인식한다.

(4) 교수전략

장기 또는 단기 프로젝트를 통해 한 가지 주제를 중심으로 소집단의 유아가 협동적으로 문제해결을 할 수 있는 기회를 최대화하고 다양한 매체를 사용한 다 상징적 표상을 통해 반성의 기회를 가짐으로써 학습이 이루어지도록 한다.

(5) 교사의 역할

'지식의 공동구축자'로서 유아의 근접발달 내에서 적절한 지원을 해줌으로써 유아의 탐색을 적극적으로 돕기 위해 유아를 '자극'하여 유아가 능동적으로 생각하고 질문하고 해결하도록 돕는다. 레지오 에밀리아 접근법에서는 교사 간에도 전문적 자질의 공동구축을 강조하며, 부모와 함께 배우기를 원하고 유아의 양육과 교육의 책임을 부모와 공유한다.

(6) 교육과정운영의 특성

① 발현적 교육과정

교사가 과거의 경험과 유아에 대해 알고 있는 것을 기초로 가설을 세우고, 유아의 욕구와 흥미에 적응할 수 있는 융통성 있는 목표를 세움으로써 유아는 욕구에 따른 표현을 유발시키는 '발현적 교육과정'을 실시한다. '발현적 교육과정'이란, 교사가 특정 학습자를 특정장소에서 특정시간에 반응적이 되도록 요구하는 계획의 과정이다.

프로젝트의 수행기간, 활동선정 및 진행방향에 있어서 유아가 많은 자율성이 주어진다. 유아의 관심이나 학습진행 상태뿐만 아니라 교사의 관찰에 따른 판단에 의해 상호협상과정을 통해 주제가 선정되고 프로젝트 내용이 발현된다. 발현적 교육과정은 이전 활동이나 탐색에서 단순히 다음으로 넘어가는 것이 아니라 관찰과 재관찰을 통한 표상과 재표상의 깊이를 기대하는 것이다.

② 학습을 위한 그리기

유아가 자신의 사고를 가시화하여 재고찰하고 반성하는 기회를 얻기 위해 그리기를 활용한다. 학습자가 대상물들 사이 또는 자신과 사람 간을 관계 지어 사고하는 과정을 반성적 추상 작용이라 하며, 이러한 과정을 통해 유아는 대상물 간의 작용, 인과 관계 등에 관한 지적구조를 구축하게 된다. 이러한 과정은 본질적으로 의식의 성장을 뜻하며, 유아가 자신에 대해 그리고 자신과 물리적 · 사회적 세계와의 관계에 대해 점차 알게 되는 것을 말한다.

③ 상징화 주기

프로젝트가 전개되면서 교사의 판단에 따라 반복할 시간을 충분히 가지고 다양한 표상매체를 사용하여 중요한 경험을 관찰, 재관찰하고, 고찰, 재고찰하여, 표상, 재표상함으로써 일련의 활동을 방문, 재방문해 나감에 따라 이전 경험을 깊이 있게 탐색하고 확장시켜 나가는 교수전략을 활용한다(나선형 방식). 이 방법은 반성적 사고능력을 향상시키기 위한 교수전략이다.

④ 표상을 통한 학습 = 다 상징화

다양한 교수매체와 표상매체를 창의적으로 조합하여 사용하면서 유아의 흥미를 몰입시키고 반성적 사고를 지원해 줄 수 있다.

- 언어적 표상
- 그리기 표상(도식적 표상)
- 3차원적 표상(극화적 표상)

⑤ 의사소통 맥락의 표상을 통한 학습

의사소통 맥락의 표상은 다른 사람이 잘 이해할 수 있도록, 즉 상징이 의사소통의 수단이 되는 상징으로서의 역할을 잘할 수 있도록 표상해야 하므로 메타 상징적 표상이 되며, 내용 면에서는 자신이 아는 것을 사고하고 표현해야 하므로 메타 인지적 기능을 갖게 한다.

⑥ 사회적 상호작용의 강조

레지오 에밀리아 접근법에서는 사회 인지적 갈등 요인을 학습의 중요한 기제로 보기 때문에 교사는 유아들 간의 갈등을 억제하기보다는 발전적 토의나 새로운 학습의 계기로 활용한다. 또래 간뿐만 아니라 유아와 성인 간, 환경적 맥락과의 사회적 상호작용이 이루어질 수 있는 학습상황을 의도적으로 계획하여 제시한다.

⑦ 기록화의 활용

- 유아에게는 재방문하여 반성하게 하는 자료가 된다.
- 교사에게는 유아를 이해하고 프로젝트의 방향을 선정, 확장해 나가는 연구자료가 된다.
- 부모에게는 학교에 관심을 가지고 참여하게 하는 수단이 된다.
- 일반 대중에게 레지오 에밀리아 접근법을 알리고 피드백을 받는 의견교환의 수단이 된다.

4) 프로젝트 접근식 유아교육과정

프로젝트 접근법은 1920년대 미국에서 듀이와 킬패트릭에 의해 시작된 연구법으로 1990년대 캐츠와 차드에 의해 재소개된 것이다. 이 접근법은 교사와 유아가 학습할 가치가 있는 특정주제에 대해 심층적으로 연구하는 교수-학습법으로 유아의 생활세계에 대한 이해를 증진시키고 계속 학습하고자 하는 성향을 길러주는 것을 목표로 한다(이기숙, 2008). 실제적으로 프로젝트 접근법이 이루어지는 단계를 보면 다음과 같다(이기숙, 2008; 지옥정, 1997).

(1) 주제선정

프로젝트 접근법에서 주제는 특정 지역의 유아의 관심을 반영하여 교사가 결정한다. 즉, 교사는 유아의 흥미와 교사의 가치판단(교육적 가치, 유아가 주도적이고 자발적으로 탐구할 수 있는지 등)을 기반으로 이루어져야 한다. 예를 들어, 4~5세의 경우 주제로 '영양'보다는 '음식'이, 처음이라면 '빵은 어떻게 만들어질까?'가, '동물'보다는 '개'가, '우리 가족'보다는 '아기'가 더 적합하다.

(2) 계획 및 준비단계

교사가 예비 주제망을 작성하기(브레인스토밍, 유목화, 주제망, 기본 어휘 및 중심개념 선정, 학습내용/활동 조직표 작성), 프로젝트 실행에 필요한 자료들과 출처에 대해 미리 생각해 보기, 프로젝트에 대해 부모들에게 자료요청과 교육시작을 알린다.

주제에 대해 유아가 이전 경험표현하기, 교사와 유아의 공동 주제망 구성하기(브레인스토밍, 유목화, 주제망), 질문목록 작성하기, 해결방법 모색하기, 새롭게 파생된 질문을 기술하고 새로운 활동으로 연결하기 등 주제에 알맞은 교육환경을 구성한다.

(3) 탐색 및 표상단계

탐색 및 표상단계에서는 주제와 관련된 현장을 견학하고 관찰하거나 발견한 것을 다양한 방법으로 표상(그리기, 쓰기, 읽기, 그래프, 차트, 도표, 벽의 장식, 모형 만들기, 극놀이 등)하는 것이다.

현장견학이란 교실을 벗어나 학교, 지역사회 안에서 체험학습을 해보도록 하는 것이다(질문에 대한 조사 · 탐구, 현장에서의 스케치, 현장견학 후 토의하며 공통적 · 개인적 경험을 재확인, 현장 스케치를 중심으로 발견하게 된 것을 다양하게 표현하기).

(4) 마무리와 전시 및 평가단계

여러 결과물을 전시하기, 다른 사람들을 초빙하여 프로젝트를 통해 알게 된 것을 발표하기 등을 한다.

5) 발도로프 유아교육과정

슈타이너의 새로운 학교와 교육의 기본 원리를 그의 말을 그대로 이용하면, "오늘날 가장 중요한 것은 학교는 완전히 자유로운 정신의 삶에 근거해야 한다. 가르치고 교육되어야 하는 것은 오로지 성장과정 중에 있는 인간에 대한 인식과 각 개개인의 소질에 대한 인식으로부터 출발해야 하며, 가르침과 수업의 기본 바탕은 참된 인간학에 근거해야 한다."이다. 발도르프교육은 슈타이너의 인간학에 근거하여 아동의 몸과 마음 나아가 정신의 발달을 포함한 온전한 인간이해를 바탕으로 이루어진다. 특히, 정신적 관점에서 각 개인의 타고난 능력을 개별적 · 개인적 차원에서 완전히 받아들인다. 이것은 각 아동을 유일한 개별체로서 인정하며, 그 유일한 개인적 본성을 전체적으로 존중한다는 뜻이다.

(1) 교육론

교육은 육체, 영혼, 정신 등 넓은 의미에서 인간에 대한 지식에 근거하여 정립되어야 한다. 육체는 외부세계에 관련되고 영혼은 그 자신의 내적 삶을 갖게 하며, 정신은 영원한 것과 어울릴 수 있게 한다. 따라서 교육을 맡고 있는 교사는 어린이의 총체적인 삶에 주목하고 관심을 가져야 한다. 그래서 발도르프교육의 가장 중요한 관심은 육체, 마음, 그리고 건강한 정신의 형성에 있다.

(2) 교육원리

발도르프교육에서는 크게 두 가지로 교육원리를 나누어 제시하였다. 이는 다음과 같다.

① 교육원리로서의 질서

유아교육기관의 교육은 유아가 그 나이에 맞게 건강한 생활을 유지함으로써 창의적인 발달과정을 겪을 수 있는 생활의 한 틀이라는 '질서'를 마련해 주는 것이며,

그러한 질서 속에서 유아는 주위의 사람들과 환경에 대하여 신뢰감을 가질 수 있다. 이러한 신뢰감을 바탕으로 안정감이 생겨나며, 여기서 창의로운 재능이 스스로 형성될 수 있다.

② 교육원리로서의 본보기와 모방

유아는 직접적인 감각체험을 통해 모방으로 배우게 된다. 모방은 어른의 시범적인 행동을 따라 하는 것을 의미하는 것이 아니라 어른과 유아의 내적인 유대를 말한다. 유아의 모방능력은 유아의 내면에 있는 자유의 표현이며, 이는 유아가 자기 주변의 인물들 속에서 비교될 수 있는 것을 인지한 경우에만 개발될 수 있는 능력이다.

다른 측면에서 유아는 어른에게 본보기를 보인다. 유아는 놀이를 통해서 자유를 실천하고자 한다. 유아가 자유로운 놀이를 통하여 보여줄 때 그것은 성인에게 영향을 미친다. 어른 스스로가 자신이 살아가는 삶의 자주성과 자유를 역으로 얻는다. 이러한 의미에서 어른과 유아는 서로 영향을 주는 상호 교류적인 만남이다.

(3) 교육내용

여섯 가지 주요 교육내용을 소개하면 다음과 같다.

① 자유놀이

자유놀이시간에는 유아에게 다양한 예술적 활동을 할 수 있는 기회가 주어진다. 특별히 기념일이나 축제 때는 이에 따른 활동이 주어진다. 자유놀이는 유아 스스로 세상 안으로 접합시켜 가는 것을 능동적으로 할 수 있다는 것뿐만 아니라 세상을 능동적으로 만들어 갈 수 있다는 가치를 알려 준다.

② 동아리 활동

동아리 활동시간에는 노래, 손가락놀이, 이미지 게임 등이 주어진다. 노래와 시는 통합된 교육과정의 일부이다. 동아리 활동시간에 배운 노래는 다른 활동에도 스며든다.

③ 예술활동

발도르프 유아교육기관에서의 활동은 예술적이고 실천적인 교육의 방향에 따라 구조화되어 있다. 예술활동을 중시하는 것은 이해하고 분류하고 사고하는 '두뇌적인 인간'보다는 움직이고 사물을 만들고 더 예쁘게 하려는 '율동적인 인간' '손발을 가진 인간'의 욕구를 만족시키고 형태화하려는 데 있다.

④ 오리튀트미

유아교육기관에는 단순한 신체표현과 다른 '몸을 움직이는 놀이'시간, '혼이 있는 신체의 배양'으로 몸짓과 선율을 중심으로 한다.

⑤ 극놀이

발도르프 유아교육기관에서는 교사의 지도하에 이야기와 극놀이가 매일매일 이루어진다. 공동체험과 공동행동이 가능해지고 언어 촉진도 이루어진다.

⑥ 수채화 그리기

수채화 그리기를 통해 사람, 소, 말 등 특정한 대상을 그리도록 하는 것이 아니라 색과 대면을 해주어 유아 스스로 탐구하도록 하게 한다. 창조적인 활동은 아이들에게 색의 세계를 관찰할 수 있는 좋은 기회를 제공해 주는 것이고 유아에게는 어떠한 색 이론도 가르치지 않지만, 다양한 색이 종이 위에 나타나는 것을 스스로 경험할 수 있도록 하는 것이다.

(4) 교육방법

연령은 혼합집단으로 학급을 구성한다. 유아가 서로 상호작용함으로써 형제자매 관계를 생기게 한다. 취약한 유아를 촉진시키려고 노력함으로써 개별화 교육을 실시하고 있다. 교사는 언제나 본보기로서 유아들 앞에 서서 지도한다.

어떤 숨겨진 강요 없이 소규모 집단으로 행해진다. 같은 선생님이 계속 맡는 담임교사제도를 택하며, 유치원의 경우 3~5세 동안 3년간 가르친다. 자기 반 교육은 담임교사에게 전적으로 맡겨져 있다.

(5) 환경구성 및 놀잇감

유아교육에 중추를 이루고 있는 놀이를 통하여 창의적이고 다양한 예술적인 경험을 하도록 하려는 데 초점을 둔다.

- 발도르프 학교는 각이 없이 지어져 있다.
- 지붕, 교실, 복도 모두 곡선 구조로 되어 있다.
- 유원장에는 모래밭, 나무로 된 조그만 오막살이 집, 뉘어져 있는 고목 등이 전부였다. 일반 유아교육기관에 필수적으로 있는 것으로 알고 있는 미끄럼틀, 그네, 정글짐 등은 없다.
- 유아교육기관에는 문명의 이기라고 하는 TV, 컴퓨터를 비롯한 각종 전자 상품은 없다. 대부분 자연물이고 꾸밈없는 원형 그대로의 것들로 꾸며 유아가 안정감을 느낄 수 있는 분위기를 제공하려고 하고 있다.

03 유아교실 안에서의 교과통합의 예

유아교육기관에서의 교과교육은 초·중·고등학교에서와 같이 교과가 확연히 나누어지지 않아 통합적인 상태로 교과교육을 지도해야 한다. 유아교육기관에서는 교과를 통합하여 한 교과로서의 교과교육이 교수-학습되어 교과교육목표가 달성되도록 하여야 한다.

요리활동을 예로 든다면 요리를 하여 화학적 변화를 보는 활동은 과학수업이 되며, 요리하는 동안 양을 측정하고 나누는 활동은 수학 수업이다. 동시에 요리 후 동생들에게 요리를 나누어 주었다면 사회교육이 이루어진 것이고, 자신이 만든 요리 래시피를 글로 적는다면 언어교육이 이루어지는 것이다. 이렇게 본다면 하나의 요리활동을 통해서도 네 개의 수업목표를 달성할 수 있기 때문에 교과 간의 통합이 이루어지는 것이다.

또한, 놀이를 통하여 학습하는 유아에게는 역할영역에서 가게놀이를 하면서 가격을 매기는 수학활동과 가게의 물건을 사고파는 행위에 필요한 말을 배우는 언어활동, 가게의 물건을 진열할 때 협동하고 역할을 정하는 사회교육이 이루어지는 것도 한 예가 되겠다. 이에 따라 교사는 교육현장에서 발생하는 현상을 살펴보고 이를 통해 통합적인 접근방법을 위한 대안을 생각해 보는 일이 필요할 것이다.

노영희(1999)는 교육과정 계획 시 나타나는 보편적인 문제점을 다음과 같이 제시하고 있다.

첫째, 교사가 연간 진행될 생활주제를 미리 선정하는 것이 유아의 실제 흥미와 관심을 반영하고 있는가에 대해 의문을 제기할 수 있다. 물론 교사는 동심원적 접근의 원리에 의하며 유아에게 가깝고 구체적인 경험부터 점차 유아에게 간접적인 경험으로, 또한 유아의 발달수준이나 연간 행사, 유아의 흥미 등을 예측하여 주제를 선정하여 일직선상으로 나열하고 이를 순서대로 제시한다.

그러나 유아의 현재 경험이나 흥미가 고려되지 않았으며, 유아의 아이디어로부터 시작되지는 않았다. 따라서 유아의 현재 흥미와 요구가 반영되는 주제들이 유아에 의해 선정되고, 유아의 경험이 반영되는 여러 주제와 통합되어, 유아가 어느 방향으로 관심을 갖더라도 융통성 있게 진행될 수 있는 계획이 되어야 한다.

둘째, 교사가 이야기 나누기 시간을 일일주제에 대한 내용을 가르치기 위해 계획하는 문제이다. 교사는 매일 20분 정도 주제와 관련하여 유아가 습득해야 한다고 판단되는 개념을 이야기 나누기 시간에 주로 설명을 통하여 전달하는 경향성이 있다. 이때 유아는 주제에 대한 사전경험이나 흥미 정도가 다르기 때문에 대집단의 모든 유아가 열정을 가지고 상호작용에 참여하기는 어렵다.

따라서 일부의 유아와 교사만의 상호작용이 이루어지고, 이때에도 교사는 유아들의 다양한 의견을 수용하기보다는 교사가 목표로 한 정답 중심의 상호작용을 이끌어가기도 한다. 이때 주제에 대한 관심이 없는 일부 유아는 산만한 행동이나 수업 방해행동을 하기도 하여 교사는 이들을 통제하기 위해 시간과 노력을 할애하기도 한다. 따라서 이야기 나누기 시간에 유아들이 서로의 경험을 공유하는 가운데, 새로운 발견과 이해를 확장한다는 것은 이론에 그치기 쉽다. 따라서 교사는 주제에 내포된 개념을 활동으로 전환하여 유아가 활동하는 과정에서 주제에 대한 발견과 탐색이 일어나도록 계획해야 한다.

셋째, 교사가 주제중심의 통합교육과정을 계획하였을 때, 주제와 각 영역의 활동이 통합이 잘 이루어졌는가에 대한 고민을 해야 하며, 각 교과간의 학문 간 통합이 균형 있게 이루어졌는가를 고려해야 한다. 때로 교사들은 조형활동이나 게임을 통해 교과의 학문적 목표를 다루기보다는 그 활동의 내용과 방법에 치중하는 경향성이 있다. 이를 해결하기 위해서는 교사가 주제와 관련된 활동을 선정하고, 그 활동을 진행할 때 그 활동이 갖는 그 교과의 목표 또한 달성되도록 계획하여야 한다.

예를 들면, 동물이라는 주제와 관련하여 점토로 동물을 만드는 조형활동을 계획하였을 때, 목표와 상호작용 과정, 평가에 동물의 몸에 대한 이해와 함께 미술적 요소에 대한 탐색과 표현, 감상이 포함되어야 한다.

위의 내용을 통해 통합교육과정을 위한 조건을 정리하면 다음과 같다.

- 교사는 교사 주도의 교육과정이 계획이 아닌 유아의 흥미로 출발하는 교육과정을 계획한다.
- 교사는 주제에 내포된 개념을 중심으로 활동을 선정한다.
- 또한, 교사는 각 교과의 개념들이 활동에 융해되도록 한다. 이를 위해 교사는 각 교과영역의 내용에 대한 이해를 가질 필요가 있다.

04 자유선택활동 영역별 운영의 실제

자유선택활동은 오랫동안 유아교육기관에서의 중요한 활동의 형태로 존재해 왔다. 자유선택활동은 유아 자신의 개별적인 흥미, 욕구 및 발달수준에 따라 다양한 자료를 선택하고 탐색·조작해 보는 능동적 학습을 의미한다. 자유선택활동은 유아교육기관에서 이루어지는 교육활동의 중핵으로 각 활동영역에서는 계절 및 주제에 연관된 구체적이고 조직적인 자료를 준비해 주어야 한다. 또한, 시간은 유아의 자기 존중감, 창의성, 개방성 등이 중시되는 열린 학습활동 시간으로 유아 또한 하루의 일과 중 다양한 놀이활동을 전개해 나갈 수 있는 자유선택활동시간을 가장 즐거워한다.

1) 언어영역

이 영역에서는 유아가 듣기, 말하기, 읽기, 쓰기에 관심을 가지고 활동하는 동안 언어능력을 증진시킬 수 있다. 또래들의 이야기를 주의 깊게 듣고 이해하며, 자신의 의견을 바르게 말하는 활동을 통해 올바른 의사소통을 위한 태도와 습관을 형성한다. 그밖에 읽기·쓰기의 기초 활동을 통해 글자에 대한 관심을 가지고 언어를 습득해 나간다.

(1) 교육적 효과

유아들이 '듣기, 말하기, 읽기, 쓰기'에 대한 관심을 가지고 이와 관련된 활동을 통해 언어능력을 향상시킬 수 있다. 또한, 올바른 의사소통을 위한 태도와 습관을 형성하게 한다.

(2) 교육환경

유아가 조용한 가운데 밝고 따뜻하며 안정된 분위기에서 집중할 수 있도록 배려해야 한다. 바닥에 카펫을 깔고 낮고 편안한 의자를 따로 마련해 주고, 바닥에 푹신한 깔개나 쿠션 등을 두어 아늑한 분위기를 느낄 수 있게 한다. 조명은 특히 중요한데 창문 옆에 위치하여 자연 조명이 되도록 하는 것이 이상적이며 그렇지 못한 경우 불을 켜서 밝게 해 준다.

(3) 교재교구

언어영역은 흔히 도서영역이라고도 불려지며, 그림책만을 준비해 주면 되는 것으로 생각하기 쉬우나, 듣고 말하기, 읽고 쓰기와 관련된 다양한 환경적 배려를 해 주는 것이 좋다. 손인형, 융판용 동화와 융판, 이야기가 될 수 있는 그림조각, 녹음기와 동화가 담긴 녹음 테이프, 다양한 필기구와 다양한 종이류, 도장류, 먹지, 언어교구, 친구들 이름카드 등을 준비해 준다.

(4) 주요 활동

동화를 들려준 후 동극으로 유도하거나 이야기를 듣고 손인형으로 극화를 해 본다든가, 녹음기의 동화를 들으면서 종이 위에 그려 보고 이야기가 연결되게 그림을 이야기 순서대로 놓아보는 활동이다.

2) 조작놀이영역

조작놀이는 주로 퍼즐, 게임 등 소근육을 이용하여 놀잇감을 개별적으로 탐색하고 직접 조작하는 활동으로 이루어진다. 이러한 놀잇감은 수, 모양, 크기, 색 등의 개념을 내용으로 하고 언어발달을 돕는 교구와 사회적 상호작용을 촉진하는 그룹 게임 등으로 구성한다. 유아는 조작활동을 통하여 눈과 손의 협응력, 소근육을 발달시키고 집중력을 기르고 개념이해와 더불어 인지발달을 촉진할 수 있다.

(1) 교육적 효과

개별적 탐색놀이를 통해 소근육 발달, 수 개념, 모양과 크기 개념, 언어발달을 도와 줄 수 있는 교구와 인지적 사고를 돕는다. 유아의 집중력과 지구력을 증진시키고, 문제상황을 탐색하고 극복해 가는 과정에서 자신감과 자율성 발달이 이루어지도록 한다. 눈과 손의 협응력 발달과 창의적인 구성능력을 길러 주며, 형태 구성의 즐거움과 함께 시 · 촉각 등 감각기관의 발달을 돕는다.

(2) 교육환경

언어영역, 수놀이영역, 과학영역 가까이에 있는 조용한 공간이 적절하다. 교구는 낮은 교구장에 종류별로 진열해 놓음으로써 유아가 언제나 손쉽게 이용할 수 있도록 해 주고, 바닥에 카펫을 깔아 앉아서도 활동할 수 있도록 하고 동시에 책상과 의자를 적절히 배치해 준다.

2~3세 영아를 위해서는 아주 쉬운 그림 맞추기를 주는 것이 좋다. 나이가 많아짐에 따라 퍼즐조각의 수를 늘리고, 구성하기를 위한 다양한 블록이나 그룹게임과 구성활동에 관련된 책이나 화보, 교구의 사용법이나 활동순서가 제시된 활동카드와 같은 새롭고 다양한 교구를 첨가해 준다.

3) 쌓기놀이영역

쌓기놀이영역은 다양한 재질과 모양, 크기로 이루어진 블록을 이용하여 구성놀이를 할 수 있는 공간이다. 유아는 자신이 생각한 것을 만들기 위해 계획하고 공간을 구성하고 블록의 형태와 크기를 고려하여 쌓고 끼우는 가운데 신체, 언어, 사회성, 정서 등 여러 영역의 총체적인 발달을 이루게 된다.

(1) 교육적 효과

다양한 종류의 모양, 색, 크기, 형태의 블록을 이용하여 일상생활에서 볼 수 있거나 상상하는 것을 구성해 볼 수 있는 공간으로서 유아교육에서 가장 중요한 매개체로 이용되고 있다. 손으로 블록을 조작하는 과정을 통해 눈과 손의 협응력, 시각적 · 지각적 인식, 대소근육의 협응력 등의 신체발달을 이루게 된다. 유아가 생활에서 보고, 듣고, 느낀 경험을 재구성해 봄으로써 사람들의 역할,·기능 등에 관한 개념을 분명하게 수립하는 데 있어서도 블록은 효과적인 매개체가 된다.

또한, 유아에게 어떤 것을 사용하여 어떻게 공간 구성을 해야 할 것인가에 대한 구성력, 관찰력, 측정 기술, 원인과 결과에 대한 체계적인 사고능력부분과 전체의 관계와 수의 많고 적음에 관한 개념 등을 길러 줄 수 있다. 쌓기놀이는 유아의 긍정적인 자아개념과 언어능력 발달에도 도움이 된다. 블록을 쌓고 무너뜨리는 과정에서 부정적 정서를 해소하여 정서순화의 매개가 되기도 하며, 여러 유아가 한 가지 목표를 세우고 함께 작업하는 과정에서 유아의 사회성 발달을 촉진하고 사회과학적 개념의 이해에도 도움을 준다.

(2) 교육환경

활동적이고 건조한 곳에 위치하는 것이 좋으며, 주로 역할놀이영역 옆에 위치한다. 역할영역과의 영역 간 통합활동도 가능하다. 예를 들면, 쌓기 영역에서 침대를 만들어 주고 역할놀이영역에서는 침대에 누워 병원놀이를 할 수도 있다. 블록을 쌓고 넘어뜨리는 과정의 소음을 줄이기 위해서 부분 깔개를 블록장 옆에 깔아 주는 것이 좋고, 쌓기놀이영역은 반드시 충분한 공간을 앞에 마련해 주어야 한다(유아 1~2명당 2/3평 정도, 3~5명당 약 2평 정도).

블록을 넣어두는 장은 문을 닫지 않고 개방식으로 하여 밑에는 주로 큰 블록을 쌓고 작은 것은 위에 쌓도록 한다. 영역을 재배열하거나 활동의 내용에 따라 움직임이 필요할 때 이동이 쉽도록 교구장 밑에 바퀴를 달아 둔다.

(3) 교재교구

쌓기놀이영역에 유닛 블록, 종이벽돌 블록, 우레탄 블록과 함께 유아가 흔히 함께 사용할 수 있는 조그만 동물이나 인형, 자동차나 배와 같은 운송 기관, 교통 신호와 표지판, 관련된 책과 화보, 밀거나 끌 수 있는 바퀴 달린 놀잇감 등의 보조자료를 같이 주어 놀이를 질적으로 확장할 수 있다. 정리하는 시간을 이용하여 유아에게 공간개념을 길러 줄 수 있도록 블록 모양의 그림자를 시트지로 만들어 교구장에 부착하면 정리 시 도움도 받을 뿐만 아니라 공간감각도 기를 수 있다. 요즘은 입체를 구성할 수 있는 작은 단위의 에듀메쓰, 폴리, 몰펀블록 등의 다양한 블록을 함께 넣어 준다.

4) 역할놀이영역

역할놀이영역에서 유아는 자신의 경험과 상상력을 바탕으로 성인의 행동을 모방하는 놀이를 통해 부정적인 감정을 해소함으로써 정서적으로 안정감을 가질 수 있다. 실생활을 재현하는 역할놀이과정에서 타인과의 관계를 통하여 자기중심적인 사고에서 벗어나 사회화 기술이 증진된다.

(1) 교육적 효과

유아가 자신의 경험과 희망, 요구를 바탕으로 주제에 따라 자유롭게 놀이를 구성하면서 내면적 욕구를 표현하고 부정적 감정을 발산하여 정서적인 안정을 찾을 수 있다. 실생활에서 유아가 보고 경험한 다양한 역할을 맡아 해 보면서 여러 가지 경험이나 생각, 느낌을 창조하는 능력과 동시에 인지발달이 촉진된다. 가정을 축소해 놓은 것과 같은 아늑한 분위기를 느끼게 해 주며 성인의 여러 가지 행동을 모방해 볼 수 있는 역할놀이, 상상놀이에 필수적인 영역이다.

(2) 교육환경

움직임이 많고 활동이 다양하며 동적인 놀이영역과 인접하여 배치하는 것이 좋다. 특히, 쌓기놀이영역과 가까이 두어 필요하면 언제든지 영역이 통합되어 놀이가 확장될 수 있도록 한다. 장소가 부족한 경우는 쌓기놀이영역에 함께 배치해도 좋다.

(3) 교재교구

여러 가지 활동을 생활주제에 맞추거나, 그때그때 상황에 맞게 바꾸어 배치한다. 가족 중에 아픈 아이가 생겼다는 상상놀이를 할 때는 곧 역할놀이영역이 병원놀이로 바뀌고, 유아는 의사, 간호사 등의 역할을 맡아 병원놀이를 한다. 시장놀이가 시작되면 가게로 변해서 물건을 진열하고 가게 주인과 물건을 사는 사람 등으로 역할을 바꾼다. 이처럼 역할놀이에는 가정에서 사용하는 일상용품뿐 아니라 유아가 성인의 여러 가지 역할과 행동을 모방할 수 있도록 여러 종류의 직업과 관련된 복장이나 소도구를 마련해 주는 것이 좋다.

5) 조형영역

조형영역은 다양한 자료와 매체를 가지고 사물의 색, 선, 형태, 질감을 탐색하며 창의적인 미술표현활동이 이루어지는 곳이다. 유아는 평면 혹은 입체 구성활동을 통해 자신의 생각과 느낌을 표현함으로써 정서적 긴장감을 해소하고 성취감을 느낄 수 있다.

(1) 교육적 효과

다양한 자료와 매체를 가지고 감각 활동의 즐거움을 경험할 수 있게 한다. 유아는 다양한 매체를 가지고 활동하면서 사물의 색, 선, 형태, 질감을 탐색하고, 시각적 구성과 구성 활동을 통해 자신의 생각과 느낌을 표현하면서 성취감을 얻고 정서적 긴장감을 해소할 수 있는 기회를 가진다.

또한, 그리기, 오리기, 풀칠하기, 색칠하기, 구성하기 등은 눈과 손의 협응력 같은 신체발달을 돕는다. 다양한 자료와 매체의 사용경험을 통한 시행착오는 유아의 문제해결력 신장에도 도움을 주며, 공동작업은 협동과 양보, 차례 지키기 등의 친사회적 행동을 통한 탈중심화의 기회를 제공한다.

(2) 교육환경

매우 활동적인 경우가 많고 소음이 많으므로 주로 실내에서 하는 것으로 생각되나 날씨가 따뜻한 날은 바깥에 마련해 주도록 한다. 작업을 할 수 있는 책상과 의자, 화판, 그림을 그리기 위한 이젤 등이 설치되어야 하며, 손을 닦을 때 필요한 물을 쉽게 이용할 수 있도록 수도시설이 필요하다.

바닥은 물이나 물감이 흘렀을 때 쉽게 닦을 수 있는 재질로 된 것이 적당하고, 종이 수건이나 마른 수건, 스펀지 등을 준비해 두고 수시로 물기를 제거하여 바닥의 물기 때문에 미끄러지지 않도록 해야 한다. 비닐가운을 가까운 곳에 걸어 두어서 유아 스스로 입고 작업을 마친 뒤 벗어서 정리할 수 있도록 한다. 작품을 말릴 수 있는 건조대와 전시책상 등도 함께 마련한다.

(3) 교재교구

그림물감, 크레파스, 밀가루 점토, 종이, 상자, 파스텔, 관절인형, 지점토, 옹기토, 찰흙 칼, 다양한 콜라주자료가 들어있는 투명한 병(구슬류, 곡식류, 색볼, 수수깡, 음식물 말린 것 등), 폐품류, 유토, 아크릴물감, 페인트 붓, 캔버스, 트레싱지, 백토, 나무조각, 목공용 본드, 글루건, 마카, 매직, 사인펜, 반짝이 풀, 색연필, 먹지, 콩테, 네임펜, 색도화지, 색종이, 타공지, 스카치테이프, 양면테이프, 리본테이프, 스프링, 모루, 구리철사, 실, 전깃줄, 펜치, 가위, 풀, 종이죽, 인형눈, 글라스물감, 글라스펜, 액자 프레임, 이젤, 다양한 굵기의 붓, 뿌려펜, OHP 필름지, 이면지, 전지, 장판, 종이컵 등을 사용한다.

6) 음률영역

음률영역에서는 소리 듣기와 탐색하기, 노래 부르기, 악기 다루기, 음악감상 등의 음악활동과 율동, 신체표현 등의 동작활동이 통합적으로 이루어지는 영역이다. 유아는 이러한 활동을 통하여 정서적 감정을 풍부히 하고 감각 기능이 발달하며, 창의적인 음악적 표현능력을 기를 수 있다.

(1) 교육적 효과

유아가 노래 부르고 음악을 감상하며, 여러 가지 악기를 자유롭게 다루고 실험하여 보고, 음악이나 악기연주에 맞추어 율동을 경험해 볼 수 있는 영역이다. 음률활동은 유아의 정서적 감정과 감정기능을 발달시키고, 언어와 창의성 및 사회성을 발달시킬 수 있는 기회를 제공한다.

또한, 신체 움직임을 통해 신체운동 조절능력을 기르고 공간과 신체와의 관계를 인식할 수 있게 한다. 모든 유아는 음악적인 능력을 가지고 태어나므로, 이러한 능력을 계발하여 음악이나 율동을 통해 자신의 느낌을 표현하여 볼 수 있는 기회가 된다. 노래 부르기나 악기 다루기, 동작해 보기 이외에도 다양한 종류의 음을 듣고 구분하고, 다양한 종류의 음에 대한 느낌을 다른 종류의 활동이나 상황에도 적용할 수 있게 한다. 특히, 동요, 고전음악, 민요, 왈츠, 종교 음악, 록 음악, 전위적인 전자 음악에 이르기까지, 유아가 다양한 종류의 음악을 듣고 감상해 보는 기회도 가질 수 있게 한다.

(2) 교육환경

마룻바닥이나 카펫을 까는 것이 좋으며, 유아가 소리를 정확히 변별할 수 있으면서도 소음이 다른 인접영역을 방해하지 않도록 쌓기놀이영역이나 역할놀이영역 가까이에 배치한다. 이때 피아노나 선반 등으로 자연스럽게 영역을 구분 짓도록 한다. 유아가 자유롭게 신체활동을 할 수 있도록 충분한 공간이 허용되어야 하며,

움직이는 자신의 모습을 볼 수 있도록 벽에 큰 거울을 붙여주는 것도 좋다.

(3) 교재교구

악기정리장을 마련해 주고 악기 그림이나 악기의 윤곽을 그려 붙여 주어 유아 스스로 사용한 후에 쉽게 정돈할 수 있도록 해야 한다.

7) 과학영역

과학영역에서 유아는 동식물을 기르거나 여러 가지 물질과 자연현상에 대해 직접적으로 관찰하고 탐색함으로써 과학적 개념을 형성하게 된다. 이러한 활동을 통해 유아는 관찰력과 탐구력을 기르고 과학적 문제해결을 통해 논리적인 사고력이 증진된다.

(1) 교육적 효과

주변의 여러 가지 물체나 현상을 보고, 듣고, 만지고, 맛을 보는 등 감각경험을 통하여 사물의 속성을 탐색하고, 원인과 결과를 연결해 보는 경험을 제공하는 영역이다. 유아가 과학적인 경험에 능동적으로 참여하고 탐구과정의 즐거움을 맛봄으로써 과학적 사실에 호기심을 느끼고 탐구하게 되며, 조사 · 관찰 · 기록 · 비교 · 분석능력을 기를 수 있다. 이 영역에서는 생물과 무생물, 여러 물질과 자연현상을 관찰하고 탐구하면서 과학개념 형성을 위한 다양한 발견학습이 이루어진다. 과학과 관련된 용어의 인식은 유아의 언어발달을 촉진하며, 과학적 문제해결을 위한 접근과정은 관찰력, 논리적 사고력과 사고하는 습관을 길러 준다.

(2) 교육환경

과학영역은 햇빛이 잘 들고 조용하며, 물의 공급이 쉽고 안정된 공간에 배치한다. 유아가 수집한 물건을 전시하고 다른 유아와 함께 관찰할 수 있도록 선반이나 정리장을 마련해 준다. 전기기구나 실험기구를 안전하게 사용할 수 있도록 유아의 왕래가 많지 않은 장소가 적당하다.

(3) 교재교구

관찰한 변화과정과 결과 등을 기록할 수 있는 기록용지와 쓰기도구도 준비해야 하며, 스스로 탐색하고 실험할 수 있도록 그림책이나 백과사전, 활동카드, 녹음기, OHP, 비디오 등 다양한 자료를 적극적으로 활용한다. 또한, 살아 있는 동식물과 유아가 만지고 두들기고 발견할 수 있는 여러 가지 탐색적인 환경을 마련한다. 자석, 현미경, 확대경, 라디오나 기계류, 저울, 낙엽, 씨앗, 개미집, 조개껍데기 등을 진열하여 관찰실험을 해 볼 수 있게 하고 생활주변에서 흔히 볼 수 있는 자료 중에서 직접 만져 보고 실험해 볼 수 있는 자료를 충분히 준비해 준다(예를 들면, 당근이나 양파, 고구마 등의 식물 기르기나 물고기나 개구리 알 기르기, 그 밖에 공기에 대한 이해나 물의 성질, 도구의 작동원리 등을 실험할 수 있는 활동 계획).

8) 컴퓨터영역

컴퓨터영역에서 유아는 인지 · 언어 · 수학적 능력의 발달을 촉진하고 문제해결력을 기를 수 있다. 유아들 간의 자연스러운 협동활동이 이루어짐으로써 원만한 의사소통능력을 기를 수 있으며, 사회 · 정서적인 측면에 긍정적 영향을 줄 수 있다.

(1) 교육적 효과

바람직한 컴퓨터 사용과정을 통해 문제해결력, 원만한 의사소통능력 발달과 유아들 간의 협동이 자연스럽게 이루어진다. 또한, 컴퓨터는 유아의 인지발달, 언어, 수학적 능력 및 사회 · 정서적 발달에 긍정적인 영향을 줄 수 있다.

(2) 교육환경

전원을 위해 콘센트가 있는 벽면을 중심으로 조용한 영역과 소음이 많은 영역의 중간에 배치하도록 한다. 기계가 햇빛의 반사, 추위, 열등을 피할 수 있어야 하며, 이동을 위한 바퀴를 설치하는 것이 좋다. 컴퓨터 1대에 2~3개의 의자를 준비하여 유아가 개별적으로 혹은, 2~3명이 상호작용하면서 이용할 수 있도록 반원형으로 배치한다.

(3) 교재교구

프린터를 통해 즉각적인 상호작용을 할 수 있도록 하고, 유아가 즐길 수 있는 좋은 소프트웨어를 구비하여야 한다. 또한, 컴퓨터를 조작하는 순서와 방법을 그림과 함께 제시한 설명자료를 벽면에 게시해 둔다.

9) 수 영역

수의 개념을 다루기 전에 먼저 수가 포함되지 않은 간단한 분류, 비교, 순서 짓기와 같은 수 이전 활동을 먼저하고 난 후 수를 다루어 주고, 그다음에 수가 포함된 분류, 비교, 서열과 같은 활동을 제공해 주어야 한다. 수 영역은 언어, 조작, 과학영역과 인접하여 밝고 조용한 곳에 배치한다. 카펫이나 자리를 깔아서 게임판을 바닥에 놓고 활용하거나, 낮은 탁자나 책상을 놓아줌으로써 앉아서 활동에 몰두 할 수 있게 한다.

(1) 교육적 효과

다양한 발견학습에 참여하여 수 활동을 즐기는 경험을 제공하며, 그러한 경험을 통해 유아의 기초적 수 개념(분류, 배열, 공간, 시간 및 보존)의 발달이 촉진된다. 수와 관련된 용어의 인식은 언어발달에 도움을 주고, 또래와 함께 탐색하고 발견하는 수 놀이는 유아의 사회성 발달을 격려한다.

(2) 교육환경

언어 · 조작 · 과학영역 가까이 두는 것이 좋고 밝고 조용하며 안정된 공간이어야 한다. 게임판이나 교구를 바닥에 놓고 사용할 수 있도록 바닥에 카펫이나 자리를 깔고 낮은 책상을 마련해 준다. 또한, 비교 · 분류 · 측정 등의 작업 결과를 게시할 수 있는 공간도 제공되어야 한다.

CHAPTER 04

유아 교수-학습의 운영과 교사의 역할

유아의 발달적 특징과 교수-학습 간의 관계를 알기 위해 교수와 학습에 대한 개념과 정의를 해 볼 필요가 있다. 유아교육현장에서 교수-학습의 운영은 교육기관의 설립 유형, 유아교육기관 설립자의 교육적 철학, 교육기관에서 수행하는 교육 프로그램의 유형과 구분 및 운영방법, 원장이나 교사의 개인적인 교육철학과 운영 마인드, 교사로서의 역량과 수행역할 등 다양하고 다각적인 관점에서 유아교육에 대한 교수-학습의 운영은 매우 다양하게 설명될 수 있다.

즉, 교사의 역할은 더욱 다각적인 관점에서 교사의 교육과정운영 및 수행 여부와 교육과정과 기관의 철학 등을 얼마나 수용하고 이해하고 관철하는가에 따라 교사의 역할을 이해할 수 있다.

그러므로 이 Chapter에서는 교수-학습의 운영과 교사의 역할을 중심으로 교수와 학습의 계획, 교수-학습에서의 프로그램 운영, 교수-학습활동의 운영, 교사의 역할과 교수행동에 대하여 고찰해 보도록 하겠다.

01 교수-학습의 계획

교과를 효율적으로 최적의 상태로 가르치기 위해서는 적절한 교수방법이 필요한데, 이러한 점에서 교과와 교수-학습은 불가분의 관계를 가진다. 교수가 잘 운영되도록 지원하는 것은 바로 학습의 계획이다. 학습이 일어나게 하기 위해서 어떤 학습의 목표가 진술되고, 학습목표에 준한 학습내용이 구성되고, 학습내용을 학습장면에서 학습 운영이 되고, 학습결과가 평가되는 일련의 과정이 학습이라면 학습의 계획은 개념과 정의에 의해 다양하게 논의될 수 있다.

1) 교수-학습의 개념

교수-학습이란 교과교육의 지식을 효율적이고 의미있게 가르치고자 하는 일련의 의도된 노력과 행위라고 할 수 있다. 이렇게 볼 때 '교수(teaching)'는 교과를 가르치는 행위를 지칭하고, '학습(learning)'은 교과 지식을 배우는 일련의 모든 과정을 의미한다. 그러므로 교수-학습에 대한 이해를 돕기 위해 교수-학습의 정의와 다양한 관점을 살펴보아야 한다.

(1) 교수(teaching)의 다양한 정의

교수에 대한 정의는 어떠한 관점에서 보느냐에 따라 다양하게 정의될 수 있다. 교수에 대한 대표적 정의를 몇 가지 살펴보면 다음과 같다.

- 교수란 지식을 전달하고 학습자의 특정한 태도와 행동을 형성하기 위한 의도적이고 조직적인 활동이다.
- 좁은 의미에서 교수란 '학문이나 기술을 가르치는 행위'이고, 넓은 의미로는 '교사가 의도적으로 계획한 모든 활동'이다.

- 교수는 가르친다는 뜻에서 '교화(instruction)' 강의나 수업을 한다는 의미에서 '레슨(lesson)'이라고 명명하기도 한다.

(2) 학습(learning)의 다양한 정의

교수의 정의가 교수를 바라보는 관점에 따라 다양한 것과 같이 학습 또한 학습을 보는 관점에 따라 다양하게 정의된다.

학습에 대한 대표적인 정의는 다음과 같다.

- 학습은 자극과 반응 간의 관계에서 일어나는 관찰 가능한 행동의 변화를 의미한다.
- 학습이란 유의미한 경험의 결과로 인하여 개인의 지식, 행동, 또는 태도가 긍정적이고 지속적으로 변화하는 것을 말한다.
- 학습의 가장 큰 의미는 환경으로부터의 자극을 새로운 정보처리능력으로 변형시키는 일련의 '인지구조의 변화'로 볼 수 있다.
- 학습이란 학습경험 이후 즉시 행동으로 나타나거나 잠재력으로 남아 있을 수도 있고, 특정의 상황에서 학습된 행동으로 나타날 수도 있다.

교수와 학습의 개념을 이해하고 교과와 교수-학습의 관계를 살펴보도록 한다.

2) 교과와 교수-학습의 관계

교과는 교수-학습의 주된 내용이 되는 동시에 교수-학습의 방법을 결정하는 요인이 된다.

이러한 교과와 교수-학습의 관계를 구체적으로 살펴보면 다음과 같다.

- 교육이란, 가르치고 배우는 모든 과정을 의미하며, 교과란 특정의 교육내용을 필요에 의해 체계적으로 묶어 놓은 지식의 영역을 말한다.

- 교과 지식을 효율적으로 전달하기 위하여 각 교과에 해당하는 고유한 교수방법이 필요하다.
- 교과와 교수-학습은 분리되기 어려우며, 교육과정의 큰 틀 안에서 이해되어야 한다.

(1) 교육과정의 구성

교육과정은 형식적 교육과정, 계획된 교육과정, 실행된 교육과정, 학습된 교육과정으로 구성되어 있다.

- 형식적 교육과정: 교육내용을 글자로 명시화해 놓은 문서를 말한다.
- 계획된 교육과정: 교사가 가르치고자 하는 내용을 선택하여 교수계획을 세우는 일련의 모든 과정을 말한다.
- 실행된 교육과정: 실제 교실에서 교육하는 교수행위를 말한다.
- 학습된 교육과정: 학습자가 실제 배우고 익힌 내용을 말한다.

〈표 4-1〉 교육과정의 4단계와 교수법

<table>
<tr><th>형식적 교육과정</th><th>계획된 교육과정</th><th>실행된 교육과정</th><th>학습된 교육과정</th></tr>
<tr><td>국가수준 교육과정</td><td>연간·월간·주간 계획안,
일일 계획안,
활동 계획안,
교사의 수업준비</td><td>실제 수업, 활동</td><td rowspan="3">학습자의 경험,
배운 내용 지식 습득
및 형성</td></tr>
<tr><td rowspan="3">문서화된 교육과정</td><td>교수계획</td><td>교수 행위(수업)</td></tr>
<tr><td colspan="2">교수방법</td></tr>
<tr><td colspan="3">교수–학습</td></tr>
</table>

출처: 김진영 · 백혜리 · 최윤정(2006). 유아를 위한 교수학습방법론.

형식적 교육과정을 지침으로 하여 각 유아교육기관에서는 교육과정을 계획하고 유아교사의 수업 및 활동이 이루어진다. 교육과정에서 다루어지는 내용의 측면에서 보면 문서보다는 실제 수업에 더 많은 것이 내포되어 있으며, 학습자의 경험은 교사가 알지 못하는 부분까지도 포함할 수 있다.

교육과정의 단계별 교수법과 교육과정의 내용적인 유형을 살펴보니 유아교육현장에서 교육수행에 있어서 교수단계는 다양하게 구성 · 조직되어야 할 것이며, 교육과정의 내용선정, 교수방법, 평가에 이르기까지 교수자인 유아교사의 수행 의지와 역량이 중요한 요소임을 알 수 있다.

02 교수-학습 프로그램에서의 교과교육

유아의 교수-학습을 프로그램에 대입하여 구조화하면 매우 다양한 교수법이 형성된다. 이 Chapter에서는 크게 교사가 주도적인 역할을 하는 직접교수 유형과 유아에게 좀 더 주도적인 역할을 하도록 격려하는 간접 유형으로 구분할 수 있다. 유아의 연령, 집단의 규모, 수업의 형태 등에 따라 교수-학습의 유형이 달라지겠지만, 유아교육에서는 전반적으로 직접교수보다는 간접교수에 더 강조점을 둔다. 최근 현장에서 두드러지게 나타나고 있는 프로젝트 접근법이나 구성주의 접근법은 이러한 경향성을 반영하는 실례라고 할 수 있다.

1) 직접교수 유형

직접교수법은 교사가 수업의 전반을 이끌어 가는 교사중심의 교수법으로 현장에서 대집단 활동이나 그룹 지도 시 많이 사용하는 방법이다. 그중 현장적용이 가능한 설명법과 개념교수법을 소개하겠다.

〈표 4-2〉 직접교수 모형

단계	주요 활동	
설명하기	• 동기유발 • 학습 문제 제시 • 학습의 필요성 또는 중요성 안내	• 학습의 방법 또는 절차 안내 • 하루 전에 배웠던 개념의 복습
시범보이기	• 작용 사례 또는 예시 제시	• 방법 또는 절차 시범
질문하기	• 세부단계별 질문하기	• 학습 내용 및 방법 재확인
활동하기	• 적용	• 반복 연습

출처: 창조적 문제해결론. 권낙원 역(2010). 사고력 신장을 위한 프로그램 개발 연구 4.

〈표 4-2〉의 직접교수 모형에서와 같이 설명하기, 시범보이기를 비롯하여 질문하기와 활동하기 등이 있다. 설명하기를 기초로 설명법의 기초와 장단점을 살펴보고 개념교수법도 알아보겠다.

(1) 설명법

설명법은 교사가 유아에게 교육내용을 잘 알 수 있도록 직접적으로 전달하는 방식을 말한다. 이 교수법은 교수-학습상황에서 오랫동안 매우 흔하게 사용되어 온 방법이다.

① 설명법의 장점

유아교사는 사전에 가르치고자 하는 내용을 준비하고, 그것을 대집단으로 모인 유아들에게 설명한다. 이는 한 사람 한 사람에게 같은 내용을 반복해서 전달해야 하는 번거로움을 덜어 주며, 한 번에 많은 내용을 전달할 수 있다는 점에서 효율적이다.

② 설명법의 유의점

유아의 학습 특성상 교사의 언어만으로 전달되는 설명법에는 한계가 따른다. 따라서 교사는 구체적인 사물이나 영상자료 등 적절한 교수매체 활용이 필요하다.

만약, 교사가 양치질을 하는 방법을 설명하고자 한다면 칫솔, 치약, 컵과 같은 실물이나 치아 모형, 양치질 순서도, 관련 동영상 등의 자료를 준비하여 유아들이 양치질의 과정을 눈으로도 볼 수 있게 해야 할 것이다.

(2) 개념교수법

개념교수법은 브루너(Bruner)의 연구를 기반으로 하여 웨일(Weil)이 제시한 방법으로서 유아의 분석적 사고기술을 돕기 위한 교수-학습유형이다. 개념이란 한 무리의 개개에서 공통적인 성질을 빼내어 새로 만든 관념을 일컫는다. 유아가 사물이나 사건에 관하여 명명하고 유목화하며 분석적으로 사고할 수 있도록 하는 것이 개념학습인 것이다.

① 개념교수법의 장점

개념이라는 심적 표상은 이해나 기억을 도와 학습과정을 쉽게 하고 사고와 의사소통을 촉진시키는 역할을 함으로써 모든 학습의 기본이 된다. 개념은 상위개념과 하위개념으로 구분될 수 있다. 따라서 교사는 가르치고자 하는 개념의 상 · 하위 관계를 파악함으로써 유아에게 전달할 개념의 범위를 결정하는 데 도움을 받을 수 있다.

② 유아의 개념발달의 특징

- 유아의 개념발달은 위계적이고 누가적인 과정을 거친다. 유아는 동물이라는 개념을 획득하기에 앞서 개나 고양이라는 개념을 먼저 이해하게 된다.
- 유아는 하나의 개념을 불변하는 절대적인 것으로 인식한다. 즉, '계란'은 항상 '계란'이고 항상 '계란'으로 인식하기 때문에 때로는 '계란'이 달걀찜이나 달걀이 든 빵으로 바뀔 수 있다는 사실에 대해 이해하지 못할 수도 있다.
- 유아는 추상적인 개념이해에 어려움을 겪는다. 유아는 '개'라는 개념보다 '애완동물'이라는 개념을 이해하는 데 어려움을 겪게 된다.
- 개념발달은 연속적인 형태로 진행된다. 단순한 상태에서 복잡한 상태로, 구

체적인 것에서 추상적인 것으로, 무식별에서 식별된 상태로, 분산된 상태에서 조직된 상태로, 자아중심적 상태에서 사회중심적인 상태로의 연속성을 따른다.

- 유아가 개념의 명칭을 사용하는 것으로 그 개념을 이해하는 것을 의미한다고 보기는 어렵다. 또한, 유아는 개념의 명칭을 모르더라도 개념을 학습할 수 있다.

③ 개념교수법의 유의점

- 유아가 직접 보고 만질 수 있는 실제적이고 구체적인 사례를 제공한다.
- 유아의 생활세계를 고려한 경험을 제공한다.
- 조직된 개념을 제시하기보다는 사례를 통해 유아가 개념을 찾아낼 수 있도록 격려한다.
- 변별하기 쉬운 사물에서 시작하여 점점 어려운 것으로 진행해 간다.
- 교사는 유아의 개념습득에 도움을 주는 질문으로 상호작용한다.

이와 같이 개념교수법의 예를 통해 교사가 유아를 대상으로 어떻게 개념을 이해시키고 유추하게 하는지 알 수 있을 것이다.

2) 간접교수 유형

간접교수법은 교사중심의 직접교수법보다 교육의 선택이나 주도권을 유아에게 주는 학습자중심으로 교수법으로 이해할 수 있으며, 그 방법 중에 탐구학습법, 협동학습법, 문제해결학습법을 소개하겠다.

(1) 탐구학습법

탐구학습법은 교사가 설명하거나 개념을 전달하기보다는 유아 스스로 지식을 발견해 나가는 과정에서 중점을 두는 방법이다. 탐구학습법에서 가장 기본적이면서도 중요한 전제는 유아의 능동적인 참여이다.

① 탐구학습법의 장점

탐구학습은 교사로부터 주어지는 지식을 받아들이기만 하는 것이 아니라, 유아가 자신의 주변을 비판적으로 바라보고 문제에 대한 답을 스스로 찾아 나가는 유아중심적 교수-학습방법이다. 유아는 논리적인 탐구과정을 거치면서 고차원적인 사고능력을 발달시킬 수 있다.

Massialas와 Cox의 모형은 탐구학습법의 대표적인 유형으로서, 다음의 6단계를 거친다.

〈글상자 4-1〉 Massialas와 Cox(1996)의 탐구학습모형

① 문제 제기
문제를 인식하는 단계이다. 유아는 관심 있는 문제를 발견하고, 탐구하고자 하는 질문을 설정한다. 여기에서는 교사의 관심보다는 유아의 관심이 우선되어야 한다. 유아는 무엇에 관심이 있는지 잘 모르는 경우가 있기 때문에 자신의 관심사를 명확하게 알 수 있도록 돕는 것은 교사의 중요한 역할이다.

② 가설 설정
인식한 문제와 관련하여 그 해결을 위한 가설을 세운다.

③ 정의하기
가설에 사용된 용어의 의미를 분명하게 정의하는 단계이다. 이는 앞으로의 탐색과정에서 교사와 유아 간의 의사소통을 원활히 하는 데 도움을 준다.

④ 탐색하기
설정된 가설들이 타당한지를 검토한다. 탐색의 과정에서 타당성이 떨어지는 가설들은 기각하여 탐색의 범위를 좁혀 나간다.

⑤ 증거 제시
가설을 입증하는 증거를 제시하기 위해서는 먼저 자료수집이 필요하다. 이때 유아는 자신이 원하는 정보를 어디에서 구할 수 있을지에 대해 아는 것이 중요하다. 예를 들어, 필요한 정보는 책, 인터넷, 전문가, 실험 등을 통해 얻을 수 있을 것이다. 수집된 정보는 탐구 질문에 적합한 것인지의 평가과정을 통해 가설을 증명하게 된다.

⑥ 일반화
탐구과정의 결과를 종합하여 처음 설정된 문제에 대한 결론을 내리는 단계이다.

② 탐구학습법의 유의점

유아의 탐구학습을 돕는 교사는 유아가 탐구하려고 하는 내용이 무엇이든지 간에 그 가치를 인정해 주는 허용적인 태도를 보여야 한다. 또한, 유아가 세운 가설 검증을 위해 다양한 자료와 매체 등을 구비하여 충분한 탐색이 가능하도록 교실환경을 마련해 주도록 한다. 탐구학습은 그 특성상 하루 만에 결론에 이르지 못하는 경우가 많기 때문에 교사는 유아의 학습과정을 기다려줄 수 있는 여유를 가져야 할 것이다. 무엇보다도 교사는 설명이나 개념전달로 답을 제시하기보다는 유아의 호기심과 사고를 자극하는 질문을 많이 하고 유아-교사 또는 유아-유아 간의 토론이 활발하게 이루어지도록 장려한다.

이와 같이 탐구학습법은 유아 스스로 탐색이나 실험을 통해 자신의 경험이나 생각을 대입해보고 조절해 봄으로써 지식구축이나 현상이해를 돕는 데 매우 유용한 교수법이다.

(2) 협동학습법

협동학습은 교수-학습과정에 참여한 유아 간의 관계를 강조하여 모든 유아가 협력하여 공동의 목표를 달성하도록 하는 방법이다. 교사가 대집단의 유아들에게 학습내용을 안내하고 활동에 대한 동기를 유발시킨 후 4~6명의 유아로 구성된 소집단 활동이 이루어진다.

소집단에서는 모든 구성원이 일정한 역할을 담당하도록 하며, 이러한 역할은 서로 돌아가면서 할 수 있다. 충분한 소집단 활동이 이루어진 후 유아는 활동의 결과물을 전체 유아들과 공유하기 위해 발표하고, 교사와 다른 소집단의 유아로부터 결과에 대한 피드백을 받는다.

① 협동학습법의 장점

협동학습에서는 '교사가 가르치고 유아는 배운다' 는 교수-학습의 전통적인 관계를 넘어, 유아가 가르치기도 하고 배우기도 하는 경험을 모두 할 수 있다. 유아는 협동학습을 통하여 또래와의 긍정적인 상호작용을 경험하며, 자신감과 성취감, 집단에 대한 책임감 등을 기를 수 있다.

(3) 문제해결학습법

듀이의 반성적 사고에 기초를 둔 문제해결학습법은 유아의 실제 생활과 밀접하게 관련된 내용으로부터 도출된 문제를 해결해 가는 과정에서 지식, 기술, 태도를 향상시키는 학습방법이다. 문제해결학습은 유아가 교수-학습상황에서 문제에 부딪혔을 때 시작된다. 유아는 당면한 문제를 해결하기 위해 필요한 정보와 기술을 다양한 방법으로 찾아보고, 도출된 여러 가지 대안을 비판적으로 검토함으로서 문제해결력을 기르게 된다.

문제해결학습법은 당면한 문제에 대한 해결방법을 스스로 찾아간다는 점에서 자기주도적인 학습이 가능하도록 돕는다. 또한, 문제를 해결하였다는 성취감과 자신의 삶에서 문제를 적극적으로 발견하려는 비판적 시각, 필요한 자료를 적극적으로 찾아 나서는 도전의식과 정보능력 등을 기를 수 있다.

〈표 4-3〉 문제해결학습모형

단계	주요 활동	
문제 확인하기	• 동기유발 • 학습 문제 확인	• 문제의 명료화
문제해결방법 찾기	• 문제해결을 위한 가설 설정	• 문제해결 계획 및 자료수집
문제해결하기	• 가설 검증	• 최선의 문제해결 시도
일반화하기	• 타 문제에 해결안 적용	

출처: 창조적 문제해결론. 권낙원 역(2010). 사고력 신장을 위한 프로그램 개발 연구 4.

문제해결학습법의 모형에서 사용하는 교수학습법의 단계를 살펴보면 문제 확인하기, 문제해결 방법 찾기, 문제해결하기, 일반화하기로 적용된다. 이 단계를 기본으로 유아교육현장에서 사용하는 방법의 단계를 알아보면 다음과 같다.

① 문제해결학습의 유아 교육적 접근단계

문제해결학습은 일반적으로 다음의 단계를 거친다.

- 1단계: 문제 설정
  유아의 일상생활에서 발생하는 갈등이나 의문 등이 문제로 선정된다.
- 2단계: 문제의 명료화
  무엇이 문제인지를 명확히 하는 것이다.
- 3단계: 가설 수립
  문제해결을 위한 가설을 여러 가지 세우고, 문제해결 계획을 수립한다.
- 4단계: 자료수집 및 분석
  가설을 검증하기 위해 자료를 수집하고 분석한다.
- 5단계: 추론
  분석한 자료를 토대로 가설의 타당성을 추론한다.
- 6단계: 가설 확인
  자료 분석결과를 증거로 하여 가설을 입증한다.

② 문제해결학습법의 유의점

문제해결학습법에서 교사는 유아에게 주어진 문제가 자신의 능력을 넘어서는 것이라고 판단될 때, 유아가 문제해결을 포기하거나 좌절감을 느낄 수도 있다는 사실을 염두에 두어야 한다. 따라서 교사는 유아의 능력, 흥미, 욕구, 사전경험 등을 고려하여 문제를 조정해 주어야 할 필요가 있다. 또한, 교사는 문제에 대한 해결방법의 다양한 가능성을 발견하도록 촉진하고 안내하는 역할을 다해야 할 것이다.

문제해결 방식의 교수법은 문제현상을 인지하고 문제상황이 교육이나 도덕적인 가치가 있는지 판단하는 것도 매우 중요하다. 또래 간의 분쟁이나 고민 속에서 스스로 할 수 있는 문제인지 이해하고 교사가 개입되거나 유능한 또래의 개입이 어떠한 방법으로 필요한지를 통해 문제해결력을 발달시킬 수 있도록 협조하고 지원해야 한다.

3) 프로젝트 접근법

프로젝트 접근법은 듀이의 진보주의 교육철학을 바탕으로 길 패트릭이 체계화한 '프로젝트법(the project Method)'을 캐츠와 차드가 유아의 학문적 · 인지적 · 정서적 발달에 맞게 재조직한 것이다. 이는 한 명이나 소집단 또는 대집단의 유아가 특정 주제를 깊이 있게 탐구하는 방법으로, 기존의 유아교육기관에서 다양하게 접목시킬 수 있어 '방법(method)'이나 '모델(model)'이라는 말보다 '접근(approach)'이라는 말을 사용하고 있다.

(1) 프로젝트 접근법의 장점

하나의 프로젝트에는 교육과정 전 과정에서 실행되는 활동이 모두 포함될 수 있다. 문학, 언어, 수, 과학, 조형, 동작, 사회 등의 교과교육이 통합적으로 이루어질 수 있으며, 이를 통해 유아는 통합적으로 지식을 구성할 수 있다. 지난 20여 년간의 관련 연구들에서 프로젝트 활동이 유아의 발달과 학습에 효율적임이 입증되어 왔다. 또한, 유아의 심미적 · 도덕적 민감성뿐만 아니라, 지적 발달을 포함하여 학습에 유아를 몰입시킬 수 있는 장점이 있다.

(2) 프로젝트 접근법의 목적

- 유아가 주변 세계에 대한 이해를 증진하고 긍정적인 학습성향을 발전시키도록 한다.
- 체계적 교수나 자발적 놀이를 통해 유아가 학습한 내용을 프로젝트 활동으로 보완 · 강화한다.
- 유아의 학습을 실생활과 연결한다.
- 집단에 대한 유아의 소속감과 공동체 의식을 발달시킨다.
- 교사가 도전하는 마음을 가지고 자신의 일을 수행하도록 한다.

(3) 프로젝트 접근법의 단계

- 준비단계
  주제선정하기, 주제선정 이유 공유하기, 교사의 예비 주제구성망 구성하기, 자원목록 만들기(교육기관, 교사, 부모, 지역사회 등)
- 도입단계
  유아의 사전경험 파악하기, 교사와 유아의 공동주제망 구성하기, 질문 목록 만들기
- 전개단계
  조사, 탐구, 현장견학, 전문가 면담하기, 전문가와의 협의하여 교실로 초대하기
- 표상 활동단계
  그림 그리기, 기록하기, 그래프나 도표 작성하기, 조형물 만들기, 극놀이 등의 다양한 방법으로 표상하기
- 마무리단계
  전시, 발표, 초대와 평가하기

(4) 프로젝트 접근법의 유의점

프로젝트의 전 과정에 유아가 적극적으로 참여하도록 하기 위해서는 주제선정의 과정에서부터 유아의 관심이 반영되어야 한다.

주제 선정 시 고려해야 할 점은 다음과 같다.

- 유아들의 일상생활, 직접 경험과 관련된 친숙한 주제
- 주제와 관련된 실물이나 현장견학 및 함께 활동할 수 있는 전문가 등을 주변에서 쉽게 찾을 수 있는 주제
- 여러 교과영역이나 학문영역을 통합적으로 다룰 수 있는 주제
- 유아들 간에 서로 더 잘 이해하고 도울 수 있는 상호협동의 기회를 제공하는 주제

- 탐구와 조사활동, 문제해결을 위한 충분한 기회를 제공하는 주제
- 그리기, 쓰기, 만들기, 구성하기, 극화 활동하기, 음률 활동하기 등 다양한 표현 활동을 위한 아이디어를 제공하는 주제
- 유아가 문자나 수의 가치를 인식하도록 하는 주제
- 유아가 원 밖에서도 쉽게 정보원(source of information)을 찾을 수 있는 주제
- 부모와의 의사소통을 촉진하는 주제
- 교사의 입장에서도 관심과 흥미가 느껴지는 주제

프로젝트 접근법에 주제선정과 기간일정은 시작부터 마무리까지 유아와 교사가 밀접한 상호관계를 유지해야 하며, 장기 프로젝트일 경우 유아의 관심이나 홍미가 지속되도록 하는 것이 매우 중요하다.

4) 구성주의 교수법

구성주의 교수법은 지식 구성에서 개인의 인지적 요인을 강조하는 피아제의 인지적 구성주의와 개인의 지식구성에 사회적 상호관계를 중시하는 비고스키의 사회적 구성주의에 근거한다. 구성주의에서는 유아가 인지적·사회적 지식을 능동적으로 구성해 가는 학습자라고 믿는다. 여기에서 유아는 이미 마련되어 있는 지식을 발견하는 자가 아니라 지금 여기에서 적합한 지식을 창조해 나가는 자이다.

그러므로 구성주의 교수법의 일차적 구성요소는 교수-학습과정에서 주체적으로 참여하는 유아라고 할 수 있다. 유아는 자율학습(self–regulated learning)을 할 수 있는 인지적 능력을 가지고 자신의 학습의 목표와 방법을 스스로 설정하고 관리하며, 교사는 유아의 학습을 돕는 조언자이면서 동료 학습자의 역할을 담당한다.

이런 관점에서 앞에서 제시된 탐구학습법, 협동학습법, 문제해결학습법, 프로젝트 접근법 등은 아동중심 교수-학습이라는 점에서 구성주의 교수원리를 사용하고 있다고 볼 수 있다.

(1) 구성주의 교수법에서 다루는 지식

- 물리적 지식

  만지기, 움직이기, 주변환경의 물체 탐색하기 등에 의해 이루어지는 것으로 유아는 조작하기, 느끼기, 맛보기 등을 통해 물체의 촉감과 무게와 같은 물리적 지식을 탐색한다. 직접적인 환경에서 물건과 재료를 탐색하는 것은 유아에게 자연스러운 학습 유형이다. 유아의 연령이 증가함에 따라 실제 사물에 대한 의존은 사물의 표상에 대한 관심으로 이동된다.

- 논리 · 수학적 지식

  유아는 물리적 지식을 구성할 때, 논리 · 수학적 지식을 함께 사용한다. 이것은 일대일 대응, 분류하기, 보존 개념과 같이 추상적인 인식을 획득하는 것이다.

- 사회적 지식

  사회적 지식은 사람과 사람, 혹은 언어와 언어를 통해 전수된 지식이다. 문화적으로 동의된 관습과 전통에서 유래한 문자, 사물이름, 사회적 관습, 식사예절 등과 같은 행동에 요구되는 사회적 규칙들이 이에 속한다.

(2) 구성주의 교수법에서 교사의 역할

유아가 능동적인 지식을 구성하도록 하는 교사가 되기 위해 Brookfield(1988), Brooks와 Brooks(1993)의 지침을 유아교육에 적합하게 제시하면 다음과 같다.

- 교사는 유아의 자율성과 진취적인 자발성을 북돋운다.
- 교사는 1차적인(직접 얻을 수 있는) 자원을 사용하되 조작 가능한 자료와 함께 사용한다.
- 교사는 유아의 반응에 따라 수업을 진행하고, 상황에 따라 수업전략과 내용을 변경한다.
- 교사는 자신의 개념을 유아에게 전달하기 이전에 이 개념에 대한 유아의 이

해정도를 먼저 알아본다.

- 교사는 사려 깊고 개방적인 질문을 하여 유아들 상호 간의 질문을 장려함으로써 탐구학습을 하도록 격려한다.
- 교사는 교사-유아, 유아-유아 간의 대화를 격려한다.
- 교사는 유아에게 질문을 한 후 '기다리는 시간'을 갖는다.
- 교사는 유아에게 관계를 구성하고 은유를 만들어 낼 시간을 제공한다.

유아는 지식을 구성하는 가운데서 많은 인지적 갈등을 만난다. 이것은 목표로 삼은 문제해결을 위해, 다음 단계의 학습으로 나아가기 위해, 유아의 지식을 심화시키기 위해 거쳐야 하는 필수적인 과정이다. 인지적 갈등을 성공적으로 넘어섰을 때, 유아는 한층 더 성숙한 학습을 하게 된다.

(3) 유아는 스스로 지식을 구성

구성주의에서는 다음의 두 가지를 가정한다.

첫째, 유아는 능동적인 학습자이다.
둘째, 지식은 구성해 나가는 것이다.

'모르는 것을 알게 되었다'는 변화에 대한 지각, '배우는 게 재미있다'는 학습에 대한 적극적이고 능동적인 정서, '우리가 알아간다'는 주인 의식 등은 모두 구성주의의 특성을 잘 드러내 준다. 교사가 '가르쳐 준 게 없다' 는 것은 정말로 교사는 아무것도 한 것이 없다는 말이 아니라, 학습의 전 과정에서 유아의 주도성이 더욱 부각될 수 있도록 강조하기 위한 배려라고 보아야 할 것이다.

(4) 교수-학습유형의 이해 돕기

프로젝트 접근법, 구성주의 교수법에는 탐구학습법, 협동학습법, 문제해결학습법의 요소가 통합되어 있다고 볼 수 있다. 유아가 생활하는 가운데 문제에 부딪히면, 그것을 해결하기 위해 친구들과 협동하면서 다양한 방법으로 탐구해 나간다. 그 가운데서 유아는 지식을 구성하는 것이다.

03 교수-학습활동 운영

유아기 발달적 특성으로 인해 유아교육에서의 교수-학습활동은 명확하게 구분하기 어렵다. 대부분의 유아교육기관에서는 여러 가지 교수-학습활동을 위해 동시에 사용되거나 통합적으로 사용되는 경우가 많다. 이러한 교수-학습활동에 대한 유형에 대한 분류기준은 기관이나 학자마다 다양하게 구분되고 있다.

1) 교수-학습유형에 따른 분류

교육부(2000)는 교수-학습유형을 다음과 같이 분류하였다.

(1) 자기표현

유아가 자연적인 발달 또는 의도적인 교수-학습의 결과로 얻게 된 느낌과 생각을 다양한 활동형태로 표현하는 것이다. 이러한 자기표현의 방식으로는 행동적 표현(역할놀이, 게임, 신체적 표현 등), 조형적 표현(그리기, 만들기, 꾸미기, 전시하기, 등) 및 언어적 표현(감정을 말로 표현하기, 문제해결방안을 말로 표현하기, 지식을 이야기 나누기 등)이 있다.

(2) 토의하기

두 사람 이상이 어떠한 주제 또는 갈등상황에 대하여 서로 의견을 나누고, 이 의견 사이의 유사점이나 차이점을 살펴보며, 궁극적으로 어떻게 상황을 해결해야 하는가를 논의해 보는 과정을 말한다. 토의결과, 구성원들은 합의에 도달하거나 오히려 갈등상황이 지속될 수 있다. 그런 갈등상황이 지속되더라도 다시 토의과정을 거쳐 합의에 도달해야 한다. 토의의 질적 수준은 집단크기, 구성원의 자질, 구성원 간 친밀도, 의사소통형태, 교사의 지도력 등에 의하여 영향을 받는다.

(3) 문제해결

학습자와 교사가 함께 문제상황에 대하여 그 원인과 해결책을 모색해 보는 방법이다. 유아가 부딪히는 문제상황으로는 신체와 관련된 문제, 정서와 관련된 문제, 대인 관계 문제, 물리적 문제 등이 있다. 이들을 해결하기까지의 전개과정은 문제의 정의, 문제해결과 관련된 정보수집, 해결방안의 선정 및 적용, 해결방법에 대한 장단점의 평가 및 새로운 방법의 재적용 등으로 이루어진다.

(4) 추론하기

가설적 딜레마와 상황에 대해 '상황 속의 주인공이 어떻게 해야 할까'와 '왜 그렇게 해야 하는가'를 이야기하도록 하는 방법이다.

(5) 모델링

유아는 직접 경험하지 않고도 관찰을 통해 많은 것을 학습할 수 있다. 영향력 있는 사회적 인물, 즉 부모, 교사, 친구, TV 속의 등장인물 등의 행동을 관찰함으로써 성격, 유능감, 사회적 행동 및 세계에 대한 다양한 개념까지도 형성한다. 이와 같은 모델링이 어떤 개념이나 지식, 태도, 기술을 익히고자 하는 동기유발 체제로 사용될 때 그 효과는 크다. 따라서 교사의 기계적인 시범이나 유아의 단순한 모방에 그치지 않도록 해야 한다.

(6) 설명

유아의 개념획득을 위하여 사용하는 방법 중 하나로서, 유아로 하여금 일반적 원리를 이해하도록 한 다음, 이 원리를 구체적 사례에 적용하여 개념의 구조를 형성해 나가도록 하는 연역적 방법이다. 이와 같은 설명방법이 유아교육에서 자주 사용되는 전략이라고 할 수는 없다. 그러나 인간의 사회생활에서 자연발생적으로 형성되기를 기대할 수 없는 필수적인 사회적 지식은 유아에게 직접적으로 가르쳐야 하고, 유아 또한 배워야만 하기 때문에 설명방법이 쓰일 수 있다. 설명방법의 효과를 돕기 위해 교사는 유아의 주의를 끌 만한 시청각자료, 구체적 사례, 다양한 관련 자료를 사용할 수 있다.

2) 철학적 관점의 분류

유아교육의 교수법은 철학적 관점, 심리적 관점, 사회적 관점에 따라 분류한다. 여기서는 이영석(2001)에 철학적 관점에서의 분류를 소개하겠다.

(1) 성숙론적 관점에 의한 유아 교수-학습방법

일반적으로 성숙주의적 관점은 고대사회의 플라톤과 아리스토텔레스의 아동관과 중세사회의 코메니우스, 루소, 프뢰벨의 교육관과 유아발달관을 비롯하여 형성되며 유아의 발달과 내적인 힘을 중요시하는 진화론적 관점과 맥을 같이 한다.

① 관찰학습 방법

관찰학습 방법이란 유아의 흥미, 욕구, 발달수준 등을 객관적으로 파악하여 각 유아의 특성에 알맞은 교육을 하기 위한 방법이다. 관찰학습 방법은 유아 교수-학습방법 중 가장 기본적인 것이다. 유아교사는 유아의 발달적 특성을 바르게 이해하지 않고는 적절한 교육활동을 계획할 수 없다. 특히, 아동중심 교육관을 갖고 있는 유아교사는 유아의 내면세계에 대해 일차적 이해가 필수적이다.

② 놀이학습 방법

놀이학습 방법은 유아가 자발적으로 놀이활동에 참여하게끔 다양한 놀이환경을 제공하는 방법을 말한다. 놀이는 유아의 발달에 있어서 가장 중요한 요소이다. 왜냐하면 놀이는 내면세계의 자발적이고 적극적인 표상 활동, 즉 자발적인 필요와 충동에 의한 어린이 내면세계의 표상활동이기 때문이다. 그러므로 놀이는 즐거움, 자유, 만족, 육체적 · 정신적인 휴식, 평화를 제공해 준다.

이러한 이유로 놀이학습 방법은 보다 일반화되어 유아의 정서발달, 특히 정신건강을 회복시키는 효과적인 방법으로 평가되고 있다. 유아기 자아기능이 완전하게 형성되어 있지 않을 뿐만 아니라 유아 스스로 자아를 보호할 수 있는 적절한 방어 기제 또는 조절 기능을 갖추고 있지 못한다. 따라서 다양한 놀이형태로 가상놀이, 상상놀이, 역할극놀이, 상징놀이 등을 할 수 있는 기회를 제공해 주어야 한다.

③ 질문학습 방법

질문학습 방법이란 유아교사가 유아에게 질문을 함으로써 유아의 사고를 명료하게 하고 나아가 유아의 사고를 확장 · 발전시키는 기능을 하는 방법을 말한다. 유아의 사고를 자극하고 나아가 더 나은 수준의 사고를 가능하게 하기 위해서는 닫힌 질문(closed question)보다 열린 질문(open question)이 바람직하다. 닫힌 질문이란 한 가지 답만을 요구하는 질문으로, "밥 먹었니?"와 같은 질문이다. 열린 질문은 유아에 따라 다양한 대답을 할 수 있는 질문으로, "무엇을 먹고 왔니?"와 같은 질문이다.

④ 시청각학습 방법

시청각학습 방법은 실물, 모형, 그림, 사진, 연극, 시범, 견학, 게시판, 환등기 등과 같은 구체적인 시청각 교재교구를 가지고 사람의 감각기관에 호소함으로써 학습의 성과를 더욱 능률적으로 거두려는 교수방법이다. 다시 말해, 시청각 교육의 의의는 학습자에게 풍부하고 다양한 시청각자료를 제공하여 구체적인 경험을 줌으로써 학습 동기를 유발하고 학습의 능률화를 꾀하며 정확한 사고력을 기르기 위한 소재를 제공해 주는 데 있다.

⑤ 탐색학습 방법

탐색학습 방법이란 유아가 주변환경, 주변사물이나 대상과 직접 접촉하여 그 특성이나 성질을 파악하는 교수-학습방법의 형태이다. 특히, 자유선택활동 시간을 통해 유아가 직접 접촉할 수 있도록 다양한 교재교구를 준비한다. 유아마다 준비된 교재교구에 대해 보이는 반응양식, 놀이형태, 흥미의 정도가 다르므로 이러한 유아의 자료에 대한 탐색 결과에 따라 유아가 필요로 하는 발달적 기능이 무엇이며, 유아에게 길러 주어야 할 인지기능은 무엇인지 유아교사는 파악할 수 있게 된다.

(2) 행동주의적 관점에 의한 유아 교수-학습방법

행동주의는 성숙주의 관점을 비판하면서 인간의 발달을 학습적인 측면에서 볼 때 유아 주변의 환경과 교사의 적극적인 교수법이 발달과 학습을 촉진하고 구성한다고 보는 것으로 로크, 왓슨, 파블로브, 스키너 등 관학적이고 실험적인 교수법을 활용한다.

① 설명학습 방법

설명학습 방법은 전통적인 강의법으로 많이 알려져 있다. 정해진 지식을 교사의 언어적 교수법에 의해 가르치는 방법으로 많이 알려져 있으며, 주로 초 · 중등학교에서 많이 활용되는 방법이다. 유아교사는 유아의 발달특성상 설명학습법이 적절하지 않은 것으로 알고 있지만, 지식 중에는 교사 또는 부모에 의해 직접 가르침을 받지 않으면 안 되는 수많은 정보나 개념이 많다.

② 모델링학습 방법

모델링학습 방법이란 유아에게 가장 영향력 있는 학습 촉진자의 행동을 모방하여 학습하는 것을 뜻한다. 유아의 생활에서 가장 큰 영향을 주는 모델이 누구인가에 따라 그 학습 효과의 강도가 결정될 수 있다. 유아가 평소 좋아하거나 존경하는 사람이 있다면, 그 사람의 행동과 언어는 유아에게 직접적인 영향을 미칠 수 있다. 유치원에서 유아의 모델링 주요 대상이 교사일 경우 유아교육의 효과는 상대적으로 크게 될 것이다. 반면, 유아가 본받아야 할 모델로서 교사의 역할이 낮다면 유아교육의 성과는 그만큼 낮아질 것이다.

③ 강화학습 방법

강화학습 방법이란 행동주의 심리학자인 스키너의 강화원리에 의해 유아의 학습활동을 조건화시키는 방법을 뜻한다. 강화에는 긍정적 강화와 부정적 강화 두 가지가 있다. 긍정적 강화는 강화물을 사용하여 유아의 바람직한 행동을 지속적으로 조건화하는 것을 말하고, 부정적 강화는 강화물을 철회하거나 혹은 유아에게 불쾌감을 유발하는 자극을 주어 바람직하지 못한 행동을 줄어들게 하는 것을 말한다.

(3) 인지발달적 관점에서 유아 교수-학습방법

인지발달적인 관점은 유아의 발달 중에 지식이나 지적 능력을 중심으로 유아의 발달과 지식구축을 중심으로 구성주의, 상호작용주의 등으로 혼용하고 사용하는 개념이다. 특히, 현대사회의 유아교육의 중요한 관점인 유아 스스로 자신의 경험과 탐색과정을 통해 세상과 지식을 구축한기에 유전적인 성숙주의적 관점과 환경과의 상호작용으로 행동주의 관점을 상호 보완한다고 볼 수 있다.

① 발견학습 방법

발견학습 방법이란 교사의 지시를 최소한으로 제한하거나 교사의 지시 없이 유아가 독자적으로 교육활동의 내용을 파악하는 수업방법을 뜻한다. 이처럼 발견학습은 유아가 직접 대상이나 사물과의 접촉을 통해 그 대상이나 사물이 갖고 있는 특성, 속성, 기능 등을 알아내는 교수-학습방법이다.

② 문제해결학습 방법

문제란 유아가 새로운 상황에 직면하였을 때 의혹, 곤란, 장애가 일어난 상태를 말한다. 문제해결학습 방법은 이러한 의혹, 곤란, 장애를 유아 스스로 해결해 나가는 과정이나 절차를 터득하는 기술이라고 말할 수 있다. 유아교육에서 문제해결 방법을 통하여 유아를 학습시키고자 할 때 교사가 주의해야 할 점은 유아에게 문제해결을 위한 일반적인 전략만을 가르쳐서는 안 된다는 점이다. 보다 중요한 것은 문제해결이 지식의 획득이나 어떤 일의 성취를 위해 없어서는 안 될 요건이라는 것을 인식시켜야 한다.

③ 프로젝트학습 방법

프로젝트(Project)란 유아가 일상생활에서의 관심거리를 수업시간의 공통적인 주제로 선정하여 탐구하는 활동을 말한다. 이 프로젝트에 의하여 학습시키는 방법을 프로젝트학습 방법이라고 한다. 이는 문제의 발생에서 시작되며, 그 문제 자체가 현실적이고 구체적인 문제여야 한다. 해결방법은 참여한 학습자가 공동작업을 계획하고 수행하는 문제해결의 과정을 중시하는 특징이 있다.

④ 협동학습 방법

협동학습이란 유아 자신의 학습효과와 또래의 학습효과를 최대로 하기 위해서 학습상황에서 상호작용하도록 하는 소집단 학습 방법이다. 협동학습은 또래와의 상호작용에 기초한 협동적 학습활동을 적용하여 구성한 교수방법이므로 개별 활동보다는 또래와의 상호작용이 원활한 유아의 발달에 효율적이다.

유아교육기관에서의 소집단 활동과의 차이는 집단의 크기를 임의로 정하고 집단별로 동일한 학습 또는 각기 다른 활동을 하는 집단 활동임에 비해, 협동학습은 유아가 스스로 생각하고, 그 생각을 교환하며, 서로의 관점을 나누고, 공동으로 관심을 가지고 있는 목표를 달성하게 하는 활발한 집단 활동이라는 것이다.

04 유아교사의 역할 및 교수행동

유아교사가 어떤 역할을 해야 하는지에 대한 관점은 시대의 변화에 따라 바뀌어 왔다. 과거에는 유아교육이 단순히 '보호' 차원이었으나, 현재는 '교육'의 중요성도 강조되고 있다. 따라서 교육과 보호가 분리되어 있지 않은 통합적 개념으로 인식되어 교육 · 보호(educare)라는 용어의 사용이 지배적이다. 유아교사는 유아를 이해하고 애정을 가지고 대함으로써 정서적 안정을 도모할 뿐만 아니라, 각종 안전사고의 위험에서 보호 · 지도하고, 개별 유아의 흥미와 욕구를 고려하여 지도할 수 있어야 한다. 유아를 위한 양질의 교육 · 보육 서비스를 제공하기 위해서는 무엇보다 교사의 질이 고려되어야 한다. 유아를 교육하는 교사는 다른 연령을 교육하는 교사보다 그 역할과 책임이 크다.

교육부(2000)에서는 유아교사의 역할로 양육자로서의 역할, 관찰자로서의 역할, 교육프로그램 계획자로서의 역할, 교수조직자로서의 역할을 들었다. Spodek(1985)은 교사의 역할을 양육역할(nurturance role), 교수역할(instructional role), 관계적 역할(relational role)로 보았다. 한편, Saracho(1984)는 유아교사의 역할을 진단자, 교육과정 설계자, 교수조직자, 학습지도자, 상담사 및 조언자, 의사결정자로 보았다.

Saracho(1984)의 유아교사의 역할을 자세히 살펴보면 다음과 같다.

첫째, 진단자(diagnostician)로서의 교사는 유아에게 성공적인 학습경험을 주도록 적절히 계획하기 위하여 유아의 능력과 요구를 정확히 평가해야 한다.

둘째, 교육과정 설계자(curriculum designer)로서의 교사는 지역사회에서 중요시하는 학습뿐만 아니라 유아교육의 이론과 실제에 기초하여 유아의 능력에 맞는 교육과정을 개발한다.

셋째, 교수조직자(organizer of instruction)로서의 교사는 장단기 계획의 결과를 토대로 교육목적에 도달할 수 있도록 활동을 조직하며, 유용한 자원을 탐색하고 최대한 활용한다.

넷째, 학습지도자(manager of learning)로서의 교사는 흥미 있고 관련된 학습경험을 유아에게 제공하고, 학습환경을 만들어 줌으로써 학습을 촉진시킨다.

다섯째, 상담사 및 조언자(counselor & advisor)로서 교사는 끊임없이 유아와 상호작용하며, 가르치는 일뿐만 아니라 정서적으로 지지해 주는 보호자의 역할을 한다.

여섯째, 의사결정자(decision-maker)로서 교사는 유아, 자료, 활동, 목표 등에 관한 의사를 결정한다. 즉각적인 결정 및 여러 대안을 계획 · 선택 · 수립하는 반영적 결정들을 내린다.

여러 학자의 견해를 종합하여 유아교사의 역할을 정리하면 다음과 같다.

- 생활지도자 · 양육자로서의 역할

  유아기는 기본생활습관이 형성되는 시기이므로 유아가 일상생활에서 올바른 습관을 가질 수 있도록 도와주어야 하며, 부모를 대신하여 유아를 안전하게 돌보고 지켜 주는 양육자로서의 역할을 해야 한다. 결국, 유아교사의 역할은 유아를 안전하게 보호하고, 그들의 요구에 적합한 프로그램을 제공하며, 부모와 같은 격려자 및 지지자의 역할을 하는 사람이어야 한다.

- 교수계획자로서의 역할

  유아교사는 유아의 발달수준과 국가수준의 교육과정인 표준보육과정과 누리과정 그리고 유아교육기관의 상황 등에 알맞은 교수-학습자료와 활동을 계획하고 실행하며 평가하는 역할을 담당한다. 유아교사는 유아에게 무엇인가를 가르치는 존재가 아니라 학습할 수 있는 환경을 만들어 주어 유아가 스스로 배우고 느낄 수 있도록 환경을 조성해 주어야 한다. 더불어 학습 전반에 걸쳐 책임감 있는 계획과 결정을 해야 한다.

- 관찰자 · 평가자로서의 역할

  하루일과 속에서 교사는 유아에게 어떤 일이 일어나고 있는지 관찰하고 평가할 수 있는 민감한 통찰력이 있어야 한다. 유아에 대한 관찰과 평가가 정확해야 교수-학습상황이나 교육환경을 유아의 관심과 흥미, 요구에 알맞게 재배치하거나 풍부한 환경을 마련해 줄 수 있다. 또한, 유아의 성장과 발달에 따른 변화를 민감하게 인식하고 그 결과를 다음 교육계획에 반영할 수 있어야 한다. 관찰은 교사로 하여금 자신의 교수-학습방법과 과정을 반성하게 하는 기회를 제공하므로 수업개선을 위한 기초자료로 활용할 수 있다.

- 부모교육 및 상담자로서의 역할

유아기는 부모의 영향을 크게 받는 시기이다. 일반적으로 유아교육의 대상을 정의할 때 유아 및 그 부모까지도 교육의 대상으로 보는 이유가 바로 그 때문이다. 부모의 참여와 이해 없이 효과적인 유아교육은 이루어질 수 없다. 유아교육기관과 가정이 연계하여 일관성 있는 지도가 이루어질 때 교육이 성공할 수 있다. 따라서 유아의 가정생활에 대해 부모와 상담하고, 유아기의 발달과 행동에 대한 부모의 이해를 넓히기 위해 부모교육과 상담 등의 프로그램을 마련한다. 또한, 부모를 유아교육기관에 참여시켜 유아가 또래와 어떻게 생활하는지 직접 보게 함으로써 유아교육기관의 역할에 대해 이해하고 협조를 구할 수 있게 된다.

1) 교과교육학에서 유아교사의 역할

유아교사는 자기가 아는 방법(ways of knowing)에 따라 유아가 알 수 있도록 가르친다. 유아교사는 자신이 그 지식을 알게 된 경로를 인식하고, 교사 자신이 그 지식을 알게 된 것과 동일한 경로를 밟아 유아가 학습할 수 있도록 가르쳐야 한다.

즉, 유아교사가 가르치고자 하는 지식을 이미 알고 있는 사람으로서 지식 획득의 경로를 따라 가르쳐야 함에도 불구하고 그 지식을 아직 모르고 있는 유아의 입장에서 그 지식을 도달하는 과정을 밟아 가르치지 않고 성인의 입장에서 성인이 알고 있는 지식의 결과만을 알려 주고, 일방적으로 제시한다. 이것이 올바른 교육방법이 아니라는 것은 듀이와 브루너에 의하여 명백하게 지적되고 있다.

특히, 교사양성교육의 교육과정에서는 장차 교사가 될 사람에게 여러 가지 종류의 교수모형을 학습하게 하여 자기가 가르치는 지식에 가장 적합한 모형을 선택적으로 활용할 수 있는 능력을 길러 주어야 한다. 한 교과의 교육을 담당하는 교사는 적어도 그 교과의 세계에서는 학생에 대하여 삶 전체를 함께 하는 동반자의 위치에 있어야 한다. 교사준비교육은 그러한 동반자로서의 자격을 구비하는 과정이며, 그 과정은 교과와 교육의 세계를 포괄적이고 균형 있게 연결 짓는 활동으로 조직되어야 한다. 각 교과의 전문가와 교사는 각 교과에 포함된 지식을 가르치는 원리로서 교수모형을 정리하고 계발하는 일에 관심을 기울여야 한다.

그 원리는 다음과 같다.

- 교과는 유아가 일상생활에서 부딪히는 문제에 관하여 생각하는 데에 구체적으로 도움이 되는 것에 그 의미가 있다.
- 어떤 내용을 가르치는 방법은 그 내용에 관하여 일반적으로 사람들이 생각하는 방법, 또는 아는 방법과 동일하다.
- 생각하는 방법을 가장 효과적으로 학습하는 것은 어떤 문제에 관하여 스스로 생각해 볼 때이다. 각 교과는 아직 개척의 여지가 많은 분야로서 연구가 절실히 필요하다.

각 교과의 교수모형을 개발하는 일은 반드시 각 교과교육을 전공하는 사람들의 관심과 능력 범위 안에 있는 일이다. 그것은 교과를 가르치는 일과 같은 맥락에서 이해되어야 한다.

2) 유아 교과교육학에서 교사의 역할

유아교육의 효과는 유아교사의 자질 및 역할과 밀접한 관계가 있다. 유아교육기관에서 유아의 흥미, 욕구, 발달수준에 적합한 교수-학습과정의 설계, 교수-학습방법의 선택 및 적용 등은 유아교사로서 갖추어야 할 자질이며 중요한 역할이다.

최근까지 유아교육기관은 교과교육과 거리가 먼 상황이었으나, 오늘날 유아교육에 관한 서적들은 점차 교과로 분류한 교수-학습활동을 다루고 있다. 또한, 계획된 수업에서뿐만 아니라 교실배치 형태와 시간계획에도 교과중심 내용선정 방식이 반영되고 있다. 즉, 일반적으로 유아교실에는 쓰기영역, 수학영역, 읽기영역, 미술영역 등 흥미영역이 배치되며, 교과를 연결할 경우 수 · 과학, 언어, 미술 영역처럼 복합적으로 배치되기도 한다. 교과는 오랫동안 초등학교 교육과정의 중심내용이었고 이러한 전통이 오늘날 유아교육 프로그램에까지 이어지는 경향이 있다.

또한, 유아는 통합적 존재이므로 유아의 흥미나 기능이 단순한 주제에만 머물러 있지 않은데, 이 내용선정 방식은 교사와 유아가 개인적 흥미라든가, 새로운 사회적 움직임에 대한 관심을 제한한다는 단점이 내포되어 있다. 따라서 유아교육에서 교육활동을 교과목별로 나누는 것은 단지 개념학습을 도와주기 위한 수단이어야 하며, 그 교과목 영역활동 자체가 목적이 되어서는 안 된다.

유아교육기관은 유아교사가 전문성을 발휘하기에 매우 미흡한 설정이다. 유아교육현장에서 유아교사가 전문성을 인정받지 못하는 이유는 가르치는 내용에 대한 깊이 있는 이해를 길러주지 못하는 교육과정과 교과내용, 교과교육학, 교육학과의 연계성, 계열성이 부족한 교육과정과 관련이 있다. 그러므로 유아교사가 전문성을 인정받기 위해 유아교사는 자신의 수업활동에 대한 목표설정과 내용선정의 근거, 방법의 적용, 기대되는 결과, 후속 학습과의 관계 등에 대해 자신의 관점을 분명히 밝힐 수 있어야 한다. 따라서 유아교사가 전문직으로 인정받고 그에 상응하는 역할과 사회적 책무를 다하기 위해서는 전문직으로서 갖추어야 할 자질과 능력을 획득하기 위한 교사교육이 이루어져야 한다.

3) 유아교사의 교수행동

유아교사는 하루일과를 통해 유아의 발달을 촉진하고 학습을 지원하는 역할을 수행해야 한다. 교사는 학습목표와 관련하여 유아의 학습을 촉진하기 위한 교수-학습방법을 주의 깊게 고려하여 선택해야 한다. 더불어 교수행동에 있어서도 다양한 전략이 필요하다.

Bredekamp와 Rosegrant(1992)은 교사의 행동으로 아래와 같이 8가지 유형을 제시하였다.

〈표 4-4〉 유아교사의 교수행동

비지시적(nondirective)			중재적(mediating)			지시적(directive)	
인정하기 (acknowledge)	모델 보이기 (model)	촉진하기 (facilitate)	지원하기 (support)	비계 설정하기 (scaffolding)	함께 구성하기 (co-construct)	시범 보이기 (demonstrate)	지시하기 (direct)

출처: 교육부(2000). 교사의 교수행동방법.

〈표 4-4〉에서 제시한 유아교사가 유아를 지도하는 교수법을 구체적으로 설명하면 다음과 같다.

(1) 인정하기(acknowledge)

인정하기는 유아에게 관심을 기울여 주고 유아가 활동을 지속할 수 있도록 긍정적 격려를 제공해 주는 행동이다. 유아를 인정하고 격려해 준다면 유아는 자신에 대한 자긍심을 느끼고 즐겁게 활동에 참여하게 된다.

교사는 사실에 근거하여 긍정적으로 명확하게 인정해 주고 격려하는 것이 바람직하다. 교사의 지나친 칭찬은 오히려 활동에 대한 유아의 동기를 약화시킬 수도 있다는 사실에 주의해야 한다.

(2) 모델 보이기(model)

모델 보이기는 유아교사가 교실에서 일어나기를 바라는 바람직한 행동을 직접 유아에게 시범을 보여주는 것이다. 모델 보이기는 지시적인 측면과 비지시적인 측면으로 나누어 볼 수 있다. 지시적인 모델 보이기가 시범 보이기의 형태로 나타나는데 비하여 비지시적인 모델 보이기는 암시적인 성격을 띤다.

교실에서 조용히 행동하도록 지도할 때 지시적인 모델 보이기를 하는 교사는 "교실에서는 조용히 이야기해야 한단다."로 직접적으로 이야기해 주는 데 비하여, 비지시적인 모델 보이기를 하는 교사는 스스로 조용히 이야기하는 모습을 보여 줌으로써 유아가 자연스럽게 닮아 가도록 한다. 지시적인 모델 보이기에 비해 비지시적인 모델 보이기는 유아의 행동이 자발적이 되도록 이끌어 준다.

(3) 촉진하기(facilitate)

촉진하기는 학습 준비가 되었을 때 다음 단계에 도달하도록 유아에게 일시적인 도움을 주는 행동이다. 즉, 유아가 두 발 자전거를 탈 때 균형감각을 가지도록 하기 위해 잠깐 두 발 자전거 뒤를 잡아 주는 것과 같은 도움을 말한다. 여기에는 "또 다른 방법은 없을까?"와 같은 질문을 통해 유아의 확산적 사고를 돕는 것도 포함된다.

(4) 지원하기(support)

지원하기는 촉진하기와 유사하나 교사의 참여 정도에서 차이가 있다. 촉진하기는 유아 스스로 전개해 나가는 활동에서 교사가 도움을 주는 것으로 행동의 시작과 끝을 유아가 주도하는 반면, 지원하기는 유아와 교사가 함께 시작과 끝을 결정하는 상황을 말한다.

(5) 비계 설정하기/지지하기(scaffolding)

비계 설정하기는 기대되는 능력에 유아가 도달하도록 유아에게 적합한 학습방법을 사용하여 도움을 주거나, 도전의 기회를 마련해 주는 행동이다. 교사는 유아가 스스로 하고 싶지만 도움이 없으면 수행하기 어려운 활동 과제를 파악하여 유아에게 도움을 줄 수 있다.

이를 위해 교사는 유아가 현재 어떤 단계에 있는지 파악하고 새로운 수준의 능력이나 이해로 발전할 수 있도록 상호작용을 해야 한다.

(6) 함께 구성하기(co-construct)

함께 구성하기는 비계 설정하기보다 더 지시적인 교수방법으로 교사와 유아가 함께 프로젝트를 수행하거나 활동하는 것을 말한다. 이때 교사와 유아는 모두 학습자인 동시에 교사가 된다. 유아와 교사가 함께 특정한 프로젝트 활동을 수행한다든지, 유아가 놀이대본을 구상하고 각자 역할을 맡아 역할극놀이를 할 때 함께 구성하기를 사용할 수 있다.

(7) 시범 보이기(demonstrate)

시범 보이기는 함께 구성하기보다 조금 더 지시적인 교수방법이다. 시범 보이기는 유아에게 바람직한 행동이 형성되도록 하기 위해 교사가 직접 시범활동을 보이고, 유아가 이를 관찰하도록 하는 것을 말한다. 학기 초에 '화장실 사용법'이나 '교구 사용법'을 지도할 때 교사가 시범 보이기를 사용할 수 있다. 이러한 시범은 유아의 바람직한 행동형성뿐 아니라 행동이 잘못된 방법으로 이루어졌을 때 이를 고쳐주기 위한 하나의 방안이 될 수 있다.

(8) 지시하기/지도하기(direct)

지시하기는 유아가 어떤 과제를 반드시 특정한 방법으로 수행하기를 원할 때 교사가 직접적으로 지도하는 방법을 의미한다. 점심을 먹기 전에 "손을 씻고 먹자." 라거나 "복도에서는 걸어 다녀야 친구들이 다치지 않는단다."라고 지시할 수 있다. 이때 교사는 유아가 시행착오 없이 과제를 수행할 수 있도록 구체적이고 명확하게 지시해야 한다.

이상에서 살펴본 8 가지 교수행동은 서로 연속성을 가지고 있으며, 이 중 한 가지 전략만 사용하는 것은 비효과적이다. 따라서 교사는 지시적, 비지시적, 중재적 교수방법을 상황에 따라 적절하게 선택하여 적용해야 한다. 즉, 매일의 상황과 유아의 발달수준, 교육활동의 유형, 교육활동자료, 교사의 교육적 의도 등에 따라 다양한 교수행동을 할 수 있다.

유아의 발달수준에 따라 영아교사는 시범 보이기, 지시하기와 같은 지시적 교수행동과 인정하기, 모범 보이기와 같은 비지시적 교수행동을 많이 사용하게 되고, 유아교사는 비지시적 교수행동과 함께 지원하기, 비계 설정 하기, 함께 구성하기와 같은 중재적 교수행동을 많이 사용한다.

또한, 교육신념에 따라 성숙주의적 관점에서는 인정하기, 모범 보이기와 같은 비지시적 교수행동을, 행동주의적 관점에서는 시범 보이기, 지시하기와 같은 지시적 교수행동을, 구성주의적 관점에서는 지원하기, 비계 설정하기, 함께 구성하기와 같은 중재적 교수행동을 주로 사용하게 된다.

그리고 교수-학습의 주도성에 따라 직접교수법, 개념교수법과 같은 교사 주도적 교수-학습상황에서는 지시적 교수행동을 주로 하며, 개별 학습법, 탐구 학습법, 협동학습법, 토의 학습법과 같은 유아 주도적 교수-학습상황에서는 비지시적 또는 중재적 교수행동을 주로 하게 된다. 집단의 규모에 따라서도 대집단 활동은 지시적 교수행동을, 소집단 활동이나 개별 활동은 비지시적 교수행동으로 중재적 교수행동을 주로 하게 된다.

유아교사는 비지시적인 교수행동에서부터 지시적인 교수행동에 이르기까지 가장 적절한 교수행동을 선택하여 영아와 유아의 발달을 촉진하고 학습을 지원하는 역할을 수행해야 함을 알 수 있다.

CHAPTER 05

주제중심의 계획안 작성하기와 이야기 나누기

대부분 유아교육기관의 교사는 주제를 선정하는 방법에서부터 선정된 주제를 바탕으로 통합적 계획안을 작성하는 데 있어 많은 어려움을 느낀다. 생활주제는 유아들이 유아교육기관에서 생활하는 동안 경험할 수 있으며, 마땅히 경험해야 하는 내용들을 동일한 특성을 중심으로 묶는 것을 의미한다(교육과학기술부, 2009).

그러므로 이 Chapter에서는 교과별, 활동유형별 실제를 세부적으로 익히기 전에 전체적인 수업에 대한 주제중심의 구체적인 계획안 작성방안과 이야기 나누기의 중요성에 대해 알아보고자 한다.

01 주제중심 계획안 작성하기

여기서는 생활주제 탐색은 물론 생활주제를 선정하게 된 배경과 선정방법에 있어 유의해야 할 사항을 소개하며, 생활주제에 대한 개념을 설정하고 생활주제를 중심으로 누리과정과 연계하여 주제망을 구성하고 생활주제중심의 활동개요를 소개하고자 한다.

1) 생활주제 탐색하기

대부분의 교사가 계획안을 작성한다고 하면 연간 교육계획안부터 계획을 세우는데 사실 계획안의 가장 기본이 되는 것은 바로 월간 교육계획안이다. 특히, 주제중심으로 교육을 계획하고 있다면 월간계획안이 곧 주제중심의 계획안이 되는 것이다. 물론 주제에 따라 기간이 더 짧거나 길게도 진행 하지만 대체로 주제중심 교육계획도 월간교육계획과 같이 보통 4~5주를 기본으로 한다. 그래서 이 Chapter에서는 주제중심 교육계획안을 월간 교육계획안이라고 생각하면 좋을 것이다. 실제로 주제중심 교육계획안을 잘 구성하면 주간 교육계획안이나 일일 교육계획안을 구성하는 것은 그리 어려운 일이 아니다. 왜냐하면, 주간 교육계획안은 주제중심 교육계획안의 내용을 주별로 구체적으로 재구성하기만 하면 되기 때문이다. 그러나 일반적으로 교사가 주제중심 교육계획안을 공들여 작성하지 않기 때문에 주간 교육계획안 구성을 어려워하고 미흡한 주간 교육계획안을 근거로 일일 교육계획안을 작성하기 때문에 더욱 어려워지는 것이다. 그러므로 교사는 주제중심 교육계획안의 중요성을 인식하고 끊임없이 연구하고 평가하는 과정을 거쳐야 한다. 우리가 알고 있는 누리과정에서의 주제들도 마찬가지이므로 주제중심 교육계획안을 이해하면 훨씬 수월하게 느껴질 수 있을 것으로 생각한다.

2) 생활주제 선정 방법

주제를 선정하는 방법은 매우 다양하다. 중요한 것은 교사가 가르치고자 하는 것에 대해 충분히 생각하되 먼저 생각해야 할 것은 유아의 생활에 관하여 생각하는 것이 선행되어야 한다. 유아가 주제를 통해 유아의 삶에 바람직한 인간관계와 이를 위한 경험을 바탕으로 지식과 소통을 배워 나갈 수 있도록 해야 한다. 어떤 주제가 교육적으로 가치 있는 주제인지, 주제명은 어떻게 표현하는 것이 좋은지, 주제에 대한 전개시기는 언제가 좋은지, 주제선정 이유는 무엇인지, 주제에 따른 개념과 목표는 어떻게 다른지, 누리과정과의 관련요소는 어떻게 추출할 것인지 등에 대해 알아보고, 이렇게 선정된 주제를 근거로 다양한 활동을 구상하고 적용할 수 있도록 해야 한다.

대부분의 유아가 유아교육기관에 2~3년을 다니다 보니 누리과정의 동일한 주제로 2~3년 동안을 운영하는 곳보다는 연령이 증가하면서 새로운 주제를 찾고자 노력하는 경우가 많다. 그래서 유아교육기관에서는 교육부의 누리과정지도서에서 제시하고 있는 생활주제를 그대로 하기보다는 각각의 유아교육기관 실정에 맞는 적합한 주제를 선정하여 누리과정과 연계하여 함께 운영하는 곳들도 있다. 그러므로 새로운 생활주제를 선정하기 위해서는 다음 몇 가지 사항에 유의하여야 한다.

- 유아의 생활과 관련된 것이어야 한다.
- 유아가 흥미 있어 하는 것이어야 한다.
- 유아의 호기심을 끌 수 있는 것이어야 한다.
- 유아의 발달에 적합하며, 발달과 연관이 있는 것이어야 한다.
- 유아에게 교육적 가치가 있는 것이어야 한다.
- 누리과정의 생활영역과 연계하여 통합적으로 다룰 수 있어야 한다.
- 유치원의 실정이나 지역사회의 실정에 맞아야 한다.
- 문화와 사회의 가치, 요구를 고려하여야 한다.
- 시사적이거나 세계적인 화제가 되는 것을 다룰 수 있다.

3) 생활주제 선정의 배경

생활주제 선정의 배경은 생활주제를 선정하는 과정에서 유아의 관심이 자연스럽게 어떻게 다음 생활주제로 옮기게 되었는지를 여러 가지 사항을 첨가하여 생활주제 선정에 대한 동기를 설명하고 다음 생활주제가 선정되어 진행하였을 때에는 유아에게 어떤 교육적 가치가 있는지에 대하여 설명한다.

〈글상자 5-1〉 생활주제 선정배경의 예

동화 프로젝트의 마무리 활동으로 『해님 달님』 동화를 노래극으로 표현하던 유아들은, 동화의 내용 중 "수수밭의 수숫대가 붉은 것은 호랑이가 떨어져서, 호랑이 피가 묻었기 때문"이라는 부분에 대해 큰 호기심을 나타내며, '수수밭'이 무엇인지 궁금해 하였고 자연스럽게 곡식에 대해 관심을 보였다. 또한, 우리나라 고유의 명절인 추석을 지내고 온 유아들은 다양한 곡식의 종류에 대해 알아보고 곡식을 통해 추수하는 과정을 알아봄으로써 농사짓는 분들에게 감사하는 마음을 가질 수 있는 기회라 생각되었다. 또한, 이번 주제를 통하여 계절의 변화를 생활 속에서 직접 관찰하고 느낄 수 있으며, 자연의 아름다움을 감상하고 표현하는 태도를 기를 수 있을 것이라 생각되어 곡식이라는 주제를 선정하게 되었다.

4) 생활주제의 개념 설정하기

생활주제를 선정하고 나면 그 주제에 대하여 떠오르는 여러 가지 개념을 유아와 브레인스토밍을 통하여 나열한다. 교사는 그중 생활주제와 관련하여 중요한 개념을 추출하고 주제에 대한 개념을 설정한다. 여기서 많은 사람이 개념과 목표에 대한 차이를 혼동하는 경우가 있다. 개념은 목표와 다르게 주제 속에 내포되어 있는 사실을 근거로 하는 것이며, 목표는 주제 속에 내포되어 있는 개념을 지식, 기능, 태도라는 3가지 요소를 포함하여 유아가 성취하기를 기대하는 행동의 변화를 의미한다.

〈표 5-1〉 생활주제 개념 설정

생활주제: 곡식	
개념	목표
• 날씨의 변화로 사람들의 옷차림이 달라진다. • 가을에만 볼 수 있는 곤충이 있다. • 가을철에는 곡식과 열매를 수확한다. • 곡식의 종류에 따라 다른 특징이 있다. • 곡식이 잘 자라려면 필요한 환경이 있다. • 곡식이 잘 자라려면 키우는 사람의 사랑과 정성도 필요하다. • 곡식이 우리 손에 오기까지 여러 과정이 필요하다. • 곡식을 먹기까지 감사한 사람이 많이 있다. • 우리가 할 수 있는 감사한 마음을 표현하는 여러 가지 방법이 있다.	• 사람들의 옷차림이 달라진 것을 보고 날씨의 변화를 알 수 있다. • 가을에만 볼 수 있는 곤충의 특징을 알고 생김새를 구분할 수 있다. • 곡식과 열매를 수확하는 방법을 알 수 있다. • 곡식의 종류에 따라서 다른 특징이 있음을 알 수 있다. • 곡식이 잘 자라기 위한 필요한 환경이 있음을 알 수 있다. • 곡식이 우리 손에 오기까지는 여러 과정이 있음을 알아본다. • 우리가 할 수 있는 감사한 마음을 표현하는 방법에는 여러 가지가 있음을 알 수 있다.

5) 생활주제중심과 누리과정 연계하기

생활주제를 선정하면 다음은 누리과정의 여러 생활주제와 유아교육기관에서 별도로 선정한 생활주제가 어떤 연관이 있는지 비슷한 내용을 찾아 누리과정과 연계하도록 한다.

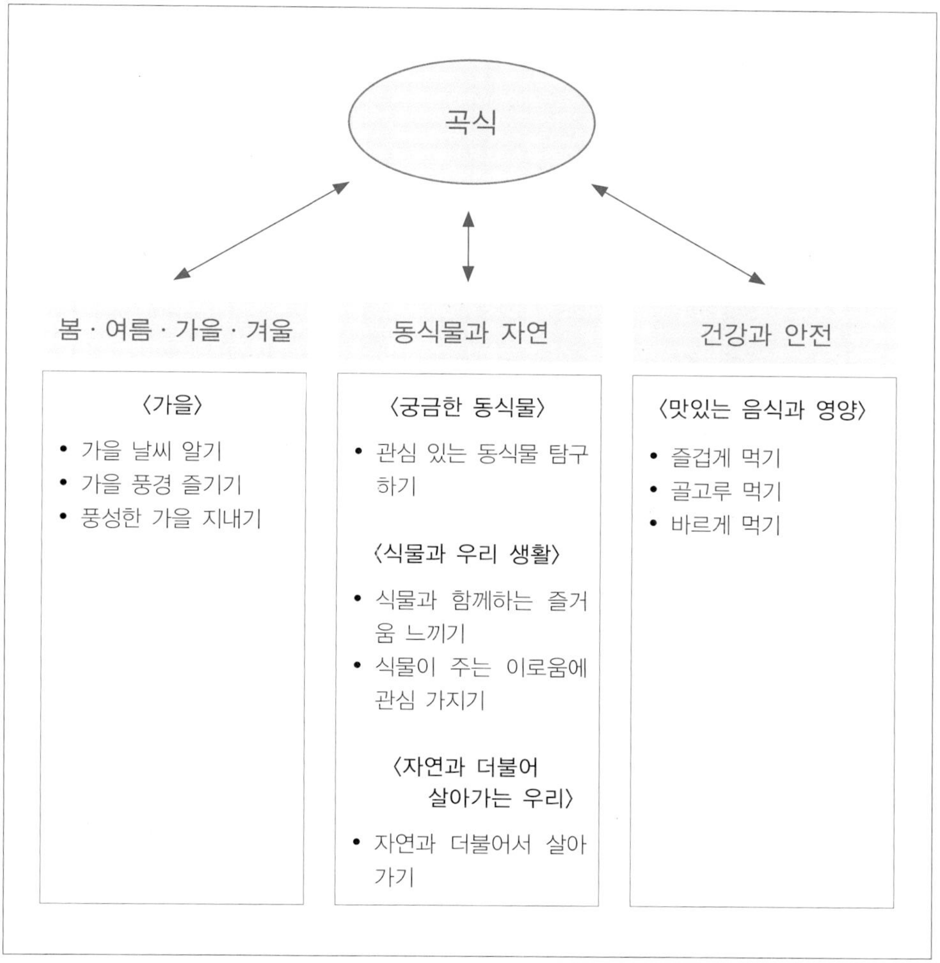

[그림 5-1] 누리과정과의 연계

6) 생활주제망 구성하기

다음은 '곡식'이라는 생활주제에 대한 주제망이다. 총 4주로 구성하였으며, 1주에는 '가을이 왔어요', 2주에는 '곡식에 대해 알아보아요', 3주에는 '곡식은 우리에게 좋아요', 4주는 '감사한 사람들'이라는 주제로 주제망을 구성하였다.

[그림 5-2] '곡식' 주제망

7) 생활주제 '곡식'의 활동개요

다음은 '곡식'이라는 생활주제로 주제망에 짜인 주제를 중심으로 소주제를 구성하고 각각의 소주제에 대한 내용과 활동을 소개하였다. 여기에 소개된 내용 이외에도 많은 내용과 활동이 있을 수 있으므로 첨가하여 활용하면 더욱 좋을 것이다.

〈표 5-2〉 생활주제 '곡식'의 활동개요

주제	소주제	활동명
가을이 왔어요	가을이 되었어요	• 가을 날씨와 우리들의 생활 • 동화 『수잔네의 가을』 • 온도를 알아보아요. • 가을 관련 용품 가게 구성하기 • 가을 소풍을 가요 • 가을은?
	가을에 볼 수 있어요	• 강한 바람, 약한 바람 • 가을에 볼 수 있는 곤충 • 낙엽으로 꾸민 가을 곤충 • 코스모스와 잠자리
곡식에 대해 알아보아요	곡식에 대한 이전 경험	• 나의 경험을 그림으로 표현해요 • 내가 경험한 곡식 • 다람쥐 알밤 옮기기
	다양한 곡식의 종류	• 내가 가져온 곡식을 소개해요 • 벼 모양 바느질 • 곡식의 종류 • 곡식마다 특징이 있어요
	곡식이 잘 자라려면?	• 가을 풍경 커피 그림 • 가을 곡식 작은 책 • 밀과 보리가 자라네 • 곡식이 잘 자라려면 필요해요
	곡식을 수확해요	• 밀레 「이삭 줍는 사람들」 • 곡식의 성장과정 • 농업 박물관
곡식은 우리에게 좋아요	곡식의 성분과 효능	• 곡식을 수확하는 방법 • 직접 수확을 경험해요 • 곡식은 우리 몸에 좋아요 • 몸에 좋은 곡식을 알려요
	다양한 요리를 해요	• 어떤 곡식이 좋을까? • 곡식 가게 놀이 • 다양한 요리 방법 • 약밥 만들기 • 내가 하고 싶은 곡식 요리
	곡식이 우리에게 주는 이로움	• 영양밥 짓기 • 곡식은 왜 이로울까? • 곡식의 종류에 따라 소리가 달라요 • 곡식으로 만든 악기

주제	소주제	활동명
감사한 사람들	곡식이 우리 손으로 오기까지의 과정	• 동화 『며느리와 벼 이삭』 • 추수는 어떻게 이루어질까 • 동화 『바빠요 바빠』 • 허수아비 아저씨 • 곡식으로 꾸미는 허수아비 아저씨 • 곡식이 우리 손으로 와요 • 농기구 만들기
	많은 사람에게 감사해요	• 감사한 사람들 • 춤추는 쌀알 • 피아노 독주곡: 슈만의 「즐거운 농부」 • 나는 농부 • 임금님의 밥상
	감사한 마음을 표현해요	• 감사의 마음을 어떻게 표현할까? • 농부 아저씨께 편지 쓰기 • 감사의 마음을 표현해요 • 우리의 마음을 다른 사람들에게 알려요

이렇게 주제 활동개요를 작성하는 것이 조금은 번거로운 일일 수도 있다. 어떤 유아교육기관은 생활주제를 선정하고 주제망까지만 구성하고 바로 주간 교육계획안으로 넘어가는 경우도 있다. 그러나 주제에 따른 활동개요를 충실히 작성하면 수업하기가 훨씬 수월하다. 소주제에 다루어야 할 주요내용을 한눈에 살펴보고 소주제마다 할 수 있는 활동을 비교해 봄으로써 주제에 따른 활동이 한쪽으로 치우치는 현상을 막을 수 있기 때문이다.

8) 주간 교육계획안

생활주제에 대한 주제망이 작성되었다면 주제망을 토대로 주간 교육계획안을 작성한다. 주간 교육계획안은 한 주간에 이루어지는 활동들을 한눈에 볼 수 있도록 계획하는 것으로 교사는 한 주간의 활동들을 한눈에 봄으로써 각 영역의 활동들이 어느 한 영역에만 치우치지 않고 균형 맞춰 계획되었는지 미리 점검하고 운영할 수 있다.

〈표 5-3〉 주간 교육계획안의 실제

<table>
<tr><td colspan="2">활동반</td><td colspan="2">만 5세 ○○반</td><td>시기</td><td colspan="2">10월 2주</td></tr>
<tr><td colspan="2">주제</td><td colspan="2">곡식</td><td>소주제</td><td colspan="2">10월 12일 ~ 10월 16일</td></tr>
<tr><td colspan="2">목표</td><td colspan="5">• 곡식에 대해 알고 있는 자신의 경험을 그림으로 표현해 본다
• 곡식의 종류를 알고 특징을 탐색한다
• 옥수수에 대하여 알아보고 옥수수로 만들 수 있는 요리활동을 체험해 본다</td></tr>
<tr><td colspan="2">안전교육</td><td colspan="5">함께해야 행복해요</td></tr>
<tr><td colspan="2">기본생활습관</td><td colspan="5">웃어른께 존댓말 사용하기</td></tr>
<tr><td colspan="2">구분</td><td>12일(월)</td><td>13일(화)</td><td>14일(수)</td><td>15일(목)</td><td>16일(금)</td></tr>
<tr><td colspan="2">소주제</td><td>곡식에 대한 이전 경험을 나누어요</td><td>곡식이란?</td><td>곡식의 종류는 다양해요</td><td>곡식을 지키는 허수아비</td><td>옥수수의 특징</td></tr>
<tr><td rowspan="7">자유선택활동</td><td>쌓기놀이 영역</td><td></td><td colspan="2">논, 밭 구성하기</td><td></td><td></td></tr>
<tr><td>역할놀이 영역</td><td></td><td></td><td></td><td colspan="2">곡식요리 가게</td></tr>
<tr><td>언어영역</td><td>가을 수수께끼</td><td colspan="4">가을 책 만들기</td></tr>
<tr><td>수 · 조작 영역</td><td>코스모스와 잠자리</td><td colspan="2">가을 풍경 퍼즐 맞추기</td><td colspan="2">허수아비 접기</td></tr>
<tr><td>과학영역 / 컴퓨터영역</td><td></td><td colspan="2">곡식 빻기</td><td>강낭콩, 렌틸콩, 녹두의 싹을 관찰해요</td><td></td></tr>
<tr><td>미술영역</td><td>낙엽으로 꾸미기</td><td></td><td colspan="3">다양한 곡식으로 표현하는 허수아비</td></tr>
<tr><td>음률영역</td><td>악기로 연주하기</td><td></td><td></td><td></td><td></td></tr>
<tr><td rowspan="7">대 · 소집단활동</td><td>이야기 나누기</td><td>곡식에 대한 이전 경험을 나누어요</td><td>곡식이란 무엇일까요?</td><td>곡식의 종류는 다양해요</td><td>허수아비</td><td>옥수수를 알아 보아요</td></tr>
<tr><td>동화 · 동시 · 동극</td><td></td><td></td><td>동화: 『며느리와 벼이삭』</td><td>동화: 『피리부는 허수아비』</td><td></td></tr>
<tr><td>신체표현</td><td></td><td></td><td></td><td>신체표현: 「밀과 보리가 자라네」</td><td></td></tr>
<tr><td>게임</td><td></td><td>곡식 수확하기</td><td></td><td></td><td></td></tr>
<tr><td>요리</td><td></td><td></td><td></td><td></td><td>요리: 옥수수 전</td></tr>
<tr><td>음악</td><td>「노을」 다양한 악기로 연주하기</td><td>새 노래: 「밀과 보리가 자라네」</td><td></td><td></td><td></td></tr>
<tr><td>미술</td><td>낙엽으로 꾸민 가을 곤충</td><td></td><td>다양한 곡식으로 표현하는 허수아비</td><td></td><td>생일 그림 그리기</td></tr>
<tr><td colspan="2">바깥놀이</td><td>가을 숲에서 사진 찍기</td><td colspan="2">나뭇가지놀이</td><td colspan="2">가을 곡식과 열매 탐험대</td></tr>
</table>

02 일일 교육계획안과 단위활동 수업계획안 작성하기

다음은 일일 교육계획안 작성의 구체적인 방법과 일일 교육계획안의 효율적인 평가방법에 대하여 알아보고자 한다.

1) 일일 교육계획안 작성 방법

일일 교육계획안이란 하루 동안 이루어지는 활동을 계획한 것을 말한다. 일일 교육계획은 주간 교육계획에 기초하여 작성하는데 일일 교육계획안에는 생활주제, 소주제, 교육목표, 교육내용, 활동방법, 준비물, 소요시간 등을 자세히 기록해야 한다. 또한, 하루일과를 운영할 때에는 유아가 혼란스러워하지 않도록 기본적인 일과는 일관성 있게 다루는 것이 좋다. 때로는 날씨나 유아의 흥미 등이 변하여 다른 활동이나 활동시간을 조절해야 하는 경우가 발생하기도 한다. 그럴 경우 교사는 예상치 못한 상황에 대비할 수 있도록 여분의 활동을 준비하여 당황하지 않고 교육할 수 있는 융통성이 필요하다.

(1) 일일 교육계획안 작성하기

유아교육기관에서의 하루일과는 유아가 능동적으로 안정감을 갖고 활동할 수 있도록 하는 일관성이 필요하다. 유아는 자신이 하루일과를 어떻게 지낼지를 등원함과 동시에 예상할 수 있어야 하며, 하루일과를 예상함으로써 무엇을 해야 할지에 대한 두려움에서 벗어나 안정감을 느낄 수 있다. 일일 교육계획안 작성하기에 있어 주의해야 할 두 번째는 유아의 욕구와 발달수준을 고려하여 하루일과를 통하여 도달해야 할 교육목표를 진술하여야 한다.

또한, 하루일과를 계획할 때에는 동적인 활동과 정적인 활동을 균형 있게 배분하여야 하며, 대 · 소집단과 개별 활동으로 나누어 계획하여야 한다. 일일 교육계획안에는 활동명, 활동내용과 활동의 소요시간, 수업준비물이 명시되어야 하며, 실내 활동과 실외 활동은 적절하게 구성되어야 한다. 실내 자유선택활동 시간은 1시간 30분 이상이 적당하며, 실외놀이 시간은 50분~1시간 정도 고려되어야 한다. 또한, 교사는 일일 교육계획안을 작성하면서 하루 동안 이루어지는 활동이 교사 주도활동과 유아 주도활동으로 골고루 배치될 수 있도록 고려하여야 한다. 초임교사의 가장 많은 실수 중 하나는 유아의 흥미나 욕구는 무시한 채 교사 본인이 작성한 일일 교육계획안대로만 무리하게 진행하여 유아가 흥미를 잃어 예상치 못한 상황이 생겨 난감해하는 경우이다. 일일 교육계획안을 잘 작성하였더라도 유아의 흥미나 욕구, 예상치 못한 상황 등을 고려하여 융통성 있게 운영하는 것이 필요하다.

(2) 일일 교육계획안 평가하기

일일 교육계획안에서의 각 활동은 서로 분리된 교과목으로 보아서는 안 된다. 생활주제라고 하는 큰 울타리 안에서 주제와 서로 관련 있는 활동이 연결되어 있어 생활중심 또는 주제중심의 통합교육이라고 한다. 교사가 일일 교육계획안의 평가란에 그날 하루를 지냈던 소감을 적는 경우가 많은데 일일 교육계획안 평가는 교수-학습에 대한 수행 내용과 일일 교육목표에 대한 평가를 기록해야 한다.

일일 교육계획에 대한 평가는 각 활동에 대한 교육계획과 활동의 적합성, 교재교구의 적합성, 유아의 참여도, 흥미, 활동의 효과, 교사의 역할 등에 대하여 상세히 평가하도록 한다. 특히, 일일 교육목표는 그날의 소주제에 대한 교육목표를 기본으로 평가하면 된다. 교육목표는 하루 중 주로 이야기 나누기 시간에 이루어지는 경우가 많으므로 이야기 나누기 활동에 대한 평가가 곧 일일 교육계획안의 메인 평가가 되기도 한다. 이렇게 일일 교육계획의 평가가 매일 이루어진다면 교사는 스스로에 대한 반성적 사고는 물론 다음의 교육계획을 세우는 데 밑거름이 될 수 있다.

〈표 5-4〉 일일 교육계획안의 실제

<table>
<tr><td>날짜</td><td>○○○○년 ○○월 ○○일 목요일</td><td>반</td><td>만 ○세 ○○반</td><td>생활주제</td><td>곡식</td></tr>
<tr><td>주제</td><td>곡식에 대해 알아보아요</td><td colspan="2">소주제</td><td colspan="2">곡식을 지키는 허수아비</td></tr>
<tr><td>교육
목표</td><td colspan="5">• 곡식가게 놀이를 통하여 곡식의 종류와 특징에 대해 알아본다.
• 허수아비 영상물을 통하여 허수아비에 대하여 알아본다.
• 다양한 소품을 이용하여 허수아비를 표현할 수 있다.</td></tr>
<tr><td>누리과정
관련요소</td><td colspan="5">• 신체운동·건강: 신체활동에 참여하기 / 자발적으로 신체활동에 참여하기
• 의사소통: 듣기 – 동요·동시·동화 듣고 이해하기
읽기 – 책 읽기에 관심 가지기
쓰기 – 쓰기 도구 사용하기
• 사회관계: 나와 다른 사람의 감정 알고 조절하기 / 나의 감정 조절하기
나를 알고 존중하기 / 나의 일 스스로 하기
사회에 관심 갖기 – 우리나라에 관심 갖고 이해하기
• 예술경험: 아름다움 찾아보기 – 움직임과 춤 탐색하기
예술적 표현하기 – 움직임과 춤으로 표현하기 / 극놀이로 표현하기
• 자연탐구: 탐구하는 태도 기르기 – 호기심을 유지하고 확장하기 / 탐구과정 즐기기</td></tr>
<tr><td>창의 인성
관련</td><td colspan="5">• 인성: 협력 – 개인적 책임감
• 창의성: 호기심·흥미 – 다양한 경험을 통하여 사물이나 사건에 대한 궁금증 가지기
• 창의성: 호기심·흥미 – 궁금한 것을 알 수 있는 방법을 생각해 보고 실천하기</td></tr>
<tr><td>초등학교
교육과정
관련</td><td colspan="5">• 국어: 듣기·말하기 – 다른 사람의 말이나 이야기를 귀 기울여 들으며 내용을 이해한다.
말하기 – 상대에 적절하게 반응하며 대화를 나눈다.
• 즐거운 생활: 학교와 나 – 여러 가지 방법으로 몸을 표현하면서 자신의 신체를 느껴본다.
• 슬기로운 생활: 학교와 나 – 우리의 몸을 살펴보고 몸의 여러 가지 특징을 이해한다.</td></tr>
<tr><td rowspan="7">일과
시간표</td><td>시간</td><td>활동</td><td>시간</td><td colspan="2">활동</td></tr>
<tr><td>09:00~09:30</td><td>등원</td><td>11:50~12:00</td><td colspan="2">정리정돈</td></tr>
<tr><td>09:30~09:50</td><td>간식</td><td>12:00~13:00</td><td colspan="2">점심 식사</td></tr>
<tr><td>09:50~10:00</td><td>인사 나누기 및 일과 소개</td><td>13:00~14:00</td><td colspan="2">바깥놀이</td></tr>
<tr><td>10:00~10:30</td><td>신체표현</td><td>14:00~14:10</td><td colspan="2">동화</td></tr>
<tr><td>10:30~10:50</td><td>이야기 나누기</td><td>14:10~14:20</td><td colspan="2">일과 평가</td></tr>
<tr><td>10:50~11:50</td><td>자유선택활동</td><td>14:20~14:50</td><td colspan="2">하원</td></tr>
<tr><td>시간/
활동명</td><td>활동 목표</td><td colspan="3">활동내용</td><td>자료 및 유의점</td></tr>
<tr><td>9:00~9:30
등원</td><td>• 바르게 인사하는 방법을 안다.
• 자신의 물건을 스스로 정리한다.</td><td colspan="3">• 부모님과 인사를 나눈다.
• 신발장에 신발을 정리한 후 교실로 들어온다.
• 출석카드를 꺼내 오늘의 날짜를 표시한다.
• 가방을 정리한 유아는 조용한 놀이를 하며 다른 유아를 기다린다.</td><td></td></tr>
</table>

시간/ 활동명	활동 목표	활동내용	자료 및 유의점
09:30~09:50 오전 간식	• 바른 태도로 간식을 먹는다. • 간식을 먹은 후 스스로 정리한다.	• 모둠별로 화장실로 이동하여 줄을 선다. • 비누를 이용하여 손을 깨끗하게 씻는다. • 질서를 지켜 간식을 받는다. • 간식을 받고 자리에 앉아 감사한 마음으로 맛있게 먹는다. • 간식을 먹은 후 스스로 정리한다. • 다 먹은 유아는 책을 보며 다른 유아를 기다린다.	
09:50~10:00 인사 나누기 및 일과 소개	• 날짜 및 하루 일과를 알 수 있다.	• 인사 노래를 부르며 인사를 나눈다. • 날짜 판을 보고 날짜를 알아본다. • 오늘 하루일과에 대해 소개한다.	
10:00~10:30 신체표현	• 노랫말을 이해하고 노랫말에 맞춰 신체표현을 할 수 있다.	신체표현 - 밀과 보리가 자라네 • 다양한 곡식에 대해 수수께끼를 내며 주의집중을 한다. - 누가 나와서 비밀상자에 있는 것을 수수께끼를 내어볼까? - 만지니까 어떤 느낌이니? - 크기는 어떤 거 같니? - 우리가 알아보았던 곡식 중에 무엇과 비슷한 것 같니? • 농부를 소개한다. • 농부 손 인형이 등장한다. • 「밀과 보리가 자라네」 노랫말을 이야기 형태로 소개한다. • 「밀과 보리가 자라네」 노래에 맞추어 동작을 소개한다. • 노래를 함께 부르며 유아들은 자리에 앉아서 율동을 함께 한다. • 일어나서 신체표현을 함께 한다. • '친구를 기다려' 부분에서는 다른 친구를 데리고 나올 수 있도록 하는 방법으로 확장한다. • 함께 신체표현을 즐겁게 하기 위해 지켜야 할 약속에 대해 이야기를 나눈다. • 신체표현을 한다. • 신체표현 후 즐거웠던 율동에 대해 평가한다. - 어떤 부분의 율동이 즐거웠나요? - 왜 그렇게 생각했나요?	• 비밀상자 • 음원 • 밀짚모자
10:30~10:50 이야기 나누기	• 허수아비의 역할에 관심을 갖는다. • 허수아비와 참새와의 관계를 이해한다.	이야기 나누기- 곡식을 지키는 허수아비 • 허수아비에 관한 노래를 부르며 주의집중한다. • 허수아비에 대해 이야기 나눈다. - 허수아비를 본 적이 있니? - 허수아비가 어디에 있었니? - 어떤 모습을 하고 있었니? - 왜 허수아비가 필요할까? • 허수아비와 참새와의 관계에 대해 생각해 본다. - 참새들을 왜 들판에 오는 것일까? - 참새들은 허수아비를 보고 어떻게 할까? - 허수아비는 참새들을 보면 무슨 생각이 들까? - 만약 허수아비가 없다면 어떻게 될까?	• 허수아비와 참새 그림자료, 영상자료

시간/ 활동명	활동 목표	활동내용	자료 및 유의점
10:30~10:50 이야기 나누기		• 허수아비와 참새가 되어 보는 놀이를 계획한다. – 내가 허수아비가 된다면 어떤 모습을 하고 싶니? – 허수아비의 표정을 어떻게 하고 싶니? – 내가 참새가 된다면 어떻게 하고 싶니? – 허수아비를 보고 놀란 참새의 모습은 어떨까?	
10:50~11:50 자유선택 활동	• 가을철 곡식의 수확을 놀이로 표현한다.	역할 영역 - 곡식 가게 • 곡식 가게에 대해 이야기 나눈다. • 곡식 가게 놀이에 필요한 소품과 물건에 대해 이야기 나눈다. • 곡식 가게 놀이에 필요한 역할을 나눈다. • 유아 각자 하고 싶은 역할에 대해 이야기하고 역할을 나눈다. • 곡식 가게를 꾸미고, 곡식놀이를 한다. • 역할을 바꿔 놀이를 한다. • 정리 후 놀이에 대해 평가한다.	• 다양한 종류의 곡식 • 냄비 등의 소품
	• 허수아비의 표정을 상상하며 종이접기를 해 본다.	수 · 조작 영역 - 허수아비 접기 • 「허수아비 아저씨」 노래를 부르며 주의를 집중 시킨다. • 「허수아비 아저씨」를 접어 보고 허수아비 아저씨의 표정을 우리가 직접 그려보자. • 색종이를 나눠 주고 허수아비 아저씨를 어떻게 접을 것인지 생각해 본다. • 허수아비 아저씨 접기를 따라한다. • 접은 색종이를 모아 활동지에 붙인다. • 허수아비 아저씨를 꾸며 준다. • 내가 꾸민 허수아비 아저씨를 친구들에게 소개해 본다.	• 색종이 • 종이접기 전개도
	• 콩 종류의 다양함을 알고, 콩의 생김새와 특성이 다름을 이해한다.	과학영역 - 여러 종류의 콩 비교하기 • 콩의 종류에 대해 이야기를 나눈다. • 준비된 콩을 관찰하게 한다. • 여러 가지 콩의 크기, 느낌, 냄새를 관찰하며 이야기한다. • 여러 가지 콩을 만져보면서 자유롭게 관찰하고 비교한다. • 관찰하고 이야기한 것을 그리거나 글로 기록해 본다. • 관찰하고 남은 콩은 작은 페트병에 담아 관찰 영역에 두고 자유롭게 관찰하고 탐색하게 한다.	• 완두콩, 검은 콩, 땅콩 • 돋보기 • 접시 4개 • 관찰종이
	• 가을의 풍경에 관심을 가진다. • 곡식으로 허수하비 아저씨를 꾸며본다.	미술 영역 - 곡식으로 꾸미는 허수아비 아저씨 • '허수아비'에 대해 이야기 나눈다. • 오늘의 활동과 준비된 재료들을 알아본다. • 활동 방법을 알아본다. [활동 방법] 1) 허수아비 사진을 관찰한다. 2) 준비된 재료를 탐색한다. 3) 준비된 다양한 만들기 도구를 이용해 허수아비를 자유롭게 꾸민다. 4) 나만의 허수아비를 친구들에게 소개한다. 5) 활동이 끝나면 자리를 스스로 정리한다.	• 허수아비 사진 • 다양한 그리기 및 만들기 재료(목공풀, 여러 가지 곡식 등)

시간/ 활동명	활동 목표	활동내용	자료 및 유의점
11:50~12:00 정리 및 평가	• 사용한 물건을 제자리에 정리 정돈하는 습관을 기른다.	• 정리 5분 전 정리 시간을 예고한다. - 종을 울려 정리 시간을 알린다. • 사용한 물건을 제자리에 정리한다. • 자유선택활동을 평가한다.	
12:00~13:00 점심 식사	• 소중한 마음으로 음식을 먹는다. • 식사예절을 알고 지킨다.	• 점심을 먹기 전 교사와 유아가 함께 점심을 먹는 방법에 대해 이야기 나눈다. • 손을 깨끗하게 씻고 자리에 앉는다. • 교사가 호명하는 차례대로 나와 식사를 받아 자리에 앉고 책상 위에 있는 국그릇은 자신의 식판 위에 놓는다. • 다 같이 감사 인사를 한 뒤 맛있게 점심 식사를 한다. • 오늘의 식단: 차조밥, 콩나물, 제육볶음, 상추오이무침, 배추김치 • 점심 식사를 다 한 유아는 식판과 수저를 정리한다. • 식사를 다 한 유아는 양치질을 한다. • 양치를 한 유아는 다른 유아를 기다리며 책을 읽는다.	
13:00~13:50 바깥놀이	• 가을에 볼 수 있는 곡식과 열매에 관심을 가진다. • 산책 시 곡식과 열매를 찾아보는 경험을 한다.	바깥놀이 -가을 곡식과 열매 탐험대 • 산책 시 지켜야 하는 약속에 대해 이야기 나눈다. • 산책을 하면서 우리 동네에서 볼 수 있는 곡식과 열매를 찾아본다. • 교실로 돌아와 함께 찾아본 곡식과 열매의 종류를 알아본다. • 활동을 마무리하고 평가한다.	• 사진기 • 돗자리 • 비상약품 등
13:50~14:10 동화	• 허수아비에 대해 관심을 갖고 동화를 주의 깊게 듣는다.	동화 -『피리 부는 허수아비』 • 동화의 표지를 보며 이야기 나눈다. • 동화를 감상한다. • 동화의 내용을 회상한다. •『피리 부는 허수아비』의 뒷이야기를 상상해 본다. • 동화를 듣고 느낀 점을 이야기 나눈다.	• 동화
14:10~14:20 일과평가	• 하루일과를 회상하며 자신감과 성취감을 느낀다.	• 하루일과를 보며 이야기를 나눈다. - 오늘 어떤 활동들을 했나요? - 어떤 활동들을 하며 즐거웠나요? - 조금 아쉽거나 속상했던 점들은 무엇이었나요? • 인사 노래를 부르며 선생님과 친구들에게 인사한다.	• 일과표
14:20~ 하원	• 자신의 물건을 스스로 챙긴다. • 차량 안전 규칙을 알고 바르게 지킨다.	• 차량 승하차 시 교통 안전 규칙에 대해 이야기 나누고 지도한다. • 유괴 방지 주의사항에 대해 이야기 나누고 안전하게 귀가한다. • 가방과 소지품을 챙긴다. 소지품은 모두 가방에 넣어 정리한다. • 겉옷을 챙겨 입고 가방을 멘다. • 옷매무새를 확인하고, 교실 입구에 줄을 서서 기다린다. • 종일반부터 교실 밖으로 이동한다.	• 유의점: 겉옷을 스스로 챙겨가도록 지도하기
평가	유아가 허수아비를 본 경험이 부족하여 사진과 영상으로 관심을 끌었더니 신기해하였다. 특히, 선택활동 시간에 허수아비 꾸미기에 많은 관심을 가졌다. 곡식가게놀이는 시장놀이로 확장되어 유아들이 즐거워했지만, 다음에는 역할놀이영역에 곡식가게놀이보다 허수아비놀이를 할 수 있도록 하는 것도 좋을 것 같다.		

2) 단위활동 수업계획안 작성 방법

하루일과는 여러 개의 단위활동수업으로 이루어져 있다. 이러한 단위활동수업들을 제대로 계획하고 작성한다면 하루일과를 운영하는 데 많은 도움을 얻을 수 있을 것이다. 단위활동은 크게 도입부분과 전개부분 그리고 마무리(정리)부분으로 나눌 수 있다. 단위활동은 단계별로 이루어지는 활동을 세심하게 계획한다면 더욱 효과적인 활동이 이루어질 수 있을 것이다.

(1) 도입단계

도입은 교육활동이 시작되는 단계로 전체 단위활동 시간의 약 10% 정도를 차지한다. 전체 단위활동 시간을 30~40분으로 계획했다면, 활동내용이나 상황에 따라 차이가 있을 수 있지만 도입시간은 대략 5~10분 전후가 적절하다. 이 단계에서 활동에 대한 유아의 흥미와 호기심을 최대한 높이는 것이 중요하다. 그 이유는 유아가 계획한 활동에 적극적으로 참여할 수 있도록 유도해야 하기 때문이다(유혜령 외, 2003).

먼저 이야기 나누기를 시작하기 전 유아를 주의집중시켜야 한다. 주의집중이란 교사가 계획하여 주도하는 교육활동에 유아가 집중하여 그 활동을 효과적으로 진행할 수 있도록 교사가 행하는 전략을 말한다. 주로 활동이 시작되기 전에 주의집중을 많이 사용하지만 활동 중간에라도 유아가 산만해져 주의집중이 필요할 때는 언제든 사용할 수 있다. 다만, 수업 중 주의집중을 위해 손유희나 찬트 등을 너무 자주 사용하면 오히려 수업의 흐름을 방해할 수 있으니 주의하는 것이 필요하다. 주의집중은 유아가 수업을 원활하게 하기 위한 수단이므로 다양한 방법(예: 노래, 라임, 손유희, 찬트, 수수께끼 등)이 있다.

주의집중이 끝나면 도입단계가 시작된다. 도입단계는 활동을 시작하기 전 유아가 본활동과 관련하여 과거의 활동에 대한 경험을 관련시키거나 유아가 활동을 통해 성취해야 할 것들을 미리 제시하여 줌으로써 유아에게 동기부여를 통하여 본활동의 효과를 높이기 위한 것이다. 도입단계에서는 이야기로 활동목표를 제시하며, 사진이나 그림 등을 제시하여 더 효과적으로 활동 목표를 제시할 수 있다.

(2) 전개단계

전개단계는 단위교육활동 시 중심이 되는 활동으로 수업의 대부분이 전개단계에 해당한다. 도입단계에서 활동에 대해 유아의 흥미를 유발하였다면 전개단계에서는 본격적인 활동이 이루어질 수 있도록 해야 한다. 먼저 유아가 활동할 내용을 소개한다. 활동내용을 소개할 때는 구체적인 자료를 활용하여 쉬운 것부터 어려운 과제 순으로 제시한다. 활동이 순조롭게 이루어지도록 하기 위하여 여러 가지 형태의 활동자료를 활용한다.

예를 들어, '모양'이라는 주제를 학습한다면 교사는 주위의 사물에서 동그라미, 세모, 네모의 모양을 닮은 구체물을 가지고 수수께끼나 비밀주머니를 사용하여 다양한 활동이 일어날 수 있도록 질문과 토론을 할 수 있다. 또한, 교사가 활동내용의 목표를 얼마나 습득했는지 알아보기 위해 여러 모양 중 동그라미, 세모, 네모 모양을 찾아보라고 하거나, 주위 사물들 중 같은 모양이 들어 있는 사물을 찾아볼 수 있는 활동을 제시하여 수행하도록 한다. 다양한 방법을 사용하여 유아의 흥미를 고려하고 유아가 적극적으로 활동에 참여할 수 있도록 하며, 유아의 활동내용이 목표에 도달했는지 알아보기 위해 유아에게 활동내용을 수행해 볼 수 있도록 유도할 수 있다.

(3) 마무리(정리)단계

마무리단계는 활동시간의 제일 마지막단계에 해당하며, 활동의 정리단계를 말한다. 마무리단계에서는 지금까지 해 왔던 활동을 정리하고 활동해 온 내용을 간략하게 요약한다. 또한, 활동내용을 강화할 수도 있으며, 새로운 활동에 적용할 수 있도록 일반화할 수도 있다. 마무리단계는 유아가 활동한 것에 대한 결과가 옳고,

그른지를 알려주는 것으로 잘못 수행하였다면 다시 수정하거나 보충할 수 있도록 기회를 주는 것이 필요하다. 이런 단계를 통하여 유아는 자신이 수행한 활동에 대하여 자연스럽게 수정하고 강화할 수 있는 활동을 제공하게 된다. 또한, 마무리단계에서는 유아에게 학습한 내용을 실제 상황이나 이와 유사한 상황에서 적용시킬 수 있는 기회를 제공하여야 한다. 이것을 '파지'와 '전이'라고 한다. '파지'란 학습된 능력을 기억하는 것이며, '전이'란 특정 학습이 단순한 지적 기능이나 지식습득에 그치지 않고 새로운 상황에 적용되고 일반화되도록 하는 것을 말한다. 마지막으로 마무리단계활동이 끝나고 다음 활동으로 넘어갈 때 교사는 전이활동을 하게 되는데 전이활동은 말 그대로 활동과 활동 사이에 하는 것이므로 전이활동으로 시간을 많이 차지하지 않도록 하는 것이 효율적이다.

3) 평가하기

학습활동이 끝나려 할 때 평가하는 것으로 지금까지 교사와 함께 한 활동에 대하여 요약하거나 정리하여 활동내용을 한 번 더 기억하는 데 도움을 주는 활동이다. 평가라고 하여 유아에게 무엇을 배웠는지 얼마만큼 알게 되었는지에 대한 질문은 삼가는 것이 좋다. 유아가 활동했던 것들 중에 무엇이 가장 즐거웠는지, 즐거웠다면 왜 즐거웠는지, 재미없었다면 무엇이 왜 재미없었는지 등에 대해 이야기할 수 있도록 하는 것이 바람직하다.

03 이야기 나누기와 이야기하기

이야기 나누기는 일상적인 대화와는 구별되는 것으로서 교사가 분명한 교육적 의도를 가지고 계획 · 실행 · 평가하는 활동을 말한다. 그러므로 교사가 의도와 목표 없이 한 이야기는 이야기 나누기라 할 수 없다(허미애, 2007).

1) 이야기 나누기의 중요성

이야기 나누기는 즐겁게 배우고 기꺼이 나누는 과정을 통해 사고하기, 의사소통하기, 공유하기, 관계 맺기 등을 배움으로써 유아의 삶이 변화되는 것에 중점을 둔다. 또한, 잘 듣고, 잘 생각하고, 잘 말하는 의사소통기술을 배움으로써 궁극적으로는 유아의 사고력이 향상될 수 있도록 도울 뿐 아니라, 유아가 앎(지식) 자체가 아니라 무언가를 알아가는 기쁨과 즐거움을 누적적으로 경험하게 하는 데 목표가 있다(박찬옥 외, 2014). 또한, 이야기 나누기는 유아의 과거 경험과 현재 경험을 통합시켜 재구성하며, 이를 다시 미래의 경험으로까지 통합시켜 주는 일, 유아와 유아 간의 경험을 통합시켜 지식과 개념을 확장시키는 일, 교사와 유아의 경험을 연결하여 통합시키는 일, 서로 다른 생활주제를 상황에 맞게 통합시키는 일, 생활영역 간, 활동영역 간 교육내용 간의 통합적 접근이 이루어져야 한다. 그러므로 이야기 나누기는 대집단보다는 중집단이나 소집단으로 이루어지는 것이 바람직하다(허미애, 2007).

2) 이야기 나누기와 이야기하기의 차이

'이야기 나누기'는 '이야기하기'와 분명히 구별되어야 하는 개념이다. '이야기하기'는 일방적인 커뮤니케이션 형태를 뜻한다. 이러한 경우 말하는 사람과 듣는 사람은 그 역할이 뚜렷하게 나눠진다. 즉, 교사는 말하고 유아는 그저 듣기만 하는 활동상황을 의미한다. 따라서 '이야기하기'에서 교사와 유아는 불평등 관계에 있으며, '교사는 가르치는 자'로 '유아는 배우는 자'로만 자리매김이 된다. 그러나 이야기 나누기에서는 말하는 사람과 듣는 사람의 역할이 고정되어 있지 않다.

즉, 교사와 유아는 서로 말하고 듣는 역할을 바꾸어 가며 역동적으로 상호작용한다. 그러므로 그들은 평등관계이며, 가르치는 자와 배우는 자의 경계가 없어 서로 가르치고 배우게 된다. 그들에게는 각각 말하는 기술과 듣는 기술이 공평하게 요구되며, 토론과 논쟁과 질문을 격려하는 매우 개방적인 대화 분위기가 조성된다(허미애, 2007).

〈표 5-1〉 이야기하기와 이야기 나누기 비교표

	이야기하기	이야기 나누기
활동목표	• 어떤 사물이나 사건, 현상에 대한 설명과 그에 대한 이해가 활동의 주목적이다. – 지식과 정보의 전달 및 습득이 주 목적이다.	• 지식과 정보의 전달과 습득 그 자체보다는 유아가 자신의 경험, 생각, 느낌을 이야기하는 동안 올바른 의사소통 기술을 배우고, 언어 표현력과 관계를 증진하며, 지식과 정보 및 사물을 공유하는 태도를 기르고, 궁극적으로는 개개 유아의 사고능력이 향상되도록 돕는 것이 주 목적이다.
활동주제	• 교사에 의해 일방적으로 주제나 상황이 선정되고, 정해진 주제는 특정 시기에 고정되어 획일적으로 실행되는 경우가 많다.	• 특정 시기에 관계없이, 교사-유아 간의 합의에 따라 주제나 상황이 선정되며, 활동 중에라도 당사자들의 관심이 바뀌거나 특별한 상황이 발생한 경우에는 진행 중이던 주제가 유보, 전이, 심화될 수 있는 융통성이 있다.
의사소통 형태	• 일방적 대인 간 커뮤니케이션	• 쌍방적 대인 간 커뮤니케이션
활동 주체	• 교사	• 교사와 유아
역할	• 말하는 사람과 듣는 사람의 역할이 고정되어 있다. – 교사: 말하는 사람 – 유아: 듣는 사람	• 말하는 사람과 듣는 사람의 역할이 고정되어 있지 않다. – 교사: 말하거나 듣는 사람 – 유아: 말하거나 듣는 사람
교사-유아 관계	• 불평등 관계 – 가르치는 사람과 배우는 사람이 엄밀하게 구분된다.	• 평등 관계(대등 관계) – 가르치는 사람과 배우는 사람의 경계가 없이 상호 가르치고 배운다.
관련 기술 및 태도	• 교사: 잘 말하는 기술 • 유아: 잘 듣는 태도	• 교사/유아: 잘 말하고, 잘 듣는 기술과 맥락을 이해하고 적절하게 질문하는 기술
활동 분위기	• 정적인 분위기 – 유아가 수동적으로 조용히 경청하는 것을 선호하는 폐쇄적인 분위기이다. – 교사는 질문을 한 다음 유아에게 생각할 시간을 충분하게 제공하지 않는다. – 폐쇄적/수렴적 질문이 많다.	• 역동적인 분위기 – 적극적 경청과 상호 토론 및 논쟁이 허용되는 개방적 대화 분위기이다. – 교사는 질문을 한 다음 유아가 생각할 시간을 충분히 제공하며 기다려 준다. – 개방적/확산적 질문이 많다.
평가	• 활동 결과를 중시한다.	• 활동 과정을 중시한다.
교사의 역할	• 교사가 계획한 대로 지식과 경험을 효과적으로 전달한다.	• 계획은 있으나, 유아의 마음과 생각의 흐름을 읽으면서 즉흥적으로 재구성하며, 유아의 생각이 열리고 공유되도록 격려한다.

출처: 허미애 (2007). 중앙대 박사학위논문.

3) 이야기 나누기의 효과적인 운영

이야기 나누기의 효과적인 운영을 위하여 다음의 세 가지를 고려하여야 한다.

첫째, 이야기 나누기 집단의 크기이다. 일반적으로 이야기 나누기는 대집단으로 진행하므로 교사가 유아들의 이야기에 귀 기울이거나 일대일 상호작용하기가 쉽지 않다. 유아들 또한 다른 사람의 이야기를 듣고 기다려야 하기 때문에 자칫 지루해할 수도 있다. 그러므로 이야기 나누기는 시간차로 운영하는 것이 효과적이다. 등・하원시간에 차이를 둠으로써 유아들을 둘로 나누어 교사가 이야기 나누기를 두 번 할 수 있도록 고려해 보는 것도 좋은 방법이다.

둘째, 대상연령에 따라 이야기 나누기 시간을 고려한다. 연령에 따라 주의집중 시간이 다르기 때문에 대상연령에 대해 시간을 고려해야 한다. 1학기에는 2학기보다 집중 시간이 짧으므로 같은 연령이라 하더라도 1, 2학기 시간을 고려하는 것이 좋다. 연령별로는 만 3세의 경우 약 10~15분 정도, 만 4세의 경우 15~20분, 만 5세의 경우 20~25분 정도로 계획하나 2학기가 되어 집중력이 좋아지면 시간을 조금 더 연장하여 수업할 수도 있다.

셋째, 이야기 나누는 장소와 대형을 고려한다. 이야기 나누기는 교실의 제일 넓은 공간에서 이루어지는 것이 좋다. 이야기 나누기를 좁은 공간에서 하게 되면 주변의 유아 손이 닿는 곳에 장난감이나 교구, 게시물 등이 유아의 집중을 방해할 수 있기 때문이다. 교실 안에 카펫이 있는 조용한 곳에서 이루어지는 것이 보통이지만 때로는 다른 장소로 이동하여 이야기 나누기를 할 수도 있으며, 다양한 교수매체를 함께 사용하면 유아의 몰입도가 증가하기도 한다. 대부분 이야기 나누기를 할 때의 대형은 대게 반원으로 앉아서 하지만 인원이 많을 경우에는 앞줄은 카펫에 앉고 뒷줄은 의자에 앉도록 배치하는 경우도 있다.

이야기 나누기 시간에 교사는 철저한 수업준비는 물론 주제와 관련하여 사전에 정확한 지식을 갖추어야 한다. 만약 교사가 처음 접해 보는 활동이라 지식이 부족하다면 미리 책이나 인터넷 등의 정보를 통해 정확한 지식을 습득해야 한다. 교사가 어떤 질문을 하느냐에 따라 주제에 대한 깊이가 달라지기 때문에 교사의 발문이 무엇보다 중요하다. 유아가 주제에 대해 사려 깊게 생각하고 대답할 수 있게 하기 위해서는 주제와 관련된 개념을 습득할 수 있도록 질문유형을 알고 적절히 발문해야 하기 때문이다.

04 주제 관련 단위활동 수업의 실제

다음은 '곡식'이라는 주제와 관련하여 연령별 이야기 나누기의 실제를 소개하였다. '곡식'이라는 주제에 가을의 날씨와 열매 등에 대한 개념을 유아와 학습하기 위한 단위활동수업의 실제이다. 이 밖에도 이야기 나누기는 많은 활동과 연계하여 이루어질 수 있으며, 다양한 활동을 할 수 있다.

1) 이야기 나누기의 실제(만 3세)

활동명	가을이 왔어요	대상연령	만 3세	생활주제	곡식
활동목표	• 가을철 날씨에 대해 관심을 갖는다. • 가을철에 적합한 옷차림에 대해 알아본다.				
누리과정 관련요소	• 신체운동·건강〉건강하게 생활하기〉질병예방하기 • 자연탐구〉과학적 탐구하기〉자연현상 알아보기				
활동자료	사진자료(겉옷을 입은 유아, 개인 장에 걸린 겉옷, 여름 옷차림의 유아들), 배경판(여름 풍경, 그 위에 가을 나뭇잎이 달린 나무 그림을 붙였다 떼었다 할 수 있도록 준비), 여름철 복장 유아 두 명 그림, 가을철 복장 두 벌 그림(유아 그림 위에 붙였다 떼었다 할 수 있도록 준비)				
활동방법	1. 아침에 유아가 유치원에 등원하는 사진 혹은 개인 장에 걸려있는 겉옷 사진을 보여 주며 이야기 나눈다. – 아침에 유치원에 올 때 날씨가 어떠니? – 요즘 바깥놀이를 할 때 날씨는 어떤지 이야기해 볼 수 있을까? – 어떤 사진일까? – 왜 겉옷을 입고 왔을까? 2. 여름에 찍은 유아의 사진을 보여 주며 여름철 날씨와 비교한다. – 언제 찍은 사진일까? – 두 사진에서 무엇이 다를까? – 여름 날씨는 어땠는지 이야기해 볼 수 있을까? 3. 가을이 되었음을 이야기한다. – 바깥놀이 시간에 하늘을 본 적 있니? – 하늘 색깔이 어땠는지 이야기해 볼 수 있을까? – 바람은 어떤 느낌이었는지 이야기해 볼 수 있을까? – 바람이 여름과 어떻게 달라졌을까? – 무슨 계절이라고 할까? 4. 가을철을 건강하게 지내기 위한 옷차림에 대해 이야기 나눈다. – 아침저녁으로 쌀쌀한 날씨에 감기 걸리지 않으려면 어떻게 할까? – 옷차림을 어떻게 하면 좋을까?				
참고사항 및 유의점	• 계절의 흐름에 맞는 배경 그림판과 유아의 여름, 가을 옷차림을 비교할 수 있는 사진을 준비한다. • 본활동을 하기 전에 유아가 등원 시 겉옷을 입고 유치원 현관을 들어오는 모습과 개인장에 걸린 유아들의 겉옷 사진을 미리 찍어둔다. • 가을철 날씨와 기후 현상에 관심을 갖는지 평가한다. • 가을철에 적합한 옷차림을 알고 실천하는지 평가한다. • 『가을이 좋아』 동화를 감상하며, 변화된 계절의 좋은 점을 알아본다.				

출처: 교육과학기술부(2013). 만 5세 누리과정 수정 보완서.

2) 이야기 나누기의 실제(만 4세)

<table>
<tr><td>활동명</td><td>가을 과일이 익어가요</td><td>대상연령</td><td>만 4세</td><td>생활주제</td><td>곡식</td></tr>
<tr><td>활동목표</td><td colspan="5">• 과일 실물과 영상을 통해 열매가 열리고 익어가는 과정에 관심을 갖는다.
• 다른 사람의 이야기를 주의 깊게 듣는 습관을 기른다.</td></tr>
<tr><td>누리과정 관련요소</td><td colspan="5">• 의사소통〉듣기〉바른 태도로 듣기
• 자연탐구〉과학적 탐구하기〉생명체와 자연환경 알아보기</td></tr>
<tr><td>활동자료</td><td colspan="5">과일나무의 변화 과정 영상(사과, 배, 감나무의 잎, 꽃, 열매의 변화) 실물 과일(사과, 배, 감), 여러 가지 과일 사진 등</td></tr>
<tr><td>활동방법</td><td colspan="5">1. 가을에 수확하는 과일에 대해 알아본다.
- (여러 가지 과일 사진을 보여주며) 무엇일까요?
2. 과일나무에 대해 이야기 나눈다.
- 사과나무, 배나무, 감나무를 본 적이 있나요?
- 과일나무에서는 어떻게 과일이 열리는 것일까요?
(나무에 과일이 열리는 것을 오랜 시간 동안 찍어둔 영상을 보여준다.)
3. 영상을 보면서 사과나무의 변화 과정에 대해 이야기 나눈다.
- 이것은 어떤 나무일까요?, 나무에 무엇이 보이나요?
- 이제 무엇이 생겼니? 나무가 어떻게 변하고 있니? 꽃은 무슨 색인 것 같나요?
- 초록색이던 색깔이 어떻게 변했나요?
4. 배나무 영상을 보면서 배나무의 변화 과정에 대해 이야기 나눈다.
- 이 나무의 잎은 어떻게 생겼을까요?
- 이 나무의 꽃은 무슨 색일까요?, 나무가 어떻게 변하나요?
- 어떤 열매가 열렸을까요?, 이 열매의 이름은 무엇일까요?
5. 감나무 영상을 보면서 감나무의 변화 과정에 대해 이야기 나눈다.
- 이것은 무슨 나무일까? 이 나무의 잎은 어떤 모양일까요?
- 이 나무의 꽃은 크기가 어떤가요?, 꽃 색깔은 아까 보았던 색들과 어떻게 다른가요?
- 어떤 열매가 열렸을까요?, 이 열매의 이름은 무엇일까요?
6. 과일나무의 소중함에 대해 이야기 나눈다.
- 만약에 과일나무가 없다면 어떻게 될까?
- 나무를 지킬 수 있는 방법이 있을까?</td></tr>
<tr><td>참고사항 및 유의점</td><td colspan="5">• 바깥놀이 시간을 통해 주변 과일나무를 관찰하는 기회를 제공하여 유아의 경험과 연계될 수 있도록 한다. 세 종류를 한 번에 소개하기보다 주변에서 볼 수 있는 과일나무를 중심으로 한 종류씩 알아보도록 한다.
• 영상을 보며 이야기 나눌 때 유아가 각각의 과일나무 특징에 초점을 맞추어 감상할 수 있도록 발문한다.
• 열매를 수확하기까지의 과정에 관심을 갖는지 평가한다.</td></tr>
</table>

출처: 교육과학기술부(2013). 만 5세 누리과정 수정 보완서.

3) 이야기 나누기의 실제(만 5세)

<table>
<tr><td>활동명</td><td>가을 동산에서 은행 줍기</td><td>대상연령</td><td>만 5세</td><td>생활주제</td><td>곡식</td></tr>
<tr><td>활동목표</td><td colspan="5">• 은행 열매를 봄으로써 열매가 익어가는 과정에 관심을 갖는다.
• 은행을 주워 봄으로써 열매를 수확하는 경험을 할 수 있다.
• 은행을 탐색해 봄으로써 은행의 특성에 대해 알아본다.</td></tr>
<tr><td>누리과정 관련요소</td><td colspan="5">• 신체운동·건강〉신체 인식하기〉감각능력 기르고 활용하기
• 자연탐구〉과학적 탐구하기〉생명체와 자연환경 알아보기</td></tr>
<tr><td>활동자료</td><td colspan="5">은행 실물이나 은행 사진, 은행을 주울 때 사용할 유아용 비닐장갑, 은행 담을 봉지</td></tr>
<tr><td>활동방법</td><td colspan="5">1. (은행 실물이나 사진을 보여주면서) 은행을 보았거나 먹어본 경험에 대해 이야기 나눈다.
- 은행을 본 적이 있니?, 은행의 모습이 어땠니?, 어떤 색이었니?
- 은행을 먹어 본 적이 있니?, 맛이 어땠니?
2. 은행에 대해 알아본다.
- 은행은 어느 나무에 열리는 열매일까?
- 가을이 되면 점차 노란색으로 변하고, 비가 오거나 바람이 불면 은행나무에서 은행이 떨어진단다.
- 바닥에 떨어진 은행 냄새를 맡아본 적이 있니? 왜 이런 냄새가 나는 걸까?
- 열매를 먹는 곤충 및 여러 동물로부터 보호하기 위해 일부러 안 좋은 냄새를 풍긴다고 해.
- 은행은 폐를 튼튼하게 하여 기침을 멈추게 하고, 몸의 피로를 풀어 주며, 우리 몸 안에 있는 안 좋은 것들을 몸 밖으로 내보내는 효능을 가지고 있어 많은 사람이 먹는단다.
3. 산책을 갈 것임을 알리고, 그곳에서 할 수 있는 활동에 대해 안내한다.
- 지난번에 산책을 갔던 곳으로 다시 가서 가을 동산이 그동안 어떻게 변했는지 관찰해 보도록 하자.
4. 가을 동산으로 산책을 가서 무르익은 가을철 자연의 모습을 감상한다.
- 주변을 둘러보자. 나무의 모습이 어떻게 변했니? 나뭇잎은 어떻게 되었니?
5. 유아들과 은행을 주우며 관찰해본다.
- 은행을 주워 보고 싶은 사람들은 선생님이 나누어 주는 비닐장갑을 끼고 줍자.
- 은행을 만져보니 느낌이 어떠니?
- 냄새도 맡아보자. 어떤 향이 나니?
- 은행 겉껍질을 벗겨내서 씨앗이 어떻게 생겼는지 살펴보자. 씨앗이 어떤 모양이니?
- 우리가 먹는 은행은 이 씨앗 안에 들어있단다. 오늘 주운 은행을 유치원에 가지고 가서 구워 먹어보도록 하자.
6. 산책을 다녀온 후, 경험을 이야기 나누고, 수집해 온 자연물을 함께 살펴본다.
- 지난번 산책을 갔을 때와 어떻게 달라졌니?
- 은행을 주울 때 느낌이 어땠니? 힘든 점은 없었니?
- 우리가 주운 은행을 직접 구워 먹어 보자. 겉껍질을 쉽게 잘 벗겨내려면 은행을 비닐봉지에 넣은 채로 2~3일 정도 따뜻한 곳에 두고 은행 겉껍질이 물러지면 벗겨서 요리해 보도록 하자.</td></tr>
</table>

참고사항 및 유의점	• 유아들 중에 은행 알레르기가 있을 경우, 두드러기가 날 수 있으므로 반드시 사전에 부모님께 여부를 확인하고 장갑을 착용하여 은행이 피부에 직접 닿지 않도록 한다. • 은행 자체에서 냄새가 많이 나므로 은행 겉껍질을 벗겨 내거나, 씨앗을 말릴 때에는 실외에서 실시한다. • 은행은 하루에 너무 많지 않은 양을 먹는 것이 좋으므로 유아들이 한 번에 1~2개 정도만 먹도록 한다. • 가을에 수확하는 열매에 대해 관심을 갖는지 평가한다. • 가을에 추수하는 열매, 과일, 곡식에 대해 조사하여 공유한다. • 사후활동으로 산책에서 주워온 은행을 구워 먹을 수 있다. • 은행 줍기로만 국한하기보다 상황에 따라서 가을 동산에서 열매 줍기 활동으로 확장해 볼 수 있다.

출처: 교육과학기술부(2013). 만 5세 누리과정 수정 보완서.

이야기 나누기는 위의 활동사례처럼 주제에 따른 개념을 이해하기 위하여 이야기 나누기 자체의 활동으로만 생각할 수 있다. 그러나 이야기 나누기는 유아의 일상생활에서 이야기하기를 제외하고 자유선택활동 각 영역에서도 교사와의 이야기 나누기 상호작용은 얼마든지 이루어질 수 있으므로 대 · 소집단 활동에서도 이야기 나누기는 가능하다. 또한, 주말 동안 지낸 이야기나 새로운 소식 같은 경험 나누기, 새로운 교구 및 교재를 소개할 때도, 주제에 대한 이해와 토의에도 이야기 나누기 활동을 할 수 있으므로 이야기 나누기는 유아교육기관의 활동 중 가장 중요한 활동이라 할 수 있다. 그러므로 교사는 보다 효율적인 이야기 나누기가 이루어질 수 있도록 끊임없는 언어적 상호작용을 위한 교사 발문에 많은 노력을 기울여야 할 것이다.

PART 03 유아교육과정과 교과교육

유아교육과정은 유아의 전인발달을 목적으로 각 학문적 교과가 통합되어 운영되는 것이 특징이다. 즉, 유아교육에서는 교육내용을 교과목으로 나누어 다루지 않고 유아의 발달이나 흥미에 근거한 생활주제를 중심으로 교과영역을 통합하는 통합적 접근 방법을 적용하고 있다. 이러한 유아의 통합적 교육을 도와주기 위해 교사는 각 교과 내용에 대한 전문적 이해를 기초로 하여 학문적 이론을 정립하고, 이를 실제 교육현장에 적용하여 개별 교과교육 활동을 할 필요가 있다.

이를 위해 본서에서는 언어, 문학, 음악, 미술, 동작, 체육, 과학, 수학, 사회교육의 교과별로 나누어 각 교과의 목적과 목표, 교육내용, 교수–학습방법, 평가내용을 알아보고 다양한 교육 실제를 제시하고자 한다. 이는 현장 적응성을 높임과 동시에 교수자로서 갖춰야 할 교수 전문성을 신장시킬 수 있다. 또한, 교과교육의 평가를 별도로 더 다룸으로써 교과교육의 평가의 중요성과 내용, 방법에 대한 숙지를 높이고자 한다.

CHAPTER 06

유아 언어교육

유아 언어교육은 유아가 다양한 활동과 사건에 대해 주의 깊게 들으면서 내용을 공유하고 이야기 나누며 언어발달을 촉진하는 것으로서, 유아교육기관의 일과를 통해 발달시킨다. 즉, 유아 언어교육은 유아가 효과적으로 의사소통할 수 있도록 필요한 언어능력을 신장시켜주는 것으로 유아의 흥미, 관심, 능력을 고려하여 유아에게 구체적인 활동을 제공하여 소리, 낱말, 문장으로 연결할 수 있어야 한다.

이에 이 Chapter에서는 유아 언어교육의 목적과 목표, 내용 및 교수-학습방법과 평가, 다양한 언어실제를 제시하고자 한다.

01 유아 언어교육의 목적과 목표

유아 언어교육의 목적은 궁극적으로 자신의 생각과 감정을 표현하고 다른 사람의 사고와 느낌을 이해하기 위함이다. 이 두 과정의 상호작용으로 바람직한 인간관계를 형성하는 것이 언어 사용의 기능이자 목적이며, 이러한 목적을 성취하기 위해서는 다른 사람의 말을 주의 깊게 듣는 것, 바른 태도로 말하는 것, 양질의 글을 읽고 쓰는 것과 같은 다양한 과정이 포함될 수 있다.

3~5세 연령별 누리과정 의사소통영역의 목표는 일상생활에서 말과 글의 의미 있는 경험을 통해서 자신의 느낌과 생각, 경험을 타인에게 표현하는 것을 즐기며, 타인이 말과 글로 전달하는 의미를 바르게 이해하는 능력과 태도를 기르는 데 있다.

이를 위한 하위 목표는 다음과 같다.

- 다른 사람의 말을 주의 깊게 듣는 태도와 이해하는 능력을 기른다.

  의사소통을 위해서는 먼저 다른 사람의 말을 주의 깊게 듣는 태도와 그 내용을 이해하는 능력이 매우 중요하다. 유아는 성인에 비해 주의집중 시간이 짧아 말소리의 강약을 조절하는 등의 집중하여 들을 수 있는 환경을 마련해 주는 것이 중요하다. 유아는 자기중심적인 특성 때문에 자기가 전달하고자 하는 말을 먼저 하고 싶어 하지만 듣고 말하는 순서를 지켜야 타인과의 소통이 원활이 이루어질 수 있음을 생활에서 경험하도록 해야 한다.

- 자신의 생각과 느낌을 말하는 능력을 기른다.

  유아가 일상생활에서 경험하고 있는 것들을 자유롭고 편안하게 말로 표현할 수 있도록 지원해 주어야 한다. 유아가 낱말과 문장으로 말하되, 상황에 맞게 바른 태도로 말하는 능력을 기르도록 한다. 유아의 말하기는 곧 자신의 느낌이나 생각, 경험을 담고 있으므로 유아가 다양한 사전경험을 할 수 있는 기회를 제공해 준다.

- 글자와 책에 친숙해지는 경험을 통해 글자 모양을 인식하고 읽기에 흥미를 느낀다.

유아는 주변환경에서 글이 있는 인쇄물이나 그림책을 누군가가 읽어 주는 것을 듣게 되면서 글자와 책에 친숙해진다. 글은 말과 달리 글자라는 언어 부호체계로 나타내고 있어 이를 해독하기에 어려울 뿐 아니라, 표정이나 몸짓 등 관련된 맥락이 없기 때문에 유아가 글을 읽고 그 의미를 이해하는 것이 어렵다. 따라서 쓰여진 글을 누군가가 말로 변환해서 전달해 주는 과정이 반드시 필요하며, 유아는 이 과정에서 글자 자체보다는 글의 구조나 내용에 집중하게 된다. 일상생활과 관련된 친근한 인쇄물이나 글자를 접하거나 그림책이나 동시, 동요 등의 내용을 자주 들으며, 즐거움을 경험하여 읽기에 흥미를 느끼도록 한다.

- 말과 글의 관계를 알고 자신의 생각, 느낌, 경험을 글로 표현하는 데 관심을 가진다.

유아기는 낱말의 의미를 파악해 가는 단계이기 때문에 이를 철자로 쓰거나 베끼도록 하는 것은 어렵고 힘든 과제이다. 유아는 글자 비슷한 형태로 끼적이거나, 몇 글자 옆에 그림을 그려서 자신의 생각이나 느낌을 나타낸다. 또한, 유아는 말로 전달하는 것처럼 글로 나타내어 무엇인가를 타인에게 전달할 수 있음을 알게 된다. 이러한 과정에 흥미를 느끼고 다양한 쓰기시도를 하게 된다. 유아가 이러한 시도를 할 때 완전한 철자법대로 쓰기를 강요하는 것은 쓰기에 대한 흥미를 감소시킨다. 따라서 유아가 주변에서 성인의 쓰기 모델을 자주 접하면서 말과 글의 관계를 자연스럽게 알고 가장 친숙한 자신의 글자를 써보는 것을 즐기도록 하며, 자신의 생각과 느낌, 경험을 글자와 비슷한 형태나 글자로 나타내는 과정에 중점을 두고 쓰기에 관심을 가지도록 한다.

02 유아 언어교육의 교육내용

유아 언어교육의 내용을 의사소통영역의 내용 범주인 '듣기', '말하기', '읽기', '쓰기'로 살펴보고, 실제 유아교육현장에서 의사소통의 핵심활동이라 할 수 있는 이야기 나누기에 대해서도 구체적으로 알아보고자 한다.

1) 의사소통영역의 내용

의사소통능력은 다른 상황에서 적절히 상호작용하는 방법으로 의사소통행동의 규칙을 알고 사용해야 하며, 개인 상호간의 생각과 느낌을 인식하고 명확하고 긍정적인 방식으로 요구를 표현하며, 공감하면서 타인의 권리와 요구를 정확하게 해석하고 문제를 해결하는 능력이라고 할 수 있다(엄은나, 2006).

(1) 듣기

일상생활에서 사용하는 낱말과 문장, 좀 더 긴 구조로 이루어진 이야기, 동요·동시·동화 등 문학적 요소가 담긴 이야기를 집중하여 듣고 이를 즐기는 데 중점을 둔다. 또한, 다른 사람이 말한 낱말, 문장, 이야기 내용을 주의 깊게 듣고 그 내용을 이해하는 데 주안점을 둔다. 듣기는 낱말과 문장 듣고 이해하기와 이야기 듣고 이해하기, 바른 태도로 듣기 등으로 나누어 살펴볼 수 있다.

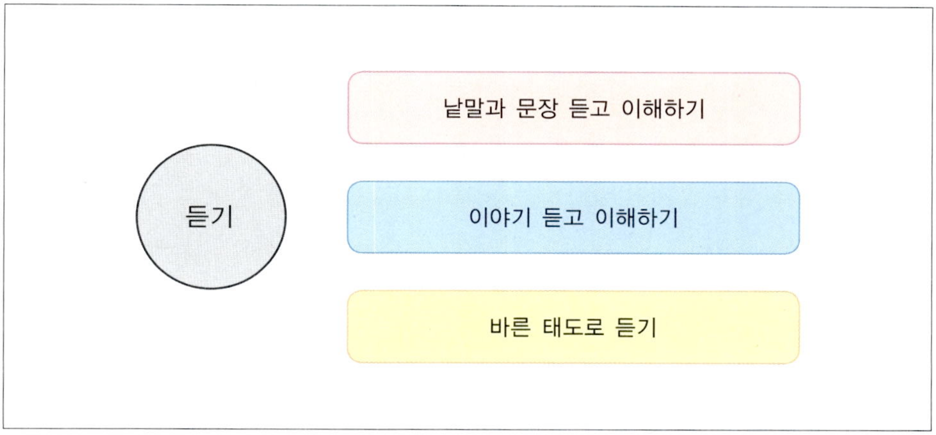

[그림 6-1] 듣기의 내용

① 낱말과 문장 듣고 이해하기

먼저, '낱말과 문장 듣고 이해하기'는 유아가 낱말의 발음을 더 잘 구별하여 듣고 비슷한 발음을 점차 구별할 수 있는 내용을 포함하며, 일상생활 및 여러 상황에서 관련된 낱말과 문장을 듣고 유아가 그 낱말과 문장이 나타내는 뜻을 이해할 수 있는 내용이다.

② 이야기 듣고 이해하기

'이야기 듣고 이해하기'는 교사나 친구, 주변 사람이 말을 전할 때 유아가 좀 더 긴 이야기의 내용을 관심 있게 듣고 그 속의 사건이나 주인공의 느낌 등을 이해하는 내용이다. 만 4~5세 유아는 이야기를 듣는 중에 궁금한 사물, 사람, 사건 등에 대해서 자연스럽게 질문하도록 하는 내용을 포함한다.

③ 바른 태도로 듣기

'바른 태도로 듣기'는 유아가 다른 사람이 말을 할 때, 말하는 사람을 바라보며 주의 깊게 끝까지 듣는 내용이다. 이러한 태도로 듣는다면 상대방의 이야기를 더 잘 이해할 수 있다.

(2) 말하기

말하기는 일상생활에서 일어나는 일들을 다양한 낱말과 문장으로 말하고, 자신의 느낌, 생각, 경험을 잘 전달할 수 있도록 하는 데 초점을 두며, 주제를 정하여 이야기 나누기와 이야기 지어 말하기를 통해 의사소통능력과 언어적 표현력을 기르는 데 주안점을 둔다. 또한, 상황에 맞게 바른 태도로 말할 수 있도록 의사소통의 기본예절을 기르도록 한다.

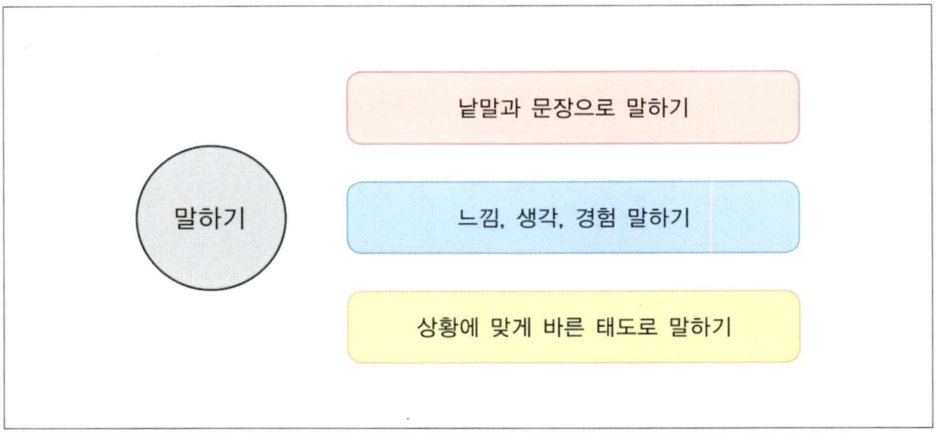

[그림 6-2] 말하기의 내용

① 낱말과 문장으로 말하기

'낱말과 문장으로 말하기'는 주변에서 들었거나 자신이 알고 있는 낱말을 정확하게 조음하여 발음하는 것과 여러 사물과 주변에서 일어나는 일이나 상황을 다양한 낱말과 문장을 사용하여 말하도록 하는 내용이다. 또한, 다양한 낱말을 사용하여 정확하고 상황에 맞는 문장으로 말하도록 하는 내용을 포함한다. 일상생활에서 접하는 다양한 낱말을 상황에 맞게 사용하되 간단한 문장에서 복잡하고 다양한 문장으로 말할 수 있도록 하는 내용이다.

② 느낌, 생각, 경험 말하기

'느낌, 생각, 경험 말하기'는 자신의 의사를 적절하게 표현하기 위해서 유아가 경험한 것에 기초해서 자신의 느낌, 생각, 경험을 주제, 상황, 대상에 적합하게 적절한 낱말과 문장으로 말하는 능력을 기르는 내용이다. 또한, 만 4~5세 유아가 주제를 정해 함께 이야기 나누고 자신의 생각을 이야기로 지어 말하고 즐기는 것을 통해 언어적 표현력을 기르는 내용을 포함한다.

③ 상황에 맞게 바른 태도로 말하기

'상황에 맞게 바른 태도로 말하기'는 유아가 때와 장소, 대상과 상황을 고려하고 바르고 고운 말을 사용하여 말하는 내용이다. 말할 때는 상대방을 바라보며 차례를 지켜 말하고, 만 5세가 되면 듣는 사람의 생각과 느낌을 고려하여 말할 수 있는 능력을 기르도록 하는 내용이다. 또한, 만 3세부터 만 5세까지의 유아 모두가 바르고 고운 말을 사용하도록 하는 내용을 포함한다.

(3) 읽기

읽기는 유아가 읽기에 흥미를 느끼도록 환경 인쇄물이나 일상생활 속 인쇄물에서 친숙한 글자를 찾고 읽어 보거나, 읽어 주는 글의 내용에 관심을 가지는 데 초점을 둔다. 또한, 책의 그림을 단서로 내용을 이해하고 필요한 정보를 책에서 찾아보면서, 책에 흥미를 느끼고 책 보는 것을 즐기는 태도를 기르는 데 주안점을 둔다.

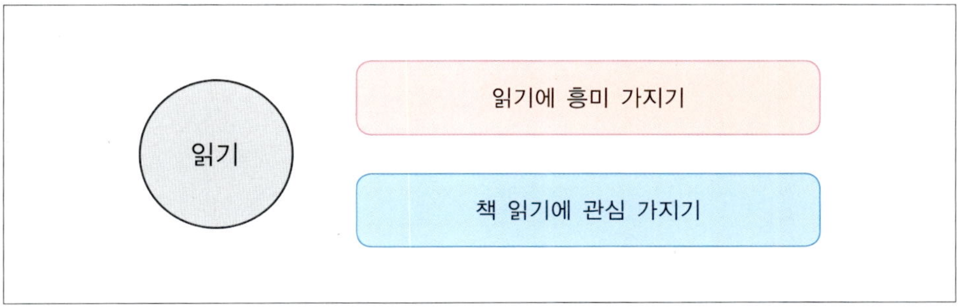

[그림 6-3] 읽기의 내용

① 읽기에 흥미 가지기

'읽기에 흥미 가지기'는 유아에게 글자 자체를 가르치는 것이 아니라 일상생활 속에서 밀접하게 자주 접하는 친숙한 글자를 찾아보고 이러한 글자에 흥미를 가지고 읽어 보려고 시도하는 내용이다. 또한, 글로 된 인쇄물이나 그림책을 교사가 자주 읽어 주는 기회를 제공하여 유아가 그 내용에 관심을 가지고 읽었던 글을 자신도 읽어 보려고 시도하는 내용이다.

② 책 읽기에 관심 가지기

'책 읽기에 관심 가지기'는 유아가 그림책에 흥미를 느끼도록 돕고 그 흥미를 바탕으로 책보는 것을 즐기며, 책을 소중히 다루는 태도를 기르는 내용이다. 또한, 유아가 읽었던 내용을 그림을 단서로 이해하며, 필요한 정보를 책에서 찾아보는 내용이다.

(4) 쓰기

쓰기는 글자의 기능을 인식하고 자신의 생각을 그림, 글자와 비슷한 형태나 글자로 나타내는 데 흥미를 갖도록 하며, 쓰기가 자신의 느낌과 생각을 주도적으로 표현하는 중요한 방법임을 알고 쓰기의 즐거움을 경험할 수 있도록 하는 데 주안점을 둔다. 또한, 다양한 쓰기도구를 사용하는 경험을 하는 데 초점을 둔다.

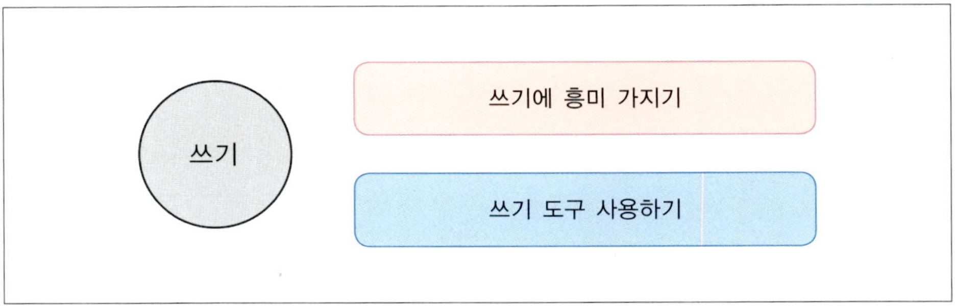

[그림 6-4] 쓰기의 내용

① 쓰기에 관심 가지기

'쓰기에 관심 가지기'는 말을 글로 나타내는 쓰기과정에 관심을 갖고 그 과정을 알며, 자기 이름이나 주변의 친숙한 글자를 써 보거나 자신의 느낌이나 생각, 경험을 글자 비슷한 형태나 글자로 표현해 보는 내용이다.

② 쓰기 도구 사용하기

'쓰기 도구 사용하기'는 만 4세부터 다양한 쓰기 도구에 관심을 가지고 사용해 보고, 점차 쓰기에 필요한 다양한 도구를 자연스럽게 경험해 보고 쓰기도구의 바른 사용법을 아는 내용을 포함한다.

2) 이야기 나누기

유아기는 상상력을 기반으로 하는 활동이 풍부하게 이루어지며, 자연과 주변사물에 대한 호기심과 심미감이 발달하는 시기이다. 이에 따라, 유아가 자신의 내부에서 떠오르는 생각과 느낌을 자발적으로 표현하고 다양한 표현활동을 통하여 창의성 발달을 도모하도록 해야 한다.

(1) 이야기 나누기의 의미

이야기 나누기 시간은 유아교육기관에만 존재하는 특별하고 가치 있는 활동이다. 이야기 나누기 시간이란 교사와 유아들이 둥글게 또는 반원으로 모여 앉아 하루의 일과를 계획해 보거나, 주제에 따른 개념을 상호토의, 질문하고 이야기를 꾸며볼 수 있는 시간이다(정혜숙, 2012).

이야기 나누기는 다른 사람의 이야기에 귀를 기울이고 자신의 이야기를 표현하는 것에서 더 나아가 다양한 이야기의 주제를 가지고 다른 사람과 대화를 할 수 있으며 그 안에서 생각의 같음과 다름을 경험하고 합의하는 과정을 거치면서 문제해결의 능력과 자신감을 키우기도 한다(윤희경 외, 2003).

(2) 이야기 나누기의 구성과 운영

이야기 나누기 활동의 구성과 운영에 대하여 살펴보면 이야기 나누기 시간은 일과계획 및 평가, 주제에 따른 이야기 나누기, 보여 주고 말하기, 토의하기 등으로 구분할 수 있으며, 모든 활동이 언어적인 의사소통을 중심으로 이루어진다(김진영 · 백혜리 · 최윤정, 2001).

이야기 나누기의 유형별 내용에 대해 이야기하면 다음과 같다.

① 새 소식 나누기

유아가 매우 흥미로워하는 활동을 나와 가족, 이웃 등 주변에서 일어나는 새로운 소식이나 보여주고 싶은 물건을 소개하는 시간을 말한다.

② 생활주제와 관련된 이야기 나누기

생활주제와 관련하여 통합적으로 운영되며 실물, 그림, 표본 등을 교사나 유아가 자료를 제시하면서 지식과 정보를 공유하며 서로 이야기 나눈다.

③ 토의하기

유아가 다른 사람의 말을 주의 깊게 듣고 그에 대한 자신의 의견을 말하며, 생각을 나누는 시간이다. 어떤 주제에 대해 자신의 생각을 이야기하며 의견의 다양성을 경험해 보거나 하루일과 중에 생기는 문제나 활동 중에 지켜야 할 규칙 등을 토의 형식으로 진행하여 문제를 해결하는 방식에 많이 사용된다.

④ 활동 후 느낌 말하기

다양한 일과활동의 평가시간을 통해 활동 후의 느낌이나 생각 등을 이야기하는 시간이다. 이를 통해 유아는 활동을 회상해 보거나 반성하고 성취감을 느끼게 된다.

이야기 나누기의 운영에서 고려할 점으로는 집단의 크기, 대상의 연령, 장소의 선택, 계절과 기후 및 시기, 시간의 선택, 다양한 교수매체의 활용, 옆 교실의 활동, 흥미로운 운영, 바르고 정확한 언어의 사용, 다양한 질문 사용, 전개과정에서의 융통성 등이 있다. 그리고 소수의 유아에게 발표의 기회가 집중되지 않도록 유의하고, 유아의 질문에 완벽하게 대답해야 한다는 생각은 갖지 않는 것이 바람직하다.

03 유아 언어교육의 교수-학습방법

유아 언어교육의 교수-학습방법으로 발음중심 접근법, 총체적 접근법, 균형적 접근법의 의미와 교수단계를 알아보고, 이야기 나누기의 교수-학습방법을 살펴보고자 한다.

1) 발음중심 접근법

발음중심 접근법의 목적은 글자를 올바르게 부호화(encoding)하고 해독(decoding)하는 것이다. 즉, 글자를 처음 배우는 유아에게 읽기에 가장 기초적인 지식과 기술을 습득하게 하여 모르는 글자를 접해도 쉽게 읽고 쓸 수 있게 하려는 것이다. 발음중심 접근법의 언어교육에 대한 기본 가정은 언어는 분리될 수 있고 측정될 수 있는 부분들로 합쳐져서 전체 언어를 구성하므로 언어학습도 부분에서 전체의 방향으로 가르치는 것이 가장 효과적이라는 것이다.

이러한 발음중심 접근법의 장점은 자소와 음소의 대응규칙을 체계적으로 지도할 수 있다는 점이다. 이 과정에서 철자에 유의하게 되므로 맞춤법 학습과 바른 글자 쓰기지도에 도움이 된다. 그리고 습득한 규칙을 활용하여 새로운 낱말을 읽고 쓸 수 있으므로 학습전이가 높다. 단점으로는 너무 분석적이고 논리적인 접근이기 때문에 유아가 언어규칙을 배우는 데 어려움을 느낄 수 있다. 또한, 생활경험의 맥락에서 벗어난 반복적 읽기, 베끼기를 통해 학습의 흥미유발을 저해할 수 있다.

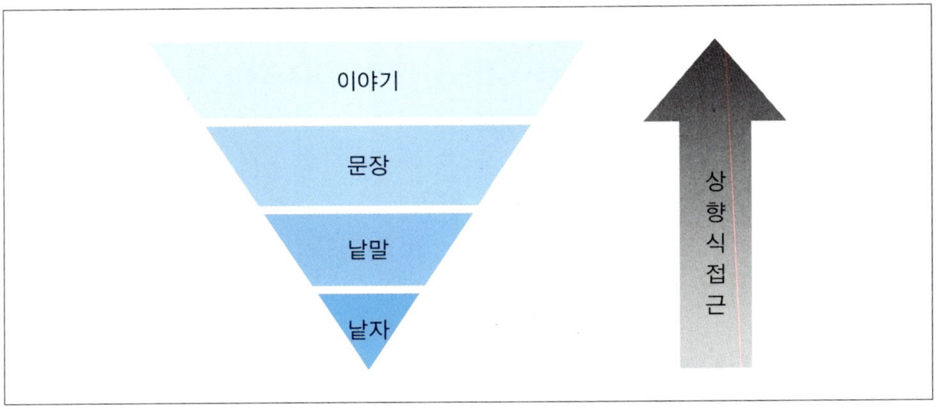

[그림 6-5] 발음중심 접근법의 상향식 접근

2) 총체적 접근법

총체적 접근법은 언어의 최소 단위를 낱자로 보는 발음중심 접근과는 달리, 유아에게 언어를 전체적으로 의미를 이루는 덩어리(whole language)로 제시하는 것이 효과적이라는 관점을 취하는 접근법이다. 총체적 접근법에서는 단순히 철자를 읽어 내는 것이 중요한 것이 아니라 언어를 통해 타인과 원활하게 의사소통하고 다른 사람들의 글을 읽으며, 글쓴이의 사고를 이해하고 이에 대한 자신의 생각을 글로 표현하는 것을 강조한다. 즉, 언어를 단순한 상징으로 보는 것이 아니라 인간의 사고를 표현하는 의미 과정으로 본다(이영자 · 이지현, 2009).

총체적 접근에 의한 교수를 통해 유아는 능동적이며 구성적인 학습활동과 실제적이고 의미 있는 학습활동이 가능해지며, 학습의 동기를 유발하고 사고를 촉진할 수 있게 된다. 유아는 다양한 흥미영역에서 통합된 언어활동을 전개해 나가고 활발한 상호작용을 할 수 있다(임양금, 2005). 그러나 너무 의미중심 교육에 치우치다보면 바람직한 총체적 언어교육이 이루어지지 못해 읽기와 쓰기를 위한 체계적인 지도가 어렵다는 단점이 있다(박덕승, 2001).

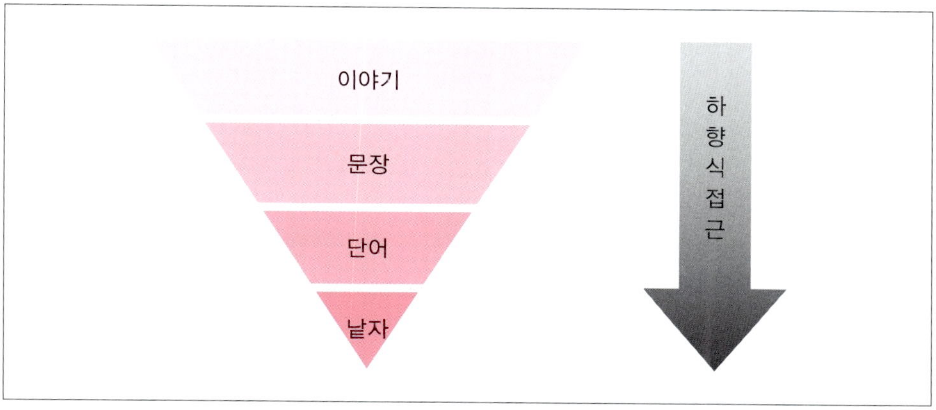

[그림 6-6] 총체적 접근법의 하향식 접근법

3) 균형적 접근법

균형적 접근법은 교사 주도적인 발음중심 접근법과 총체적인 접근법 간의 문제점을 보완한 접근법이다. 유아의 환경과 일상생활을 고려하고, 유아수준에 적합한 문학을 통한 경험을 하게하는 총체적 언어교육뿐만 아니라, 읽기와 쓰기에 대한 명확한 기술을 가르치며, 이러한 모든 활동은 유아에게 의미 있는 것이어야 한다는 것을 강조하며, 체계적이고 명확한 교수, 단어 해독, 이해에 초점을 맞춘 실제를 포함하면서 유아가 관심을 가지고 스스로 활동할 수 있도록 동기화되어야 한다고 주장한다.

균형적인 언어교수법은 모든 유아에게 읽기를 잘할 수 있다는 희망을 주고 읽기를 사랑하도록 만들 수 있지만, 음운인식을 지나치게 과대 강조해서는 안 되며, 기술중심의 읽기와 철자 프로그램을 제한하여야 한다고 주장한다. 특히, 여기서는 교사의 역할을 중요시 하는데 총체적 접근법과 발음중심 접근법 사이에서 균형을 잡는 것은 교사이기 때문이다(윤지선, 2010).

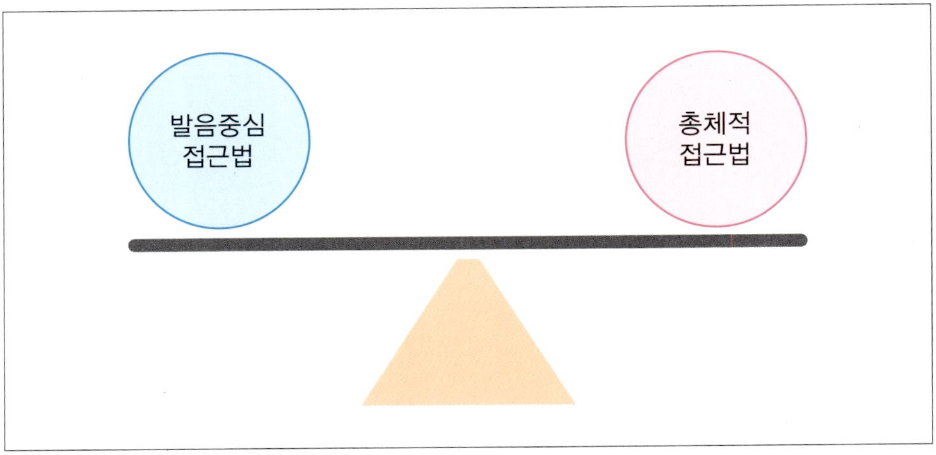

[그림 6-7] 균형적 접근법

4) 이야기 나누기의 교수-학습방법

이야기 나누기의 교수-학습방법으로 류진희(2000)는 교사가 머릿속으로 유아와 이야기 나누고자 하는 이야기의 전체적인 흐름의 도입, 전개, 마무리 과정을 체계적으로 정리하고 있어야 하며, 유아의 요구나 흥미 정도에 따라 이야기 나누기 수업을 융통성 있게 진행할 수 있어야 한다고 하였다. 이야기 나누기를 효율적으로 진행하기 위해서는 계획 · 실행 · 평가의 구성요소가 필요하다. 계획단계는 목표설정, 내용선정 및 조직, 활동주제 선정, 집단형태 및 소요시간, 교수-학습자료 선정의 하위 요소로 구성된다.

목표설정은 일일 교육계획에 따른 교육활동을 통하여 성취하고자 하는 주제와 관련 지어 설정하고 내용의 선정과 조직은 이야기 나누기 내용이 유아의 지식을 격려하는지, 유아의 흥미영역별 목표달성을 돕는지, 유아에게 의미가 있는지, 유아나 교사에게 흥미로운지, 유아의 현재 지식이나 능력을 발전시킬 기회를 주는지, 생활영역과 충분히 통합되는지, 지식이 정확하고 신빙성이 있는지, 내용이 알 만한 가치가 있는지, 탐구와 탐색을 촉진하는지, 다양한 형태의 상호작용을 장려하고 촉진하는지, 성공의 느낌과 학습의 즐거움을 장려하는지, 교사와 유아에게 융통성이 허용되는지 등을 고려하여 내용을 선정한다(Bredekamp & Rosegrant, 1995). 또한, 이야기 나누기의 계획에서 가르칠 내용이 정해지면 그 내용을 가장 잘 전달할 수 있는 교수-학습자료를 선정하여 조직하는 것이 중요하다. 유아의 흥미와 호기심을 지속시킬 수 있는 교수매체의 준비 없이 언어적 상호작용에만 의지하지 않도록 주의해야 한다(이기숙, 2003; 이영석 · 임명희 · 이정화, 2003).

실행단계는 이야기 나누기 도입과 전개의 하위 요소로 구성되고 전개를 잘 하기 위해서는 선행경험 이끌어내기 교수전략 적용, 과정적 정보파악의 요소가 필요하다. 구체적으로 살펴보면, 도입은 유아의 분위기와 기분을 잘 포착하여 모든 유아를 집중시켜 새로운 주제에 대한 관심과 호기심을 끌 수 있는 방법을 모색해야 한다.

전개는 성공적이고 효과적인 이야기 나누기를 위해서 유아가 이미 알고 있는 사실이나 경험을 바탕으로 새로운 내용을 첨가하여 제시한다. 유아의 선행경험을 이끌어 내기는 한 일, 본 일, 들은 일을 중심으로 자랑할 것을 골라 이야기 나누도록 함으로써 유아의 경험을 재구성하거나 확장시켜 나갈 수 있다(Dewey, 1964; Yang, 2003). 이야기 나누기 과정에서 사용할 수 있는 교수전략으로는 적극적으로 인정하기, 관심 보이기 개방 및 확산적 질문하기, 반응하기, 참여하기, 들어주기, 칭찬과 격려하기, 저널 쓰기, 비계 설정하기, 육하원칙 질문하기를 적용할 수 있다.

평가단계는 이야기 나누기를 마무리하는 단계로서 자기평가 및 핵심개념 정리와 추후 활동연계의 하위 요소들이 포함되면 이야기 나누기는 훨씬 수월하게 진행된다.

04 유아 언어교육의 평가

평가는 교육적 노력에 따른 학습목표의 성취정도를 파악하고, 교수-학습과정에서 이루어진 교육내용과 전략 등의 적용이 적절히 이루어졌는지, 학습자의 변화는 어떠한지를 판단하기 위해 수행되는 절차이다. 그러므로 평가는 교육활동 시 수행되어야 하는 기본 절차이며, 유아의 언어발달과 언어교육의 질을 향상시키는데 필수적인 과정이다(윤진주, 2007).

평가는 교육과정 구성요소에 대한 평가와 교육과정에 따른 유아발달에 관한 평가의 두 가지 측면에서 이루어져야 한다(방인옥 · 박찬옥 · 이기현 · 김은희, 2010).

첫 번째로 교육과정의 구성에 관한 평가는 교육목표, 내용, 과정, 평가 등의 요소에 대해 평가하는 것으로 이는 교사가 교육목표를 달성했는지 내용의 조직, 교수-학습방법과 평가방법의 적절성은 어떠한지에 대해 반성적으로 자기평가하여 이루어질 수 있다. 또한, 유아와 함께 수업 후에 이루어지는 평가를 통해 유아의 이해정도, 참여 태도, 만족도 등을 판단할 수 있다.

두 번째로 유아 언어발달의 평가는 다양한 측면에서 복합적인 방법으로 이루어져야 한다(교육과학기술부, 2009). 유아교육기관에서는 활동과 경험을 통합하여 교육이 이루어지기 때문에 유아는 통합된 교육을 통해 다양한 능력을 갖게 된다. 특히, 유아의 듣기 · 말하기 · 읽기 · 쓰기는 통합적으로 발달된다고 보는 관점에 의해 언어교육이 이루어지므로(주영희, 2001), 단일한 영역이나 측면만 실행해서는 적절한 평가결과를 얻을 수 없다.

그러므로 언어교육의 평가는 듣기 · 말하기 · 읽기 · 쓰기와 같은 모든 영역이 골고루 평가되어야 하고, 인지적인 측면뿐만 아니라 정의적 영역도 충분히 평가되어야 하며, 교사뿐만 아니라 유아, 학부모 등 평가의 주체가 다양해야 한다(신헌재 외, 2009). 즉, 유아의 발달을 포괄적으로 평가하기 위해서는 정의적 · 인지적 · 기능적인 측면을 모두 포함하여 다면적이고 종합적인 평가를 해야 할 것이다.

평가의 종류는 평가하는 시기에 따라, 언어활동이 이루어지기 전에 이루어지는 진단평가, 언어활동이 실시되는 과정에서 이루어지는 형성평가, 그리고 언어활동이 모두 이루어진 후 수행되는 총괄평가의 세 가지 유형으로 구분할 수 있다(방인옥 외, 2010).

교사는 진단평가를 통해 유아의 현재 발달수준과 가능성을 파악하여 유아를 바르게 이해할 수 있고 언어교육의 시작점을 제공받을 수 있으며 언어교육활동을 구체적으로 계획하고 유아와의 상호작용을 효과적으로 형성할 수 있게 된다.

또한, 형성평가를 통해 교수-학습과정의 실행에 도움이 되는 정보를 얻어 더 나은 언어활동을 계획할 수 있고 부모와의 상담을 위한 통찰력을 얻을 수 있다. 그리고 총괄평가를 통해 유아의 행동변화를 최종적으로 검토함으로써 교육활동의 효율성과 유아의 성취 수준을 판단할 수 있고 부모와 진급하는 학교에 정보를 제공할 수 있다(McGill-Franzen, 2006). 개별 유아에게 알맞은 언어교육을 하고자 하는 균형적 언어교육자들에게 위에 설명한 세 가지 평가는 매우 중요하다.

특히, 진단평가는 개별 유아의 언어발달 수준을 파악하게 해줌으로써 활동의 수준과 접근의 방향을 결정짓게 하는 중요한 근거가 된다(Tompkins, 2010). 그리고 형성평가를 통해 교사는 의미 이해와 문자를 유아에게 균형 있게 제시하며, 유아의 진보를 모니터링할 수 있으며(Tompkins, 2010), 총괄평가를 실시하여 유아의 다면적 측면의 발달이 효과적으로 이루어졌는지 파악할 수 있다(방인옥 외, 2010). 평가를 위한 자료수집방법은 규준화의 여부에 따라 형식적 평가방법과 비형식적 평가방법으로 구분된다.

형식적 평가는 성취도를 통해 개인 간의 능력을 비교하는 표준화 검사를 포함한 각종 검사도구를 활용하여 실시하는 평가방식이며, 비형식적인 평가는 관찰, 면접, 포트폴리오 수집 등을 활용하여 실시하는 평가방식이다(교육과학기술부, 2009). 교사는 일화기록, 표본 기술, 체크리스트, 평정척도법 등의 다양한 양식을 활용할 수 있는 관찰법을 통해 유아의 언어사용 현상을 있는 그대로 관찰하고 기록하여 유아의 언어능력을 이해할 수 있다. 또한, 유아의 언어활동은 구성적 · 상호작용적 · 기능적인 과정으로 이루어지기 때문에 면접법을 활용하여 유아에게 질문하고 대화를 나누는 가운데 언어와 관련된 유아의 생각을 직접적인 방식에 의해 파악할 수 있다(이영자, 2009; 이차숙, 2004).

그리고 유아가 만든 작품이나 그림을 모아서 분석하는 포트폴리오 수집방식을 통해 교육내용에 대한 이해정도를 파악할 수 있고 활동에 대한 유아의 흥미와 성취감, 사고방법이나 특성 등을 알아볼 수 있다(교육과학기술부, 2009). 유아의 언어활동 작품은 독자나 작가로써 그들이 사용하는 전략을 보여주는 '창문'과도 같은 역할을 하며, 유아와 교사, 부모는 다른 평가방식에서는 나타내기 어려운 성장의 패턴을 보여줄 수 있다(Tompkins, 2010).

〈표 6-1〉 쓰기능력 검사

<table>
<tr><th rowspan="2">구분</th><th rowspan="2">요소</th><th rowspan="2">평가 준거</th><th colspan="3">점수</th><th rowspan="2">요소평균</th></tr>
<tr><th>0</th><th>1</th><th>2</th></tr>
<tr><td rowspan="3">쓰기의 관심 및 진술</td><td>활동 제시에 대한 주의집중</td><td>• 활동자료를 보면서 쓰려고 하는 의욕을 갖고 궁금하거나 의문이 생기는 점을 질문하는가?</td><td></td><td></td><td></td><td></td></tr>
<tr><td>쓰기에 대한 흥미도</td><td>• 주변의 글자나 그림 등과 같은 다양한 형태에 관심을 갖고 자신의 생각을 표현하려 하는가?</td><td></td><td></td><td></td><td></td></tr>
<tr><td>쓰기활동을 자신의 말로 설명하는가</td><td>• 자신의 경험이나 생각을 순서화시킨 후 말하는가?
• 자신의 생각을 전달하려고 노력하는가?</td><td></td><td></td><td></td><td></td></tr>
<tr><td rowspan="2">쓰기의 제안 및 활동</td><td>자신의 아이디어 제안하기</td><td>• 생각을 명확하게 표현함으로써 말소리와 글자의 대응성을 인식하며, 자기 의견을 제시하는가?</td><td></td><td></td><td></td><td></td></tr>
<tr><td>활동 과정</td><td>• 다양한 종류의 종이와 쓰기 도구를 활용하여 바르게 사용하며 긁적이기, 그림으로 쓰기, 글자 모양으로 쓰기, 나름대로의 철자로 쓰기의 탐색과정을 거쳐 표준 철차에 이르는가?</td><td></td><td></td><td></td><td></td></tr>
<tr><td>쓰기의 평가</td><td>결과를 중심으로 평가하기</td><td>• 말과 글의 관계를 앎으로써 그 표상성을 인식하며, 행한 활동에 대하여 스스로 평가하고 추후 활동을 계획하는가?</td><td></td><td></td><td></td><td></td></tr>
</table>

05 유아 언어활동의 실제

유아는 교육기관에 등원하고 하원하기까지 비형식적 또는 형식적인 방식으로 다양한 언어활동을 경험하게 된다. 이 중 언어활동의 집결체라고 불릴 수 있는 주제에 따른 이야기 나누기 활동은 하나의 주제 및 토픽을 중심으로 유아들 간 또는 교사와 유아 간의 활발한 언어적 상호작용을 기반으로 서로의 생각과 경험을 교환하며, 이를 존중하는 언어활동이다. 이에 대한 구체적인 실제는 다음과 같다.

〈표 6-2〉 이야기 나누기 단위활동 계획안의 실제

활동명	표정으로 나타내요	대상연령	만 4세	생활주제	나와 가족
활동 목표	• 다른 사람의 감정에 관심을 갖고 이해하려고 노력해 본다. • 자신의 생각을 적절한 언어로 표현한다.				
누리과정 관련요소	• 의사소통〉말하기〉느낌, 생각, 경험 말하기 • 사회관계〉나와 다른 사람의 감정알고 조절하기〉나와 다른 사람의 감정 알고 표현하기				
활동자료	동영상자료, 네 가지 기본 감정 표정 그림 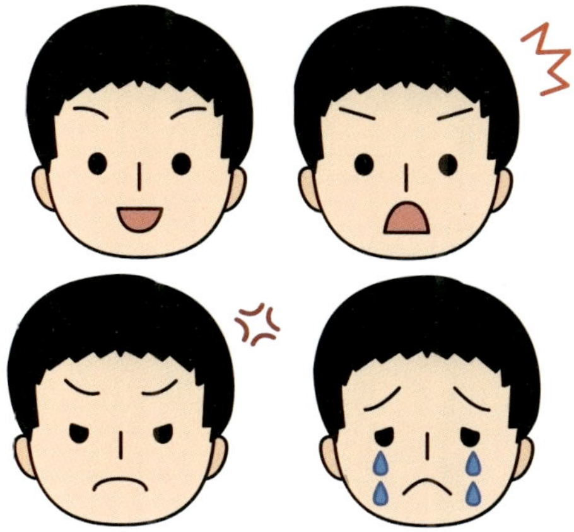				

활동방법	1. 다양한 감정에 대해 이야기 나눈다. - 울음이 나는 것은 어떤 마음들 때문일까? - 또 우리가 느낄 수 있는 감정은 어떤 것들이 있을까? 예 화남, 놀람, 기쁨, 분노, 속상함 등 - 만약 오늘이 내 생일이라면 어떤 기분일까? 그 기분을 표정으로 보여줄 수 있겠니? - 만약 너희들이 소풍을 가려고 하는데, 비가 오면 어떤 기분이 들까? 그 기분을 표정으로 보여줄 수 있겠니? 예 너무 화가 날 것 같아요. / 슬퍼서 크게 울 거에요. /하느님이 미울 것 같아요. 등 - 우리가 느끼는 기분은 표정으로 나타낼 수 있구나. 그런데, 만약에 표정이 없다면 어떨까? 예 내 마음을 잘 보여줄 수 없어요. / 다른 사람의 기분을 잘 알지 못해요. 등 2. 동영상을 감상하면서 이야기 나눈다. - 여기에 나오는 동생이 오빠에게 인사를 했는데, 오빠의 표정이 어땠니? 예 아무런 표정이 없었어요. / 무서워 보였어요. / 웃지도 않고 화난 것 같았어요. 등 - 오빠가 동생의 마음을 알아주기 위해 어떻게 하면 좋을까? 예 동생에게 웃기다고 칭찬해요. / 오빠를 위해 웃겨줬으니까 크게 웃어요. 등 - 동생이 오빠에게 재미있는 모습을 보여주었는데, 오빠의 표정은 어땠니? - 그럼 오빠가 동생의 마음을 알아주기 위해 어떻게 하면 좋을까? - 아이가 엄마에게 100점 맞은 시험지를 보여주면서 어떤 마음이 었을까? - 엄마가 아이의 마음을 알아주기 위해 어떻게 하면 좋을까? - 다른 사람들의 마음과 기분에 알맞은 방법으로 대하기 위해서는 어떻게 하면 좋을까? 예 표정을 잘 살펴봐요. / 내 마음을 표정과 말로 잘 표현해야 해요. 등 3. 표정 그림을 보고 마음을 알아보는 활동을 해 본다. - 선생님이 그림을 보여 줄 테니 어떤 표정인지 이야기해 보자. - (표정 그림을 보여주며) 자, 어떤 표정이니? - 그런 마음인지 어떻게 알 수 있었니? - 왜 이런 표정을 짓고 있는 걸까? - 너희들은 언제 이런 표정을 지었었니? - 이런 감정을 표정뿐만 아니라 몸으로도 표현해 볼까? / 어떻게 표현할 수 있을까? - 기쁜 감정은 어떻게 표현할 수 있니? 예 박수치며 웃어요. / 너무 웃겨서 고개가 뒤로 젖혀져요. / 깡충깡충 뛰며 웃어요. 등 - 화난 감정은 어떻게 몸으로 표현할 수 있을까? 예 팔짱을 끼고 화난 표정을 해요. / 발을 동동 거려요./ 주먹을 쥐고 소리 질러요. 등 - 놀란 감정은 어떻게 표현해 볼까? 예 눈을 크게 뜨고 팔을 들어요. / 몸을 부르르 떨어요. 등 - 만약 친구가 이런 표정을 짓는다면 너희들이 어떻게 할 수 있을까? 예 친구가 화난 표정을 지으면 왜 그런지 물어봐요. / 기쁜 표정을 하는 친구가 있으면 같이 웃어요. / 우는 친구가 있으면 등을 토닥토닥해 줘요. 등

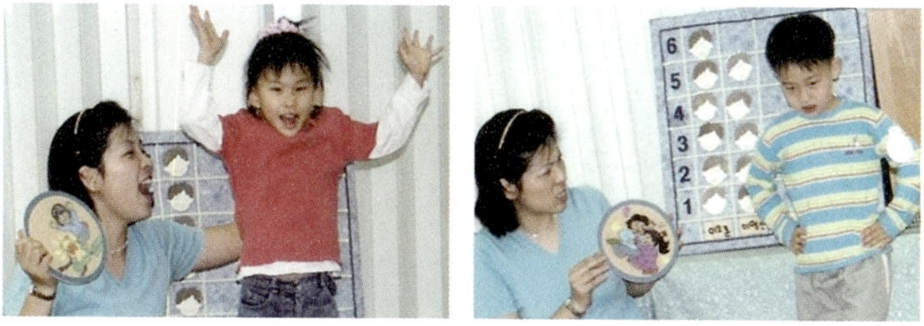

〈놀라고 화난 감정을 몸으로 표현하는 모습〉

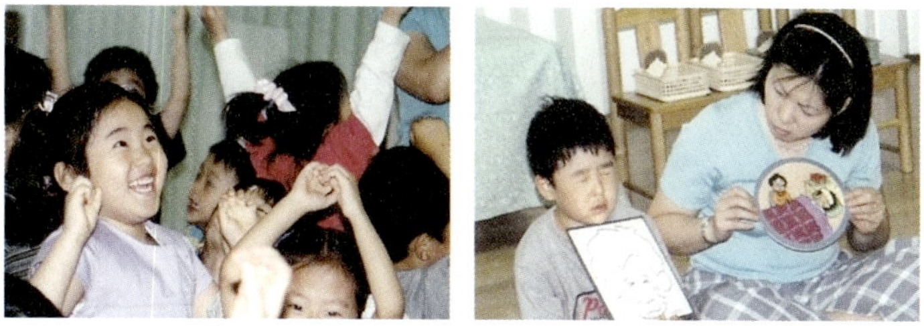

〈 기쁘고 속상한 감정을 몸으로 표현하는 모습〉

참고사항 및 유의점	• 사람들이 짓는 표정에 관심을 가지고 다른 사람들의 기분과 감정을 존중해야함을 강조한다. • 유아의 "웃어요.", "미워요.", "울음이 나요." 같은 단순한 대답을 이끌어 내는 것으로 끝내는 것이 아니라, "또? 어떤 마음일까?" 라고 물어 더 세련된 정서 어휘를 사용하도록 이끈다.

이상에서 살펴본 언어활동을 통해 유아는 상황에 맞는 말, 다양한 어휘습득, 상대방 의견 존중과 같은 의사소통의 묘미와 기술 등을 학습할 수 있다. 이에 교사는 유아의 경험과 생각을 자유롭게 언어로 표출할 수 있는 다양한 기회를 마련하는 것이 필요하다.

CHAPTER 07

유아 문학교육

유아문학이란 유아를 대상으로 유아기의 특성을 고려하여 만들어진 동요, 동시, 동화 등의 문학장르를 의미한다. 유아 문학교육은 자기중심적 사고가 강한 유아에게 여러 가지 삶의 모습을 다양하게 경험할 수 있도록 해 주며, 문학작품 속 등장인물이 처한 문제에 공감하여 함께 문제를 해결해 보는 간접 경험을 통해 다른 사람을 이해할 수 있게 된다. 또한, 친근한 성인이 들려주는 이야기를 듣고 이야기해 보는 과정에서 정서적인 안정감과 심미감을 갖게 되는 교육적 효과가 있다.

그러므로 교사는 유아문학의 가치와 필요성을 인식하고 보다 체계적이고 교육적으로 의미 있는 문학활동을 운영할 수 있어야 한다. 이에 유아 문학교육의 목표 및 동화 · 동요 · 동시의 교육내용과 교수방법, 평가방법을 자세히 소개하여 예비교사의 교육현장의 적용능력을 기르도록 한다.

01 유아 문학교육의 목적과 목표

유아 문학교육의 목적은 유아로 하여금 보다 적극적으로 문학작품이 내포하고 있는 다양한 작품세계를 경험하면서 문학을 즐기며, 문학작품에 대한 지식을 넓히고, 더 나아가 다양한 인간세계를 이해하면서 이에 대해 감상하도록 돕는 것이다. 또한, 인간세계 및 작품세계에 대하여 비판적 사고를 하며 이를 내면화하여 자신의 삶에 구체적으로 반영할 수 있도록 해 주는 데 있다.

유아문학의 교육목표에서 반드시 고려해야 하는 점은 다음과 같다(Cullinan & Galda, 1994).

첫째, 유아가 문학활동을 통하여 즐거움을 느껴야 하고, 둘째, 이야기는 전체적 맥락에서 이해될 수 있도록 안내되어야 하며, 셋째, 유아가 책을 통하여 자신과 세계에 대해 탐색하도록 한다. 교사는 문학활동을 계획할 때 유아의 반응이 더욱 정교해지도록 하기 위해서 다양한 활동을 준비하고 교육과정의 타 영역까지 폭 넓게 적용될 수 있는 통합적 운영을 고려하는 것이 중요하다. 이와 함께 누리과정의 생활주제와 관련된 도서뿐만 아니라 다양한 장르의 도서를 비치해 주는 것이 바람직하다.

강문희 외(1997)는 아동 문학교육의 목표를 문학작품에 대한 태도, 문학작품의 이해와 감상, 문화적 상상력 및 창조력, 문학작품에 대한 평가와 반영이라고 하였고, 서정숙 외(2005)는 유아 문학교육의 목표는 문학적 능력을 증진시키는 것이고, 이를 위한 교육내용은 이해와 감상, 비평과 창작이라고 하였다.

이상의 내용을 정리하면, 유아 문학교육의 목표는 문학적 감수성 및 태도를 길러 주고, 문학작품의 이해와 감상을 통하여 유아의 상상력과 창조력을 기르며, 문학작품의 평가 및 올바른 판단력(비평)을 기르는 것 등이라고 할 수 있다.

02 유아 문학교육의 교육내용

유아 문학교육은 유아가 문학을 즐기며, 문학작품의 감상을 통해 주변환경에 대해 인식하도록 돕고, 그들을 둘러싼 인간관계 등을 알게 함으로써 환경과의 상호작용 속에서 상상력, 문제해결능력, 창의력을 길러줄 뿐만 아니라 바람직한 인간을 형성하도록 하는데 가치가 있다. 그렇다면 유아 문학교육에서는 무엇을 가르쳐야 하는가? 유아 문학교육 목표는 문학적 능력을 증진시키는 것이며, 유아를 위한 문학교육의 내용은 문학에 대한 태도 및 이해와 감상, 비평, 창작적 능력을 기를 수 있는 것이 되어야 한다(서정숙 외, 2005).

첫째, 유아는 기본적으로 문학에 대해 관심과 호기심을 가지고 문학작품이나 문학활동을 자발적으로 선택하여 적극적으로 참여하도록 한다. 더 나아가 문학작품에 대해 즐겨 표현하며, 생활과 관련짓는 경험 등을 통해 문학적 태도를 형성해 나가도록 한다.

둘째, 여러 가지 문학적 활동을 통해 문학에 대한 이해 및 감상능력, 비평능력, 창작능력 등을 배양한다.

3~5세 연령별 누리과정에서 유아문학은 과거의 교육과정에서 그래왔던 것처럼 의사소통영역과 예술경험영역에서 부분적으로 다루어지고 있다. 특히, 문학적 활동은 의사소통영역의 듣기, 읽기의 목표를 달성하기 위해 활용할 수 있는 가장 효과적인 방법 중 하나이다.

1) 의사소통영역의 유아 문학교육내용

의사소통영역의 유아 문학교육내용은 동요·동시·동화 듣고 이해하기와 이야기 듣고 이해하기 그리고 느낌, 생각, 경험 말하기 등에 포함되어 있다. 이를 표로 나타내면 다음 〈표 7- 1〉과 같다.

〈표 7-1〉 의사소통영역의 유아 문학교육 내용

범주	내용	세부 내용
듣기	동요·동시·동화 듣고 이해하기	• 동요·동시·동화를 다양한 방법으로 듣고, 들기고, 이해한다. • 전래동오·동시·동화를 듣고 우리말의 재미를 느낀다.
	이야기 듣고 이해하기	• 다른 사람의 이야기를 관심 있게 듣고 이해한다. • 이야기를 듣고 궁금한 것에 대해 질문한다.
말하기	느낌, 생각, 경험 말하기	• (동요·동시·동화를 듣고) 자신의 느낌·생각·경험을 말해 본다.
읽기	책 읽기에 관심 가지기	• 책에 흥미를 가진다. • 책보는 것을 즐기고 소중하게 다룬다. • 책의 그림을 단서로 내용을 추측해 보고, 이해한다. • 궁금한 것을 책에서 찾아본다.

이상에서 알 수 있듯이 3~5세 누리과정에서는 문학작품에 대한 이해와 감상을 통한 즐기기에 비중을 두고 있으면서 문학적 표현과 창작도 포함되어 있음을 알 수 있다.

2) 예술경험영역의 유아 문학교육 내용

예술경험영역의 내용에서도 문학교육에 직접적으로 관련된 내용을 찾아볼 수 있다. '예술적 표현하기'에서의 '극놀이로 표현하기'와 '통합적으로 표현하기', '예술 감상하기'에서의 '다양한 예술 감상하기' 중 '…… 극놀이 등을 듣거나 보고 즐긴다'이다(교육부, 보건복지부, 육아정책연구소, 2012). 이를 표로 나타내면 다음의 〈표 7-2〉와 같다.

〈표 7-2〉 예술경험영역의 유아 문학교육 내용

범주	내용	세부 내용
예술적 표현하기	극놀이로 표현하기	• 일상생활의 경험이나 간단한 이야기를 극놀이로 표현한다. • 소품, 배경, 의상 등을 시용하여 협동적으로 극놀이를 표현한다.
	통합적으로 표현하기	• 음악, 움직임과 춤, 미술, 극놀이 등을 통합하여 표현한다.
예술 감상하기	다양한 예술 감상하기	• 다양한 음악, 춤, 미술작품, 극놀이 등을 듣거나 보고 즐긴다.

이상에서 살펴본 바와 같이 누리과정에서의 유아문학은 과거의 교육과정에서 그래왔던 것처럼 의사소통영역과 예술경험영역에서 부분적으로 다루어질 뿐 문학으로서 독립적인 내용을 가지고 있지 않다는 특성을 가지고 있다.

3) 유아 문학교육 내용구성의 특성

앞에서도 언급하였듯이 유아문학 내용구성의 특성은 다른 교과들과는 다르게 지금까지 교육과정 상에서 독립적인 영역으로 다루어지지 않고 있다는 점이다. 즉, 유아교육과정 운영 시 통합적인 운영 방식으로 의사소통영역은 언어의 기본 형태인 구어와 문어를 활용하여 나와 다른 사람의 느낌이나 생각, 경험을 상황과 상대방에 알맞게 소통할 수 있는 능력을 기르는 영역이다(교육과학기술부 · 보건복지부 · 육아정책연구소, 2012). 이러한 의사소통영역은 유아문학을 경험하고 문학적 태도와 비평능력을 길러주는 유아 문학교육과 동일한 것으로 볼 수 없다.

유아의 문학적 경험은 그것이 갖고 있는 교육적 가치가 커서 여러 다른 교육내용을 위해 다양하게 활용되어 왔다. 이러한 과정에서 교육현장의 많은 유아교사에 의해 종종 유아 문학교육이 유아 언어교육이나 유아 사회교육 등의 다른 교육내용과 혼동되어 가르치기도 한다.

유아문학은 유아의 가치 교육, 태도 교육을 위해 활용될 수 있는데, 이런 경우 유아 문학교육은 유아 사회교육의 내용에서 다루어지고 있는 도덕교육, 철학교육,

가치교육 등으로 활용되어질 가능성도 있다. 그러나 유아문학은 유아를 위한 도덕교육, 철학교육 또는 사회교육을 위한 자료로 활용될 수도 있고, 유아문학 중에는 이런 교육내용에서 중요시하는 것들을 포함하는 작품도 많이 있는 것이 사실이다. 하지만, 그렇다고 해서 이런 교육내용이 유아 문학교육을 대신할 수 있는 것은 아니다.

유아의 문학적 경험과 문학교육은 감상과 이해 및 즐기는 경험 뿐 아니라 표현과 창작의 경험과 문학작품 속의 등장인물이나 사건에 대한 평가 및 내면화 과정 등이 통합적으로 제공함으로써 이루어져야 할 것이며, 전체 교육과정과의 통합적 맥락 속에서 이루어져야 한다. 즉, 전체 교육과정과 연관 지어 유아의 요구와 흥미를 충분히 반영하여 문학활동이 이루어져야 할 것이며, 이야기하기, 듣기, 읽기, 쓰기, 그리기, 동극하기 등의 다양한 활동을 통해 통합적으로 전개되어야 한다.

03 유아 문학교육의 교수-학습방법

유아 문학교육에서 유아에게 적합한 문학작품을 선정하는 것뿐만 아니라 효과적인 교수-학습방법을 적용하는 과정은 매우 중요하다. 이에 유아 문학교육의 교수-학습방법을 감상하기와 이해 · 표현하기, 창작하기로 나누어 살펴보고자 한다.

1) 유아 문학교육의 계획

유아 문학교육의 계획은 문학교육의 목표에 따른 내용을 근거로 이루어져야 한다. 문학교육의 목표, 즉 유아의 문학적 감수성 키우기, 문학에 대한 태도 기르기, 문학적 경험의 감성과 이해 돕기, 문학경험의 평가와 반영(내면화)을 기초로 하여 3~5세 누리과정의 내용으로 구성한다.

먼저 문학교육을 위한 주제선정은 3~5세 누리과정의 교육목표와 교육내용을 기초로 유아발달특성 및 홍미, 욕구, 사회문화적 필요, 교육적 가치 및 학문적 체계, 교육이념을 고려하여야 한다. 이때 유아교사는 유아의 심신 발달단계에 따른 범위와 깊이를 고려해야 하고 유아의 경험과 관련이 있는지, 사회 · 문학적 맥락을 유지하고 있는지, 구성과 문장표현에 있어서도 세심한 배려를 해야 한다. 유아문학은 유아로 하여금 바르고 인간답게 살아가려는 염원과 의도를 내포한 문학으로 성립되어야 한다. 이를 위한 문학 경험의 기회부여는 문학성과 함께 교육성을 내포하고 있어야 바람직하다.

주제 선정이 끝나면 이를 각 기관의 연간 계획에 따라 다시 월간, 주간 계획과 더불어 누리과정과의 연계 안에서 유아에게 가치 있는 내용으로 계획안 작성을 한다. 유아 문학교육을 위한 생활주제중심의 계획방법을 살펴보면 다음과 같다.

(1) 주제 확인 및 선정하기

누리과정에 근거한 연간 주제계획안과 월간 주제계획안을 기초로 주제를 확인 또는 선정한다.

(2) 유아 문학교육 목표 확인하기

문학적 감수성, 문학에 대한 태도, 문학적 경험의 감상과 이해, 문학적 경험의 평가와 반영하기로 구분한다. 누리과정에서 문학적 경험과 관련된 영역을 구분한다.

(3) 유아 문학교육의 내용선정하기

문학적 감수성, 문학에 대한 태도, 문학적 경험의 감상과 이해, 문학적 경험의 평가 등의 목표에 적정한 내용을 선정한다.

(4) 활동 계획안 작성하기

유아 문학교육의 실행을 위한 주제, 소주제, 활동명, 활동목표, 활동방법, 활동자료 등을 포함한 학급 단위로 이루어질 활동을 위한 최소 단위의 교육계획안을 작성한다.

(5)확장 활동 계획하기

확장 활동을 통한 심화활동이 가능할 경우를 위해 계획한다.

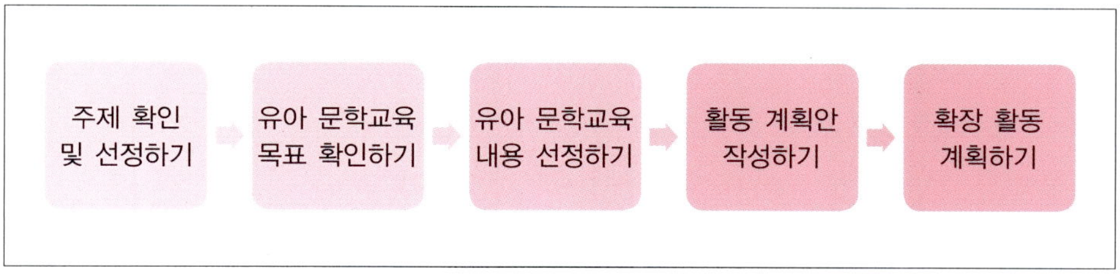

[그림 7-1] 유아 문학교육의 계획단계

2) 유아 문학교육의 교수-학습방법

유아가 문학적 경험을 통하여 문학교육의 목표 즉, 유아의 문학적 감수성 키우기, 문학에 대한 태도 기르기, 문학적 경험의 감성과 이해 돕기, 문학경험의 평가와 반영(내면화)를 돕기 위해 적절한 교수방법을 선택하여 활용하여야 한다. 교사는 유아 문학교육의 목표를 달성하기 위하여 문학작품 감상하기, 이해 및 표현하기 그리고 창작하기와 같은 활동을 계획하여 실행할 수 있다. 여기서 중요한 것은 이와 같은 영역이 각 독립된 활동보다는 서로 연관되고 유기적인 관계 속에서 더욱 확장되어 실행하는 경우가 더 적절하다는 점이다.

즉, 감상하기 활동만을 계획하여 동화나 동시를 들려주고 나서 그에 대한 느낌을 감상하는 것으로 끝나는 것이 아니라 그 동화나 동시의 내용이나 나타내고자 하는 것을 잘 이해하였는지 등을 표현활동을 통해 알아볼 수도 있다. 더 나아가 유아가 감상하고, 이해한 것을 바탕으로 새로운 것을 창작해 보는 활동을 시도해 보는 것도 가능하다.

(1) 감상하기

유아교육기관에서 문학 감상활동은 많은 부분을 차지한다. 유아에게 유아문학 작품을 감상하게 하기 위해서 교사는 다양한 방법과 매체를 활용한다. 예를 들면, 유아에게 동화 · 동시를 감상하도록 할 때는 목소리의 변화나 제스처를 가지고 하는 동화를 구연하거나 그림책을 읽어주거나 동화내용의 전체를 그림이나 인형 또는 영상매체, 즉 그림동화, 낱장동화, TV동화, 융판동화, 앞치마동화, 테이블동화, 퍼즐동화, 슬라이드동화, PPT동화, 그림자극 그리고 손인형, 손가락인형, 막대인형, 줄인형, 그림자 등 교사가 제작하여 전달할 수 있다.

유아가 문학활동을 감상할 때 효과를 극대화하기 위하여 좋은 그림책을 선정한 후 감동을 줄 수 있는 구연 방법을 사용하는 것은 매우 중요하다.

① 동화구연 감상하기

동화구연은 구체적인 자료를 도구로 사용하지 않는다는 것이 특징이다.

가) 동화구연의 가치

구연자의 음성, 몸짓, 표정 등을 통해 동화를 흥미 있고 재미있게 전달하는 방법으로 문자언어로 쓰여 있는 이야기를 음성 언어로 들려주는 것을 말한다. 이때 구연자는 목소리의 고저, 길고 짧음, 호흡처리 등에 변화를 주는 것이 중요하다. 구연자가 실제로 동화 속의 등장인물이 되어 감정을 넣어 이야기하는 것으로 이야기를 보다 재미있게 들려주기 위한 것이 동화구연의 목적이다.

나) 적절한 동화 선택 기준

구연을 위해서는 먼저 적절한 동화를 선택해야 한다.

첫째, 유아는 물론 교사의 흥미를 끌 수 있는 이야기가 좋다. 교사 자신의 흥미가 직접적으로 유아에게 전달되기 때문에 교사 자신이 그 이야기를 좋아하는 것은 매우 중요하다.

둘째, 유아의 흥미와 연령, 능력에 맞는 이야기여야 한다. 유아는 자신의 생활경험과 관련이 있고 유아 자신의 발달단계에 맞는 내용을 잘 이해하기 때문에 유아의 수준에 알맞은 이야기를 선택한다.

셋째, 대화와 동작이 풍부하게 표현된 이야기여야 한다. 유아는 설명체로 된 이야기보다 대화체로 된 이야기를 더 빨리 이해하기 때문이다. 따라서 반복적이고 의성어와 의태어가 있으며, 리듬감이 있는 내용이 좋다.

넷째, 등장인물의 수는 3~6명 정도가 나오는 내용으로 목소리로 인물의 특성을 잘 표현할 수 있는 이야기가 좋다.

다섯째, 동화의 길이는 유아의 집중력 시간을 고려하여 너무 길지 않는 것이 좋으며 유아의 연령을 고려하여 동화의 길이를 조정하는 것이 바람직하다.

여섯째, 문장이 짧고 쉬우면서도 시작, 전개, 결말이 분명하고 유아가 만족할 수 있는 결말이어야 한다. 유아는 어휘력과 기억력이 아직 제한적이므로 유아가 쉽게 이해할 수 있고 이야기 속에 몰입할 수 있는 동화를 선택해야 한다.

일곱째, 교사 자신이 준비하기에 쉬운 것이어야 한다. 교사 자신의 취향과 능력에 잘 맞아야 한층 재미있고 창의적인 구연을 할 수 있으므로 교사의 준비가 용이한 이야기가 좋다.

여덟째, 등장인물은 유아가 호감을 가질 수 있는 사람이나 동물, 장난감 등이 등장하는 친숙한 내용이 좋다.

다) 동화구연 방법 및 유의사항

〈표 7-3〉 동화구연 방법

동화구연 방법	
구연 장소 및 분위기	• 조용하고 안정감 있는 장소 • 아늑하고 포근한 분위기(커튼 이용)
소요시간	• 10~15분
음성 및 태도	• 목소리를 지나치게 과장하지 않기 • 다양한 음성으로 표현 • 도입부와 극적인 전개 부분에서 말의 빠르기 조절 • 목소리의 강약과 장단·높낮이 조절 • 효과음과 감탄사를 적절히 사용 • 무릎과 발을 가지런히 모으고 허리를 바르게 펴고 앉고 표정은 밝고 온화하게

◆ 동화구연 시 유의 사항

• 구연 도중 유아가 질문을 할 때

구연동화는 특별한 흥미를 제공하므로 유아가 시끄럽게 하거나 질문을 하는 경우가 드물지만 만약 구연 도중 유아가 질문을 하거나 이야기에 개입할 때는 질문을 한 유아를 잠깐 바라보며 고개를 끄덕이거나 눈으로 응대를 해준다면 유아 또한 이야기가 끝날 때까지 질문을 유보하거나 기다릴 것이다. "○○야, 조용히 해!"라고 말한다면 그 말로 인해 분위기가 흐려질 수 있다.

• 구연동화에 필요한 보조물(props)

구연동화는 특별한 매체 없이 들려주는 동화이므로 보조물을 사용하지 않는 경우가 대부분이지만, 꼭 사용하고 싶다면 한 두가지만 사용하는 것이 좋다. 많은 보조물을 사용하면 등장순서를 혼동할 수도 있고, 구연자 자신이 제대로 활용하고 있지 못하다고 느끼게 되면 당황할 수도 있으므로 흥미, 긴장, 집중 등 이야기에 꼭 필요하다고 생각되는 한 두 가지가 바람직하다. 구연동화는 구연자 자체가 배경이며 모든 것이기 때문이다.

- 유아의 앉는 형태

이야기 나누기의 형태를 유지하는 것이 좋다. 반원(semi-circle)은 구연자와 듣는 유아가 공감대를 형성할 수 있는 가장 좋은 배열 형태이다.

- 교사의 앉은 자세

유아용 의자에 바른 자세로 앉아 편안한 표정으로 유아들에게 하나하나 눈맞춤하며 그리고 전체적으로 살펴보며 이야기한다. 허리 아랫부분은 움직이지 않아야 (뛰어가는 장면에서도 표정과 손동작만으로) 안정감 있는 분위기를 연출할 수 있다.

라) 구연 후 평가

구연 후에는 반드시 구연자 자신에 대한 평가가 이루어져야 하는데, 그 평가 항목은 다음과 같다(C. Spagnoli, 1989).

- 구연하기에 적절한 작품이었는가?
  구성, 등장인물 등이 유아에게 적절하고 흥미로운 주제였는가?
- 구연하는 사람의 언어가 분명하였는가?
  구연자는 이야기 문체에 적합한 언어를 사용했는가?
  유아들에게 이미지를 떠올리게 했는가?
- 얼굴 표정과 제스처는 효과적으로 사용하였는가?
- 이야기와 관련 없는 동작들을 하지는 않았는가?
  "에", "음", "그리고", "그래서…" 등을 불필요하게 많이 사용하지 않았는가?
- 목소리가 또렷하고, 빠르기가 적절했는가?
  목소리 크기, 억양, 고저, 장단, 리듬 등이 다양하게 사용되었는가?
- 극적 효과나 이미지를 강조하기 위해 잠시 일시 정지(휴지, pause)를 하기도 하였는가?
- 이야기에 도움이 되도록 효과음을 사용하였는가?
- 유아를 배려하여 구연하였는가?
- 유아에게 반응하며 눈 맞춤도 하였는가?
- 보조물 혹은 유아를 이야기에 참여하는 방법을 사용하였는가?
  이러한 것이 이야기를 보완했는가? 아니면 방해하였는가?

② 동시 감상하기

유아에게 동시를 소개해 줄 때 가장 중요한 것은 유아가 좋아하면서도 적절한 순간에 알맞은 동시를 준비하는 것이다. 교사가 동시를 선정한 후 다음의 10가지 기준을 고려하여 바람직하게 선정되었는지 평가한다면 도움이 될 것이다.

가) 감상하기에 적절한 동시의 선정 기준

- 동시가 감각적 영상, 즉 시각, 후각, 촉각을 만족시키도록 구성되어 있나?
- 동시가 비유적이며, 구어와 문어가 적절하게 포함하고 있는가?
- 동시가 적절하고 흥미 있으며, 반복적인 특성을 가지고 있는가?
- 동시가 리듬이 있는 형태로 자연스럽게 흘러가는가?
- 동시에 포함되어 있는 언어와 어휘가 유아가 이해하기에 적절한가?
- 동시에 나타난 단어들이 시의 뜻을 의미하는 데 적절한가?
- 동시가 유아의 정서를 적절하게 표현해 주는가?
- 동시가 유아의 시로 전개해 볼 수 있게 하는 측면이 있는가?

나) 동시 감상하기

- 유아의 인원에 맞는 적당한 크기의 동시판을 준비한다.
- 교사는 편안한 속도로 동시를 또박또박 크게 읽어 준다.
- 동시의 내용에 따라 목소리의 높낮이와 크기를 변화시키면서 읽는다.
- 유아가 동시를 친근하게 느끼고 편안함을 갖도록 여러 번 읽어 준다. 교사가 동일한 방법으로 계속적으로 반복하여 읽어 주면 싫증을 낼 수 있으므로 여러 가지 방법으로 유아와 함께 읊어 본다.
  - 동시를 읊어 보려고 해. 어떤 방법으로 읊어 볼까?
  - 어떤 방법으로 동시를 읊어 본 것이 재미있었니?
  - 다른 말로 바꿔가면서 동시를 읊었을 때 느낌이 어땠니?
  - 또 다른 방법으로 동시를 읊어 볼까?
- 유아들과 함께 동그랗게 앉아서 동시말을 재구성해 가면서 말잇기를 해 본다.
  - 이번에는 동시 내용을 바꿔가면서 말잇기 놀이를 해 보자.
    친구들이 한 소절씩 동시 내용을 바꿔서 읊어 본 후에 "그런 게 친구야"라는 부분이 오면, 모두 함께 큰 소리로 "그런 게 친구야"라고 읊어 보는 거란다.
  - 어느 친구가 먼저 동시말을 바꿔서 읊어 볼까?

다) 평가 및 확장 활동

◆ 동시 감상하기 평가

- 동시가 가지고 있는 이미를 알게 되었는지 평가한다.
- 동시를 감상하며 자신의 생각과 느낌을 적절하게 표현하는지 평가한다.
- 동시 활동에 즐거운 마음으로 참여하는지 평가한다.

◆ 확장 활동

- '친구가 있어서', 또는 '친구와 함께 라면', '난 네가 좋아' 등의 말을 넣어서 동시짓기를 해 본다.
- 내가 친구에게 화가 났을 때, 친구가 나 때문에 화가 났을 때, 화를 푸는 방법에 대해 서로 소개해 본다.
- 유아와 함께 교실 내에 화 푸는 장소를 만들어서 감정을 순화시킬 수 있도록 한다.

(2) 이해 · 표현하기

감상활동에서 중요한 것은 단순히 교사가 들려주는 이야기를 일방적으로 유아가 듣는 것으로 끝나지 않게 하도록 유아 자신의 경험과 관련지어 보거나 느낌을 공유해 보는 과정을 통해 유아가 직접 참여할 수 있는 기회를 제공해야 한다.

동화 · 동시를 감상한 후 토의나 이야기 나누기, 그리기, 동작으로 표현하기, 동극, 극놀이로 표현하기 등 다양한 표현수단으로 느낌을 표현해 볼 수 있으며, 같은 동화를 감상한 후 서로의 생각이나 느낌을 나누고 공유해 볼 수 있다. 동화 · 동시를 듣고 난 후 이해한 것을 표현하는 방법은 언어적으로 표현할 수도 있고, 비언적인 방법으로 표현할 수 있으며, 그 방법이 매우 다양하다.

- 동화를 읽고 난 후 역할극으로 표현해 보기
- 동시나 동화를 듣고 이해하고 느낀 것을 그림을 그리거나 글로 표현하기
- 이야기의 인물을 인형으로 만들어서 극 놀이하기
- 동극이나 인형극 등을 보고 등장인물에 대해 느낀 점 말하기
- 작가나 책에 대해 좋은 점과 싫은 점 말하기
- 주제가 같은 두 권의 책을 비교해 보기
- 이야기 중에서 가장 재미있는 장면 그리거나 사건 말하기

① 동극활동 방법

유아교육기관에서 가장 흔하게 하는 표현하기 활동은 동화를 듣고 난 후 하는 역할극이나 동극이다. 이 동극을 하는 데는 특별한 소품이나 무대 장치구성이 필요치 않다. 교실에 있는 블록이나 간단한 소품을 이용하기도 하고 유아가 직접 만들어서 사용할 수 있는 소품의 경우에는 작업 활동시간을 이용하여 만들어 표현한다. 동극을 계획하기 위해서는 동화를 선택할 때부터 적절한 동화를 선택해야 한다.

동극 활동방법을 살펴보면 다음과 같다.

- 동화를 들려준 후 동화내용을 회상하며 등장인물을 정리한다.
- 등장인물의 특성과 대사를 확인한다.
- 동극을 하는 데 필요한 배경이나 소품을 교실에서 대체할 수 있는 것과 유아들이 직접 만들어 사용할 수 있는 것들을 분류한다.
- 유아가 직접 만들어야 하는 소품은 작업 활동시간이나 자유선택활동 시간을 이용하여 제작하도록 계획한다.
- 동극준비가 다 되었는지 확인한다.
- 배경이나 소품준비가 다 되었으면 등장인물을 선정하고, 각각의 대사를 유아들과 다 함께 반복하여 본다.
- 동화의 줄거리는 교사가 해설자가 되어 읽어 주고, 유아는 대사만 한다.

② 동극할 때의 유의 사항

- 즐거운 마음으로 참여하기
- 목소리 크기는 적절하게 내기
- 등장인물의 표정과 몸동작을 적절하게 표현해 보기
- 등장인물의 말과 행동을 그대로 따라 하기보다는 창의적으로 표현해 보기
- 소품 소중히 다루기
- 다른 사람들의 이야기에 귀 기울여 듣기
- 자신감 있게 활동하고 다른 사람의 행동을 수용하고 격려해 주기 등

[그림 7-2] 동화 『무지개 물고기』 동극하는 모습
* 『무지개 물고기』 / 마르쿠스 피스터 글 · 그림, 공경희 옮김 (시공주니어, 1994)

(3) 창작하기

유아의 창작은 성인의 창작활동과는 다른 종류의 것이지만 유아만의 느낌이나 생각을 그들만의 언어로 표현하는 것으로 매우 의미 있는 활동이다. 창작활동을 교사가 스스로 어렵거나 힘들다고 생각하면 창작활동을 계획하고 실행하기가 쉽지 않다. 따라서 처음부터 완전한 동화나 동시를 창조하는 것 보다는 기존의 것을 변형하는 것에서부터 시작한다.

우선, 동시짓기를 할 때 부분적인, 즉 기존의 동시를 변형하는 방법에는 다음과 같은 것들이 있다.

- 단순하며 반복적 어구가 있는 동시를 선택하여 여러 번 들려준다(동시 감상시간에 경험했던 것이면 유아에게 익숙하므로 더욱 좋다).
- 동시제목에 대하여 관련 그림을 보거나 자신의 경험을 떠올린다.
- 변경할 부분을 교사가 강조하여 읊어 주면 유아가 바꾸어 본다.
- 유아가 말한 것을 교사가 운율을 넣어 들려준다(때에 따라서 유아의 동의를 얻어 문장을 줄이거나 일부분을 동시답게 바꿀 수 있다).
- 전체가 완성이 될 때까지 반복해서 읊어 준다.
- 동시가 완성이 되면 유아와 함께 읊어 본다.

다음으로 동화짓기를 할 때는 기존 동화에 내용을 첨가하거나 결말을 바꾸어 보기도 하고, 뒷이야기만을 상상해서 꾸며보기도 한다. 이야기의 인물을 선정해 그 인물에 대해 새로운 이야기를 만들어 보는 것도 좋다. 그림책을 만들 때에도 글 없는 그림책을 이용하여 글짓기를 하거나, 그림이나 만화를 이용하여 이야기를 꾸며 보고, 말풍선에 대화를 써 넣을 수도 있다.

04 유아 문학교육의 평가

유아 문학교육의 평가는 교사가 유아를 위해 계획한 교육목표, 교육내용, 교수-학습방법 등 문학활동의 전반에 걸쳐 유아에 대한 평가와 교사에 대한 평가가 동시에 이루어져야 한다. 즉, 유아평가의 측면에서는 유아 문학교육의 가장 중요한 목표인 유아가 문학활동을 통해서 얼마나 많은 즐거움과 이해력을 충족하였는가에 중점을 두고 이루어져야 한다. 반면에 교사에 대한 평가는 교사가 수립한 유아 문학활동의 계획과 실행에 대한 교수활동의 평가가 이루어져야 한다.

1) 감상하기 평가

동화구연이나 그림책 그리고 동시를 감상하고 난 후 계획부터 활동과정에 대한 평가가 이루어져야 한다. 유아의 감상하기 활동 후 교사를 위한 활동지도 평가내용은 다음 〈표 7-4〉, 〈표 7-5〉와 같다.

〈표 7-4〉 동화 감상하기 평가표

범주	내용	그렇다	아니다
동화 선정	생활주제와 연계되는가?		
	주제가 교육적인가?		
	내용과 주제가 흥미있는가?		
	내용과 그림이 문학적으로 가치 있는 것인가?		
대형	유아들이 앉은 대형이 이야기 나누기에 적절한가? (예: 반은 바닥, 반은 의자)		
	유아는 자신이 원하는 자리에 자율적으로 앉는가?		
	유아 주의집중을 위해 주변의 교구나 물건은 정리되어 있는가?		
매체	전달매체가 적절한가?		
동화구연	내용을 완전히 이해했는가?		
	시선은 정확한가?		
	발음은 정확한가?		
	속도는 적절한가?		
	등장인물의 성격에 따른 성대 묘사가 적절한가?		
동화 지도과정	동기유발을 하는가?		
	동화의 제목을 들려주는가?		
	동화의 제목을 들려주고 내용을 추측하게 하는가?		
	동화의 내용을 회상하게 하는가?		
마무리	동화 시간이 끝났음을 알리고 다음 활동을 소개하는가?		

〈표 7-5〉 동시 감상하기 평가표

범주	내용	그렇다	아니다
동시 선정	생활주제와 연계되는가?		
	유아의 발달에 적절한가?(예: 움직임에 대한 묘사나 독특한 운율이 있음)		
매체	적절한 매체(예: 그림, 손인형, 실물, 사진 등)를 사용하는가?		
	배경 음악을 사용하는가?		
사전활동	사전활동(관찰, 야외학습 등)을 실시하는가?		
동시 지도 과정	도입을 하는가?		
	교사 혼자 낭송해 주는가?		
	유아가 느낌을 말해 보게 하는가?		
	지은이/제목을 이야기해 주는가?		
	교사와 유아가 나누어 낭송해 보는가?		
	유아끼리 또는 혼자 낭송하게 하는가?		
	교사와 유아가 함께 낭송해 보는가?		
	제목을 지어 보는가?		
마무리	동시 시간이 끝났음을 알리고 다음 활동을 소개하는가?		
사후활동	사후활동(그림, 동작으로 표현하기 등)을 실시하는가?		

앞서 제시한 감상하기 평가표를 통해 감상하기 활동에서의 교사의 역할과 자세, 태도를 평가해봄으로써, 감상하기의 교육적 효과를 높이고 보다 의미 있는 감상활동으로 발전시켜 나갈 수 있다.

2) 이해 · 표현하기 평가

문학활동을 하고 난 후 교사는 유아가 이해한 것을 표현하도록 하기 위해 동극이나 인형극 등을 보고 등장인물에 대해 느낀 점이나 작가나 책에 대해 좋은 점과 싫은 점, 주제가 같은 두 권의 책을 비교하고, 이야기 중에서 가장 재미있는 장면 그리기거나 사건 말하게 하는 등 의도적인 활동을 계획할 수도 있다. 또한, 유아도 스스로 자유선택활동 시간에 흥미영역에서 동화를 읽고 난 후 역할 놀이영역에서 역할극으로 표현해 보거나, 동시나 동화를 듣고 이해하고 느낀 것을 그림을 그리거나 글로 표현하기도 하고, 이야기의 인물을 인형으로 만들어서 극 놀이를 하는 등 여러 가지 형태로 표현이 이루어질 수 있다.

따라서 교사는 문학활동과 관련하여 이러한 표현활동이 얼마나 어떤 형태로 이루어지는가를 관찰을 통해 파악한다면 유아가 문학활동을 얼마나 어떻게 이해하고 있는가를 평가하는 데 매우 도움이 될 것이다. 유아의 이해 · 표현하기 활동의 하나인 동극지도로 유아교사를 위한 활동지도 평가내용은 다음 〈표 7-6〉과 같다.

〈표 7-6〉 동극지도 평가표

범주	내용	그렇다	아니다
동화 선정	대사가 짧고 반복되는 것인가?		
	유아가 등장인물을 동일시할 수 있는가?		
	전개 과정이 뚜렷한가?		
	절정(클라이막스)이 있는가?		
대본의 적절성	설명 부분이 삭제되었는가?		
	간접화법을 직접화법으로 바꾸었는가?		
	대사가 짧고 반복되는가?		
동극 지도과정	동화를 들려 주는가?		
	동화 회상 시간을 갖는가?		
	동극의 배경이 되는 무대를 유아와 함께 꾸미는가?		
	배역을 선정하는가?		
	배역을 소개하는가?		
	등장인물이 기다리는 자리를 정하는가?		
	평가 시간을 갖는가?		
	재공연을 하는가?		
마무리	동극이 끝났음을 알리고 다음 활동을 소개하는가?		

동극활동은 이해 · 표현하기 활동 중 유아가 가장 흥미 있어 하는 활동이므로 이러한 평가를 통해 보다 교사는 동극지도에 대해 반성의 기회를 가질 수 있으며, 이는 앞으로 더욱 효율적으로 동극지도를 할 수 있는 계기를 마련할 수 있다.

3) 창작하기 평가

문학활동의 창작활동은 동화나 동시를 부분적으로 변형시키거나 새롭게 창작하는 다양한 방법이 있으므로 교사는 유아의 창작활동의 결과물을 포트폴리오 형태로 수집하여 관찰할 수 있다. 유아가 독창적이고 창의적인 생각들을 어떻게 표현하였는지, 이야기 줄거리를 잘 이해하고 있는지를 평가할 수 있다.

05 유아 동극활동의 실제

유아 문학교육의 목표를 달성하기 위하여 교육현장에서는 동화 · 동시 · 동극 등 다양한 유형의 활동을 실행하게 되지만, 여기에서는 지면 관계상 동극의 실제만을 다루었다.

동극의 실제를 자세히 살펴봄으로써 문학활동의 구체적인 접근방법 및 활동내용을 이해하고 현장에 적용할 수 있는 능력을 기를 수 있다.

〈표 7-7〉 동극 단위활동 계획안의 실제

<table>
<tr><td>활동명</td><td>『곰 사냥을 떠나자』 동극</td><td>대상연령</td><td>만 4세</td><td>생활주제</td><td>겨울과 생활</td></tr>
<tr><td>활동목표</td><td colspan="5">• 동화를 듣고 적절한 대사와 동작으로 동극을 표현할 수 있다.
• 다양한 동작적 어휘를 신체를 활용하여 표현한다.</td></tr>
<tr><td>누리과정 관련요소</td><td colspan="5">• 의사소통〉듣기〉동요, 동시, 동화 듣고 이해하기
• 예술경험〉예술적 표현하기〉극놀이로 표현하기
• 신체운동 · 건강〉신체 인식하기〉신체를 인식하고 움직이기</td></tr>
<tr><td>활동자료</td><td colspan="5">『곰 사냥을 떠나자』 동화, 곰 발자국 그림자료, 곰 동극자료

* 『곰 사냥을 떠나자』 / 마이클 로젠 글 · 헬린 옥슨버리 그림, 공경희 옮김 (시공주니어, 1994)</td></tr>
</table>

활동방법	1. 곰 발자국 그림을 보면서 이야기 나눈다. - 이 그림은 누구의 발자국을 나타낸 걸까? - 어떤 모습이니? - 발톱이 날카로운 걸 보면 어떤 동물인 것 같니? - 덩치가 가장 큰 동물 중에 하나야. 누굴까? 2. 『곰 사냥을 떠나자』 동화를 감상한다. - 『곰 사냥을 떠나자』 동화를 함께 보자. - 어떤 장면이 나오고 있니? - 어떤 소리가 나오고 있니? - 이 소리는 무엇을 나타내는 소리니? - 이 소리를 동작으로 표현한다면 어떻게 할 수 있을까? - 왜 글씨가 점점 커지는 걸까? - 그렇다면 이때 동작도 점점 크게 하면 어떨까? - 마지막 장면에 어떻게 되었니? 3. 등장인물의 대사, 동작 등에 초점을 맞춰 다시 동화를 살펴본다. - 동화를 다시 보면서 어떤 말을 하는지, 또 어떤 동작을 하는지 잘 살펴보자. - 이 장면에서는 뭐라고 이야기해야 할까? - 이 장면에서는 어떻게 몸으로 표현해야 할까? 일어나서 표현해 보자. 4. 동극을 하기 위해 필요한 것에 대해 이야기 나눈다. - 이 동화로 동극을 하려면 무엇을 해야 할까? 예 누가 뭐 할지 정해요. / 곰처럼 보이도록 머리띠나 목걸이 같은 걸 만들어요. / 대사 연습을 해요. / 숲 속 배경을 만들어요. 등 5. 동극에 등장하는 역할을 정한다. - 이 동화에서는 누구누구가 나오니? - 맡고 싶은 역할에 손을 들어 보자. - 만약 한 역할을 둘 또는 셋이 하고 싶다면 어떻게 하는 것이 좋을까? 예 가위 바위 보로 정해요. / 둘이 같이 해요. / 다음에 하면 돼요. 등 - 그럼 반드시 식구가 네 명이 아니어도 되니까 아이들의 수를 늘여서 해 보는 건 어때? 6. 대사를 연습해 본다. - 이 장면에서는 누가 어떤 말을 할까? - 너희들이 말한 것을 칠판에 적어 볼게. - 말을 다 다르게 하는 것보다 반복되는 말이 많으면 하기가 쉬울 거야. - 대사가 정해졌으면 반복해서 말해 보자. - 좀 더 실감나게 이야기해 볼까? 7. 대사나 상황에 적합한 동작을 표현해 본다. - 말과 동작이 함께 나오면 훨씬 실감나는 동극을 할 수 있어.

활동방법	- 이 장면에서는 어떤 동작을 하면 좋을까? - 친구마다 동작이 다 다르면 더 재미있을거야. 새롭게 어떤 동작을 해볼까? 8. 소품을 준비한다. - 곰의 모습은 무엇으로 준비하면 좋을까? - 숲이나 동굴은 무엇으로 표현할까? 9. 동극 시 유의점에 대해서 알아본다. - 동극 하는 친구와 관객 친구를 나눠서 해 보고 번갈아서 또 해 보도록 하자. - 친구들이 동극을 할 때 관객 친구들은 무엇을 조심하면 좋을까? - 만약 대사를 잃어버린다면 어떻게 하는 것이 좋을까? 예 꼭 대사대로 하지 않아도 되니까 하고 싶은 말을 해요. / 선생님이 옆에서 도와줘요. / 친구들이 함께 이야기해 줘요. 등 - 동극을 다 마치면 뭐라고 인사할까? 10. 동극활동을 해 본다.  〈『곰 사냥을 떠나자』 동극을 해요〉 11. 동극을 하고 난 후의 느낌과 생각을 이야기 나눈다. - 동극을 해 보니 어땠니? - 어떤 장면이 기억에 남니? - 몸으로 잘 표현하면서 열심히 한 친구들을 칭찬해 주자.
참고사항 및 유의점	• 며칠에 걸쳐서 시간적 여유를 두고 준비하도록 한다. • 대사를 외우는 것에 너무 연연하지 않도록 자유롭게 유아가 말할 수 있는 수용적 분위기를 만들어 준다. • 음악이나 악기를 사용해서 음악극으로 표현할 수도 있다.

유아는 다양한 문학 관련활동을 통해 문학 속에 담겨 있는 삶의 의미와 가치를 체험하게 되며 상상력과 기쁨과 즐거움을 경험하게 된다. 이에 교사는 유아가 문학작품을 자주 감상하며 이와 연계된 다채로운 활동을 경험할 수 있도록 노력하는 것이 매우 필요하다.

CHAPTER 08

유아 음악교육

유아 음악교육은 유의미한 음악적 경험을 제공하여 음악을 지각하고, 음악을 느끼고 반응하며, 음악을 즐기게 함으로써 유아의 음악적 감수성과 음악을 인지하는 능력을 개발시키는 활동이라 할 수 있다. 유아 음악교육은 유아에게 음악작품을 통해서 아름다움을 느끼게 해 주고 다양한 감정을 경험하도록 모든 교육여건과 환경을 체계적으로 제공해 주면서 음악을 이해하고 창작하고, 연주할 수 있는 잠재적 능력을 개발하는 데 중점을 두어야 한다.

이 Chapter에서는 유아 음악교육의 목적과 목표 및 내용을 알아보고 이를 실현할 수 있는 음악교수법과 평가 등에 대해서 자세히 알아봄으로써 교사의 음악적 교수 효능감을 높이고 교육현장에 적합한 음악적 실제를 경험하고 적용할 수 있는 능력을 기르는 데 초점을 맞추고자 한다.

01 유아 음악교육의 목적과 목표

음악교육의 목적은 음악에 대한 심미적 잠재력을 키우고 바람직한 음악의 체험을 통하여 유아의 잠재된 능력을 찾고 음악성 계발은 물론, 음악을 감상하고 느끼고 표현하며 자아성취를 이룸과 동시에 풍부한 정서와 창조성을 길러 조화로운 인격을 형성하는 데 있다.

이에 유아 음악교육의 구체적인 목표를 살펴보면 다음과 같다(전인옥 외, 1997).

첫째, 유아 음악교육은 유아의 인지적 능력을 향상시키는 것을 목표로 한다. 음에 대한 변별력(discrimination), 인식력(identification), 분류능력(categorization), 서열능력(ordering), 재생능력(memory and recalling)과 같은 인지적 능력을 향상할 수 있다.

둘째, 유아 음악교육은 유아의 언어능력을 증진하는 것을 목표로 한다. 노래 부르기와 음악감상을 통해 유아의 어휘력을 향상시키고, 소리와 형태, 문장구성에 익숙해지도록 한다.

셋째, 유아 음악교육은 유아의 신체발달을 도모하는 것을 목표로 한다. 노래 부르기와 음악감상, 악기 다루기, 몸을 움직여 표현하기 등의 음악활동은 유아의 눈과 손의 협응뿐만 아니라 소근육과 대근육의 움직임, 오감각의 활용과 발달을 도와주어 유아의 신체능력을 발달시켜 준다.

넷째, 유아 음악교육은 유아의 정서발달을 도와주는 것을 목표로 한다. 다양한 종류의 악곡과 음악활동의 심미적인 체험을 통해 유아는 정서적 안정감과 감정을 조절하는 방법을 배워 사회생활에 적용하는 법을 배운다.

다섯째, 유아 음악교육은 유아의 창의력을 신장하는 것을 목표로 한다. 다양한 음악활동을 통해 유아가 자신의 생각과 느낌을 자유롭게 직접 표현함으로써 유아의 상상력과 표현력을 신장시키고 창조적 희열을 느끼게 하여 창의적 사고력과 표현력의 신장을 도와준다.

여섯째, 유아 음악교육은 유아가 긍정적인 자아개념을 형성하도록 도와주는 것을 목표로 한다. 음악활동은 유아의 호기심과 성취감을 충족시켜 줄 뿐만 아니라 유아가 자기통찰을 할 수 있게 하고 자신감을 가지고 활동하게 함으로써 긍정적인 자아개념을 형성하는 것을 도와준다.

02 유아 음악교육의 교육내용

효과적인 음악교육을 위해 교사는 음악의 구성요소를 잘 이해하고 음악활동 즉, 노래 부르기, 악기 다루기, 음악감상에 대한 활동을 체계적으로 운영하는 것이 매우 필요하다. 이에 음악교육의 내용으로 음악적 요소를 구체적으로 살펴보도록 한다.

1) 음악의 구성요소

유아교육에서 다루어지고 있는 음악의 이해영역인 음, 리듬, 멜로디, 화음, 역동성, 형식에 대해 제시하면 다음과 같다.

(1) 음(Tone)

음이란 음악적 소리를 의미한다. 유아의 음에 대한 개념은 매우 어린 시기일지라도 자신의 음악적 경험에 비추어 형성되기 시작하고 점차 확장되어 간다. 유아가 음에 대해 처음 학습하는 것은 정적과 소리, 소음과 음악적 소리를 구별하는 것이다. 음은 다음과 같이 나눌 수 있다.

① 셈여림(Intensity)

음의 강하고 약함을 의미하며, 음악의 이해 중 가장 먼저 발달하는 개념이다. 음악의 셈여림은 소리 크기의 차이에 의해 발생하는 것으로 표현력의 다양성과 상관되는 개념으로 클라이막스를 구성할 때 셈여림의 개념을 효율적으로 사용한다(이은수, 2004).

② 장단(Duration)

음의 길고 짧음을 의미한다. 유아는 음에 길고 짧음이 있다는 것을 개념화하여 어떤 음은 다른 음에 비해 길거나 짧다는 것을 인식한다.

③ 고저(Pitch)

음의 높고 낮음을 말한다. 선율은 높음과 낮음, 음의 방향 올라가기와 내려가기, 반복하기, 뛰어 진행하기와 차례로 진행하기, 같은 패턴과 다른 패턴을 포함할 수 있으며, 음 고저의 요소로는 음정, 음계, 선율, 음의 조합 등이 있다. 유아는 음에 높고 낮음이 있다는 것을 개념화하여 어떤 음은 다른 음에 비해 높거나 낮다는 것을 인식한다.

④ 음질(Quality)

음색은 음의 깨끗하고 선명한 정도를 말한다. 음악이 매끄럽지 않거나, 초점이 명료하지 않아 거칠다고 느껴질 때 음질이 떨어진다고 한다. 유아는 어떤 소리는 맑으며 어떤 소리는 음질이 좋고 또 어떤 소리는 음질이 나쁘다는 것을 인식한다.

⑤ 음색(Tone Color)

음색이란 그 소리의 독특한 질에 의한 소리의 차이를 말한다. 즉, 물체의 독특한 재료, 구조, 크기에 따라 구별되는 소리의 차이를 말한다. 같은 높이와 같은 세기의 음이라도 진동체의 구조, 재료 등에 따라 음색이 다르다.

유아는 주변의 소리, 사람의 소리, 악기 소리가 각각 다르다는 것을 인식하며 주변환경의 소리, 목소리, 악기 소리와 전자음이 서로 어울려 음악적인 소리를 낼 수 있음을 인식하게 된다.

(2) 리듬(Rhythm)

리듬이란 음악에 있어서 시간적 개념을 일컫는 것으로 시간적 개념을 일깨워줌으로써 음악적 의미를 창출해 내는 것이며, 일정한 시간 내의 규칙적인 시간의 분할을 뜻하는 것이다(박명숙, 2000), 즉, 리듬이란 음의 장단과 셈여림이 시간적으로 결합하여 진행하는 것을 말하며, 수평적으로 진행되는 질서 있는 음의 움직임을 리듬이라고 할 수 있다.

리듬은 음악의 토대가 되며, 기초를 이루는 가장 기초적인 중요한 요소이다. 예를 들면, 4/4 박자의 리듬은 강 약 중강 약(● ○ ◯ ○)이다.

리듬은 세분화하여 다음과 같이 나눌 수 있다.

① 속도(Tempo)

음악이 연주되는 빠르기를 의미한다. 곡의 속도는 음악 분위기에 영향을 미쳐 속도가 빨라질수록 더욱 흥분하고 열광적인 분위기가 되며, 곡이 느려질수록 조용하고 평온한 분위기가 된다. 보통 빠르기, 빠르게와 느리게, 점점 빠르게와 점점 느리게 등을 포함할 수 있다.

② 박(Beat)

심장의 고동처럼 규칙적인 간격을 두고 울리는 소리이며, 음의 흐름에서 셈여림이 일정한 간격으로 반복되는 것을 의미한다. 곡의 시작부터 끝까지 음의 강약이 규칙적이고 지속적으로 표현되는 현상으로서 리듬의 기본단위가 된다.

③ 리듬패턴(Rhythmic Pattern)

리듬패턴이란 음악의 길고 짧은 음이 집단으로 묶여진 것을 말한다. 유아는 리듬패턴을 경험해 봄으로써 점차 음악과 연관된 분명하고 간결한 리듬개념에 대한 이해를 발달시켜 나간다. 음악은 길고 짧은 음으로 구성된 음의 패턴을 지니고 멜로디나 노랫말은 몇 가지의 반복적인 리듬패턴을 지닌다.

(3) 멜로디(Melody)

멜로디는 음의 고저와 장단이 시간적으로 의미 있는 방식으로 조직되어 고유한 음 높이와 흐름을 나타내는 것을 말한다. 멜로디는 곡 전반에 걸친 동기 등을 대표함으로써 유아가 어떤 곡을 듣고 그것이 무슨 곡인지 알아낼 수 있게 되는 것을 도와주는 음악의 곡조이다.

(4) 화음(Harmony)

화성은 둘 또는 그 이상의 음이 동시에 소리 나는 음악적 현상을 의미한다. 화성은 각기 다른 음성과 음성, 악기와 악기, 악기와 음성이 동시에 소리를 냄으로써 만들어진다. 흔히 2부, 3부 합창 같은 경우가 음성과 음성의 화성이다.

(5) 역동성(Dynamics)

역동성은 소리의 표현으로 전반적인 소리의 크기, 어떤 음악 크게 또는 작게 내거나 하는 악센트, 소리가 커지거나 작아지는 변화를 말한다.

(6) 형식

형식은 음악의 구성요소, 즉 리듬, 멜로디, 화성, 음색, 강약 등의 요소가 전체적인 음악으로 배열되고 조직되어 그 결과로써 나타나는 형태이다. 형식에 대한 개념은 음악의 개념 중 비교적 늦게 발달된다.

03 유아 음악교육의 교수-학습방법

영유아의 음악활동 시 교사의 역할은 기능적인 훈련보다는 음악적 흥미, 동기유발에 더 관심을 두어야 하며, 활동을 통한 직접적인 탐색과 참여, 다양한 자발적인 표현이 발전되도록 하는 것이 중요하다(김은심 외, 2008). 이에 알맞은 음악교육 교수-학습방법을 인지하고 이를 적절하게 적용하는 것이 필요하다.

유아 음악교육의 교수-학습방법은 새 노래 배우기, 악기 다루기, 음악감상으로 나누어 살펴보도록 한다.

1) 새 노래 부르기

유아교육기관에서 노래는 교사와 유아가 함께 하는 하루일과 중 매 순간 흘러나오는 것이며, 단순한 교과적 지식으로서의 음악교육을 넘어서 교사와 유아가 교감하려는 하나의 의사소통 행위이자, 교사와 유아, 유아와 유아, 유아와 환경과 소통하는 매개체로서 중요한 역할을 하고 있다.

노래 부르기는 자신의 느낌과 생각을 노래로 표현하며, 미적 체험을 하고, 음악개념을 형성하여 자신의 감정을 창의적으로 표현하는 기회를 가질 수 있다는 점에서 매우 중요한 음악활동이다.

새 노래 배우기의 교수-학습방법은 노래 선정, 도입, 전개, 평가 및 마무리, 확장 및 연관활동하기로 진행할 수 있다.

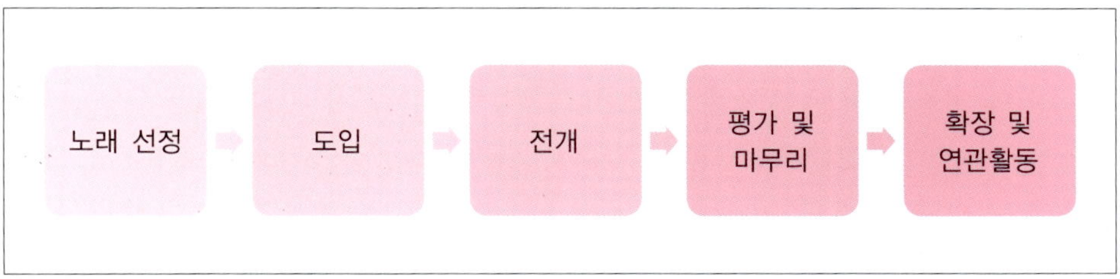

[그림 8-1] 새 노래 배우기의 교수-학습단계

(1) 노래 선정

유아에게 새 노래를 지도함에 있어서 가장 우선 되어야 할 일은 적절한 노래를 선정하는 일이다. 즉, 노래를 선정할 때 노랫말을 고려할 뿐 아니라 유아의 발달수준에 적합한 음역, 조성, 리듬, 박자, 마디 등의 음악적 개념을 구체적으로 고려하여 노래를 선정해야 한다(임혜정, 2004).

① 노랫말

일반적으로 노래 선정 시 음악적인 면과 문학적인 면이 잘 어우러진 가치 있는 작품을 선정해야 한다. 노랫말이 갖추어야 할 조건들에 대해 다음과 같은 요소를 유념해야 한다(김성균, 1994).

첫째, 노랫말은 아름다우며 유아에게 긍정적인 느낌과 정서적 안정감을 주는 것이어야 한다.

둘째, 유아가 쉽게 이해할 수 있는 내용이어야 한다. 즉, 현재의 일상생활에서 체험하거나 경험할 수 있는 사실과 관련되면서 유아가 아름다운 상상을 할 수 있는 것이 좋으며, 구체적이고 단순한 내용이 좋다.

셋째, 아동문학을 기초로 한 아름다운 동시로써 문학적 구성과 표현 면에서 가치 있는 작품이어야 한다.

넷째, 노랫말은 짧고 음악적인 요소가 강하며, 반복이 많고 즐거움을 주는 것이 좋다.

② 음악적 측면

효과적인 새 노래지도를 위해서는 유아 개개인의 현재 음역과 성대의 성숙 정도 및 경험 정도가 고려되어야 한다. 즉, 너무 무리한 음역의 노래는 피해야 하나 지나친 음역의 제한 역시 유아의 음역 확장에 적절하지 못할 수 있으므로 같은 음악을 여러 조성으로 바꾸어 가며 불러보는 것도 필요하다(김영연, 2010). 무엇보다 중요한 것은 유아의 실제 음역에 맞는 노래를 선별하여 노래에 대한 흥미를 잃지 않고 자연스럽게 노래할 수 있도록 고려해야 한다.

조성을 살펴보면 대체로 장조는 밝고 건강한 느낌을 주고 단조는 어둡고 감상적으로 흐르는 느낌을 주는데 유아는 조성에 따른 음악의 분위기를 느낄 수 있다. 유아를 위한 노래는 단조의 곡이 적다.

리듬과 박자에 있어서 유아를 위한 노래 중에는 2/4, 4/4 박자의 곡이 제일 많다. 이것은 다른 박자에 비해 리듬이 안정되고 유아의 걸음걸이와 일치하기 때문이다. 유아를 위한 노래는 복잡한 리듬의 곡이나 호흡에 무리가 가는 노래를 피하는 것이 좋다.

(2) 도입

도입은 다양하고 재미있는 방법으로 새 노래에 대한 흥미를 살리는 데 주안점을 둔다. 오늘 배울 노래의 제목이나 소재, 노랫말 등에 대한 수수께끼나 실물자료, 그림 및 사진자료, 소리, 손인형, 영상자료 등을 활용한다.

(3) 전개

전개는 본격적인 노래 배우기 활동으로서 교사의 노래 듣기를 시작으로 멜로디와 가사를 익혀 자유롭게 불러보는 활동을 포함한다. 구체적인 방법은 다음과 같다.

① 교사의 노래 들려주기

먼저, 교사가 새 노래를 분위기를 살려 전체적으로 자신감 있게 들려준다. 이때 교사가 노래할 때 눈을 마주하고 노래한다. 이것은 가장 효과적인 노래 부르기라고 할 수 있다.

② 멜로디 듣기

교사의 노래를 들은 후, 이번엔 멜로디만 들려준다. 이때 유아가 가볍게 허밍으로 따라 부를 수도 있다. 반주는 너무 복잡하지 않게 기본 반주로 하고 멜로디만 정확히 들려줌으로써 유아가 멜로디를 쉽게 인지할 수 있도록 한다.

③ 하나의 소리로 불러 보기

'아', '라' 등의 하나의 소리로 불러 본다. 유아에게 어떤 하나의 소리로 불러 보고 싶은지 물어보고 정한다.

④ 가사 익히기

가사판에 제시된 그림이나 글을 함께 살펴보면서 노랫말에 담긴 의미에 대해 이야기 나눈다.

⑤ 가사를 넣어 불러 보기

천천히 가사를 넣어 불러 본다. 이때 교사는 한 소절씩 미리 가사를 이야기해 주며 해당하는 노래자료의 가사를 손으로 짚어 준다. 되도록 끊어 부르기보다 전체를 한 번에 부르도록 한다. 단, 특별히 어려워하거나 헷갈려 하는 부분이 있다면 그 부분만 2~3차례 반복해서 불러 본다. 음정에 대한 이해를 높이기 위해 음의 높낮이를 교사가 손의 위치로 표현해 줄 수 있다.

⑥ 가사의 느낌을 살려 불러 보기

가사의 느낌을 이해하면서 노래를 불러 본다. 노래를 잘 부른다는 것이 무조건 크게 부르는 것이 아니라 노래의 가사나 느낌을 이해하고 부르는 것을 의미하는 것을 유아가 알 수 있도록 안내한다.

⑦ 재미있게 반복해서 불러 보기

3~4번 반복해서 재미있고 다양하게 불러 본다. 예를 들어, 노래 속에 나오는 의성어를 재미있는 소리로 불러보거나 교사와 유아, 유아와 유아가 한 소절씩 교대로 부를 수 있다. 유아는 자신의 노래를 녹음해서 들어보는 것을 매우 흥미로워하므로 이러한 방법을 사용해볼 수 있고 속도나 크기를 다르게 해서 불러 볼 수도 있다.

⑧ 간단한 율동이나 동작을 넣어서 불러 보기

노래가 익숙해지면 노래에 따라 간단한 율동이나 동작을 넣어서 불러 볼 수 있다. 노래 가사나 분위기에 어울리는 율동을 넣어서 불러 보는데 율동은 교사가 정해서 그대로 따라 하기보다는 유아와 함께 협의해서 정하도록 한다.

(4) 평가 및 마무리

노래를 부른 후 노래에 대한 느낌과 생각을 이야기 나눈다. 이때 음악적 요소와 관련지어 "이 노래에서 가장 빠른 부분은 어디였니?", "가장 높은 음을 내는 부분은 어디였을까?", "이런 비슷한 분위기의 노래는 또 어떤 노래가 있을까?"와 같은 발문을 할 수 있다.

(5) 확장 및 연관활동

새 노래에 익숙해지면 노래의 어떤 음악요소에서 흥미 있는 부분을 다양한 악기로 연주해 보거나 노랫말 속에 들어있는 이야기를 극화해 볼 수 있다. 또한, 원래의 노랫말에 새 노랫말을 만들거나, 원래의 노랫말에 새로운 멜로디를 붙여보는 등의 확장활동을 해 볼 수 있다.

2) 악기 다루기

다양한 음악적 경험 중에서도 기악활동은 음악활동의 기본적인 방법으로 모든 연령의 유아가 가장 흥미를 갖고 참여할 수 있는 음악활동 방법이다(Kenny, 1997; Littleton, 1991).

악기 다루기 활동은 유아의 음악적 능력과 창의성 정서 지능뿐만 아니라 놀이성과 자발성, 주도성을 증가시키고 유아 스스로 능동적인 학습자가 될 수 있도록 유도하여 음악적 잠재력을 개발하는 데 매우 긍정적인 효과를 보인다. 악기 다루기 활동은 연주곡 선정, 악기탐색, 연주악보 구성, 규칙 설정, 악기연주, 정리 및 평가

순으로 전개할 수 있다.

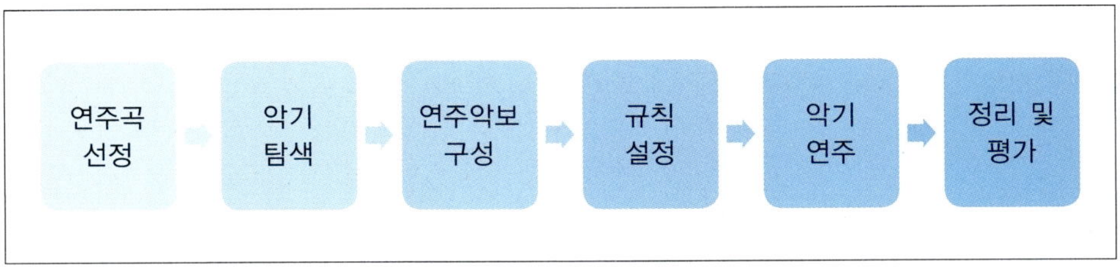

[그림 8-2] 악기 다루기의 교수-학습단계

(1) 연주곡 선정

먼저, 악기로 연주하기에 적합한 곡을 선정한다. 유아에게 친숙한 노래를 선택하고 노래 전체를 연주할 것인지, 노래의 특징적인 부분만 악기로 연주할지 계획한다.

(2) 악기 탐색

악기연주를 위해 먼저 악기의 이름과 사용방법을 자유롭게 탐색하도록 충분한 시간과 기회를 준다. 유아가 악기를 보고 만지고 두드리는 과정을 통해 자연스럽게 악기의 사용방법을 터득해 나갈 수 있도록 하는 것이 중요하다. 또한, 악기의 특성에 따라 어떻게 정확한 소리를 낼 수 있는지 탐색해 본다. 악기의 재질이나 연주되는 방법에 따른 소리의 차이를 비교해 보고 가장 아름답고 정교한 소리를 내는 방법을 함께 탐색해 본다.

(3) 연주악보 구성

악기연주를 위한 연주악보는 유아와과 협의하여 결정한다. 즉, 노랫말에 맞는 악기와 연주방법을 시각적으로 보여줄 수 있는 그림자료들로 연주악보를 만든다.

(4) 규칙 설정

악기를 대집단으로 연주할 때는 연주 이전에 반드시 규칙을 정한다. 악기는 조심스럽게 다루고 연주를 시작하는 신호가 있기 전까지는 악기 소리를 내지 않도록 한다. 특히, 교사나 친구들이 이야기하는 동안은 악기를 연주하지 않도록 한다.

악기연주하기는 이렇게 사회적 합의가 필요한 상황이며, 아름다운 조화를 이루기 위해서는 반드시 지켜야 할 약속이 있다는 것을 유아가 경험할 수 있도록 한다.

(5) 연주하기

그림악보를 보며 악기로 연주해 본다. 상황에 따라 그림악보를 수정하여 악기로 연주하는 단계를 몇 회 반복한다. 이때 너무 많은 악기연주는 유아에게 혼란을 주므로 2~4종류를 넘지 않도록 한다. 또한, 정확하게 연주하는 것에만 초점을 맞추면 악기연주에 대해 거부감이 들 수 있으므로 즐겁게 연주하는 것에 초점을 맞춘다. 그리고 유아가 서로 악기를 바꾸어 연주해 보도록 하여 다양한 악기를 연주해 보는 경험을 갖도록 한다.

(6) 정리 및 평가

악기연주가 끝난 후 유아 각자가 악기를 약속된 장소에 정리하도록 한다. 이때 교사는 유아가 스스로 정리를 잘할 수 있도록 악기 바구니를 따로 마련하거나, 교구장에 악기 그림자나 이름 등을 부착하도록 한다. 또한, 악기활동에 대한 생각과 느낌에 대해서 자유롭게 이야기 나누며 회상의 시간을 갖도록 한다.

3) 음악감상하기

음악감상은 그 음악에 주의를 기울여 집중하여 들으며 사고하는 것을 말한다. 즉, 음악감상이란 들리는 음악에 대해 아무런 목적 없이 단순히 듣는(hearing)행위가 아니라 그 음악을 집중하여 듣는 청취(listening) 행위이며, 리듬, 가락, 화성, 음 조직, 셈여림, 빠르기, 음색 등 음악의 구조적인 특징을 생각하고 마음속에 음악과 관련된 느낌을 가지는 지적・정서적 반응이다.

교사는 음악을 형상하고 있는 음악적 요소들인 빠르기, 셈여림, 리듬, 화성과 같은 음악개념이 나타나는 여러 장르의 다양한 음악을 유아에게 들려주어 음악에 주의를 기울이고 음악에 대해 사고할 수 있는 기회를 제공해야 한다(남선옥 외, 2013). 또한, 유아가 수용한 음악적 감성과 느낌에 대해 자유롭게 동작으로 표현할 수 있는 기회를 함께 마련해 주는 것이 좋다.

음악감상 활동은 음악감상곡 선정, 음악감상, 음악감상과의 통합활동, 평가의 단계를 거친다.

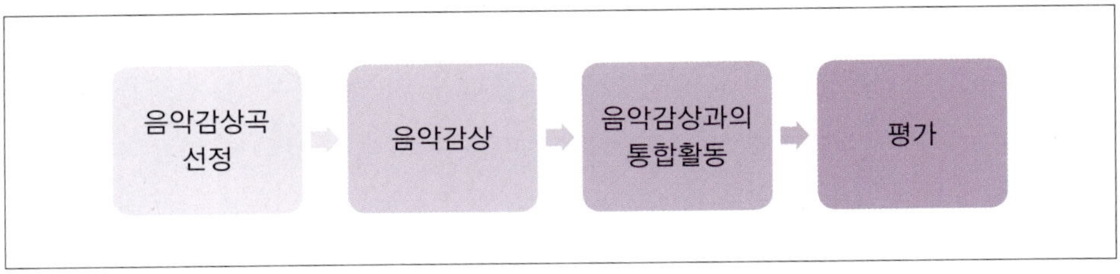

[그림 8-3] 음악감상하기의 교수-학습단계

(1) 음악감상곡 선정

유아에게 적합한 음악감상 활동을 위한 곡 선정에 있어서 중요한 요소는 다음과 같다(고영희, 2015).

첫째, 감상경험이 적은 유아에게는 먼저 음악을 듣는 것이 즐거워야 하므로 곡이 유아의 경험, 발달수준, 생활주제와의 통합성에 기반을 둬야 한다.

둘째, 음악의 기본적인 구성요소인 리듬, 선율, 화성, 음색, 빠르기, 셈여림, 형식 등 음악적 기본요소들이 간결하게 표현된 예술적 악곡을 선정하고 제시해야 한다.

셋째, 유아에게는 음악감상 활동을 목적으로 하는 특정한 좋은 곡이 따로 있다기보다 유아에게 흥미롭게 듣고 충분히 느낄 수 있도록 해 주는가의 방법적인 측면이 더욱 중요하다. 그러므로 다양한 종류의 음악을 들려주어야 한다.

넷째, 유아는 음악을 듣고 신체로 표현하기를 매우 좋아하므로 리듬이 유아에게 쉽게 전달될 수 있는 곡이거나, 유아가 곡의 내용을 듣고 상상할 수 있도록 표현된 곡이어야 한다.

다섯째, 유아에게 민속 음악을 자주 들려주어 우리의 가락을 친숙하게 느낄 수 있도록 한다.

(2) 음악감상

음악감상은 악곡 전체의 흐름을 알 수 있도록 음악을 충분히 들려주어야 하고, 곡이 너무 긴 경우 3~4분 내외로 들려준다. 음악을 들을 때는 눈을 감고 음악에 따라 몸으로 표현할 수도 있고 두세 번 반복하여 들어볼 수도 있다. 이때 몇 가지 특징을 선택하여 한 번에 한 가지 특징에 집중해서 듣도록 한다.

(3) 음악감상과의 통합활동

음악감상 활동이 다른 교과 활동과 통합적으로 이루어질 때 감상을 통한 풍부한 자기표현이 더욱 의미 있는 방법으로 발산될 수 있다.

① 신체 · 동작활동과의 통합

Nye와 Troudale(1985)에 의하면 신체를 이용하여 음악을 익히는 유아는 정적으로 음악을 배우는 유아보다 자신의 신체를 더욱 잘 통제할 수 있고, 음악을 들으면서 상상하는 것을 몸짓표현으로 자연스럽게 전환할 수 있다(김상철, 1995 재인용).

음악적 요소에 맞는 창의적인 신체표현을 위해 먼저 준비한 음악을 주의 깊게 감상하도록 한다. 음악에 대한 감정과 느낌, 생각을 주의 깊게 감상해 보는 경험은 음악적 요소를 고려하여 표현하는 데 필수적이다.

② 조형활동과의 통합

음악을 듣고 음악개념에 대한 이해를 그림으로 그려서 음악에 대한 반응을 표현할 수 있다. 음악감상곡에서 체험한 곡의 빠르기, 셈여림, 가락의 움직임 등을 선, 동그라미 등의 도형의 모양으로 그리면서 표현할 수 있다. 즉, 음악이 주는 전체적인 분위기나 느낌을 선이나 기호로 표현하는 방법은 음악을 더 세밀히 듣는 태도를 길러 줄 뿐 아니라 창의성 발달에 도움이 된다.

③ 언어 및 극놀이활동과 통합하기

음악감상곡을 들으면서 예술적인 가치를 느끼고 감상 후 자신의 생각과 느낌을 자유롭게 언어로 표현한 다음 음악감상곡과 관련된 다양한 활동을 언어적으로 접근할 수 있다.

첫 번째 단계로 음악감상곡의 배경, 작곡가, 주제 등에 대해 이야기 나누기 활동을 하고 음악감상을 한다. 두 번째 단계는 음악감상곡을 들은 후 유아의 생각과 느낌을 자유롭게 언어로 표현해 본다. 세 번째 단계는 음악감상곡과 관련된 다양한 활동을 언어적으로 접근할 수 있다.

04 유아 음악교육의 평가

유아교육에서 특히 음악활동에서의 평가는 유아의 감정이나 개성, 창의성 등 유아의 내재적 상황을 나타내는 하나의 방법이며, 예술적 요소를 인식하고 흥미와 관심에 대한 평가이며, 유아의 풍부한 감성을 통해 심미감을 키우는 데 목적을 두고 있다. 음악활동에서의 평가는 타 영역에 비해 유아의 심리상태나 신체적 · 정서적 여러 상황이 함축적으로 표현될 수 있는 영역이므로 평가 방안 또한 유아의 획일적 점수 매기기식 평가가 아닌 창의성, 표현능력 등 심미감이나 정서적 안정감을 길러줄 수 있는 평가여야 할 것이다.

〈표 8-1〉 음악능력 발달검사지

영역	세부능력	점수			비고
		잘함 (2)	조금 못함(1)	못함 (0)	
듣기	1. 주위 환경에서의 소리 변별하기				
	2. 음성 변별하기				
	3. 음악 소리의 속도				
	4. 악기 소리 변별하기				
	5. 주위의 여러 사물의 소리 변별하기				
리듬 표현	1. 리듬 특징에 맞추어 걷기				
	2. 두 가지 리듬 악기에 맞추어 앞,뒤로 걷기				
	3. 리듬 유형에 따라 신체 리듬 표현하기				
	4. 주어진 두 개의 다른 리듬 유형을 변별하기				
	5. 탬버린 소리에 맞추어 빠르게 느리게 걷기				
	6. 세 가지 리듬 악기에 맞추어 앞, 뒤, 옆으로 걷기				
노래 부르기	1. 알고 있는 노래 부르기(레퍼토리의 수준)				
	2. 주어진 음보다 더 높은 음 소리 내기				
	3. 주어진 음보다 더 낮은 음 소리 내기				
	4. 주제와 관련된 노래 부르기(꽃, 동물, 사람)				
	5. 노래 부르는 동안 리듬, 박자에 대한 자기 통제				
	6. 노래 분위기에 맞는 자기 감정표현				
악기 다루기	1. 여러 가지 악기 다루기				
	2. 같은 악기로 특수한 음악적 소리를 내어 무슨 악기인지 알기				
	3. 신체 동작에 반주로써 악기 사용하기				
	4. 악기 이름 알기				
	5. 타악기로 크고, 작고, 빠르고, 느린 소리 표현하기				
	6. 녹음된 음악에서 연주되는 악기 이름 알기				
	7. 노래 속도에 맞추어 악기로 반주하기(3박, 4박)				
	8. 음의 고저가 있는 타악기와 고저 없는 타악기로 분류하기				
	9. 어느 악기의 소리가 오래 지속되는지 분별하기				
음악적 창의력	1. 주어진 노랫말에 멜로디 붙이기				
	2. 주어진 리듬패턴과 다른 패턴 연주하기(신체 리듬)				
	3. 생활주변에서 악기 대용품 찾아 연주하기				
	4. 작은 북으로 리듬 유형을 다양하게 연주하기				
	5. 음악을 듣고 무용 만들기				
	6. 상상력을 자극시키는 몸동작하기(높은 곳, 낮은 곳, 물고기, 나뭇잎, 코끼리)				

05 유아 음악활동의 실제

교육현장에서 가장 일반적으로 많이 하는 새 노래배우기 활동의 실제활동을 살펴봄으로써 유아 음악교육에 대한 이론과 실제활동의 구체적인 접목과 조화를 경험할 수 있고 다채로운 교수-학습방법을 통해 유아 음악활동의 다양성과 교육적 효과를 알아볼 수 있다.

새 노래 배우기 활동은 교육기관에서 가장 많이 하는 음악활동으로서, 체계적인 접근 방법으로 활동에 대한 동기를 유발할 수 있고 유아가 더욱 쉽고 재미있게 새 노래를 배울 수 있다.

〈표 8-2〉 새 노래 배우기 단위활동 계획안의 실제

활동명	「간다간다」 노래를 불러요	대상연령	만 3세	생활주제	교통기관
활동목표	• 노래를 즐겁게 부른다. • 교통수단에 관심을 가진다.				
누리과정 관련요소	• 예술경험〉예술적 표현하기〉음악으로 표현하기 • 사회관계〉다른 사람과 더불어 생활하기〉공동체에서 화목하게 지내기				
활동자료	다양한 교통기관 소리(자동차 클랙슨, 비행기 소리, 기차 플랫폼 소리, 배 출항하는 소리 등), 노래 MR파일, 노래 그림판 				
	1. 교통기관의 소리를 들어보며 교통기관에 대한 경험을 나눈다. – 선생님이 오늘 어떤 소리를 가져왔는데 한번 들어볼까? 어떤 소리가 들렸니? – (비행기 소리를 들으며)이번에는 어떤 소리가 들렸니?				

활동방법	- (기차 플랫폼 소리를 들으며) 이번에는 어떤 소리가 났을까? - (배 출항하는 소리를 들으며) 이번에는 어떤 소리가 들리니? - 지금까지 자동차, 비행기, 기차, 배 소리를 들어봤는데 너희들은 이것들을 언제 타보았니? 예 할머니 집 갈 때요. / 유치원 갈 때요. /놀러 갈 때요. 등 - 그래, 맞아. 우리가 어딘가를 갈 때 걷지 않는다면 이러한 교통기관을 이용해서 이동하곤 해. 2. 노래판을 탐색해 본다. - (노래판을 가린 보자기를 살살 들어내면서) 뭐가 나왔니? - (더 들어내면서) 이번에는? - (보자기를 다 들어내고) 자 뭐가 보이니? - (각 교통수단을 움직이며) 간다간다 간다간다. 좁은 골목길을 지나 넓은 길로. 뛰뛰빵빵하며 자동차가 가요. 간다간다 간다간다 지붕 위로. 구름 위로 하늘 높이 비행기가 가요. 간다간다 간다간다 산을 넘고 강을 넘어 굴을 지나 기차가 가요. 3. 「간다간다」 노래판을 보며 교사의 노래를 감상해 본다. - 선생님이 오늘 이 내용을 담고 있는 노래를 하나 불러 줄 건데 잘 들어보자. - 노래를 들어보니 어떤 느낌이 들었니? 4. MR이나 피아노로 멜로디를 들어 본다. - 이번엔 멜로디만 들어 보자. 5. 하나의 소리로 불러 본다. - 이 멜로디에 한 가지 소리를 내서 불러 볼 건데 어떤 소리로 부르고 싶니? - 그럼 1절은 '랄라라'로, 2절은 '아아아'로, 3절은 자기가 부르고 싶은 것 중 선택해서 불러 보자. 6. 노랫말을 넣어 여러 번 흥미롭게 불러 본다. - 선생님이 노래판의 무엇을 움직이는지, 또 어디로 가는지 잘 보면서 노래를 불러 보자. 가사를 미리미리 이야기해 줄게. - 한 번 더 불러 보자. - 이번에는 어떻게 부르면 재미있을까? - 또 어떤 방법으로 부르면 재미있을까? 예 우리가 부른 걸 녹음해서 들어봐요! 등 - 녹음된 걸 들어보자. 7. 노래를 부르고 난 소감에 대해 이야기 나눈다. - 「간다간다」 노래를 불러보았는데 느낌이 어땠니? 예 진짜 차타고 가면서 부르고 싶었어요. / 노래가 너무 신나요. 등

<table>
<tr><td>활동방법</td><td>
– 어떤 점이 가장 재미있었니?
예 율동하면서 부른 부분이요. / "간다간다"를 빨리 불렀던 부분이요. / 그림에 비행기랑, 자동차랑, 기차가 움직이는 게 재밌었어요. 등
– 노래 중에 같은 음으로 반복되는 부분이 어디였니?
– 이 가사판을 음률 영역에 둘 테니 노래를 부르며 너희들이 직접 비행기, 자동차, 기차를 움직이며 노래를 불러 보자.

간다간다
김성균 작사·작곡

〈「간다간다」 악보〉
</td></tr>
<tr><td>참고사항 및 유의점</td><td>
• 원의 버스나 가까운 곳에서 교통기관을 탐색하는 활동을 할 수 있다.
• 율동은 다음 시간에 이어서 만들어 볼 수 있다. 이때 유아의 창의적인 동작표현이 나오도록 발문한다.
</td></tr>
</table>

음악적 감수성을 타고 난 유아가 교육기관에서 행해지는 다양한 음악활동에 즐겁게 참여하고 즐김으로써 유아의 음악적 능력과 음악에 대한 태도가 향상되고 발전될 수 있다. 교사는 생활주제나 계절, 유아의 흥미, 음악적 발달 등을 고려하여 유아에게 의미 있고 흥미로운 음악활동을 제공해야 한다.

CHAPTER 09

유아 미술교육

언어적 표현능력이 부족한 유아는 표현생활을 통하여 자연과 사물의 예술적 요소를 탐색, 감상하고 자신의 생각과 느낌을 음악, 조형, 동작, 극과 같은 다양한 예술적 표현활동을 통하여 자발적 · 창의적으로 표현하게 함으로써 예술에 대한 호기심, 표현능력, 심미감을 기르고 정서적 안정감을 가지게 한다. 세상에 대한 자신의 느낌이나 생각을 표현하는 활동은 매우 중요하다. 왜냐하면 유아가 배우는 개념과 통합하고 구체화하는 데 결정적인 역할을 할 뿐 아니라 신체적 · 사회적 · 정서적 · 언어적 · 인지적 · 창의적 발달을 향상시키는 역할을 하며, 그 어떤 활동보다도 개인의 성장 및 발달에 기본이 되기 때문이다.

이에 교사는 유아 미술교육의 중요성과 목적을 염두에 두고 유아의 발달과 흥미에 적합한 다양한 미술활동의 기회를 충분히 제공하여 유아가 자유로운 자기표현을 통해 예술적 감수성을 기르고 창의적인 예술표현 및 감상의 기회를 갖도록 해야 한다.

01 유아 미술교육의 목적과 목표

유아는 자연을 비롯한 주변사물이 지닌 다양한 미술적 요소를 인식하고 친숙한 대상에 대한 느낌과 생각을 표현할 수 있다. 나아가 자신의 느낌, 생각, 상상한 것을 자기만의 창의적인 방법으로 상징적인 표현을 한다. 이로 인해 미적 감각 및 심미적 태도가 발현되기도 한다. 그러므로 유아기에 미적 감각과 심미적 태도가 형성되도록 하는 것은 일생을 살아가면서 정서적 풍요로움과 행복감을 얻는 기본적인 역량을 제공한다는 점에서 가치가 높다.

유아 미술교육에 가장 많은 영향을 미친 창의성 중심의 미술교육학자 Lowenfeld는 미술교육의 목적을 자기표현을 통한 창의성 발달에 두었고(Lowenfeld, 1972)), Eisner(1972)는 유아의 지적발달을 미술교육의 목적이라고 말한다.

또한, Lawson(1981)은 미술교육의 목적을 결과물을 만들어 내는 것이 아닌 유아의 올바른 성장에 있다고 하였다. 이러한 학자의 의견에 3~5세 누리과정에서 제시하는 예술경험의 목적을 대입하여 유아 미술교육의 목적을 설명하면 유아가 일상생활에서 아름다움에 관심을 갖고 다양한 미술 경험을 즐기며, 창의적으로 자기표현을 하고 감상하는 능동적인 태도를 가짐으로써 올바른 성장을 도와야 한다.

유아 미술교육을 전인적 발달이라는 측면에서 그 목표를 제시하면 [그림 9-1]과 같다.

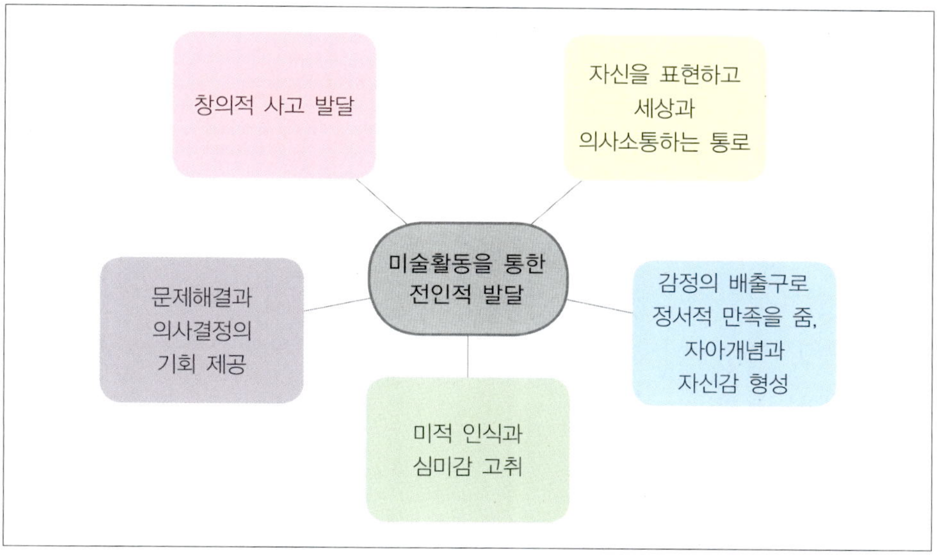

[그림 9-1] 미술활동을 통한 전인적 발달

현재 유아 미술교육의 현장에서 표현의 과정보다는 결과에 치중하여 유아의 미적 체험의 소중한 기회를 박탈하는 사례가 많다. 단편적인 표현만을 강조하여 결과 위주의 수업보다는 표현하는 과정 속에서 미적 체험의 자율성과 탐색할 수 있는 즐거움을 줄 수 있는 교육이 이루어져야 할 것이다.

02 유아 미술교육의 교육내용

유아 미술교육의 교육내용으로 먼저 미술요소를 살펴보고 각 미술요소가 통합되고 활용되는 미술활동의 분야로 3~5세 누리과정에 근거하여 '미술적 요소 탐색하기', '미술활동으로 표현하기', '미술작품 감상하기'로 나누어 살펴보도록 한다. 또한, 미술활동의 종류와 내용에 대해서도 알아보기로 한다.

1) 미술의 요소

미술요소란 미술의 가장 기본적인 요소로 우리를 둘러싸고 있는 모든 사물과 환경이 가지고 있는 점, 선, 면, 형태, 색채, 명암과 음영, 질감, 양감, 공간, 구도와 같은 형식적 특성을 의미한다. 유아가 미술적 요소와 자극을 민감하게 감지하고 마음으로 느끼고 해석하며, 자기만의 색채와 결로써 자유롭게 표현하도록 돕는 것이 미술교육에서 매우 중요하다.

이에 여기서는 미술의 요소로 선, 모양, 색, 질감, 구도 및 원근으로 그 내용을 자세히 살펴보도록 한다.

(1) 선

인간의 미술활동은 손에 도구를 쥘 수 있는 유아기부터 시작된다. 즉, 최초의 미술적 표현은 도구를 이용한 '끼적거리기' 단계부터이고(Kellogg, 1970), 선은 형태를 구성해 가는 과정에서 나타나는 기본적인 요소이다. 선의 움직임에 따라 우리의 눈은 선을 따라가면서 그 운동성을 감지하여 감정을 표출할 수 있는 미술요소들 중에서 가장 결정적인 요소이다(김춘일 · 박남희, 1999).

유아기는 자신의 작품을 다른 요소보다 선으로 표현하기를 즐기는 시기이므로 다양한 도구로 선을 사용하여 창의적인 표현을 할 수 있는 기회를 주는 것이 바람직하다.

선

- 수직선은 냉정하고 차가운 느낌 및 높이와 거리감
- 수평선은 침착함과 안정감
- 곡선은 따뜻함과 아늑함, 자유로움의 느낌
- 날카롭거나 Z형의 직선은 흥분과 빠른 운동성
- 물결 모양의 선은 동적인 에너지를 표현

[그림 9-2] 선이 주는 효과

(2) 모양

우리가 인식할 수 있는 모든 대상은 형태를 갖고 있으며, 평면에 표현한 2차원적 상태의 형을 일컬어 모양(shape)이라고 한다. 그림 속에서 모양은 선의 연장으로 선이 주변을 따라 움직여 돌아와 시작점에서 만나게 될 때 모양이 만들어진다.

색채나 특별한 질감, 혹은 선이 없어도 그림은 가능하지만 정작 모양이 없는 그림은 불가능하다(Lauer & Pentak, 2002). 유아의 도식표현은 자신의 경험을 근거로 하여 구성하는 경향이 있기 때문에 유아가 주변사물의 모양을 구체적으로 탐색하고 표현해 볼 수 있는 기회가 제공되어 모양의 특성을 이해하도록 도와야 한다.

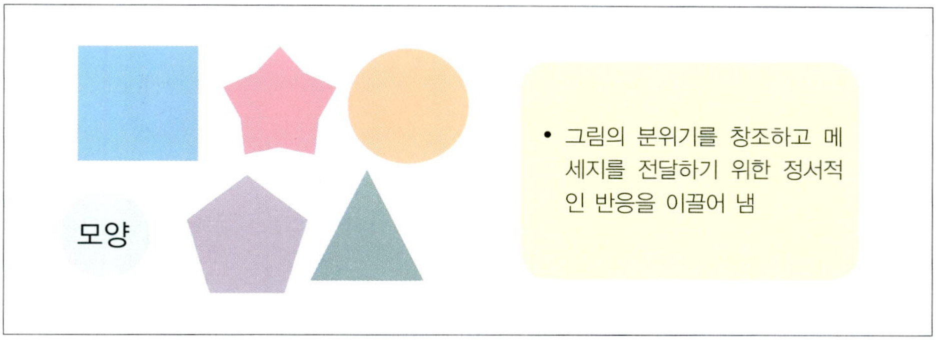

[그림 9-3] 모양이 주는 효과

(3) 색

우리 주변에 있는 대부분의 사물은 색을 갖고 있으며, 사람들은 색으로 세상을 더 아름답게 느낀다.

유아는 물감, 크레파스, 사인펜 등의 색에 매혹되고 그것을 주변의 여러 가지 사물과 연결시키며, 색의 명암, 색의 혼합과 그것의 마술적인 변화에 열중하게 된다(박화윤, 2010). 유아는 색을 칠하면서 즐기는 자유와 물감이 섞이면서 만들어지는 새로운 감상, 다채로운 색의 경험을 통해 아름다움을 알게 되고 이를 통해 자기표현을 하게 된다(신현경, 2001). 따라서 유아가 색에 대한 다양하고 직접적인 경험을 통하여 색 사용에 대한 통찰력과 감각 등을 익힐 수 있도록 도와주어야 한다.

[그림 9-4] 색이 주는 효과

(4) 질감

미술에서의 질감은 주로 작품에 사용되는 재료, 도구 등과 밀접한 관련이 있으며, 촉감에 의해 습득된 감수성은 시각적 경험을 갖게 될 때 기쁨과 통찰력을 제공해주기 때문에 유아가 질감의 미묘한 차이에 민감해지도록 다양한 질감의 종이나 점토, 자연물의 질감을 느껴 보거나 콜라주 활동 등의 경험을 제공해 줄 필요성이 있다(Cohen & Gainer, 1992).

[그림 9-5] 질감이 주는 효과

(5) 구도 및 원근

구도 및 원근은 공간의 개념으로도 설명할 수 있는데 모양을 어떻게 배치하는냐에 따라 위, 아래, 멀리, 가까이, 안과 밖 등을 나타낼 수 있다.

유아의 공간개념은 무질서한 것처럼 보이지만 일정한 특정을 갖고 있고 어른과는 다른 공간개념을 보여주는데 이러한 특성은 그림으로 나타난다. 그 특성을 살펴보면 첫째, 기저선으로 사물의 위치나 사물의 방향을 말해 주며, 둘째, 사물의 근접에 의해 앞쪽과 뒤쪽이 포개지는 중첩현상을 나타난다. 또한, 유아는 일상생활에서 다른 사람 및 사물에 관한 느낌을 공간표현으로 나타내기도 하는데 이는 공간의 특성에 따라 유아에게 주는 감정적 · 정서적 의미가 다르기 때문이다.

구도

원근

* 호메바 「미델 하르니스의 길」

- 그림의 구도는 세부 묘사를 어떻게 배열하느냐와 관계가 있음. 그림의 구도를 어떻게 정하느냐에 따라 운동감, 안정감, 지루함 등 느낌이 크게 달라짐

[그림 9-6] 구도 및 원근이 주는 효과

2) 미술교육의 내용

3~5세 누리과정 예술경험영역의 내용 범주는 '아름다움 찾아보기', '예술적 표현하기', '예술 감상하기' 로 구성되어 있다.

예술경험영역의 내용범주 중 미술과 관련된 내용을 발췌하여 미술교육내용으로 소개하면 다음과 같다.

(1) 미술적 요소 탐색하기

'미술적 요소 탐색하기'는 유아가 자연과 사물에서 접하는 다양한 미술적 요소에 대해 주의를 기울이고 반응하면서 아름다움을 느끼고 미술적 요소가 갖고 있는 특징들을 발견하고 그 차이 등을 탐색하는 능력을 기르기 위한 내용이다.

자연과 사물에서 색, 모양, 질감, 공간 등의 미술적 요소를 탐색하는 유아의 능력은 자연과 사물의 아름다움을 발견하고 인식할 수 있도록 할 뿐 아니라, 동시에 이를 표현하고 감상할 수 있는 능력을 기르는 데 기초가 된다. 유아가 자연과 사물의 다양하고 고유한 색에 관심을 가지고, 자연과 사물의 다양한 윤곽에서 모양에 주의를 기울이고, 자연과 사물의 독특한 재질에서 질감을 느낄 수 있다.

(2) 미술활동으로 표현하기

'미술활동으로 표현하기'는 다양한 미술활동을 통해 유아가 자신의 생각과 느낌을 자발적이고 창의적으로 표현하도록 하는 내용이다.

유아가 주변의 친숙한 대상에 관심을 갖고 감각과 신체를 이용하여 보고 만지고 느끼는 다양한 미술경험을 하도록 하여 창의적인 미술표현을 위한 기초능력 뿐 아니라 자신감을 기를 수 있다. 유아는 알고 있는 것과 본 것 그리고 느낀 것 등을 바탕으로 미술로 표현한다. 따라서 자연과 주변환경에서의 감각과 신체를 통한 활동뿐 아니라, 상상하기, 자신의 느낌 명료화하기 등의 다양한 경험을 제공하여 창의적인 미술표현의 원천이 되는 유아의 생각과 지각 그리고 느낌을 풍부하게 해 주어야 한다. 또한, 미술재료는 미술활동에서 매우 중요한 요소가 되므로 유아는 다양한 재료와 도구를 새롭고 독창적인 방법으로 경험해야 한다.

(3) 미술감상하기

미술감상은 감상의 대상이 미술작품이 되는데, 미술작품의 주된 구성요소는 형식과 내용이며, 미술감상은 작품의 감각적인 형식과 작품이 내포하는 내용을 느끼고 즐기는 미적 체험활동이라 할 수 있다.

유아는 다양한 미술작품을 보고 즐기는 활동을 통하여 아름다움을 느끼고 각자의 표현을 존중하며, 미술감상에 지속적인 관심과 흥미를 느끼도록 해야 한다. 유아는 주로 친숙한 환경에서 겪은 경험이 중요하므로 자신과 또래의 작품뿐 아니라 일상생활에서 다양한 미술작품을 자연스럽게 접할 수 있는 역동적인 예술적 환경을 제공하는 것이 중요하다.

미술감상하기에서 간과해서는 안 될 것은 유아가 미술작품이나 미술적 표현이 지닌 가치를 인식하고, 존중하는 태도를 갖도록 하는 것이다. 또한, 유아기는 우리 전통 예술에 관심을 갖고 받아들이며 익숙해지는 데 중요한 시기이므로, 유아가 우리 고유의 색채와 형태가 예술적으로 묘사된 문화재나 한국화 등을 접하며 우리 고유의 전통문화를 자연스럽게 경험할 수 있도록 기회를 제공해야 한다.

3) 미술활동의 종류와 내용

유아는 다양한 재료와 기법을 활용하여 자신의 생각과 느낌을 자유롭게 표현하고 감상할 수 있다. 사실 미술의 재료와 기법은 따로 정해져 있기보다 유아 주변에서 쉽게 접하고 경험할 수 있는 재료는 무엇이든 미술재료가 될 수 있으며, 유아기에는 그리기에만 치중된 미술활동이 아닌 감각적이면서 색다른 다양한 방법으로 미술활동을 다채롭게 경험하는 것이 필요하다. 다음의 〈표 9-1〉을 통해 미술활동의 종류와 기법을 참고하도록 한다.

[그림 9-7] 휴지 속대를 이용한 도장찍기 모습

〈표 9-1〉 미술활동의 종류 및 기법

평면활동	그림 그리기	선묘화	크레용, 크레파스, 매직, 분필, 목탄, 연필, 파스텔 등으로 그림 그리기
		채색화	각종 물감으로 채색하거나 색물감을 섞은 풀로 핑거페인팅하기
	다양한 표현 기법	데칼코마니	반으로 접은 종이를 펼친 후 한쪽 면에 물감을 짠 후, 두 면을 겹치고 펼친 다음 나타나는 좌우 대칭의 우연적 형태를 경험하기
		콜라주	다양한 재질, 무늬, 색이 다른 물질을 붙여서 표현하기
		몽타주	사진의 일부분을 오려내어 붙여서 새로운 이미지 창조하기
		마블링	물을 담은 대야에 먹물, 등사 잉크, 페인트, 색 래커 등을 떨어뜨려 펼쳐지는 아름다운 무늬를 찍어내기
		스크래치	명도가 높은 색 위를 진한 색으로 칠한 뒤 다양하게 긁어서 아름다움 표현하기
		배수법	크레파스, 양초로 그림을 그린 후 물감을 칠한 뒤 나타나는 현상을 감상하기
		실로 무늬 만들기	실에 먹물, 잉크, 물감을 묻혀 종이를 덮은 후 잡아당기기
		모자이크	색을 칠하는 대신 색지나 잡지를 짤막하게 찢어 붙이기
		물감 흘리기	물감을 뿌리고 입으로 불어 자연스러운 형태 만들기
	판화	모노 프린트	젖은 그림을 다른 종이에 찍어서 그림을 표현하기
		무늬찍기	사물, 나무 조각, 나뭇잎, 야채, 과일, 손 등을 찍어 보기
		스텐실	물체나 사물의 형태 틀을 올리고 색물감 분무기를 뿌리거나 솔로 문질러 모양 나타내기
입체활동	조소	골판화	스티로폼, 점토, 고체 비누 등으로 음각, 양각을 만들어 찍어내기
		소조	진흙, 밀가루 반죽, 고무 점토 등을 이용하여 형태 만들기
	꾸미기와 만들기	구성하기	나무토막, 병, 상자, 수수깡, 자연물 등을 활용하여 구성하기
		인형과 가면	양말, 종이 가방, 장갑 등을 활용하여 만들기
		염색	침염, 홀치기염, 납방염, 파라핀염, 묘염 등의 방법으로 염색하기

03 유아 미술교육의 교수-학습방법

교사의 미술지도방법은 미술활동 접근에 따라 무엇을 어떻게 할 것인가를 교사가 정하고 지시하여 유아가 작업하는 교사 주도적 방법과 교사는 어떤 활동을 제시할 뿐 유아가 선택권을 가지는 유아주도적 방법, 유아와 교사가 절충하여 실시하는 교사안내적 지도방법이 있다. 교사는 유아의 경험과 작업의 종류에 따라 적합한 지도방법을 사용해야 한다. 그러나 주제를 제시하고 미술영역에 제공된 재료를 소개하며, 기존의 작업을 확장하거나 새로운 기술을 안내하고 유아의 작업이 잘 이루어지도록 적절한 시기에 개입하여 필요한 도움을 주는 안내적인 방법으로 지도하는 것이 바람직하다(박화윤, 2007).

미술교육은 유아의 미적 안목과, 조형능력, 창의성을 육성시켜 주는 것이 중요하고 유아가 세상에 대한 자신의 느낌이나 생각을 미술이라는 도구로 마음껏 표현하는 기회를 주어야 한다. 이에 유아가 활동의 주도성을 갖고 경험하고 활동하며, 이를 창의적인 미술활동으로 표현할 수 있도록 다음과 같은 단계별로 미술활동을 진행할 수 있다.

먼저, 인식의 단계이다. 이 단계는 사물의 특징을 명확히 인식하거나 상황의 핵심을 잘 아는 것을 포함하며, 창의적 활동의 시작단계라고 할 수 있다. 유아가 끊임없이 호기심을 가지고 사물을 관찰하고 느끼고 생각하도록 기회를 주며, 이로 인해 유아의 인식능력은 점점 향상될 수 있다. 유아의 호기심을 격려해 주어 배우는 것을 즐겁게 여기게 함으로써 새로운 것을 대할 때 두려워하거나 피하지 않도록 도와주어야 한다.

둘째, 집중단계이다. 유아가 창의적으로 예술활동을 하기 전에 사물의 특성을 구체적 · 객관적으로 파악하는 단계이다. 인식의 단계에서 발생한 흥미가 존중되고 인정되어 보상을 받을 수 있을 때 인식의 단계는 집중의 단계로 이어진다. 집중의 단계에서는 유아에게 자신감과 자기 신뢰감을 주어야 한다. 또한, 경험을 많이 하도록 기회를 주고 이를 표현할 수 있는 기회와 자유도 주어야 한다. 그리고 유아가 충분히 생각하고 이를 말로 표현할 수 있도록 한다.

셋째, 창의적 표현단계이다. 유아가 사물을 주의 깊게 관찰하고, 이 경험을 바탕으로 무언가를 표현하는 시기이다. 이 단계에서는 유아의 자발성이 확실히 보장되어야 한다. 어른들이 간섭하여 생각을 주입하려 한다면 이미 유아의 창의적 표현이 아니라 성인의 미술표현 형식이 된다. 이 시기의 유아는 미술 걸작품을 만들어 내는 것이 아니기 때문에 작품 자체보다는 창의적 활동에 더 많은 관심을 기울여야 한다.

넷째, 생산의 단계이다. 교사는 유아의 작품을 소중히 다루어야 한다. 유아가 근본적으로 원하는 것은 그들의 표현에 대한 성인의 관심과 인정이다. 즉, 자료를 풍부하게 마련해 주고 표현의 자유를 허용해 주는 일도 중요하지만, 유아의 작품을 사려 깊게 다루며 흥미를 보이고 격려해 주는 것이 중요하다.

04 유아 미술교육의 평가

유아 미술활동의 평가를 항목별로 살펴보면 다음과 같다.

1) 활동 과정에 대한 평가

유아의 미술활동 과정에 대해 평가할 때 다음의 항목을 유념하여 평가하도록 한다.

- 새로운 아이디어를 시도하는가?
- 흥미를 가지고 참여하는가?

- 집중하고 몰입하는가?
- 친구와 협력하는가?
- 어려움을 극복하려고 하는가?
- 지시사항을 잘 따르는가?

2) 자료를 다루는 능력에 대한 평가

유아가 미술자료를 다룰 수 있는 능력의 여부도 미술활동 평가에 중요하다. 자료 사용의 다양성이나 적절성에 초점을 맞추어 평가한다.

- 다양한 재료를 사용하는가?
- 넓은 면을 잘 다루는가?
- 가위를 잘 사용하는가?
- 점토를 사용하는가?

3) 매체의 사용능력에 대한 평가

매체의 사용능력에 대한 평가는 매체 활용의 정도나 새로운 방법으로의 적용 등에 초점을 맞추어 평가한다.

- 색을 잘 선택하는가?
- 색을 잘 혼합하는가?
- 입체 작품을 만들 수 있는가?
- 목적에 맞게 매체를 선정하는가?
- 매체 사용 시 기존의 사용 방법 외에 새로운 방법을 시도하는가?

4) 비평하는 능력에 대한 평가

유아가 주변의 다양한 미술자료나 작품에 보이는 관심의 정도나 분석, 아이디에 대한 반성, 자신의 미술활동에 대한 판단 등의 여부와 내용을 평가하는 것이다.

- 새로운 아이디어를 시도하는가?
- 흥미를 가지고 참여하는가?
- 집중하고 몰입하는가?
- 친구와 협력하는가?
- 어려움을 극복하려고 하는가?
- 지시사항을 잘 따르는가?

5) 개별적인 발달에 대한 평가

개별적인 발달에 대한 각각의 평가 항목은 다음과 같다.

- 비평을 수용할 수 있는가?
- 예술작품을 감상하고 선호도에 대해 이야기하는가?
- 작업을 하는 과정에서 자신감을 갖는가?
- 주제에 적절하게 접근하는가?
- 아이디어를 변화시켜 창의적으로 적용할 수 있는가?
- 자신의 정서를 표현할 수 있는가?
- 자신과 타인의 작품을 가치있게 여기는가?
- 다른 사람을 도와주는가?

유아의 미술활동 평가는 현재진행형인 역동적 평가로서 현재를 진단하는 것에만 그쳐서는 안 되며, 다음 교수활동에 반영이 되어 유아의 자기표현과 창의적 표현을 향상시키는 데 도움이 되어야 한다. 그러므로 교사는 다양한 평가방식을 활용하여 유아의 미술적 감수성과 창의적 표현의 발달을 도울 수 있도록 노력해야 한다.

05 유아 미술활동의 실제

유아 미술활동은 기법 및 표현재료의 다양성으로 인해 매우 풍부하고 다채롭다. 그리기 활동은 미술활동에서 가장 기본적인 활동으로 유아는 자신의 손가락을 도구 삼아 또는 주변의 다양한 그리기 도구를 이용해 자신의 생각과 느낌을 표현한다. 또 같은 도구라도 어떤 방법으로 그리느냐에 따라 그리기 활동은 매우 다채로워진다. 다음은 하늘을 배경으로 떠오르는 이미지와 생각을 표현하는 그리기 활동의 사례이다.

〈표 9-2〉 그리기 단위활동 계획안의 실제

<table>
<tr><th>활동명</th><td>하늘에 그림을 그려요</td><th>대상연령</th><td>만 4세</td><th>생활주제</th><td>가을</td></tr>
<tr><th>활동목표</th><td colspan="5">• 자연의 아름다움을 느끼고 감상할 수 있다.
• 구름의 모양을 보고 연상되는 것을 떠올리며 창의적인 표현력을 기른다.</td></tr>
<tr><th>누리과정 관련요소</th><td colspan="5">• 예술경험〉아름다움 찾아보기〉미술적 요소 탐색하기
• 예술경험〉예술적 표현하기〉미술활동으로 표현하기
• 자연탐구〉과학적 탐구하기〉생명체와 자연환경 알아보기</td></tr>
<tr><th>활동자료</th><td colspan="5">투명 아크릴판, 매직, 의자, 야외매트, 사진기, 프린터, 도화지, 색연필, 사인펜</td></tr>
<tr><th>활동방법</th><td colspan="5">1. 구름나라를 상상해 보고, 상상이야기를 그림으로 표현하는 방법에 대해 이야기해 본다.
– 구름나라를 생각하면 어떤 마음이 드니?
– 구름나라에서 아주 재미있는 일이 일어난다면 어떤 일이 일어날까?
2. 비닐을 덮은 아크릴판을 이용하여 구름을 보고 연상되는 것을 자유롭게 그림으로 표현해 본다.
– 구름나라에 그림을 그리려면 어떻게 그려야 할까?
– 무엇이 준비되어 있니? 어떤 방법으로 그림을 그릴까?
 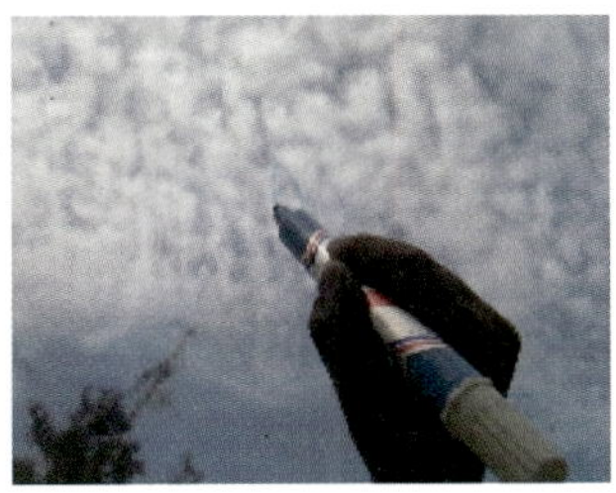
〈누워서 하늘을 보며 연상되는 것을 아크릴판에 그림을 그려요〉</td></tr>
</table>

활동방법	3. 하늘을 관찰하며 마음에 드는 구름을 사진을 찍는다. 　- 하늘의 구름 모양이 어떠니? 　- 색은 어떤 것 같니? 　- 구름의 색과 모양이 모두 똑같을까? 　- 마음에 드는 하늘을 사진으로 찍어 볼까? 　- 하늘 사진을 찍어서 어떻게 활용해 볼까? 4. 하늘 사진을 출력한 후 그림을 그려 본다. 　- 하늘 구름 사진을 도화지 삼아 구름나라에 표현하고 싶은 그림을 자유롭게 그려 볼까? 　- 너희가 표현하고 싶은 그림을 그린 후, 하늘 구름 사진에 붙여서 꾸며볼 수도 있어. 　- 원하는 방법으로 표현해 보자.  〈하늘을 배경으로 그림을 그렸어요〉 5. 구름 그림을 감상해 본다. 　- 구름나라에 그림을 그려본 느낌이 어떠니? 　- 실제로 너희가 그린 그림처럼 구름나라가 바뀐다면 어떤 일이 일어날까? 　- 너희들이 그린 구름나라에 들어갈 수 있다면, 너희들은 그곳에서 무엇을 하고 싶니? 　- 친구들이 그린 구름나라의 아름다움을 감상해 보자. 어떤 점이 멋지게 보이니? 　- 친구의 그림처럼, 기차타고 구름나라를 여행하는 모습을 상상해 보자.
참고사항 및 유의점	• 다양한 모습의 구름을 감상하는 기회를 마련할 수도 있다. • 솜이나 휴지 등으로 입체 구름을 꾸밀 수 있다.

앞서 살펴보았듯이 미술활동은 재료의 다양성과 기법의 다양성, 표현의 다양성으로 인해 유아의 개성과 표현의 자유로움이 가장 잘 드러날 수 있는 활동이다. 그러므로 유아의 자기표현이 적극적으로 수용되고 인정받을 수 있는 분위기를 형성하고 유아의 작품 하나하나에 관심과 흥미를 보이는 교사의 태도가 매우 중요하다.

CHAPTER 10

유아 동작교육

유아 동작교육은 유아가 자신의 신체에 대해 긍정적인 인식을 가짐과 동시에 창의적으로 자신의 정서를 표현하는 방법적 지식에 대해 알아보는 활동이다. 본 Chapter에서는 유아 동작교육의 목표와 학습방법, 실제적인 계획안 작성에 대해 고찰해 보도록 한다. 먼저 동작교육의 목표를 살펴보고 이에 따른 교육내용을 이해한다. 내용을 접목하여 다양한 교수방법을 제시하고 수업계획안에 맞춰 수업 후 평가하는 방법을 숙지하도록 한다.

01 유아 동작교육의 목적과 목표

동작이란 유아가 움직임을 만들고 만들어진 움직임을 탐색하고 배움으로 이끄는 활동이라 할 수 있다. 우리는 아침에 일어나서 움직임으로 하루를 열고 움직이면서 하루를 닫는다. 특히, 자신의 신체에 대한 여러 가지 도전을 즐기는 유아기는 동작에 대한 탐색이 활발하게 일어나는 시기이다. 자신의 움직임을 알아 가는 것과 동시에 친구의 움직임을 탐색하고 새로운 동작을 만들어 가면서 신체발달과 동시에 심미감을 기르게 되는 것이다.

동작교육은 유아가 신체활동을 하면서 즐거움을 느끼고, 성공감과 창의성을 개발시키며 신체적 · 사회적 · 정서적 · 지적 발달, 즉 전인발달을 도모하는 것을 목적으로 한다.

이렇듯 여러 가지 발달영역 간 상호관계를 기초로 하여 동작교육의 목표를 제시하면 다음과 같다.

1) 운동능력의 발달

0~5세 까지의 유아기는 기본동작기술을 성숙하게 발달시켜 나갈 수 있는 잠재력을 지니며, 기본동작기술을 습득하기에 가장 이상적인 시기이다. 기본동작 운동능력을 적절히 발달시키지 못한다면 사춘기나 성인기가 되었을 때 운동능력 성취나 수행에 실패할 수도 있다. 기본동작능력의 습득은 후기에 체계적인 게임에 성공적으로 참여하는 데 필수적인 운동이나 전문화된 운동, 무용에 연관된 운동 기능을 성취하도록 돕는다.

2) 체력 증진

신체적 능력을 발달시키기 위하여 비만 그리고 여러 가지 골격과 근육의 이상과 같은 퇴행성 질환으로부터 유아를 보호할 수 있도록 근력 및 지구력, 심폐지구력, 유연성 등과 같은 건강한 체력을 증진시켜야 한다. 또한, 운동을 효율적으로 수행할 수 있도록 순발력, 민첩성, 평형성, 협응력 등과 같은 체력을 증진시켜야 한다.

3) 지각 운동능력의 발달

유아가 '공'이라는 단어를 쓸 수 있다 해도 '공'의 물리적 특성을 이해하는 것은 아니다. 직접 공을 굴려 보고, 차 보고, 던져 보는 등의 운동을 해봄으로써 공의 특성을 이해하게 된다. 짝과 함께 공을 주고받기 위해서는 감각기관으로부터 유입된 공간 · 시간 · 방향 · 거리 · 형태 등을 대뇌에 전달한다. 대뇌는 공을 주고받는 운동계열을 완수할 수 있도록 근육신경에 명령을 전달하면 순간적으로 근육은 이완, 관절감각은 관절의 위치를 조정하여 신체균형 · 유연성 · 민첩성 · 협응성 등이 협조하여 공을 잡게 된다. 이처럼 운동을 수행하는 데 작용하는 지각과 운동은 연결된 체제이므로 지각 운동이라는 용어를 사용한다. 지각운동능력은 성숙의 결과로만 나타나지 않으며, 경험과 연습 및 학습이 필요하다.

4) 학문적 개념의 발달

개념이란 어떤 면에서 유사한 것끼리 집단으로 모아질 수 있는 것들의 한 범주이다. 수학을 배우거나 과학, 운동, 음악을 배우거나 무엇을 연구하는 내용은 모두 학문의 범주에 넣을 수 있다. 유아는 끊임없는 호기심을 가지고 주변의 환경이나 사물을 탐색하며, 활동적인 동작수업에 흥미를 가지고 적극적이다. 이러한 특성에 기인하여 다양한 동작활동을 경험하여 실험 · 조작 · 탐색 · 발견의 기회를 갖게 하고, 자연현상 및 사회현상에 대한 개념이나 수 · 색 · 공간 · 시간 · 어휘력 등 기본적인 인지개념을 학습하도록 한다.

5) 정서적 능력과 긍정적 자아개념의 확립

정서는 유아가 느끼거나 경험하는 감정이며, 감정표현은 표정이나 행동으로 나타낸다. 불안이나 긴장은 고등한 수준의 사고에 부정적인 영향을 주기 때문에 불쾌한 감정은 억눌러서는 안 되며, 사회적으로 인정할 수 있는 방법으로 해소해 나가는 방법을 터득해야 한다. 동작활동은 좌절, 분노, 욕구 불만과 같은 억압된 감정을 자연스럽게 표출함으로써 긴장을 완화시켜 주어 정서를 순화시켜 주는 배출구가 될 수 있다. 신체활동이 정신건강을 유지하고 정서장애를 관리하는 데 있어서 중요한 수단이 되며, 운동이 정신기능에 영향을 준다. 유아발달 수준에 적합한 동작 과제를 제시해 주어 성공감, 자신감, 만족감을 느끼도록 해 주며, 동작활동을 하고 난 후 성공과 실패했을 때의 감정을 말로 표현해 보도록 평가의 시간을 갖는다.

6) 사회적 기술 발달

동작활동은 유아의 본능적 놀이활동을 지원해 주며, 사회적 역할과 기술을 학습하는 데 훌륭한 기회를 제공해 준다. 동작활동은 개인적으로 뿐만 아니라 집단으로 하는 운동과 활동이 주어질 수 있다. 개인 동작활동의 경우 유아는 자기만의 세계를 구축하면서 안정감을 찾을 수 있고, 유아 자신이 무엇을 할 수 있으며 어떻게 조정해 나가야 하는지 스스로 체득해 나갈 수 있다는 장점이 있다. 반면, 두 사람이 짝지어 하는 활동이나 집단 활동은 공동목표를 달성하기 위해 협동할 것을 요구하므로 집단생활의 중요성을 인식하게 하고 서로 협력하는 사회성을 향상시켜 줄 수 있다.

7) 심미감과 창의성 발달

유아기에는 심미감을 기를 수 있는 표현예술의 장르를 통합적으로 다루는 것이 바람직하다. 유아의 창의적 사고와 표현을 도울 수 있는 음악, 동작, 조형, 미술, 신체로 다양한 사고와 생각을 표현하는 창의적 신체표현 활동이나 극 활동 등은 다양한 소재를 활용하여 통합적으로 경험시키는 것이 바람직하다.

유아는 오감각을 통해 구체적인 사물과 상호작용함으로써 새로운 것을 만들어 내고 표현하는 가운데 심미적인 경지에 몰입할 수 있다. 따라서 교사는 유아가 느낀 것을 다양한 활동을 통하여 독특하게 표현할 수 있도록 기회를 줄 뿐만 아니라 다른 친구의 작품이나 좋은 음악, 신체표현 등을 감상할 수 있는 기회를 주면서 심미적인 면을 키워 나가야 한다.

창의적 표현력 발달을 위해서는 수동적인 방법보다는 실제로 참여해 보는 능동적인 학습이 되어야 한다. 자유로운 분위기 속에서 유아가 탐색과정과 즉흥과정을 통해 생각하고 느끼는 것을 몸 움직임으로 나타내도록 하는 신체표현활동이 경험되어져야 한다.

04 유아 동작교육의 교육내용

유아 동작교육을 기본 운동과 표현동작으로 나누어 알아보고자 한다. 기본 운동은 유아가 자신의 신체발달과 한계를 시험해 보는 단계로 이동, 비이동, 조작 운동으로 나누어 살펴보고자 한다. 아울러 다양한 동작표현이 가능한 표현동작에서는 음악의 가사에 맞춰 움직여 보는 활동과 주제에 따라 창의적이고 독창적으로 움직여 보는 활동으로 나누어 살펴보고자 한다.

1) 기본 운동동작하기

기본 운동동작이란 일상생활에서의 움직임이 기본이 되는 동작을 의미하는 것으로, 제자리에서 움직이는 비이동동작과 장소를 옮기면서 움직이는 이동동작, 도구를 사용하여 움직이는 조작적동작으로 나뉜다.

세 가지 유형별 동작은 다음과 같다.

〈표 10-1〉 기본 운동의 활동 예

비이동동작		이동동작		조작적동작
• 구부리기	• 흔들기	• 걷기	• 호핑	• 던지기
• 뻗기	• 떨기	• 달리기	• 스키핑	• 받기
• 꼬기	• 회전하기	• 두발 모아 뛰기	• 갤로핑	• 치기

(1) 비이동동작하기

비이동동작이란 발을 지면에 붙인채 상체 위주의 운동을 일컫는 동작이다. 비이동동작의 종류에는 구부리기, 뻗기, 꼬기, 흔들기, 떨기, 회전하기가 있다.

① 구부리기

구부리기는 목, 허리, 팔꿈치, 손목, 발목, 손가락 등과 같이 신체부위 중 관절이 있어서 몸을 구부릴 수 있는 부분을 접는 운동이다. 예를 들면, 우리 몸에서 구부릴 수 있는 곳을 찾아 구부려 보기, 조각상 되어 보기, 몸으로 자 · 모음이나 숫자를 만들어 보기 등의 활동이 있다.

② 뻗기

뻗기는 신체의 여러 부위를 수직이나 수평으로 최대한 쭉 펴는 동작이다. 유아의 흥미와 생활주제에 맞추어 가능한 크게, 넓게, 길게 몸을 뻗어 보는 활동을 전개하는 것이 좋다. 예를 들면, '곤충'이 주제일 때 높은 나무에 매달린 매미를 만져 보는 행위를 상상하며 팔과 다리를 쭉 펴는 동작을 해 볼 수 있다.

③ 꼬기

꼬기는 신체의 한 부위를 고정시킨 상태에서 신체의 다른 한 부위를 돌리며 꼬는 동작이다. 예를 들면, 보자기를 이용하여 다양한 꼬기를 경험해 본 후 몸의 여러 부분을 실제로 꼬아 보거나 친구와 함께 손을 잡고 꼬아 보기, 실타래 되어 보기 등의 활동을 해 본다.

④ 흔들기

흔들기 동작은 몸의 근육을 긴장시켜 좀 더 세차게 흔드는 동작과 보다 유연하고 가볍게 흔드는 동작으로 나누어 볼 수 있다. 예를 들면, 꽃이나 나뭇잎이 되어 교사가 제시하는 바람세기에 따라 세차게, 가볍게 흔들어 보는 활동이 있다.

⑤ 떨기

떨기는 유아가 매우 홍미 있어 하는 동작으로 신체의 각 부분이나 몸 전체를 떠는 동작을 의미한다. 예를 들면, 북소리에 맞추어 몸 전체, 또는 몸의 각 부분을 세게 또는 약하게 떨어 보기, 진동상태인 휴대전화기처럼 표현해 보기 등의 활동이 있다.

⑥ 회전하기

회전하기는 몸의 한 부분을 중심으로 신체의 전체 또는 부분을 수직이나 수평으로 돌리는 동작이다. 예를 들면, 팽이나 프로펠러 등과 같이 우리 주변에서 회전하는 물건들을 찾아 충분히 탐색해 본 후 각 물건의 회전하는 모습처럼 축을 중심으로 회전해 보기 등의 활동이 있다.

(2) 이동동작하기

이동동작은 몸의 중심을 다른 곳으로 옮기면서 움직이는 동작으로, 유아의 대 · 소근육이나 지구력을 향상시키는 데 필요한 동작이다. 이동동작하기는 단순하게 기본적인 이동동작을 하는 활동과 속도나 방향, 힘 등과 같은 동작의 요소를 반영하여 다양한 이동동작을 하는 활동이 있다. 또한, 이동동작하기는 북소리나 피아노 반주 등 리듬에 맞추어 동작하는 활동이 일반적이고 효과적이기도 하다.

① 걷기

걷기는 한 다리에서 다른 다리로의 무게이동을 통해 몸의 중심을 옮기는 동작으로 가장 기본적인 이동동작이다. 예를 들면, 음악에 맞추어 다양한 동작을 하면서 느리게, 빠르게, 바닥에 그려진 선을 따라 걷기 등을 한다.

② 달리기

달리기는 몸을 순간적으로 공중에 띄우면서 두 발을 번갈아 떼어 옮기는 동작으로 걷기에 비해 속도가 빠른 이동동작이다. 예를 들면, 직선, 곡선, 지그재그로 달려 보기, 음악에 맞추어 비행기처럼 팔을 뻗고 달려 보기, 신호에 따라 방향 바꾸어 달려 보기 등이 있다.

③ 두발 모아 뛰기

두발 모아 뛰기는 말 그대로 두 발을 모아 높이 뛰거나, 뛰어 내리거나 멀리뛰기 등의 동작이다. 이 동작에서는 발바닥이 많은 기능을 하며, 높이뛰기와 멀리뛰기의 경우 팔을 위쪽으로 뻗어 빠르게 흔들면 더 높이, 더 멀리 뛸 수 있다. 예를 들면, 종이벽돌 블록 등에서 깡총 뛰어 내리기, 줄을 뛰어 넘기, 토끼나 캥거루처럼 뛰어 보기 등의 활동이 있다.

④ 호핑

호핑은 한 발로 뛰는 동작으로 '앵금질'이라고도 한다. 한 쪽 발은 공중에 띄우고 다른 쪽 발에 몸을 실어 균형을 유지하며 뛰는 것이다. 이때 공중에 띄운 발은 'ㄱ' 자 모양으로 앞으로 드는 것이 일반적이나 앞, 뒤, 옆으로 다리를 들어서 뛰기도 한다. 또한, 호핑은 발을 번갈아 가며 리듬을 유지하면서 동작하는 것이 보통이다. 예를 들면, 간단한 악기 소리에 맞추어 호핑하기, 다양한 방향으로 호핑하기 등의 활동이 있다.

⑤ 스키핑

스키핑은 걷기와 호핑이 함께 이어지는 동작으로, 같은 발로 호핑을 하면서 걷기 스탭이 이어지는 동작이다. 스키핑의 경우 보통 호핑보다는 바닥에서 덜 높이 뛰며 갤로핑보다는 속도가 덜 빠르다. 예를 들면, 경쾌한 음악에 맞추어 큰 원으로 스키핑하며 돌다가 북소리 등의 신호악기에 맞춰 반대 방향으로 스키핑하며 돌기, 「우리 집에 왜 왔니?」에서 앞으로 뒤로 번갈아 스키핑하기 등의 활동이 있다.

⑥ 갤로핑

갤로핑은 한 발을 앞으로 내밀고 다른 쪽 발을 빨리 끌어 앞으로 내민 발의 뒤쪽에 붙이는 동작이다. 가장 어려운 동작이며, 마치 말이 달리는 모습과 같아 '말뛰기'라고도 한다. 예를 들어, 두 명의 유아가 짝을 지어 한 명은 말이 되고 한 명이 마부가 되어 경쾌한 음악에 맞추어 말처럼 뛰어 보기 활동이 있다.

(3) 조작적동작하기

조작적동작이란 도구를 이용하여 하는 동작으로 주로 손과 팔, 다리와 발을 이용하지만 몸의 전체적인 균형과 협응이 요구된다. 조작적동작이 효율적으로 이루어지기 위해서는 이동동작과 비이동동작이 기초가 되어야 한다. 조작적동작은 신체와 도구와의 관계를 이해하고 사물이 움직이는 경로에 대한 이해를 돕는다.

① 던지기

던지기는 팔과 손을 사용하여 공중으로 물체를 날려 보내는 동작이다. 던지기 활동으로는 공 던지기가 일반적이나 어린 유아의 경우는 정확하게 물체를 던지는 것보다 던지는 동작에 익숙해지고 적절한 던지기 자세를 취해 보도록 하는 것이 중요하다.

② 받기

받기는 손을 사용하여 자신에게 다가오는 사물을 잡는 동작이다. 유아는 대부분 가슴으로 껴안듯이 자신에게 던져진 물체를 잡으며, 물건이 날아오면 두려움의 반응으로 머리를 돌리거나 뒤로 젖히는 행동을 나타낸다. 이는 받기가 던지기보다 시 · 지각의 추적능력이나 눈과 손의 협응이 좀 더 정교하게 이루어져야 하는 어려운 동작이기 때문이다. 받기 활동 역시 공 받기가 일반적이며, 정확하게 받기보다는 받기 동작에 익숙해지고 적절한 받기 자세를 취해 보도록 하는 것이 중요하다.

③ 차기

차기는 다리를 뻗어 발로 물체에 힘을 가하는 동작으로, 능숙하게 방향과 거리를 조절하여 찰 수 있는 차기 기술의 발달에 기초가 된다. 차기 활동의 공차기가 가장 일반적이나 어린 유아의 경우 공이 멀리 튀겨나가지 않아도 의미 있는 활동으로 보아야 한다. 즉, 정확한 차기를 강조하기보다는 차기 동작에 익숙해지고 적절한 차기 자세를 취하도록 하는 것이 우선시되어야 한다.

④ 치기

치기는 손으로 도구를 이용하여 물체에 힘을 가하는 동작이다. 유아의 경우 날아오는 사물을 시각적으로 추적하면서 멀리 쳐내는 동작은 어렵다. 따라서 초기의 차기 활동으로는 물체를 끈으로 매달아 정지된 상태에서 쳐 보는 활동이 적절하다.

2) 표현동작하기

표현동작이란 음악이나 극놀이에 맞추어 자신의 동작을 조절하여 나타내는 활동으로서 상상에 맡겨 다양한 활동을 격려하는 데 목표가 있다. 종류에는 손유희와 같이 움직임을 보고 따라해 보는 구조적 표현동작과 노래의 일부분이 동작을 지시하는 가사로 이루어져 부분적인 동작과 창의적인 동작이 동시에 일어나는 반구조적 표현이 있다. 마지막으로는 마음껏 주제에 따라 상상해서 신체를 표현하는 창의적 표현동작이 있다.

(1) 구조적 표현동작하기

구조적 표현동작하기는 대부분 노랫말만 들어도 정해진 동작표현을 할 수 있는 활동으로 주로 교사의 시범이나 지시에 따라 유아가 따라해 보는 형태로 이루어진다. 모방을 즐기는 유아에게 동작에 대한 관심과 흥미를 갖게 해주고 일련의 순서를 알게 하거나 단어의 의미를 쉽게 이해할 수 있도록 돕는다.

또한, 창의적 동작표현에 부담을 가지는 유아에게 쉽게 동작경험의 기회를 제공해 줄 수 있으며, 교사도 쉽게 활동을 전개할 수 있다. 그러나 이러한 모방 위주의 구조적 표현동작은 유아의 창의성 계발을 저해할 가능성이 크다.

(2) 반구조적 표현동작하기

반구조적 표현동작하기는 정해진 지시에 따라서 동작으로 표현하는 부분과 창의적으로 자유롭게 움직일 수 있는 부분이 함께 있는 활동이다. 예를 들면, 「호키포키」 노래를 부를 때 "다 같이 오른손을 안에 넣고"라는 부분에서는 반드시 노랫말의 지시에 따라야 한다. 그러나 "호키포키" 부분에서는 유아가 자유롭게 창의적으로 동작할 수 있다. 또한, 구조적인 표현동작의 획일적인 단점을 보완할 수 있으며, 처음부터 유아에게 창의적인 것을 요구하기보다는 익숙한 활동으로 시작할 수 있기 때문에 보다 쉽게 활동을 전개할 수 있다.

(3) 창의적 표현동작하기

창의적 표현동작하기는 '~처럼 해보기' 또는 '~이 되어 보는'과 같은 상상적이고 창의적인 가작 행동이 일어나는 동작활동이다. 즉, 완성해야 하는 목적이나 연습해야 하는 일정한 형식이 있는 것이 아니라 유아가 탐색과정을 통해 유아의 분위기 또는 내적 상태를 반영하여 나름대로 자신의 개성을 자신의 스타일로 표현하는 활동이다.

창의적 표현동작하기는 음악의 요소에 맞추어 동작표현하기, 주제를 중심으로 동작표현하기, 이야기를 듣고 상상하여 표현하기로 구분된다.

① 음악의 요소에 맞추어 동작으로 표현하기

음악의 요소에 맞추어 동작으로 표현하기는 「아기 코끼리의 걸음마」와 같은 음악을 듣고 빠르기 등의 음악적 요소에 따른 느낌에 초점을 두고 창의적으로 표현해 보는 활동을 들 수 있다.

유아에게 동작은 그 자체만으로도 의미가 있으나 음악과 함께 경험을 하게 되면 걷기, 달리기, 미끄러지기 등과 같은 기본 운동동작에 빠르게-느리게, 가볍게-무겁게, 크게-작게 등의 음악적 요소가 첨가되어 상호 보완적 역할을 하게 되므로 더 큰 의미를 갖게 된다. 예를 들어, 음악적 속도 변화에 따른 느낌을 리본 막대를 흔들며 표현해 보기, 바람에 따라 흔들리는 나뭇잎 표현해 보기, 자동차 바퀴가 되어 빠르게 또는 느리게 움직여 보기 등의 활동이 있다.

② 주제를 중심으로 동작으로 표현해 보기

주제를 중심으로 동작으로 표현하기는 한 가지 주제를 정하여 그 주제에 맞는 표현을 창의적으로 해 보는 활동이다. 구체적인 노랫말이나 문학적인 이야기가 없더라도 ~인 체하기, ~처럼 되어보기를 통해 신체를 다양한 방법으로 움직여 보는 동작이다. 교사는 발산적인 질문으로 함으로써 자신만의 표현을 찾아 다양하게 움직여 볼 수 있도록 도와주어야 한다.

창의적 표현을 위한 주제를 선정할 때에는 자신들이 알고 있는 것을 선정해야 유아가 더욱 주도적이고 능동적으로 표현할 수 있다.

③ 이야기 듣고 상상하여 동작으로 표현하기

이야기 듣고 상상하여 동작으로 표현하기는 『곰 사냥을 떠나자』 등과 같은 짧은 이야기나 동시를 듣고 상상하여 표현해 보는 활동이다. 즉흥표현을 통해 사물에 대한 감정을 즉각적이고 반사적으로 표현할 수도 있다. 예를 들면, '동물' 주제전개 시 교사가 들려주는 동물 소리에 대한 유아의 느낌이나 연상을 바로 즉흥적으로 표현해 보도록 하는 것이다. 동물소리에 대한 즉흥표현 시 주의할 점은 유아가 표현하는 동물이 꼭 들려준 소리와 일치해야 하는 것이 아니라 유아가 느낀 대로 창의적으로 표현해 보도록 하는 것이 중요하다. 즉, 유아가 사자 소리를 듣고 강아지로 느꼈다면 유아의 느낌이나 연상 그대로 표현하도록 한다.

상상표현은 즉흥표현의 다음 단계로서 이야기를 꾸며 동작으로 표현해 보는 단계이다. 예를 들어, '수족관의 물고기가 되어 보자'와 같이 하나의 주제를 제시하여 충분히 상상하게 한 후 상상한 것을 마음껏 창의적 동작으로 표현해 보게 하는 것이 중요하다. '상상표현하기'는 창의적 동작활동을 전개하기 전에 주제에 대해 충분히 상상할 시간을 갖게 한다는 점이 즉흥표현하기와 차이가 있다.

유아의 경우 즉흥표현하기보다 상상표현하기가 더 일반적인 창의적 표현방법이다. 즉, 음악을 충분히 듣고 그에 대한 느낌과 상상을 표현해 보는 것이 유아에게 기존 지식과 경험을 재구성해 볼 수 있는 기회를 제공한다는 점이 전인교육으로서 더 바람직하다.

3) 동작 감상하기

감상이란 예술작품을 깊이 음미하고 그 미적인 내용을 이해하며 즐기는 일로, 유아의 감상활동은 예술작품에 친숙해지는 기회를 제공하고 이에 대한 생각이나 느낌을 나누는 것이다. 즉, 유아는 감상활동을 통해 예술작품을 즐기게 할 뿐만 아니라 예술작품의 특징을 찾고 비교해 보는 과정에서 미적 안목과 표현의 다양성을 이해하게 된다. 동작교육에서의 감상활동은 춤, 리듬체조, 뮤지컬 등의 감상활동을 의미한다. 전통춤이나 마당놀이 등의 감상활동과 여러 문화권의 민속춤 등을 감상할 기회를 제공해야 한다.

03 유아 동작교육의 교수-학습방법

일반적으로 동작교육의 교수방법 유형은 크게 직접적 교수방법과 간접적 교수방법으로 나누어진다.

1) 직접적 교수방법

직접적 교수방법은 교사가 주도적으로 학습해야 할 교육주제와 교수방법을 정하는 것으로, 시범과 모방을 통한 학습이 주로 이루어진다. 즉, 교사는 교육목표와 내용 및 방법을 미리 계획하고, 이 계획을 효과적으로 수행하기 위하여 설명을 하거나 시범을 보이며, 활동의 과정보다는 교사의 언어적 · 비언어적 지시를 통한 과제 수행의 결과를 중시한다. 또한, 유아에게 반복적인 연습을 통해 동작이나 운동 기능이 숙련되도록 하는 교수방법이다.

2) 간접적 교수방법

간접적 교수방법은 유아 스스로의 탐색과 문제해결, 발견을 통한 교수방법으로 학습이 일어나는 과정을 중시하는 아동중심적 접근에 근거하고 있다. 간접적 교수방법은 교사 역할의 차이에 따라 두 가지로 구분된다. 즉, 사전에 결정된 학습목표에 맞추어 활동이 진행되도록 이끄는 안내적 방법과 보다 자유롭고 창의적인 표현을 위해 다양한 탐색활동을 허용하는 탐색적 방법으로 나누어진다.

유아 동작교육의 효과적인 교수를 위해서는 활동의 내용에 적절하게 직접적·간접적 교수방법을 균형 있게 사용하는 것이 필요하다. 또한, 음악에 맞추어 동작하는 리듬적 접근을 사용하는 것이 효과적이며, 가능하면 넓은 공간에서 자유롭게 동작할 수 있도록 하고 평가의 기회를 갖는 것이 좋다. 동작교육의 내용별로 교수방법을 살펴보면 다음과 같다.

(1) 기본 운동동작하기의 교수방법

이동동작, 비이동동작, 조작적동작으로 구분되는 기본 운동동작하기는 먼저 우리 몸이 각 부분을 인식하고, 동작의 기본요소를 활용하여 기본동작을 익히는 것으로부터 점차 '평균대 위 걷기'와 같이 정확한 동작수행이 요구되는 활동으로까지 확대할 수 있다.

기본 운동동작하기 활동의 효과적인 교수방법은 다음과 같다.

- 집단적인 활동에 앞서 개인 공간과 일반 공간의 사용에 대해 인식하도록 지도한다.
- 변화를 주어 동작해 보도록 지도한다.

- 이동동작하기 활동 시 리듬감을 먼저 익히도록 지도한다.
- 기본 운동동작활동 시 단순한 기본동작 자체만이 아니라 동작을 확장시켜 지도한다.
- 조작적동작활동의 경우 유아의 발달과 사전경험에 맞는 다양한 도구를 사용한다.

(2) 표현동작하기의 교수방법

구조적 표현동작을 하는 효과적인 교수방법과 손유희 지도방법의 순서를 알아보고 창의적인 신체표현을 하는 구체적인 방법에 대해 알아보고자 한다.

① 구조적 표현동작하기의 교수방법

구조적 표현동작하기 활동은 '아리랑 체조', '올챙이와 개구리'와 같이 동작이 정해져 있는 율동과 '나는 콩'과 같이 손유희 등 노랫말에 맞추어 정해진 동작을 하는 것이다. 따라서 정해진 동작을 교사가 유아에게 설명하고 시범을 보여 알려 주고, 반복해서 모방해 보도록 하는 것이 일반적인 교수방법이다.

구조적 표현동작하기 활동의 경우 효과적인 교수방법을 살펴보면 다음과 같다.

- 유아의 발달수준에 맞는 표현동작과 집단 크기로 지도한다.
- 너무 상투적인 동작을 피하며 동작에 변화를 주어 지도한다.
- 음악에 맞추는 경우 질이 좋은 음악을 사용하여 지도한다.
- 정확한 동작을 강요하여 반복 연습을 시키지 않는다.
- 유아와 함께 동작을 변형시키거나 새로 만들어 본다.

다음은 손유희 지도방법이다.

- 교사가 처음부터 끝까지 노래와 동작을 함께 소개한다.
- 유아와 함께 동작을 해 본다.

- 손유희에 익숙해지면 노랫말이나 동작을 바꾸어 가며 손유희를 새롭게 변화, 확장시킨다.
- 유아의 흥미를 지속시키기 위해 노랫말이나 찬트의 음색, 고저, 크기 등에 변화를 주며 손유희를 해 본다.

다음은 유아와 협의하여 구조적 표현동작하기의 지도방법이다.

- 유아에게 익숙한 음악이나 노래를 선택한다.
- 처음부터 일부분만을 선택하여 동작을 만들어 본다. 이러한 활동이 익숙해지면 점차 노랫말 전체를 동작으로 만들어 본다.
- 하나의 노랫말에 다양한 동작이 만들어졌다면 유아의 협의하여 적절한 동작을 정한다. 노랫말에 적절하게 결정된 동작은 노랫말 판 아래에 그림이나 사진으로 기록한다.
- 정해진 대로 노래나 음악에 맞추어 표현동작을 해 본다.

② 반구조적 표현동작하기의 교수방법

반구조적 표현동작하기 활동은 「즐겁게 춤을 추다가」 노래의 '즐겁게 춤을 추다가' 부분에서는 춤을 추고 '그대로 멈춰라' 부분에서는 멈추되 춤을 추는 동작이나 멈추는 자세는 마음대로 자유롭게 하는 것처럼 교사의 언어나 노랫말의 지시에 따라 제한된 범위 내에서 자유롭게 움직이는 활동이다.

효과적인 교수방법은 다음과 같다.

- 활동 전에 노래게임의 내용과 초점을 잘 파악하여 지도한다.
- 유아가 쉽게 수행할 수 있는 동작들이 포함된 노래게임을 한다.
- 노래의 내용과 게임의 의미를 이해한 후 동작해 보도록 지도한다.
- 변화를 주어 창의적 표현 기회를 확대하여 지도한다.
- 노래의 박자에 맞추어 동작하도록 격려하면서 지도한다.

- 가능한 소집단으로 지도하여 혼잡을 피한다.
- 노래게임의 내용에 맞는 다양한 소품을 사용한다.

③ 창의적 표현동작하기의 교수방법

창의적 표현동작하기 활동은 「곰 잡으러 간단다」, 「나무가 되어요」와 같이 짧은 이야기를 듣고 상상하여 표현하기나 음악적 요소에 초점을 두어 동작으로 표현해 보는 것이다.

창의적 동작활동의 효과적인 교수방법은 다음과 같다.

- 직접적 교수방법을 지양하고 탐색적 교수방법을 중심으로 지도한다.
- 음악적 요소에 초점을 둔 창의적 표현동작하기 활동의 경우 음악적 요소에 맞는 교수방법을 사용한다.
- 질이 좋은 음악을 사용하여 지도한다. 특히, 음악적 요소에 초점을 둔 창의적 표현동작하기의 활동의 경우 박자나 리듬 등 음악적 요소가 쉽게 인식될 수 있는 음악이어야 한다.
- 교사의 적절한 언어적 자극이 필요하다.
- 이야기나 음악의 내용에 맞는 다양한 소품을 활용하여 지도한다.
- 음악을 잘 듣고 충분히 상상하여 표현해 볼 수 있도록 지도한다.
- 유아의 동작을 비교하지 말고 특이하고 독특한 창의적 표현을 수용, 격려한다.
- 몸과 마음을 준비, 정리시키는 시간을 갖는다.
- 이야기 듣고 창의적 동작표현하기의 경우 유아의 상상을 확장, 심화시킨다.
- 유아가 창작한 이야기를 사용할 수 있다.
- 연관된 사전활동을 실시한다.
- 유아가 만들어 낸 동작표현을 발표할 기회를 제공한다.

3) 동작 감상하기의 교수방법

유아가 동작활동을 하면서 다른 유아의 동작을 자연스럽게 볼 수 있는 일상적인 감상활동 이외에 직접적인 공연 관람이나 동영상자료, 그림자료 등을 이용한 계획적 감상활동의 기회를 제공해야 한다. 보다 높은 수준의 동작활동에 대한 감상을 통해 동작의 요소에 대한 이해를 돕고 동작에 대한 흥미와 긍정적 태도, 즐기고자 하는 욕구를 키워 주는 것은 동작교육에 있어 매우 중요한 부분이다.

동작 감상하기 활동의 교수방법은 다음과 같다.

- 질이 좋은 동작작품을 이용하여 지도한다.
- 교사는 감상할 동작작품을 충분히 이해하고 있어야 한다.
- 활동시간을 적절히 고려하여 지도한다.
- 감상할 동작작품은 친숙한 것에서 생소한 것, 단순한 것에서 복잡한 것의 원리에 따라 선택한다.
- 여러 문화권과 장르의 춤, 체조 등 다양한 작품을 소개한다.
- 감상할 동작작품에 대한 이해를 돕는 그림자료, 음악과 같은 교수자료를 함께 제시한다.
- 감상 후의 느낌과 생각을 다양한 방법으로 표현해 보게 한다.
- 유아도 함께 직접 움직여 볼 수 있도록 한다.

04 유아 동작교육의 평가

동작교육에 대한 평가는 프로그램에 의한 평가, 유아에 대한 평가, 자기평가 등으로 구분하여 살펴볼 수 있다.

1) 프로그램에 대한 평가

교사가 자신이 준비하고 실행한 수업이 유아의 활동에 어떠한 영향을 주었는지를 평가하고자 하는 것이다.

다음은 평가항목으로 들어갈 수 있는 질문들이다.

- 동작교육의 목표는 무엇인가?
- 유아들은 목표를 어느 정도 성취하였는가?
- 연령에 적합한 교육이었는가?
- 자료 선정은 적절하였는가?
- 계획된 시간을 준수하였는가?
- 동작교육이 유아의 운동능력 발달에 영향을 주었는가?
- 동작의 구성요소가 어떻게 학습되었는가?
- 도입이 유아에게 흥미를 주었는가?
- 도입이 전개의 동작에 도움을 주었는가?
- 유아들이 흥미를 가지고 즐겁게 참여하였는가?
- 교육에 필요한 자료들이 적절히 배치되었는가?
- 교사의 언어적 상호작용이 유아의 동작을 확장시킬 수 있었는가?
- 수정해야 할 부분이 있는가?

이러한 평가 문항은 수업계획안에도 포함되지만 항목이 많을 경우 따로 평가지를 마련하여 하는 것도 좋은 방법이다.

2) 유아에 대한 평가

유아 개개인의 학습정도를 평가하는 것으로, 교사가 한 시간의 수업에서 또는 학기 전체를 통해서 유아의 개별적인 수준을 관찰하여 기록한다. 관찰기록은 일종의 평가방법으로 체크리스트, 관찰기록지 등을 활용할 수 있다. 관찰기록은 유아의 활동 수행정도와 교사의 피드백에 대한 정보를 제공한다.

유아가 과제를 어떻게 수행했는지 평가하는 교사의 태도에 따라 유아에 대한 개별적인 피드백의 내용이 달라진다. 교사는 유아와 개별적으로 상호작용하는 기회를 통해서 개개인의 활동 수행능력에 대한 지식을 얻게 되고 동시에 유아는 교사의 조언을 통해서 활동을 어떻게 수행해야 하는지 알게 된다. 조언이 효과적이기 위해서는 “좋았어!”, “잘했어!”와 같은 조언보다는 “참 재미있는 움직임이구나.”, “굽어진 모양으로 가볍게 움직이는 모습이 다른 사람과 다르구나!”와 같이 구체적이어야 한다.

유아에 대한 평가에 포함되는 내용은 다음과 같다.

- 흥미와 관심을 갖고 활동에 즐겁게 참여하는가?
- 목표동작을 정확히 표현하는가?
- 신체를 이용하여 창의적으로 표현하는가?
- 신체 각 부분의 움직임을 조절할 수 있는가?
- 동작의 구성요소가 학습되었는가?
- 다른 유아들의 동작에 관심을 보이는가?
- 자신감을 가지고 적극적으로 표현하였는가?
- 교사의 언어적 상호작용에 적절히 반응하는가?
- 다르게 표현했으면 좋을 것 같은 동작이 있는가? 어떤 동작인가?

05 신체표현의 실제

1) 도입단계

도입단계에서는 오늘 활동하게 될 움직임의 소재나 주제에 대해 호기심을 느끼게 하는 단계이다. '동물의 사육제'이라는 활동을 전개할 예정이라면 동물에 대한 자신의 경험을 회상하여 각 동물의 움직임과 분장에 대한 자신들 경험을 기억해 낼 것이다.

2) 전개단계

유아는 동물의 움직이는 영상이나 사진을 보고 몸의 어느 부분을 사용하고 있는지, 몸을 어느 방향으로 움직이고 있는지, 움직임의 속도는 어떠한지를 관찰하고 탐색한다. 또한, 자신의 신체를 사용하여 동물처럼 춤을 추기 위해서는 몸의 어떤 부분을 어떻게 움직일지 생각하고 음악의 강약과 속도, 고저 등의 변화에 맞춰 동물의 사육제 춤을 춘다.

3) 마무리

마무리단계에서는 유아는 동물의 춤추기에서의 인상적인 부분을 평가하고, 창의적인 표현을 한 친구를 격려한다.

다음은 만 4세와 만 3세를 대상으로 한 수업계획안의 실제이다.

〈표 10-2〉 신체표현 단위활동 계획안의 실제

<table>
<tr><th>활동명</th><td>꿀벌이 되어 보아요</td><th>대상연령</th><td>만 4세</td><th>생활주제</th><td>봄</td></tr>
<tr><th>활동목표</th><td colspan="5">• 벌의 움직임에 관심을 가진다.
• 신체를 이용하여 창의적으로 표현한다.</td></tr>
<tr><th>누리과정 관련요소</th><td colspan="5">• 신체운동·건강〉신체활동에 참여하기〉자발적으로 신체활동에 참여하기</td></tr>
<tr><th>활동자료</th><td colspan="5">'깨미랑 부카채카' 동영상, 꿀벌 옷, 꿀벌 더듬이 머리띠, 꽃밭, 벌집,
차이코프스키-「꽃의 왈츠」, 빗소리, 림스키 코르사코프-「왕벌의 비행」 음원

〈꿀벌 의상 만들기〉
① 몸통 부분인 노란색 부직포를 가로38cm, 세로 45cm의 길이에 맞춰 자른다.
② 줄무늬 부분인 검은색 부직포를 가로 38cm, 세로 8cm의 길이에 맞춰 자른다.
③ 줄무늬를 몸통 부분에 5cm간격으로 붙인다.
④ 어깨끈 부분인 노란색 부직포를 가로 8cm, 세로 45cm의 길이에 맞춰 자른다.
⑤ 어깨끈과 몸통 두 개를 이은다.
⑥ 흰색 부직포를 가로 17cm, 세로 29cm크기의 날개 모양으로 밑그림을 그린 후 자른다.
⑦ 날개를 어깨끈에 붙인다.
⑧ 의상 아랫부분을 가위로 둥글린다.

〈더듬이 머리띠 만들기〉
① 노란색 부직포 가로 4cm, 세로 36cm의 길이에 맞춰 자른다.
② 자른 것을 밋밋한 머리띠 바깥쪽과 안쪽에 붙인다.
③ 검은색 모루를 30cm 길이에 맞춰 자른다.
④ 자른 모루를 머리띠에 감싸 더듬이 모양으로 구부린다.</td></tr>
<tr><th>활동방법</th><td colspan="5">1. 꿀벌 동영상을 보며 꿀벌의 움직임에 대해 이야기 나눈다.
- 그전에 꿀벌은 어떻게 움직이는지 동영상을 볼까요?
- 영상에서 무엇이 나오는지 바른 자세로 보도록 해요.
- 동영상에서 무엇이 나왔죠?
- 꿀벌이 나와서 무엇을 했나요?
예 꽃을 먹어요. / 날아다녔어요.
- 꿀벌이 빠르게 날아다니기도 하고 꽃에 있는 꿀을 빨아먹기도 했죠~</td></tr>
</table>

활동방법	2. 유아가 시범을 보인다. – 그럼 꿀벌이 된다면 어떻게 표현하면 좋을까요? – 보여줄 수 있겠어요? – 정말 잘 보았어요. 3. 꿀벌을 표현할 때 지켜야 할 규칙을 정한 후 의상을 착용한다. – 우리가 꿀벌을 표현하기 전에 지켜야 할 규칙이 있어요. 무엇이 있을까요? 예 친구랑 부딪치지 않게 조심해요, 친구를 밀지 않아요. – 정말 잘 알고 있네요. 그리고 선생님이 이야기해 주는 것을 잘 들으면서 표현해 보도록 해요. – 짠! 너희들이 더 재미있게 표현해 볼 수 있도록 선생님이 꿀벌 옷과 더듬이를 준비했어요. (이때 검은 천으로 덮여 있던 꽃밭을 공개한다.) – 모두 옷을 입었나요? 선생님과 약속한 규칙을 지키면서 꿀벌을 표현할 수 있겠지요? 4. 음악을 들으며 선생님이 들려주는 스토리에 따라 꿀벌을 창의적으로 표현한다. – 지금부터 선생님이 이야기를 들려 줄 거예요. 이야기를 따라서 자유롭게 표현해 보도록 해요. 너무너무 아름다운 꿀벌들이 자유롭게 날아다니고 있어요. 산을 날아서 머나먼 나라까지 갔어요. 그렇게 한참을 날다 보니 꿀벌들은 배가 너무너무 고팠어요. 그래서 천천히 낮은 곳에서 날아다녀요. 날아다니다가 꽃밭을 발견했어요. 꽃밭을 발견한 꿀벌들이 빠르게 날아다니기 시작했어요. 갑자기 빗방울이 한 두 방울씩 '툭툭' 떨어지더니 비가 점점 더 많이 내려요. 비가 계속 내리고 있네요. 꿀벌들은 비를 피해 재빠르게 움직이고 있어요. 비가 그칠 줄을 모르네요. 몸이 다 젖어버릴 것 같아요. 어쩌면 좋아요! 꿀벌들은 비를 피할 곳을 찾아다녀요. 곧 짧게 내렸던 소나기비가 그쳤어요. 해가 쨍하게 뜨고 날씨가 맑아졌어요. 꿀벌들은 다시 편안해졌답니다. 꿀벌들은 한 마리씩 꽃밭에 가서 꿀을 빨아먹었어요. 배가 불러진 꿀벌들은 천천히 날았어요. 꿀벌 모두가 꿀을 맛있게 먹었어요. 배가 불러진 꿀벌들은 꾸벅꾸벅 졸았어요. 꿀벌들은 집을 지어서 자고 싶어졌어요. 그래서 친구꿀벌들과 집을 지어요. 몸에서 나오는 물로 집을 지어요. 반듯한 육각 모양의 집이 완성됐어요. 꿀벌들은 벌집으로 들어와서 잠을 잤어요. 5. 휴식을 가진 후 활동을 평가한다. – 꿀벌들아, 벌집에 누워서 조금 쉬도록 해요. – 이제 일어나볼까요? 여러분 오늘 꿀벌을 표현해 보았는데 어땠어요? – 어떤 점이 재미있었나요? – 그랬구나. 혹시 아쉬웠던 친구 있나요? – 그랬군요. 선생님이 다음에는 꿀 먹을 시간을 많이 주도록 할게요. 선생님이 꿀벌 옷은 역할놀이영역에 놓아 둘테니까 친구들이랑 가서 꿀벌을 표현해 보도록 해요.
참고사항 및 유의점	• 게임활동: 꿀벌이 되어 종이컵에 꿀을 담아 반환점을 돌아오는 게임으로 확장 활동을 할 수 있다. • 꿀벌을 표현할 때 친구들과 부딪히지 않도록 주의한다.

〈표 10-3〉 신체표현 단위활동 계획안의 실제(만 3세)

<table>
<tr><td>활동명</td><td>무당벌레 되어보기</td><td>대상연령</td><td>만 3세</td><td>생활주제</td><td>봄</td></tr>
<tr><td>활동목표</td><td colspan="5">• 신체표현 활동에 관심을 가지고 즐겁게 참여한다.
• 교사의 지시문을 듣고 그 내용을 이해하여 무당벌레의 행동을 신체로 표현할 수 있다.</td></tr>
<tr><td>누리과정 관련요소</td><td colspan="5">• 자연탐구〉과학적 탐구하기〉생명체와 자연환경 알아보기
• 예술경험〉예술적 표현하기〉움직임과 춤으로 표현하
• 신체운동·건강〉신체인식하기〉신체를 인식하고 움직이기</td></tr>
<tr><td>활동자료</td><td colspan="5">무당벌레 날개 허리띠, 블루투스 스피커, 이야기 상황에 맞는 BGM
</td></tr>
<tr><td>활동방법</td><td colspan="5">1. 유아들에게 무당벌레 관련 노래를 들려준다.
– ○○반, 선생님이 지금부터 노래를 들려줄게요. 잘 들어 보세요.
– 노래 잘 들어 보았어요?
– 노래에 누가 나왔지요?
– 무당벌레요. / 점이요.

2. 무당벌레를 본 경험에 대해 사진자료를 보며 이야기 나눈다.
– 점이 있는 무당벌레가 나왔구나? ○○반 친구들은 무당벌레를 본 적이 있나요? / 언제 봤나요?
예 네. / 어제 놀이터에서 봤어요. / 저번 주에 소풍갔을 때 봤어요. / 오늘 꽃에 붙어 있는 걸 봤어요.
– ________에서도 보고 ________에서도 봤구나?
(빈칸은 유아들의 대답이나 반응에 따라 달라질 수 있다.)
– 그런데 아직 무당벌레를 만나 보지 못한 친구들을 위해 선생님이 무당벌레 사진을 가져왔어요.
– (사진을 보여 주며) 무당벌레가 어떻게 생겼죠?
예 빨개요. / 점이 있어요. / 예뻐요. / 동그랗게 생겼어요.
– 그렇게 생겼네요?
– 정말 무당벌레를 본 친구들은 무당벌레를 봤을 때 날씨가 어땠어요?
예 따뜻했어요. / 햇님이 머리 위에 있었어요. / 바람이 조금 불었어요.
– ○○반 친구들의 이야기를 들어보니까 ○○반 친구들은 ‘봄’에 무당벌레를 본 것 같아요.
– 무당벌레는 지금처럼 따뜻한 봄에 많이 볼 수 있어요.</td></tr>
</table>

	3. 활동자료들을 소개하고 활동방법을 유추해 본다. - 앞에 보면 뭐가 있지요? - 우리가 오늘 이것들로 무엇을 할 수 있을까요? 4. 허리띠를 매고 무당벌레가 되어 교사의 지시에 따라 표현한다. - 선생님이 무당벌레를 나눠주면 허리에 매고 무당벌레가 되어 보는 거예요. - (허리띠를 나눠준다.)자, 모두 무당벌레가 되었나요? - 선생님이 노래를 틀면 함께 무당벌레처럼 움직여 보아요. - (노래와 함께 지시문을 읽어 준다. 이때 교사는 유아들의 표현을 격려한다.) 5. 활동을 정리하고 자리에 앉아 인상 깊었던 유아의 표현을 한 번 더 본다. - ○○반 모두 무당벌레처럼 잘 표현해 주었어요. - 제일 기억에 남는 무당벌레 친구가 있었나요? - 그럼 △△ / □□가 앞에 나와서 친구들에게 한 번 보여 줄까? 〈내용〉 ① 예쁜 꽃밭에 무당벌레들이 기분이 좋은지 노래를 부르며 윙윙 날아다니고 있어요. ② 따뜻한 햇살과 솔솔 불어오는 봄바람에 무당벌레들은 꽃잎 위에 누워 낮잠을 자요. ③ 톡, 톡, 갑자기 비가 오기 시작하네요. 깜짝 놀란 무당벌레들이 화들짝 놀라서 이리저리 날아다녀요. ④ 햇님이 방긋 고개를 내밀어요. 따뜻한 햇살 아래 기분이 좋아진 무당벌레들이 덩실덩실 춤을 춰요. 6. 활동을 평가한다. - 모두 무당벌레처럼 하늘을 날아보고 바람에 날아가기도 하고 재미있었나요? - 이제 무당벌레를 가지고 앞에 나와서 정리해 주세요. - 우리가 무당벌레를 만들고 무엇을 했죠? 예 무당벌레를 등에 달고 날았어요. - 함께 무당벌레처럼 날개를 달고 날아 보았지요? - 어떻게 날아 다녔나요? 앉아서 한번 해 볼까요?
	- 오늘 무당벌레처럼 움직이면서 힘들었던 부분이 있었나요? - 그랬구나 다음에는 무당벌레 말고 또 해 보고 싶은 것이 있나요? 예 개미요. / 개구리요. / 나비요. - 그러면 다음에는 개미 / 개구리 / 나비가 되어 보아요. - 친구들과 함께 만든 이 책은 언어 영역에 갖다 놓을게요. - 또 보고 싶은 친구들은 와서 보세요.
참고사항 및 유의점	• 많은 유아가 한꺼번에 참여하기보다 인원수를 적절히 조절하여 활동한다. • 유아가 적극적으로 몸을 움직일 수 있도록 충분히 넓은 공간을 확보하여 활동한다.

4) 손유희

손유희란 동작이 정해져 있는 노랫말에 맞추어 교사의 동작을 따라하되, 주로 손동작으로 이루어진 율동을 일컫는다. 따라서 정해진 동작을 교사가 유아에게 설명하고 시범을 보여 알려 주고, 반복해서 모방해 보도록 하는 것이 일반적인 교수방법이다. 손유희 지도방법은 첫째, 교사가 처음부터 끝까지 노래와 동작을 함께 소개한다. 둘째, 유아와 함께 동작을 해 본다. 셋째, 손유희에 익숙해지면 노랫말이나 동작을 바꾸어 가며 손유희를 새롭게 변화 · 확장시킨다. 넷째, 유아의 흥미를 지속시키기 위해 노랫말이나 찬트의 음색, 고저, 크기 등에 변화를 주며 손유희를 해 본다.

손유희 활동의 실제는 다음과 같다.

〈표 10-4〉 예시-개구리 (손동작 중심의 손유희)

노랫말	손유희
개구리 세 마리가	오른손으로 3 표시하기
장독 위에서	원을 그린 후 올라가는 모양 하기
폴짝폴짝 뛰다가	개구리 뛰는 모양하기
떨어졌어요.	뒤로 넘어지기
머리가 깨져	머리를 가리키며 때리기
엉엉 울다가	우는 시늉하기
엄마한테 갔더니	뛰는 시늉
개굴개굴 / 엄마가 하는 말	개구리 우는 시늉 /입가에서 말하는 시늉
장독 위에서 / 폴짝폴짝 뛰니까	원 그리기 /개구리 뛰는 흉내
머리가 깨지지	머리 때리기

〈표 10-5〉 예시-거미 (유아와 교사의 신체접촉이 있는 손유희)

노랫말	손유희
거미가 줄을 타고 올라갑니다..우!	손가락 엇갈려서 거미줄 타고 올라가는모양 우!는 오른쪽으로 몸을 돌려서 주먹을 쥐고 팔을 내리기
거미가 줄을 타고 올라갑니다..우!	위와 동일. 우!는 왼쪽 방향으로 동작하기
거미네 집에 햇빛 비치면	오른손→왼손 순서로 지붕 만들기 머리 위로 오른손→왼손 순서로 반 동그라미 만들기
거미네 집은 행복하고요	역시 지붕 만들고 동그라미를 크게 반짝반짝!
거미네 집에 비가 내리면	지붕 만들고 죽죽 비가 오는 표현을 해 주기
거미네 집은 우! 찢어집니다 우! 찢어집니다	지붕 만들고 / 오른쪽으로 손가락을 위로 번갈아 가면서 찌르기/ 반대로 왼쪽으로 찌르기

〈표 10-6〉 예시-꼬마생쥐(2인 1조 손유희)

노랫말	손유희
아삭아삭 꾹꾹 꼬마 생쥐	상대방의 팔을 거슬러 올라간다
냉장고에 들어가	가슴 부분을 냉장고로 표현한다
사과도 먹고 포도도 먹고	상대방을 간지럽힌다.
다 먹었어요	손을 숨기고 웃음을 참는다

동작교육은 유아가 신체활동을 하면서 즐거움을 느끼고, 성공감과 창의성을 개발시키며, 신체적 · 사회적 · 정서적 · 지적 발달, 즉 전인발달을 도모하는 것을 목적으로 한다. 동작교육은 다른 영역과도 밀접한 연관성이 있다. 예를 들어, 듣기 기술은 발음의 리듬을 기억하고 반응하는 능력에 의해 발달되며, 상하 좌우의 변별은 먼저 근육으로 학습한다. 글씨를 쓸 수 있는 능력에 필요한 손가락과 손의 작은 근육을 조작하려면 대근육을 통제할 수 있어야 하는데 동작의 적절한 시작과 멈춤, 손과 손가락의 리듬 있는 동작을 함으로써 이러한 근육이 발달된다. 유아교육기관에서는 이같은 연관성을 인지하여 다양하고 창의적인 동작교육을 빈번하게 계획하여야 한다.

CHAPTER 11

유아 체육교육

본 Chapter에서는 체육수업을 하는 목적과 목표에 대해 알고 내용지식에 대해 이해함과 동시에 실제 수업 계획을 참고하여 수업을 실행할 수 있는 능력을 연마하고자 한다. 먼저 유아 체육교육의 목표에 맞는 교육내용을 살펴본 후 다양한 교수-학습방법을 숙지하여 실제 계획안을 작성 후 평가하는 방법을 살펴본다.

01 유아 체육교육의 목적과 목표

체육활동은 신체의 움직임으로 이루어지는 모든 활동을 의미한다. Callahue (1996)에 따르면 움직임교육 즉, 체육활동에는 움직임을 위한 학습(learning to move)과 움직임을 통한 학습(learning through movement)이 있다.

움직임을 위한 학습은 움직임 자체를 목적으로 유아가 일상생활이나 운동경기에서 자신의 몸을 효율적으로 움직일 수 있도록 하는 것이다. 즉, 유아가 기초 체력

요소와 기본동작이 강조된 활동을 함으로써 신체의 기능적인 측면을 향상시키는 것을 주목적으로 한다. 움직임을 통한 학습은 움직임 자체가 목적이 아니라 유아의 주변 세계를 알아 가기 위한 수단으로 움직임을 활용하는 것이다. 예를 들면, 주변의 여러 가지 사물의 모양이나 움직임을 신체를 매개체로 표현해 봄으로써 유아가 자신의 신체에 대한 지식을 증가시키게 된다.

1) 건강과 안전감의 습득

신체활동은 유아의 성장유형, 혈액순환, 질병에 대한 적응 등에 의해 크게 작용된다. 유아의 정서적 건강은 운동할 때 느끼는 자연스러운 즐거움과 운동에 의해 여러 가지 기능을 발달시키면서 가지는 완전 습득의 감정에 의해 발달된다.

2) 운동 기능의 발달

유아의 신체적성을 발달시키는 데 운동기능의 발달은 필수요소이다. 신체적성은 건강이나 활력을 유지시켜 주고 유아의 학습능력을 향상시켜 주기 때문이다. 숙달된 운동가 집단을 육성하기보다는 유아의 신체적 우수함이나 지구력과 같은 잠재력을 최대한 발휘할 수 있도록 한다.

3) 지각 운동 기능의 발달

운동에는 감각과 지각적 경험이 동반된다. 운동은 지각에 의해 행해지지만, 항상 근육운동의 자극이나 다른 감각의 자극에 의해서 지배되며, 자극은 운동계열을 성공적으로 완수할 수 있도록 해 준다. 따라서 유아의 신체건강을 원하는 부모와 교사는 유아의 운동을 다감각적인 지각운동으로 이해하고, 유아의 운동을 감각과 운동의 양면에서 관찰 · 훈련 · 평가해야 한다. 유아가 운동에만 흥미를 가질 것이 아니라 청각 · 시각 · 촉각 · 근육 운동적 자극에 의한 감각적 지각운동의 시작과 방향에 관심을 가지고 지각운동 기능을 발달시켜야 한다.

4) 자아의식의 발달

생후 1~2년 사이에 자아의식 및 신체와 외계에 대한 의식이 확립되기 시작한다. 운동놀이와 신체활동은 유아의 자아의식을 습득하는 데 도움을 주고 유아가 생활상의 불안과 고통을 대처해 나갈 수 있는 준비를 시킨다. 둘이 짝을 지어 하는 운동놀이를 통해 유아 상호 간의 공동목표를 달성하기 위한 협동심도 기를 수 있다.

5) 시간과 공간 의식의 발달

유아는 과거와 미래가 아닌 현재의 일시적 순간만을 느낀다. 공간은 유아가 직접 손에 닿는 범위로 한정되고 그것을 유아가 자유롭게 이동할 수 있게 되면 넓은 외계로의 공간으로 확장된다. 유아체육에 있어서 시간이나 공간의 개념은 직접 경험되어지는 것만이 아니고 운동하는 가운데 이루어진다.

6) 전체적 조절 기능의 촉진

자아의식 및 외계에 대한 의식을 포함하여 발달적인 여러 기능이 지체되면 신경계 조절기능의 경험이나 환경조절 기능의 결함이 발생되기도 한다. 이와 같은 의식의 결여는 고립 증상, 문화결핍, 신경장애를 일으키기도 한다는 것을 부모와 교사는 충분히 숙지하고 있어야 한다. 운동놀이와 신체활동은 유아의 신경계 조절기능에 결함이 있을 때 일종의 치료적 역할을 담당하기도 한다. 즉, 운동놀이와 신체활동을 통해 신경학적 장애아의 활동성과 충동성을 개선할 수 있다.

02 유아 체육교육의 교육내용

체육활동이란 생존의 기초가 되는 신체적 능력과 정신적 능력으로, 가장 효율적으로 신체를 이용할 수 있는 능력이다. 즉, 체력이란 인간이 처해 있는 환경에서 적극적으로 대처해 가는 능력과 환경의 변화에 대하여 자신의 건강을 유지하기 위하여 정신적 · 생물적 · 물리적 스트레스를 견디는 능력의 총화로서 생활 전반의 기반이 되는 신체적 능력이라고 할 수 있다.

〈표 11-1〉 기본동작의 유형

이동동작	비이동동작	조작적동작
• 구부리기 • 뻗기 • 꼬기 • 흔들기 • 떨기 • 회전하기	• 걷기 • 달리기 • 두 발 모아 뛰기 • 호핑 • 스키핑 • 갤로핑	• 던지기 • 받기 • 차기 • 치기

1) 근력

근육의 능력으로 무게나 힘 등의 자극에 대해 최대한 힘을 발산할 수 있는 능력으로 유아에게 강한 힘을 길러 주며, 균형 잡힌 체격을 만들어준다.

2) 유연성

관절을 뻣뻣함이나 딱딱함 없이 자연스럽게 충분히 움직일 수 있는 능력이다. 몸을 부드럽고 효율적으로 움직이는 데 필수적인 능력으로 몸의 균형을 잡거나 바른 자세를 취하고 능률적인 운동을 수행하는 데 크게 작용한다.

3) 순발력

단시간에 폭발적으로 힘을 내는 능력이다. 순간적으로 모든 근섬유를 폭발적으로 발휘시키는 힘을 이용하여 효과적으로 운동할 수 있다. 체력요인의 하나로 '파워'라고도 하며, 힘의 속도로 나타낸다.

4) 민첩성

정해진 공간 안에서 몸의 방향을 재빨리 정확하게 전환하는 능력이다. 자극에 대하여 재빠르게 반응하거나, 신체의 위치를 재빨리 바꾸는 동작의 연속을 위해서는 신체의 빠른 중심 이동 및 신체의 평형감각이 매우 중요하므로 평형성과도 관련이 깊다.

5) 지구력

저항에 대해 반복하여 힘을 내는 것 또는 수축을 지속적으로 할 수 있는 능력, 즉 무게나 힘 등의 자극에 대해 반복하여 힘을 낼 수 있는 능력이다. 낮은 강도의 운동을 긴 시간 행할 때 발달하고 향상된다.

6) 평형성

움직이거나 정지한 상태에서 균형을 유지하는 능력으로 신체안전 유지와 사고 및 위험을 피하는 데 중요한 역할을 한다. 평형감각이 발달하면 바른 자세와 안정된 동적으로 운동에 참여할 수 있다.

〈표 11-2〉 월 주제에 따른 운동법과 측정법

<table>
<tr><th>월</th><th>주제</th><th colspan="2">운동법</th><th>측정방법</th></tr>
<tr><td>3~4월</td><td>평형성</td><td colspan="2">쟁반으로 공 나르기
선 따라 걷기
한 다리로 균형 잡기</td><td></td></tr>
<tr><td rowspan="3">5~6월</td><td rowspan="3">순발력</td><td>만 3세</td><td>제자리 멀리 뛰기</td><td>멀리 뛴 거리 재기(키별)</td></tr>
<tr><td>만 4세</td><td>전력 질주</td><td>50m 달리기 메달 시상</td></tr>
<tr><td>만 5세</td><td>줄넘기</td><td>줄넘기 갯수</td></tr>
<tr><td rowspan="3">7~8월</td><td rowspan="3">지구력</td><td>만 3세</td><td>발씨름</td><td>토너먼트</td></tr>
<tr><td>만 4세</td><td rowspan="2">훌라후프</td><td rowspan="2">갯수</td></tr>
<tr><td>만 5세</td></tr>
<tr><td rowspan="3">9~10월</td><td rowspan="3">근력</td><td>만 3세</td><td>몸 웅크렸다 펴며 점프</td><td>점프 높이 측정(비슷한 키끼리 대결)</td></tr>
<tr><td>만 4세</td><td rowspan="2">윗몸 일으키기</td><td rowspan="2">갯수</td></tr>
<tr><td>만 5세</td></tr>
<tr><td rowspan="3">11~12월</td><td rowspan="3">민첩성</td><td>만 3세</td><td>공 던지기</td><td>공 던져 넣은 개수</td></tr>
<tr><td>만 4세</td><td>공 튀기기</td><td>공 튀긴 개수</td></tr>
<tr><td>만 5세</td><td>왕복 달리기</td><td>초 재어 개인별 기록</td></tr>
<tr><td rowspan="3">1~2월</td><td rowspan="3">유연성</td><td>만 3세</td><td>허리 굽히기</td><td rowspan="3">모든 미션 통과</td></tr>
<tr><td>만 4세</td><td rowspan="2">꼬마야 꼬마야</td></tr>
<tr><td>만 5세</td></tr>
</table>

03 유아 체육교육의 교수-학습방법

체육활동의 지도시간은 내용에 따라 차이는 있으나 일반적으로 30~40분 정도가 적당하다. 그리고 주 몇 회를 실시할 것인가에 대해서도 학급 전체의 체력이나 심신의 발달 상태 및 계절과 날씨 등에 따라서 달리할 수는 있으나 1주에 2~3회 정도가 적당하다. 현장에서는 생활주제에 맞추어 체육활동을 모두 맞추어 진행하기가 어려우므로 발달연령에 맞는 연간계획을 세워 꾸준히 계획을 세우는 것이 중요하다. 또한, 수업 목표에 맞는 지도방법을 습득해야 한다. 예를 들어, 목표가 근력을 기르고자 한다면 수업시간 전후에 체조를 하되 근력을 기를 수 있는 동작으로 구성된 체조를 실시하고 본활동으로는 운동효과를 보기 위한 둘이 끈을 잡아당기는 스트레칭을 다양한 방법으로 계획하도록 한다.

교사는 자신의 몸을 움직여 활동하는 데 부담을 느끼지 않도록 유아의 요구만 반영하는 수업보다는 유아 스스로 흥미를 느낄 수 있는 흥미와 의욕이 생기는 수업계획안을 고민해야 한다. 유아는 같은 동작만 반복하면 흥미를 잃을 수 있으므로 장난을 치는 장면을 목격할 수밖에 없게 된다. 그러므로 창의적인 내용으로 즐겁게 운동할 수 있도록 늘 신경을 써서 지도를 해야 한다. 예를 들어, 운동동작뿐만이 아닌 음악을 접목한 리듬체육은 유아가 신체를 이용하여 다양한 감각신경과 운동신경을 발달시킴으로써 뇌 중추발달을 촉진시킨다. 동물이나 자연을 모티브로 하기 때문에 자유로운 표현이 가능하며, 사회성을 기를 수 있는 활동이다.

유아의 놀이는 다양한 내용을 가지고 있으며, 이들 놀이를 어떻게 조화롭게 하여 실행하는 것이 좋을지 검토하고, 적절한 계획을 해야 한다. 예를 들어, 30분 정도의 활동시간에 다리만 사용하는 운동만 한다거나, 근육에 관한 것, 또는 평형성에 관한 것만 한다면 너무 편중된 방법이라고 할 수 있다. 주로 팔과 관련된 운동 등 3개의 부위에 관계되는 운동을 할 수 있으며 민첩성 운동, 근력 운동, 복합적인 게임 위주의 운동 등 세 종류의 운동도 가능하다.

또한, 단계별 지도가 필요하다. 만 4세와 만 5세 유아의 신체는 기능적으로도 차이가 있으며, 운동능력의 발달도 차이가 있으므로 유아의 신체 발달단계에 따라 지도할 필요가 있다. 만 5세 전후가 되면 운동능력뿐만 아니라 심리적으로도 남녀차 가 나타나므로 즐겨하는 놀이도 다르다. 같은 놀이라 할지라도 간단한 놀이에서 복잡한 놀이로, 쉬운 놀이에서 어려운 놀이로 단계를 따라 지도할 필요가 있다. 예를 들어, 공차기 활동을 한다면 먼저 정지된 공을 차고 그다음 천천히 공을 차며, 이후 빨리 움직이는 공을 차게 한다. 고무공을 차던 유아는 가죽 공을 차게 하는 등의 발달단계를 발전시켜 나가도록 계획한다.

04 유아 체육교육의 평가

유아교육과정에서도 계획, 과정, 평가의 기본 틀에 의해 교육이 이루어지듯이 유아체육의 의미도 준비운동, 본운동, 정리운동의 순으로 감각기관을 통한 신경의 기능이나 내장의 기능, 근육의 기능이 협응해서 이루어진다고 볼 수 있다.

운동능력은 유아의 생활기반의 기초가 된다. 신체적 건강이나 5개 영역에 대한 전반적인 교육의 기초가 되며 ,성장발달기에 있는 유아의 발육에도 매우 중요한 영역이다. 그렇기 때문에 체육활동이 유아 개인 수준에 적합한지를 평가하고, 구체적인 계획을 수립하고, 그 능력을 평가하는 방법으로 개선해 나가야 할 것이다.

운동능력 평가의 기본동작과 평가 영역은 다음과 같다.

〈표 11-3〉 기본동작의 유형과 평가 목표

영역	유형	목표
안정성 또는 비이동동작	• 구부리기 • 뻗기 • 꼬기 • 회전하기 • 흔들거리기 • 구르기	• 평형 • 균형 • 비이동동작 능력 증진
이동동작	• 걷기 • 달리기 • 두발 모아 뛰기 • 말 뛰기 • 스키핑 • 호핑 • 오르기	• 민첩성 • 순발력 • 평형성 • 근력 증진
조작동작	• 던지기 • 받기 • 차기 • 맞히기	• 대근육 발달 • 소근육 발달 • 눈과 손의 협응력

〈표 11-4〉 비이동동작의 활동 평가

동작	활동방법	평가	교사 체크			비고
			1	2	3	
구부리기	1. 머리와 상체만을 구부려 보자. 2. 팔만 구부려 보자. 3. 다리만 구부려 보자. 4. 목, 상체, 허리, 무릎, 발목, 어깨, 팔꿈치, 팔목 등을 연결시켜 구부려 본다.	• 몸을 유연하게 구부릴 수 있는가? • 신호에 맞추어 동작과 호흡 조절을 병행할 수 있는가?				
뻗기	1. 목을 상하로 뻗어 보자. 2. 팔만 구령에 맞추어 뻗어 보자. 3. 다리만 북소리에 맞추어 뻗어 보자. 4. 목, 상체, 허리, 무릎, 발목, 팔목 등을 복잡한 방식으로 뻗어 보자. 5. 보트놀이를 한다.	• 여러 유형의 동작을 유연하게 연결시킬 수 있는가? • 전신의 협응이 요구되는 동작을 할 수 있는가?				
꼬기	1. 머리와 상체만을 꼬자. 2. 팔만 꼬아 보자. 3. 다리만 꼬아 보자. 4. 꼬을 수 있는 모든 신체 부위 등을 보다 복잡한 방법으로 조합시킨다. 5. 음악에 맞추어 훌라춤을 춰본다.	• 신체 각 부분을 자유롭게 움직일 수 있는가? • 타인과의 협응이 요구되는 행동을 할 수 있는가?				
회전하기	1. 처음에는 천천히 돌다가 빠르게 돌아보자. 2. 좌로 1번, 우로 1번 번갈아가며 돌아본다. 3. 한발로 돌아보자. 4. 손을 배, 머리 등에 대고 돌아보자. 5. 「빙빙 돌아라」(음악)에 맞추어 율동 하자.	• 몸의 균형을 유지할 수 있는가?				
흔들거리기	1. 신체를 분리시켜 흔들거린다. 2. 두발을 바닥에 꼭 붙여 움직이지 말고 몸 전체와 각 부분(머리, 팔, 다리, 손, 발, 엉덩이, 어깨) 등을 다양한 방법으로 흔들어 보자. 3. 음악에 맞추어 몸을 흔들어 보며 율동 한다.	• 특정한 부분을 움직이면서 몸의 균형을 잡을 수 있는가? • 한자리에서 몸으로 만들 수 있는 공간의 다양함을 이해할 수 있는가?				
구르기	1. 매트 위에서 앞, 뒤, 옆으로 자유롭게 몸을 굴려 보자. 2. 공을 공중에 던져 놓고 앞으로 굴러서 일어나는 순간에 공을 받아 보자. 3. 다리를 넓히고 서서 공을 위로, 뒤로 구르게 하고 그 공을 짝에게 굴려 보내자. 4. 옆으로 구르면서 공을 밀어 보게 하자. 5. 개구쟁이 노래에 맞추어 몸 구르기 율동을 해 보자.	• 몸을 유연하게 굴릴 수 있는가? • 두 가지 동작을 연결시킬 수 있는가?				

1–잘한다 2–보통이다 3–미숙하다

〈표 11-5〉 이동동작의 활동 평가

<table>
<tr><th rowspan="2">동작</th><th rowspan="2">활동방법</th><th rowspan="2">평가</th><th colspan="3">교사체크</th><th rowspan="2">비고</th></tr>
<tr><th>1</th><th>2</th><th>3</th></tr>
<tr><td>걷기</td><td>1. 바닥에 발바닥 스티커를 붙이고 그 위를 걸어 보자.
2. 악기에 맞추어 교실 안을 자유롭게 걸어 보자.
3. 팔 모양을 다양하게 하며 걸어 보자.
4. 평균대 위에서 걸어 보자.
5. 음악 4/4 박자에 맞추어 걸어 보자.</td><td>• 바른 자세로 걸을 수 있는가?</td><td></td><td></td><td></td><td></td></tr>
<tr><td>달리기</td><td>1. 팔 모양, 다리 폭, 바닥 모양 등 여러 가지 방법을 변화시켜 달려 본다.
2. 다리 폭을 좁게 또는 넓게 잡고 달려 본다.
3. 무릎을 높게 올리면서 빨리 달려 본다.
4. 빠른 음악에 맞추어 다양하게 달려 본다.</td><td>• 달릴 때 신체를 조절할 수 있는가?</td><td></td><td></td><td></td><td></td></tr>
<tr><td>두발 모아 뛰기</td><td>1. 공중 위로 두발 모아 뛰어오른다.
2. 좌우로 방향을 바꾸어 뛴다.
3. 두발 모아 뛰면서 사물을 던진다.
4. 고무줄놀이(음악)에 맞추어 율동을 한다.</td><td>• 기본적인 동작을 이해하고 지시에 따라 움직일 수 있는가?</td><td></td><td></td><td></td><td></td></tr>
<tr><td>말뛰기</td><td>1. 두발로 말이 뛰는 것처럼 뛰어 보자.
2. 씩씩하고 힘찬 말처럼 뛰어 보자.
3. 지쳐서 힘없는 말처럼 뛰어 보자.
4. 여러 가지 방법으로 말 뛰기를 해 보자.
5. 말타기(음악)에 맞추어 율동을 해 보자.</td><td>• 움직이면서 몸의 균형을 이룰 수 있는가?
• 대근육을 사용하여 기초적인 신체활동을 할 수 있는가?</td><td></td><td></td><td></td><td></td></tr>
<tr><td>스키핑</td><td>1. 같은 발로 호핑하면서 뒤따라 오는 스탭으로 걷기 스탭을 리드미컬하게 해 보자.
2. 짝을 지어 다양한 방식으로 스키핑 해 보자.</td><td>• 팔과 다리의 협응이 이루어지는가?
• 경쾌하게 스킵을 할 수 있는가?</td><td></td><td></td><td></td><td></td></tr>
<tr><td>호핑</td><td>1. 한 발로 몸의 중심을 잡고 호핑 해 보자.
2. 발을 바꿔가며 호핑 해 보자.
3. 호핑으로 회전한다.
4. 「기찻길 옆」(음악)에 맞추어 율동 하자.</td><td>• 다리의 힘, 전신의 힘을 적절히 조절할 수 있는가?
• 눈과 다리의 협응이 요구되는 행동을 할 수 있는가?</td><td></td><td></td><td></td><td></td></tr>
<tr><td>오르기</td><td>1. 경사면(미끄럼틀)을 기어오르게 해 보자.
2. 사다리를 오르자.
3. 정글짐을 오르자.
4. 계단을 오르자.
5. 음악에 맞추어 율동해 보자.</td><td>• 신호에 따라 기어오르다가 그대로 멈출 수 있는가?
• 지시에 따라 민첩하게 움직일 수 있는가?</td><td></td><td></td><td></td><td></td></tr>
</table>

1–잘한다 2–보통이다 3–미숙하다

〈표 11-6〉 조작동작의 활동 평가

동작	활동방법	평가	교사 체크			비고
			1	2	3	
던지기	1. 양손으로 아래에서 던져 올려 보도록 하자. 2. 팔로 낮게, 높게 흔들며 던져 보도록 하자. 3. 벽을 향해 사물을 던져 보자. 4. 공을 던져서 땅에 튕긴 다음 표적을 맞춰 보자. 5. 음악에 맞추어 던지기 율동을 해 보자.	• 공을 힘차게 던지는 방법을 탐색 하는가? • 다양한 방법으로 힘차고 약하게 던질 수 있는가? • 힘의 강도는 어떠한가?				
받기	1. 양팔의 간격을 넓게 혹은 좁게 옆으로 넓히거나 앞 뒤로 넓히고 선 상태에서 큰 사물을 받아 보도록 하자. 2. 풍선, 타월, 베개, 공 등을 받아 보도록 하자. 3. 음악에 맞추어 받기 받기 동작을 해 보자.	• 균형 잡힌 자세로 공을 받는가? • 음악의 박자에 맞추어 공을 던지거나 받을 수 있는가?				
차기	1. 사물을 가볍게, 느리게, 힘있게 차보도록 하자. 2. 사물을 가까운 곳, 먼 곳의 표적에 맞추어 차보자. 3. 축구 골대를 향해 공을 차보자. 4. 음악에 맞추어 공을 차보자.	• 발등으로 찰 수 있는가? • 발이 자연스럽지 못하고 경직되어 있는가?				
맞히기	1. 양발을 가깝게 혹은 멀리 넓히고 서서 사물을 한 손으로 혹은 한 손에 쥔 도구로 때려 보자. 2. 앞에 날아오는 사물을 때려 보자. 3. 사물을 때려서 공중으로 날려보낸 다음에 다시 그것을 받도록 해 보자.	• 옆 친구에게 부딪치거나 다치지 않도록 넓은 공간에서 활동하는가?				

1–잘한다 2–보통이다 3–미숙하다

위와 같이 비이동동작과 이동동작을 실시하며, 교사는 유아의 움직임을 관찰하여 평가자료로 활용한다. 이같은 평가 시 교사는 영상을 활용하여 오후에 평가할 수도 있고 수업보조자를 통해 객관적으로 관찰할 수도 있다. 교사의 주관적인 평가는 비고란에 기록하며, 위의 표에서는 객관적인 동작기술을 체크하되 다음에 어떻게 지도할지에 대한 명시를 하는 것이 유아의 신체발달에 도움이 된다.

05 유아 체육활동, 게임의 실제

1) 도입단계

도입단계에서는 오늘 활동하게 될 움직임의 소재나 주제에 대해 호기심을 갖게 하는 단계이다. 게임을 진행할 경우 이전 경험이나 교수매체로 주위를 환기한 후 활동에 대한 기대감을 높인다. 체육활동인 경우 스트레칭이나 준비 체조를 통해 근육을 이완하고 마음의 준비를 하도록 이끈다 .

2) 전개단계

활동방법을 교사가 소개하거나 유아와 함께 시범을 보인다. 시범을 보일 때는 직접 교사와 유아가 나와서 보여 주는 방법이 좋다. 체육활동은 언어로만 시범을 보이는 것이 아니라 직접 몸으로 동작을 보여주어 유아가 쉽게 인지할 수 있도록 도와야 한다. 아울러 활동 전에 안전사고에 대비하여 지켜야 할 규칙에 대해 이야기 나눈 후 규칙에 따라 활동을 한다. 교사는 공간을 확보하기 위해 교실에서 진행할 때는 미리 교구장을 밀어 놓거나, 강당이나 운동장으로 이동하여 수업한다.

3) 마무리단계

유아가 마무리 스트레칭을 실시하거나 규칙을 잘 지켜서 활동했는지, 어떤 점이 어려웠는지, 재미있었는지 평가하고 추후 활동을 약속하여 마무리한다.

활동의 실제는 다음과 같다.

〈표 11-7〉 체육 단위활동 계획안의 실제

활동명	화전을 뒤집어라	대상연령	만 4세	생활주제	봄
활동목표	• 여러 가지 기구를 이용하여 신체활동을 한다. • 친구와 협력하는 즐거움을 느낀다.				
누리과정 관련요소	• 자연탐구〉과학적 탐구하기〉생명체와 자연환경 알아보기 • 신체운동·건강〉신체활동에 참여하기〉자발적으로 신체활동에 참여하기 • 사회관계〉다른 사람과 더불어 생활하기〉친구와 사이좋게 지내기				
활동자료	• 동요 –「봄이 왔어요」 • 화전 모형, 뒤집개 4개, 점수 꽃				
활동방법	1. 봄 꽃 노래를 들려주며 주의를 집중한다. – ○○반 친구들, 지금은 봄, 여름, 가을, 겨울 중에 어떤 계절인가요? – 지금은 봄이지요. 우리 친구들은 언제 봄이 왔다고 느꼈나요? 예 옷을 얇게 입었을 때요. / 꽃이 필 때요. 2. 봄에 피는 꽃을 이용한 음식에 대해 이야기 나눈다. – 그런데 오늘 알아본 이런 봄꽃 중에는 우리가 먹을 수 있는 꽃도 있다고 해요. 봄에 피는 꽃을 이용해서 만들 수 있는 음식에는 무엇이 있을까요? 예 화전이요. / 꽃 비빔밥이요. / 모르겠어요. – 꽃을 이용해서도 다양한 음식을 만들 수 있는데, 그중에서도 오늘은 화전에 대한 활동을 해 볼 거예요. 화전이 무엇인지 알고 있나요? – 화전은 떡을 부침개처럼 부쳐서 꽃으로 장식한 음식이에요. 화전을 먹어본 친구가 있나요? 화전은 어떤 맛일 것 같나요? – 화전은 어떻게 만들까요? 3. (펠트지로 만든 화전을 보여 주며) 활동자료를 보며 이야기 나눈다.				

화전

뒤집개

점수

꽃

- 선생님이 이렇게 화전을 만들어왔어요. 이 화전으로 어떤 활동을 해 볼 수 있을까요?
  예 화전을 뒤집는 게임이요. / 화전 만들기요.
- 그리고 또 이게 무엇인 것 같아요? 이런 물건을 본 적이 있나요?
  예 뒤집개요. / 엄마가 요리할 때 써요.
- 뒤집개로 어떤 활동을 해 볼 수 있을까요? 선생님이 오늘 준비한 활동은 화전 뒤집기 게임이에요.

4. 게임 방법을 듣는다.

〈게임 방법〉
① 유아들을 두 팀으로 나눈다.
② 각 팀에서 한 명씩 나와 출발선에 선다.
③ 출발 신호가 들리면 반환점으로 달려가 뒤집개를 사용하여 화전을 뒤집는다.
④ 규칙을 지켜 먼저 들어온 유아가 이긴다.
⑤ 이긴 유아가 있는 팀의 점수판에 꽃을 붙인다.

5. 게임을 할 때 지켜야 할 약속에 대해 이야기 나눈다.
   - 게임을 하기 전에 지켜야 할 약속에는 어떤 것이 있을까요?
   - 출발선도 지키고, 친구 게임을 방해하지 말고, 손은 쓰지 않기로 하고 또 뒤집개로는 장난치지 않기로 해요.

6. 친구들과 함께 게임을 한다.

7. 활동을 평가한다.
   - 화전을 뒤집어 보는 게임을 해 보았는데 어땠나요?
   - 어떤 점이 재미있었나요?
     예 화전을 뒤집개로 뒤집을 때요.
   - 힘든 점은 무엇이었나요?
   - 어떻게 하면 화전을 더 잘 뒤집을 수 있었나요?
   - 다음 시간에는 오늘 게임으로 해 보았던 화전을 직접 만들어 보는 요리활동을 하도록 해요.

참고사항 및 유의점	• 뒤집개를 4개 준비하여 다음 유아가 바로 출발할 수 있도록 한다. • 화전을 입체로 제작하여 쉽게 뒤집을 수 있도록 한다.

〈표 11-8〉 게임 단위활동 계획안의 실제

<table>
<tr><th>활동명</th><td>다람쥐 알밤 옮기기</td><th>대상연령</th><td>만 5세</td><th>생활주제</th><td>가을</td></tr>
<tr><th>활동목표</th><td colspan="5">• 나눔의 의미를 이해한다.
• 민첩성과 유연성을 기른다.</td></tr>
<tr><th>게임대형</th><td colspan="5">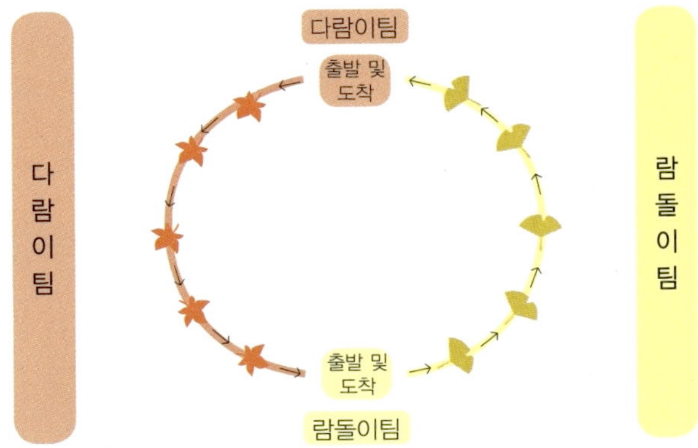
</td></tr>
<tr><th>활동자료</th><td colspan="5">• 마을 이름, 나무, 다람쥐, 밤(동화와 점수판), 바구니 2개, 밤 10개
• 다람이와 람돌이 머리띠 2개, 단풍잎 5개/은행잎 5개, 화살표 12개
• 출발 및 도착 표시 2개</td></tr>
<tr><th>활동방법</th><td colspan="5">1. 게임 내용을 담은 이야기를 들려 준다.
– 선생님의 우리 친구들에게 이야기를 들려 주려고 해.
– 잘 들어볼까?

단풍마을에 다람이라는 다람쥐가 살고 있었어. 그리고 은행마을에는 람돌이라는 다람쥐가 살고 있었대. 다람이와 람돌이는 아주 사이가 좋은 친구래. 다람이와 람돌이는 알밤을 제일 좋아하는데 이번 가을에 다람이네 단풍마을에 밤이 아주 많이 열렸대. 그래서 다람이는 알밤을 모으다가 은행마을에 사는 람돌이가 생각이 났어. 다람이는 나무 아래 떨어진 알밤을 주워서 람돌이네 집 앞에 놓고 왔대. 그런데 람돌이네 나무 아래에도 알밤이 많이 떨어져있지 않았겠어? 람돌이도 나무 아래 떨어진 알밤을 모두 주워서 다람이네 집 앞에 두고 왔대.

2. 이야기를 듣고 난 느낌에 대해 이야기 나눈다.
– 우리 친구들 잘 들어 보았니?
– 다람이와 람돌이의 이야기를 들어 보았는데 어떤 생각이 드니?

3. 다람이와 람돌이가 되어 게임을 해 볼 것을 이야기한다.
– 우리 친구들도 다람이와 람돌이가 되어 알밤을 줍고 나누어 줄 수 있을까?</td></tr>
</table>

활동방법	4. 유아들에게 게임 방법을 소개한다. 〈게임 방법〉 ① 두 팀으로 나눈다. ② 원 모양으로 게임 자리를 준비한다. ③ 각 편에서 한 명씩 나와 바구니를 들고 출발점에 선다. ④ 출발 신호가 들리면, 자기편 나뭇잎 위에 있는 알밤을 주워서 바구니에 담는다. ⑤ 알밤을 다 주워 담으면 화살표 방향을 따라 상대편 나뭇잎 위에 알밤을 하나씩 올려놓는다. ⑥ 다시 출발했던 자리로 먼저 돌아오는 유아가 이긴다. 5. 게임을 할 때 지켜야 할 약속에 대해 이야기 나눈다. - 안전하게 게임을 하기 위해서는 어떻게 하는 것이 좋을까? - 다칠 수 있으니 뛰거나 친구를 밀치지 않아요. 할 수 있지? - 또 어떤 규칙이 필요할까? - 선생님의 출발 신호에 맞춰서 같이 출발하고 먼저 도착하는 팀이 점수를 얻을 수 있어요. 그리고 알밤은 하나씩 차례차례 바구니에 넣고 뺄 때도 하나씩 뺄 수 있도록 해요. 6. 게임을 한다. - 함께 이야기 나눈 규칙을 잘 생각하면서 게임을 할 수 있겠니? - 게임을 시작해 볼까? 7. 게임을 하고 난 느낌에 대해 이야기 나눈다. - 어떤 팀이 알밤을 더 많이 갖게 되었나요? - 다람이와 람돌이가 되어 게임을 해 보았는데 어땠니? - 어떤 점이 재미있었니? - 힘든 점이 있었나요? 8. 추후 활동을 소개한다. - 오늘 한 게임 말고 다른 게임 방법도 있을까요?
참고사항 및 유의점	• 민첩성과 유연성을 이용하여 알밤을 줍고 맞는 자리에 두었는지 살펴본다. • 나눔의 의미를 이해하며 활동에 참여하였는지 살펴본다.

〈표 11-9〉 게임 단위활동 계획안 예시

<table>
<tr><th>활동명</th><td>내 그림자를 찾아줘(게임)</td><th>대상연령</th><td>만 5세</td><th>생활주제</th><td>동식물과 자연</td></tr>
<tr><th>활동목표</th><td colspan="5">• 동물의 그림자를 보고 어떤 동물인지 유추할 수 있다.
• 게임 방법을 알고 규칙을 지키며 게임을 한다.</td></tr>
<tr><th>누리과정 관련요소</th><td colspan="5">• 신체운동·건강〉신체활동에 참여하기〉자발적으로 신체활동에 참여하기</td></tr>
<tr><th>활동자료</th><td colspan="5">
거북이 그림, 거북이 퍼즐, 그림자카드, 바구니, 점수판, 동물카드, 마스킹 테이프, 호루라기</td></tr>
<tr><th>활동방법</th><td colspan="5">1. 퀴즈를 통해 흥미를 유발한다.
– 선생님이 어떤 그림자가 그려져 있는 퍼즐을 가져왔어요. 무엇의 그림자일까요?
– 또 다른 생각인 친구 있나요?
– 선생님이 가운데 있는 조각을 떼어 볼게요. 무엇인 것 같나요?
– 나머지 조각도 떼어 보고 무엇인지 확인해 보도록 해요.

2. 그림자를 본 경험에 대해 이야기 나눈다.
– 그림자를 본 적이 있나요?
– 무엇의 그림자를 보았나요?
– 그림자의 모양이 다 같았나요?

3. 활동자료를 탐색한다.
– 이번엔 게임을 해 볼 거예요.
선생님이 동화에 나왔던 동물들 그림카드를 가져왔어요.
이 카드를 칠판에 붙이면 다 같이 동물의 이름을 말해 주는 거예요.
예 토끼, 거북이, 돼지, 박쥐, 사자, 황새, 두꺼비
– 그럼 이 카드는 뭘까요? (그림자카드)
– 그래요, 동물카드에 있는 동물들의 그림자가 그려진 카드예요.
어떤 동물의 그림자인지 살펴볼까요?
– 이 그림자 카드의 동물은 쫑긋한 귀가 있네요. (토끼)
여기 있는 동물 중 이 귀를 가진 동물은 누구일까요?
– 토끼가 어떻게 뛸까요?
– 이 그림자는 어떤 동물의 그림자일까요?

4. 게임 방법에 대해 이야기 나눈다.
– 이 자료들로 어떤 게임을 할 수 있을까요?
– 그림자의 주인인 동물을 찾아오는 게임을 할 거예요.</td></tr>
</table>

활동방법	5. 활동방법을 듣는다. 〈활동 방법〉 ① 출발선에 선다. ② 호루라기 소리에 맞춰 출발한다. ③ '코끼리 코'를 하고 3바퀴 돈다. ④ 선을 따라 걷는다. ⑤ 바구니에서 카드를 뽑는다. ⑥ 카드 속의 그림자를 보고 어떤 동물인지 생각한다. ⑦ 칠판까지 달려가 맞는 동물을 찾는다. ⑧ 카드와 동물 사진을 가지고 다시 출발 지점으로 돌아온다. ⑨ 정답을 확인한다. 6. 활동 규칙에 대해 이야기 나눈다. – 게임을 하면서 지켜야 할 규칙에는 무엇이 있을까요? ① 다른 친구가 게임을 할 때는 질서를 지키며 앉아있어요. ② '코끼리 코'는 꼭 세 번 돌아요. ③ 장난을 치지 않아요. – 또 지켜야 할 규칙은 뭐가 있을까요? 7. 활동을 한다. 8. 승패를 확인한다. 9. 수업을 회상하며 평가한다. – 오늘 선생님이랑 동화와 게임을 해 보았는데 어땠나요? – 다들 재미있게 참여해 줘서 선생님도 너무 재미있었어요. – 규칙을 잘 지키며 게임을 했나요? – 이제 동물들의 그림자를 보고 어떤 동물인지 알 수 있겠어요? 10. 활동을 마무리한다. – 사용했던 카드는 수·조작 영역에 둘 테니까 더 맞춰보고 싶은 친구는 자유선택활동 시간에 하도록 해요.
참고사항 및 유의점	• 공정하고 안전하게 게임을 하기 위해 게임 규칙이 잘 지켜지도록 지도한다('코끼리 코' 도는 횟수, 출발 신호 준수, 질서 있게 앉아 있기).

위와 같이 유아체육활동은 다양한 게임이나 활동의 목표에 따라 재구성할 수 있음을 알 수 있다.

CHAPTER 12

유아 과학교육

현대의 급변하는 사회에 능동적으로 대처하며, 일상에서 일어나는 문제들을 과학적인 방법으로 해결하는 과학적 소양이 주목을 받게 되면서 유아기부터 스스로 탐구하는 과정을 통해 과학적 지식과 개념을 형성하고, 과학적인 태도와 문제해결력을 기르기 위한 교육이 강조되고 있다(Martin, 2001). 유아가 생활 속에서 느끼는 다양한 과학적 관심과 궁금증에 교사도 함께 관심을 기울이고 유아가 문제해결을 위해 어떤 방법으로 접근하는지를 관찰하여 필요한 순간에 적절히 지원하고 지지해 주는 교사의 교수행동이 무엇보다 중요하다. 또한, 유아가 흥미를 느낄 수 있는 교육환경을 마련하여 유아의 흥미가 의미 있는 경험으로 발전되고 완성되도록 운영할 필요가 있다.

이에 유아 과학교육의 목적과 목표를 잘 실현할 수 있는 적합한 과학교육의 내용을 알아보고 이에 따른 다양한 교수-학습방법과 평가에 대해 살펴보고자 한다. 또한, 흥미 있고 다양한 과학활동의 실제를 살펴봄으로써 유아교육현장에 적용할 수 있는 능력을 배양하도록 한다.

01 유아 과학교육의 목적과 목표

유아 과학교육이란 과학적 사실과 원리를 암기하도록 하는 것이 아니라, 창의적인 사고를 중으로 과학자처럼 사물을 관찰하고 의문을 가지며, 새로운 사실들을 발견해 가는 과정에서 유아 스스로 이론을 형성해 가도록 돕는 것이다(Koch, 1999). 또한, 과학을 통해서 유아는 현재의 생활에 적응하고, 직면한 문제에 대처할 수 있는 능력을 기를 수 있다(Holt, 1993). 즉, 유아 과학교육은 일상생활에서 직면하는 문제를 해결해 나가는 탐구의 과정을 통해 유아가 과학적 지식을 축적하고, 이를 활용하여 주변 세계를 정확히 이해하며, 보다 나은 생활을 하도록 하는 것이다.

이에 유아 과학교육의 목적은 다음과 같이 설정할 수 있다. 21세기 사회는 일상생활 속에서 과학을 이해하고 활용할 수 있는 능력을 요구하고, 과학의 발달이 가져온 문제점에 대해 과학적 지식과 이해에 기초해서 의사결정할 수 있는 능력, 즉 과학적 소양(scientific literacy)을 갖춘 과학적 교양인이 되는 것을 요구한다. 이러한 사회적 요구에 비추어 본다면 유아 과학교육의 목적은 유아가 그들의 생활 속에서 자신이 맞닥뜨리게 되는 과학적 문제를 인식하고 해결하려는 태도와 능력을 갖춘 과학적 소양인의 기초를 다지는 것이라고 할 수 있다.

02 유아 과학교육의 교육내용

보통 과학은 그 내용에 따라 물리학, 화학, 생물학, 지질학, 천문학 등으로 나누어지는데 유아 과학교육의 교육내용은 3~5세 누리과정의 '과학적 탐구하기'의 내용 범주로 설명할 수 있다. 또한, 과학교육에 있어서 '내용(contents)'과 '과정(process)'은 모두 중요한데, 과정을 강조하면서 동시에 적합한 과학의 내용을 접목시키는 것이 필요하다(Chaille & Britain, 2002). 특히, 유아기 과학교육은 과학 과정기술을 토대로 유아 스스로 문제를 제기하고 나름대로의 방식으로 탐구하면서 의문을 해결해 가는 과정을 경험하는 것이 매우 중요하다.

이에 과학교육의 내용과 과학 과정기술을 같이 살펴보고자 한다.

1) 과학교육의 내용

3~5세 누리과정에서 과학과 관련되는 내용은 '자연탐구영역'의 '탐구하는 태도 기르기'와 '과학적 탐구하기'에서 다루어지고 있다. 이중 과학적 탐구하기의 내용 범주는 '물체와 물질 알아보기, 생명체와 자연환경 알아보기, 자연현상 알아보기, 간단한 도구와 기계 활용하기'로서 이를 자세히 살펴보도록 한다.

(1) 물체와 물질 알아보기

'물체와 물질 알아보기'는 유아가 일상생활에서 접하는 친숙한 물체와 물질에 관심을 가지고 기본적인 특성을 알아보며, 점차 여러 가지 방법으로 물체와 물질을 변화시켜 보는 것에 대한 내용이다.

유아가 주변의 물체와 물질에 관심을 느끼고 오감을 통해 그 특성을 알아보는 것을 다루며, 여러 가지 방법으로 물체를 움직여보고 물질을 변화시켜 기본적 속성을 적극적으로 알아가도록 한다. 유아는 오감을 통해 물체 탐색을 즐기고 더불어 자신의 조작에 의해 물체와 물질이 변화되어가는 것에 더 큰 흥미를 느끼게 되므로 일상생활과 놀이 속에서 이와 같은 경험을 충분히 할 수 있도록 기회를 마련해 주어야 한다.

(2) 생명체와 자연환경 알아보기

'생명체와 자연환경 알아보기'는 유아가 자신의 출생과 성장과정뿐만 아니라 주변의 동식물에 관심을 갖고, 생명체에 직접적인 영향을 미치는 자연환경을 알아봄으로써 생명체와 자연환경을 존중하고, 녹색환경을 소중히 여기도록 하는 내용이다.

유아가 자신의 신체와 주변에 있는 동식물에 관심을 가지며, 자신의 출생과 성장뿐만 아니라 궁금한 동식물의 특성을 구체적으로 알아가는 내용을 담고 있다.

또한, 유아가 인간과 동식물, 자연환경 간의 밀접한 연관성을 이해하고, 인간과 동식물이 함께 살기 좋은 녹색환경과 생태계를 파괴할 수 있는 온실가스와 환경오염을 줄이는 방법에 대해 알아보는 내용이다.

이 중 동물 기르기 활동은 자연의 세계와 유아 간의 의미 있는 관계를 형성할 수 있으며, 생명에 대한 책임감과 생명존중 의식을 기를 수 있다. 또한, 자연에 대한 깊은 이해를 도울 수 있으며, 특정 동물에게 적합하거나 그렇지 않은 환경에 대한 지식을 습득한다. 그리고 동물의 생태주기는 유아의 탐구능력을 기를 수 있고 동물의 행동특성과 성장과정은 유아 주도의 발현적 학습경험의 기회가 된다.

(3) 자연현상 알아보기

'자연현상 알아보기'는 유아가 생활 속에서 쉽게 접할 수 있는 자연물이나 자연현상에 대해 관심을 갖고 탐구과정을 통하여 '변화와 규칙성'이라는 자연의 본질에 대한 이해를 도모하는 내용이다. 즉, 돌, 물, 흙 등의 자연물의 관심을 갖고 특성과 변화과정을 알아가는 내용부터 날씨나 기후 변화에 대한 관심, 낮과 밤, 계절의 변화, 자연현상에 관심을 갖고 규칙성을 알아보도록 한다.

즉, 자연물에 대해서 단편적인 지식을 받아들이는 것 보다는 자연의 본질을 중요시하며, 생활 속에서 만나는 자연물에 다가가 그것의 상태와 변화에 지속해서 관심을 가지며, 자연 본연의 규칙성을 발견하는 것으로 자연스럽게 이어질 수 있다.

(4) 간단한 도구와 기계 활용하기

'간단한 도구와 기계 활용하기'는 유아가 생활 속에서 사용하는 다양한 도구와 기계에 관심을 가지고 활용하면서 도구와 기계의 발전으로 인한 편리성뿐 아니라 역기능에 대해서도 관심을 가지게 하는 내용이다. 다시 말해, 첨단기술의 발달로 인해 편리해진 삶을 살아가는 유아가 여러 가지 도구와 기계에 관심을 갖고, 직접 활용해 보는 경험을 제공하고, 도구와 기계의 편리함 이면에 있는 역기능에 대해 생각하는 기회를 제공해야 한다.

유아가 일상생활에서 쉽게 접하는 도구와 기계에 흥미를 느끼고 탐색하는 내용과 반복적으로 활용하면서 도구와 기계의 종류와 기능을 알고 바르게 활용할 수 있도록 하는 내용을 다룬다. 또한, 전통사회에서부터 생활에 도움이 되는 방향으로 도구와 기계가 발명되어져 왔음에 대해 관심을 두는 것에 중점을 두도록 한다.

2) 과학 과정기술

과학 과정기술의 구성요소는 관찰하기, 분류하기, 예측하기, 측정하기, 추론하기, 변인 통제와 증명하기, 가설 설정하기, 자료 해석하기, 실험하기 등이 있다. 각 과정기술은 무엇을 의미하는지, 이를 경험하기 위한 전략 등을 살펴보기로 한다.

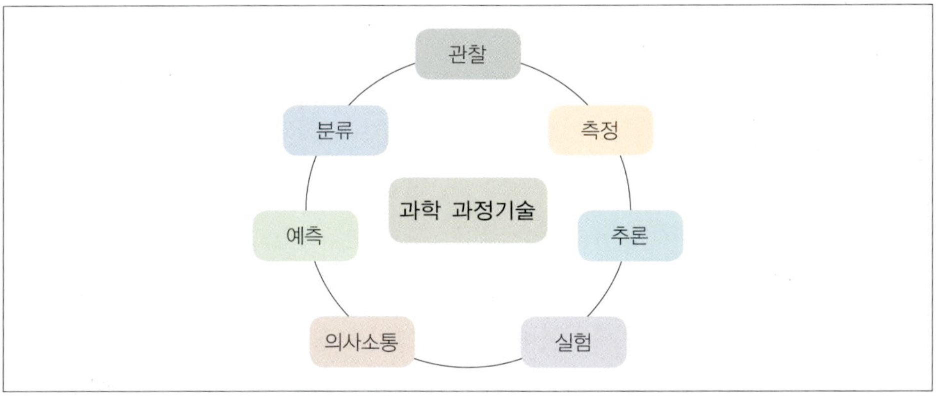

[그림 12-1] 과학 과정기술

(1) 관찰

관찰하는 것은 오감각을 이용해서 보고, 듣고, 만지며, 냄새를 맡아보고 맛을 보는 행위를 통해 사물과 현상 그리고 사건에 대한 정보를 수집하는 방법이자 기능이다. 단순히 보는 것이 아니라 무엇인가를 발견하겠다는 목적을 가지고 다양한 감각을 활용하여 보는(seeing) 것을 의미한다.

관찰은 모든 과학의 시작이며, 핵심이므로 유아가 생활 속에서 관찰의 기회와 관찰 기술을 터득할 수 있도록 해야 한다.

(2) 분류

분류하기란 유사한 특성이나 준거에 따라 대상(사람, 물체, 사건 등)을 서로 함께 묶어 보거나 그 관계를 연결하는 과정으로 유사한 물체의 공통점을 추상화하는 능력이 요구된다.

유아는 발달을 통해 융통성과 논리를 가지고 사고하면서 점점 더 복잡한 방식으로 분류하는 능력을 발전시켜 간다. 그러므로 주변에서 쉽게 볼 수 있는 사물들을 다양한 기준으로 분류해 보는 경험을 자주 갖도록 해야 한다.

(3) 측정

측정이란 단위를 사용하여 사물의 길이, 무게, 부피 등을 수량화하는 것을 말한다. 측정은 유아의 탐구능력을 신장시키고 다양한 현상을 객관적으로 판단하도록 도와주므로 매우 필요한 과정기술이라고 할 수 있다.

(4) 예측

예측하기란 현재 알고 있는 지식이나 관찰을 토대로 앞으로 일어날 일을 미리 짐작하는 것을 말한다. 유아가 예측하기 활동에 적극적으로 참여하기 위해서는 구체적 자료를 직접 조작해 보며, 결과를 예측해 보는 경험을 충분히 제공해 주는 것이 필요하다.

예를 들어, '만약 여기에 소금을 넣으면 어떻게 될 것 같니?' 또는 '자석에 동전을 대면 어떻게 될까?, 동전이 자석에 붙을까?'와 같은 질문을 던져 결과를 예측해 보고 직접 실험해 보는 기회를 마련해 주며 예측과 결과를 비교해 볼 수 있다.

(5) 추론

추론하기란 어떤 결과를 관찰하고 이러한 결과의 원인을 되짚어 설명하는 것을 말한다. 유아는 자신이 이미 경험하거나 알고 있는 것을 근거로 어떠한 현상에 대해 왜 이런 일이 벌어졌는지 설명할 수 있다.

예를 들어, '달팽이는 왜 오이의 가운데만 먹을까?'라는 추론적인 질문에 달팽이를 직접 길러보며 달팽이에 대한 경험과 사전 지식이 있는 유아는 달팽이는 치설이라는 구조 때문에 부드러운 부분만 먹는다고 이야기할 수 있다.

(6) 의사소통

과학활동에 있어 의사소통은 유아가 자신이 발견하거나 관찰한 것을 서로 주고받으면서 스스로 개념을 명료화할 뿐 아니라 협동적인 탐구학습을 촉진하며 유아가 자신의 생각을 표현하고 다른 사람의 의견에 귀를 기울이는 능력을 길러주므로 중요하다고 할 수 있다.

(7) 실험

실험은 앞서 제시한 모든 기술이 통합적으로 요구되는 과학 과정으로, 궁금한 것을 알아보기 위해 구체적인 자료들을 마련하고 과정을 계획하여 직접 조작함으로써 결과를 알아보는 것이다. 실험 구성활동은 유아가 일상생활에서 과학적인 문제를 제기하여 과학 실험의 과정을 계획 · 구성하고 스스로 조사 · 탐색하는 활동으로써 창의성과 문제해결력을 강조하는 최근의 과학교육 동향과 일치한다(김희영 · 이문정, 2009).

또한, 실험활동은 주변사물과 현상에 대해 호기심과 흥미를 느끼고 생활 속에서 유아 자신이 부딪치는 과학적 문제를 인식하고 해결하는 태도와 능력을 갖춘 과학적 교양인으로의 기초를 다질 수 있도록 한다. 그러므로 거창하고 복잡한 화학적인 실험보다는 유아가 일상에서 궁금해하는 것을 실험을 통해 해결해 볼 수 있는 기회를 자주 마련해 주는 것이 필요하다.

03 유아 과학교육의 교수-학습방법

유아 과학교육의 교수-학습방법은 교육목표를 성공적으로 달성하기 위하여 선정된 교육내용을 학습자가 효과적으로 학습할 수 있도록 하는 수단이다. 유아 과학교육의 교수-학습모형을 중심으로 살펴보면 다음과 같다.

[그림 12-2] 유아 과학교육의 교수-학습모형

1) 경험학습모형

경험학습모형은 전조작기 유아에게 구체적인 경험을 제공해 주어 그들이 접하는 세계를 스스로 이해할 수 있도록 한다.

이 모형에서는 유아의 구체적이고 조작적인 감각 경험이 강조되고, 학습활동이 기본적인 탐구과정에 강조점을 두며, 학습활동을 통해 과학내용을 지도하기보다는, 과학내용을 활용하여 경험을 유발한다(김찬종 · 채동현 · 임채성, 2009). 경험학습모형은 자유탐색, 탐색결과 발표, 교사 안내에 따른 탐색, 정리의 단계로 학습활동이 이루어진다.

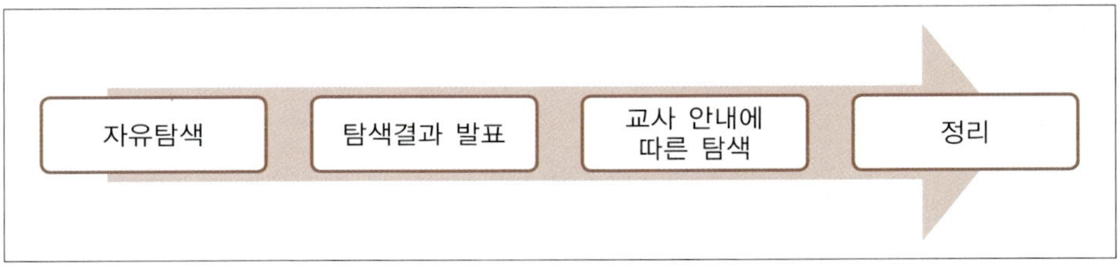

[그림 12-3] 경험학습모형의 학습활동단계

2) 발견학습모형

발견학습모형은 과학의 탐구과정에 유아가 직접 참여하여 스스로 조사하고, 규칙성을 발견하거나 개념을 형성하여 일반화하는 것을 강조하며, 탐색 및 문제파악, 자료제시 및 관찰탐색, 자료추가 제시 및 관찰탐색, 규칙성 발견 및 개념정리, 적용 및 응용의 단계로 학습활동이 이루어진다.

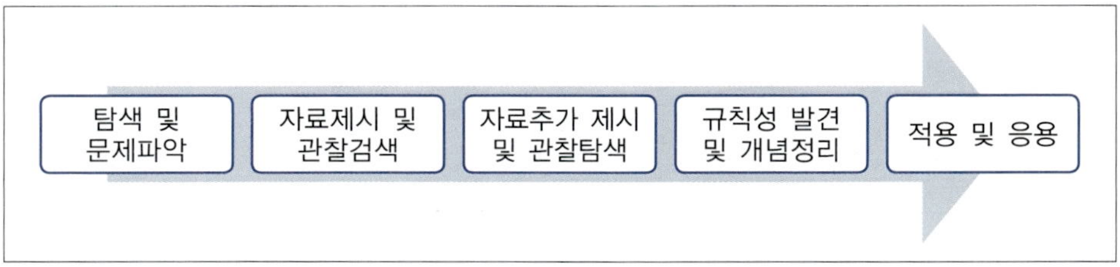

[그림 12-4] 발견학습모형의 학습활동단계

3) 탐구학습모형

탐구학습모형은 주어진 문제에 대해 가설을 세워 검증하는 절차를 거치면서 과학적 과정을 체득할 수 있는 모형이다.

유아는 과학자들이 연구하는 과정을 경험함으로써 과학적 방법을 익힐 뿐만 아니라 과학지식을 얻는 방법도 배우게 되므로 과학적 사고능력을 증진할 수 있다(이영석 · 임명희 · 박호철, 2001). 탐구학습모형은 탐색 및 문제파악, 가설설정, 실험설계, 실험, 가설검증, 적용의 단계로 학습활동이 이루어진다.

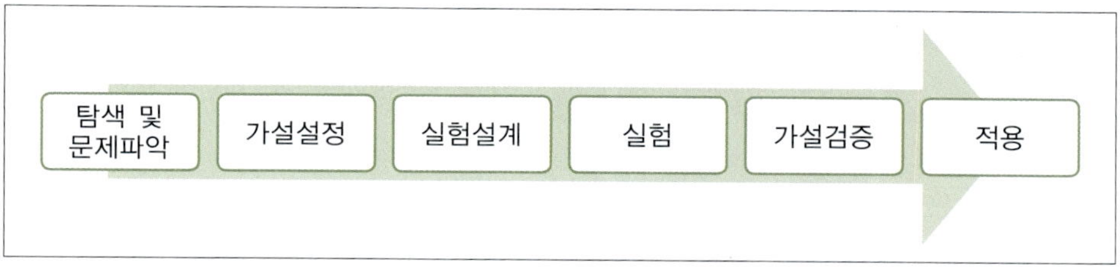

[그림 12-5] 탐구학습모형의 학습활동단계

4) 순환학습모형

순환학습모형은 탐색, 개념도입, 개념적용의 단계로 학습활동이 이루어지며, 탐색단계에서는 유아에게 직접적인 경험을 충분히 주어 자료와 친숙해지며 구체적인 상호작용을 한다. 개념도입단계에서는 탐색단계에서 경험한 일을 설명하거나 기술하기 위해 과학적 개념을 도입한다. 개념적용단계에서는 도입된 개념을 사용하여 새로운 현상을 이해하고 설명한다.

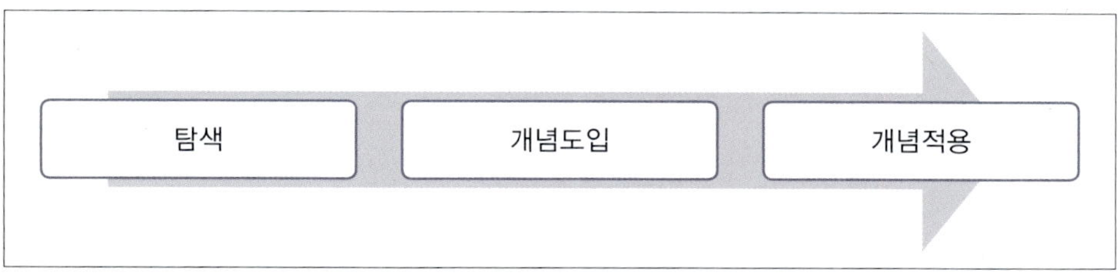

[그림 12-6] 순환학습모형의 학습활동단계

5) 구성주의 학습모형

구성주의 학습모형에서는 학습자가 수업을 시작하기 전에 인식하고 있는 사전 개념을 강조한다. 구성주의에서는 학습자를 외부 세계에 대한 의미를 구성해 나가는 능동적인 존재로 여기며, 지식도 학습자의 선행 경험을 바탕으로 능동적으로 재구성되는 것으로 본다. 교사가 전달해 주는 지식을 습득하는 것이 아니라, 유아가 능동적으로 지식을 구성해 나가고, 또래들과 자유롭게 의사소통할 수 있는 상호 협동적인 환경이 중요하다(나명숙, 2002).

구성주의 학습모형은 생각의 표현, 생각의 재구성, 생각의 응용, 생각의 변화 검토단계로 학습활동이 이루어지며, 생각의 표현단계에서는 학습할 내용과 관련된 유아의 생각을 표현한다. 생각의 재구성단계에서는 유아가 자신의 생각을 친구들과 교환하고 명료화시키며, 다른 친구들의 의견과 상충되면 자신의 생각을 바꾸려는 동기를 가지며, 대체할 수 있는 새로운 생각을 구성하고 타당성을 평가한다. 생각의 응용단계에서는 새로운 소재나 상황을 제시하여 재구성한 생각을 적용하게 한다.

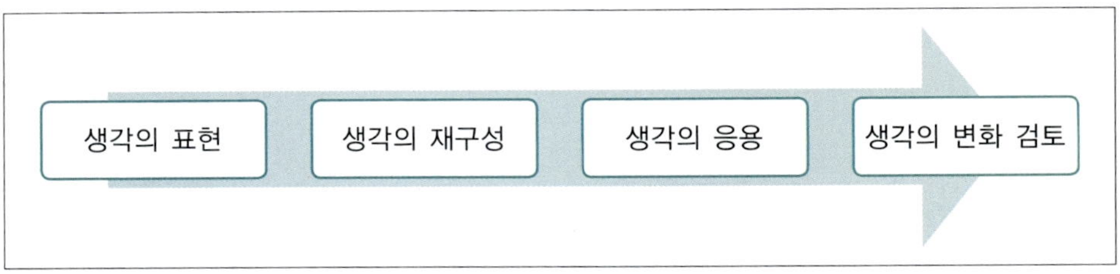

[그림 12-7] 구성주의 학습모형의 학습활동단계

04 유아 과학교육의 평가

평가란 유아의 전인적 성장과 발달이 어느 정도 달성되었는지를 밝히기 위해, 또는 전인적 성장과 발달을 돕기 위한 교육과정이나 교육프로그램이 어느 정도 실현되었는지의 여부를 밝혀 교육활동의 전반적인 과정을 개선하기 위해 이루어진다(유치원 교직실무편람, 2007).

유아 과학교육의 평가는 유아가 어느 정도의 과학적 지식을 가지고 있는가를 단순하게 검사하는 것이 아니라, 유아의 과학적 성취와 진보에 대한 다양한 정보를 수집하고 정보를 해석하여 교수-학습과정에 반영하며, 부모와의 의사소통수단으로도 사용할 수 있는 복합적인 과정이라고 할 수 있다.

1) 교사 및 교육과정 평가

교사 스스로의 전문성을 함양하기 위해 평가하는 것이며, 과학활동의 통합성과 균형성을 점검하기 위해 평가한다. 또한, 과학활동의 도입이나 선정, 교수-학습방법이 유아의 흥미와 활동특성에 적합하게 이루어졌는지 알기 위해 평가하고 과학교육환경이나 활동자료가 활동의 주제, 유아의 발달특성을 고려하여 이루어졌는지 알기 위해 평가한다. 그리고 평가의 내용이 다음의 과학교육계획이나 수행에 반영되었는지를 알기 위해 평가한다.

교사의 교수행동이나 교육과정에 대한 평가는 과학교육활동의 질을 개선시키고 궁극적으로 유아의 탐구능력과 과학적 소양을 함양하는 데 매우 필수적이다. 이에 교사는 반성적 사고를 바탕으로 자신의 교수행동 및 태도를 뒤돌아보고 스스로를 점검하는 데 최선을 다해야 한다.

2) 유아평가

유아의 현재 과학관련 제반요소(과학적 개념, 과정기술, 태도)의 발달단계를 이해하기 위해 평가한다. 또한, 유아의 과학관련 제반요소에 있어 일어난 변화나 진보를 알기 위해 평가하며, 도움이 필요한 유아를 선별하고, 개별 유아에게 적합한 접근 방법을 알기 위해 평가한다.

유아를 대상으로 수행할 수 있는 다양한 평가의 종류로는 과학적 탐구능력 검사도구, 과학적 태도 검사도구와 같은 표준화된 검사도구가 있다. 〈표 12-1〉은 과학적 탐구능력 검사도구이다.

〈표 12-1〉 과학적 탐구능력 검사도구

평가요소	내용	매우 부정	부정	보통	긍정	매우 긍정
예측하기	알고 있는 지식에 기초하여 예측하였는가?					
	새로 얻은 정보에 기초하여 예측하였는가?					
관찰하기	사물을 주의집중하여 감정하였는가?					
	하나 이상의 감각을 사용하였는가?					
	적절한 감각을 가능한 한 모두 이용하였는가?					
	특성을 정확하게 묘사하였는가?					
	도구를 사용하였는가?					
분류하기	분류할 수 있는 사물의 주요 특징을 뽑아냈는가?					
	사물들의 유사점을 뽑아냈는가?					
	준거에 의해 두 집단으로 정확히 분류하였는가?					
	다양한 방법으로 정확하게 분류하였는가?					
	분류 준거를 설명하였는가?					
측정하기	적절한 측정 유형을 선택하였는가?					
	적절한 측정 단위를 선택하였는가?					
	적하한 측정 도구를 사용하였는가?					
	측정 기술을 적절하게 적용하였는가?					
토의하기	사물을 정확하게 묘사하였는가?					
	생각을 주고 받았는가?					
	타인에게 사물을 설명하였는가?					
	정보를 교환하였는가?					
	질문을 하였는가?					

또한, 관찰법으로서 일화기록, 표본식 기술, 사건 표집, 시간 표집, 평정척도 등이 있다. 이중 일화기록은 유아교육현장에서 가장 쉽게 실시할 수 있는 관찰평가 방법으로 유아의 특성을 이해하기 위하여 그 유아가 나타낸 구체적인 행동사례나 어떤 사건에 관련된 관찰기록을 상세히 기록하는 것이다. 어떤 특별한 과학적 행동이나 상황에 초점을 맞추어 그 상황이 언제, 어디서, 어떻게 일어났으며, 유아가 그 상황에서 어떤 말을 하고 어떠한 과학적 행동을 했는지를 구체적이면서도 간단명료하게 기술하면 된다.

〈표 12-2〉 과학적 행동의 일화기록의 예시

관찰유아	최상욱	생년월일	2010. 8. 14.
관찰일	2015. 9. 13.	관찰자	김소라
시간	오전 10시 40분	관찰일 현재 유아의 연령	5년 1개월
장면	자유선택활동 시 실험 장면		
기록	상욱이는 책을 사이에 두고 아래 도장 자석으로 위의 도장 자석을 움직이며 미소를 짓는다. 몇 번을 미끄러지듯 움직이게 한 후 책을 내려놓고 자신의 손바닥 바깥, 안쪽에 도장자석을 댄다. 자석이 손을 사이에 두고 붙자 함빡 웃으며 선생님에게로 달려 간다. "선생님, 자석이 붙었어요!"라면서 들뜬 목소리로 크게 이야기한다.		
해석	상욱이는 자석끼리 붙는 성질을 알고 자석의 힘이 어느 정도인지를 책과 자신의 손바닥을 이용하여 실험하였다. 자석에 대해 자발적으로 탐색하고 발견하는 모습으로 보아, 과학적 호기심과 탐구능력이 발달되어 있음을 알 수 있다. 다양한 세기의 자석, 두께가 다른 책 등을 준비해서 심화·확장된 실험을 할 수 있도록 준비할 필요성이 있다.		

이 외에 면접법, 포트폴리오 평가가 있다. 포트폴리오는 유아의 진보에 대한 발달적인 모습을 보여 주며, 학습에서 과정과 결과 모두를 평가하기 위한 대안적인 방법이다(Clemmon, 1993). 다시 말해 유아 내의 발전과 변화 과정을 평가하기 위한 목적으로 성과물들을 지속적으로 모아 놓은 것으로 한 유아의 지식, 기술, 성향에 대한 전반적이고 전체적인 평가라고 할 수 있다. 포트폴리오는 전통적인 과학

활동에서 보여 주었던 교사중심의 활동이 아니라 유아가 직접 경험한 것을 기록한 산출물과 유아의 생각을 나타내주는 논평, 과학활동 시에 또래와의 상호작용을 기록한 것, 체크리스트, 사진 등으로 구성된다. 즉, 포트폴리오에는 유아가 교육활동 수행 시 뚜렷한 목적을 가지고 누적적으로 발전을 보이는 모든 형태의 자료가 포함될 수 있다.

05 유아 과학활동의 실제

교육기관에서 진행되는 유아 과학활동은 교실 안이나 밖에서 또는 하루일과, 그리고 다양한 영역에서 복합적으로 진행될 수 있다. 이에 동식물과 관련된 자연친화적 과학활동을 소개하고자 한다.

〈표 12-3〉 동식물 관련 단위활동 계획안의 실제

활동명	다른 꽃도 물이 들까?	대상연령	만 4세	생활주제	봄과 식물
활동목표	• 손톱에 꽃물이 들여지는 과정에 관심을 갖고 탐색해 본다. • 손톱에 물들여지는 꽃물의 특성을 비교 실험해 본다.				
누리과정 관련요소	• 자연탐구〉탐구하는 태도 기르기〉탐구기술 활용하기 • 자연탐구〉과학적 탐구하기〉생명체와 자연환경 알아보기				
활동자료	봉숭아 꽃, 장미꽃, 절구, 실, 백반, 랩				
활동방법	1. 화단에 직접 심은 봉숭아 꽃을 탐색하며 이야기 나눈다. – 우리가 봄에 화단에 어떤 식물을 심었었니? – 봄에 심은 봉숭아가 지금 어떻게 되었니? – 너희가 심은 봉숭아가 아주 예쁜 꽃을 피웠구나. 봉숭아 꽃을 자세히 탐색해 볼까? – (봉숭아 꽃을 탐색하며) 봉숭아 꽃을 자세히 보니 무엇을 발견했니? 예 꽃 색깔이 조금씩 달라요. / 만지니까 부드러워요. / 냄새가 좋진 않아요. 등 – 봉숭아를 보니까 무엇이 떠오르니? 예 손톱에 물을 들이는 것/ 예쁜 색깔 등 – 봉숭아로 어떻게 손톱에 물을 들일 수 있을까?				

활동방법	2. 장미꽃을 탐색해 본다. - 그런데 봉숭아로만 손톱에 물을 들일 수 있을까? - 우리 화단에 또 어떤 꽃이 피어있니? - 그럼 어떤 꽃으로도 물을 들여 보고 싶니? - 왜 장미꽃으로 물을 들이고 싶어? 예 장미꽃 색이 진하니까 물이 잘 들 것 같아요. / 장미꽃도 꽃이니까 물이 들 거예요. / 장미 향기가 손톱에 묻을 것 같아요. 등 - 장미꽃을 자세히 살펴보자. - 봉숭아와 가장 다른 점은 무엇일까? 예 색이 달라요. / 꽃 모양이 달라요. / 냄새도 달라요. / 잎을 만질 때 느낌이 달라요. 등 - 그럼 봉숭아와 장미꽃으로 물을 들여 볼까? 3. 봉숭아와 장미꽃으로 손톱에 물을 들여 본다. - 손톱에 이 꽃잎으로 물을 들이려면 어떻게 해야 할까? ① 봉숭아 꽃잎과 장미꽃잎에 각각 백반을 넣은 후 돌이나 방망이로 찧기 ② 찧은 봉숭아를 오른쪽 손톱 위에 조금씩 덜어서 올려놓고 랩으로 감싸기 ③ 찧은 장미를 왼쪽 손톱 위에 조금씩 덜어서 올려놓고 랩으로 감싸기 ④ 시간이 흐른 뒤 손톱에 물이 드는 정도를 비교해서 살펴보기 - 결과가 어떻게 될 것 같니? 예 봉숭아는 물이 들어요. / 장미는 안 들 것 같아요. / 둘 다 물이 들어요. 등 - 왜 그렇게 생각했니? 예 봉숭아는 원래 물을 잘 드는 걸 알고 있으니까요. / 장미는 색이 잘 안 나올 것 같아요. / 장미가 물이 들면 우리도 이미 알고 있을 거예요. 등 - 그럼 손톱에 두 꽃으로 물을 들인 후 결과를 살펴보자. 4. 결과에 대해 이야기 나눈다. - 벌써 한 시간 정도 시간이 지났어. 어떻게 됐는지 열어 볼까? - 어떻게 되었니? - 너희들이 예상한 것처럼 물이 들었니? - 장미꽃은 어떤 색깔로 물이 들었어? 예 진짜 장미꽃과 다른 색으로 물이 들었어요. / 예쁘지 않아요. / 무서워 보여요. 등 - 봉숭아와 장미꽃 중에 어떤 꽃이 물이 잘 들었다고 생각하니? - 아마도 이런 결과 때문에 사람들이 지금까지 봉숭아꽃으로만 손톱에 물을 들였나 보다.

활동방법	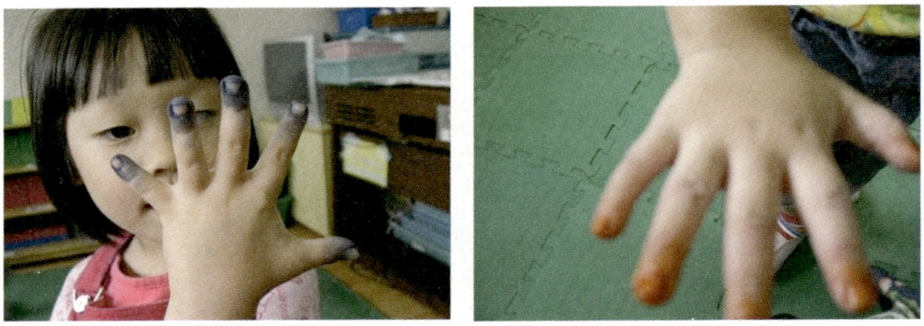 〈장미꽃과 봉숭아로 손톱에 물을 들인 모습〉 5. 활동을 회상해 본다. - 오늘 활동을 해보니 어땠어? - 특별히 기억에 남는 것은 무엇이니? 예 장미가 별로 물이 안 들은 거요. / 장미는 빻을 때 물이 잘 안 나와서 힘이 든 거요. 등 - 혹시 다른 꽃으로도 물을 들여 보고 싶니? - 손톱 말고 물을 들일 수 있는 것은 무엇일까? 예 옷이나 수건, 종이, 밀가루 반죽 등 - 다음에도 여러 자연의 색으로 물을 들여 보자.
참소사항 및 유의점	• 거즈 손수건이나 화선지에 꽃을 빻아 물을 들이는 활동을 해 볼 수 있다. • 봉숭아꽃에 잎을 섞어 물을 들였을 때 어떤 차이가 생기는지 실험해 볼 수 있다. • 유아의 손에 물을 들이는 데 꽤 많은 시간이 소요되므로 일과를 융통성 있게 구성하는 것이 필요하다.

이러한 활동을 통해 유아의 과학자적 자아와 과학적 성향, 태도 등이 향상되고 이는 탐구능력의 발달로 연결된다. 단순히 과학적 지식을 암기하고 습득하는 것에만 초점을 두기보다 유아의 일상적 경험을 반영하면서 다각적인 접근방법으로 과학 탐구활동이 전개될 수 있도록 교사와 성인의 역할이 매우 중요하다.

CHAPTER 13

유아 수학교육

수학은 인간의 사고에 기본요소인 논리적 개념에 포함되는 중요한 요소로서 우리 생활과 매우 밀접한 연관이 있으며, 모든 학문의 기초라고 해도 과언이 아니다. 특히, 지식 정보화 사회에서 수학능력은 개인 및 국가의 경쟁력 강화를 위해 필수적인 능력이다. 유아기는 기초적인 수학능력을 형성하는 중요한 시기로서 유아기부터 수학교육을 체계적으로 실시하여야 한다.

그러나 최근까지 수학교육은 아이들의 삶의 맥락과 거리가 먼 학습지 위주의 수업을 지향하였고 수학을 잘하는 것은 곧 좋은 성적을 거두는 것으로 인식되어 왔다. 이는 유아의 발달에 부적합하며, 유아의 이해가 동반되지 않아 의미 있는 학습이 이루어지기 어렵다고 할 수 있다. 유아의 일상과 분리된 수학의 지식이나 기술을 전달하는 학습방법은 수학을 배우는 이유나 사물 간의 관계와 규칙을 실제로 이해할 수 있는 기회를 주지 못하기 때문에 유아가 수학을 지루하고 어려운 과제로 느끼게 한다.

이에 유아의 호기심을 사로잡고 수학적 사고력을 길러 주며, 유아의 일상생활과 관련이 깊은 바람직한 수학교육활동을 위해 수학교육의 목적과 내용, 교수-학습방법, 평가 및 다양한 실제에 대해 알아보고자 한다.

01 유아 수학교육의 목적과 목표

21세기 지식 정보화 시대로 들어서면서 국가 경쟁력의 원천이자 허브학문으로써 수학이 커다란 주목을 받고 있으며, 미국, 독일, 일본 등 선진 각국은 우수 인재의 양성차원에서 수학교육 진흥에 많은 관심과 노력을 기울이고 있다(교육과학기술부, 2012). 이에 유아 수학교육의 목적 또한 수학에 대한 긍정적인 태도와 일상생활에서의 문제해결능력을 기르는 데 그 의의를 두고 있다(정연희, 2009).

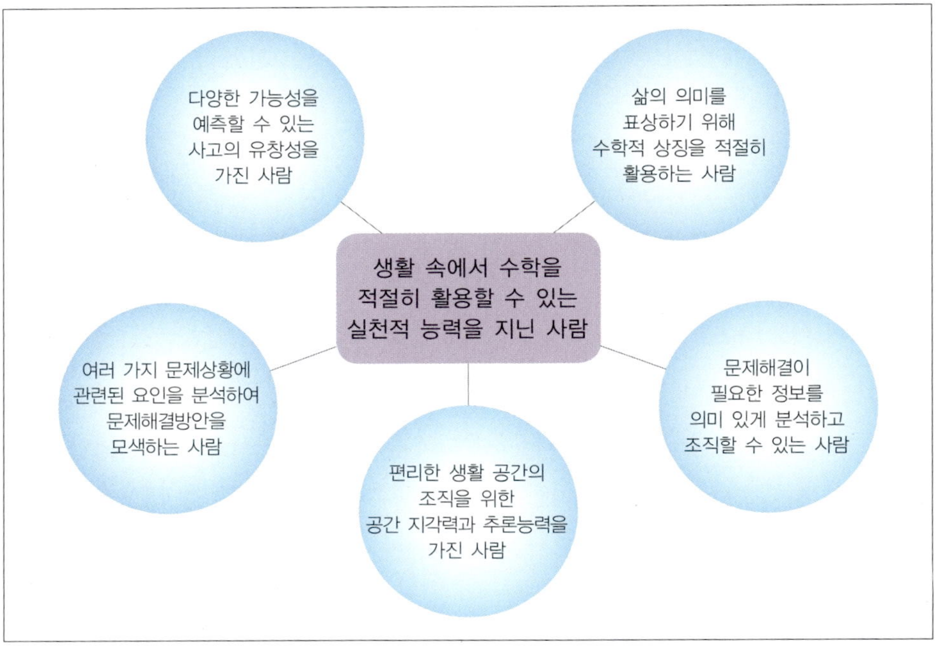

[그림 13-1] 수학교육의 목적

전미수학교사협의회(National Council of Teachers in Mathematics; NCTM)는 수학교육의 목적을 수학적 소양(mathematical literacy)을 갖게 하는 것이라고 하면서 목표를 다음과 같이 제시하였다.

첫째, 수학의 가치를 이해할 수 있어야 한다.
둘째, 수학을 행하는 자신의 능력에 대해 확신을 가져야 한다.
셋째, 수학적 문제해결자가 되어야 한다.
넷째, 수학적으로 의사소통하는 것을 배워야 한다.
다섯째, 수학적으로 추론하는 것을 배워야 한다.

02 유아 수학교육의 교육내용

현대사회가 요구하는 수학교육은 수학적 어휘나 수 세기 학습에 한정하기보다는 수 개념, 측정, 공간과 도형, 자료조직 등 폭넓은 영역을 구체적이고 능동적인 활동을 통해 수학능력이 계발되도록 다양한 수학지식을 습득하도록 해야 한다(권영례, 2003).

이에 수학교육의 내용으로 수학개념인 분류, 순서 짓기, 수 개념, 공간과 도형, 측정, 시간, 규칙성, 자료정리와 결과 나타내기 등을 살펴보도록 한다.

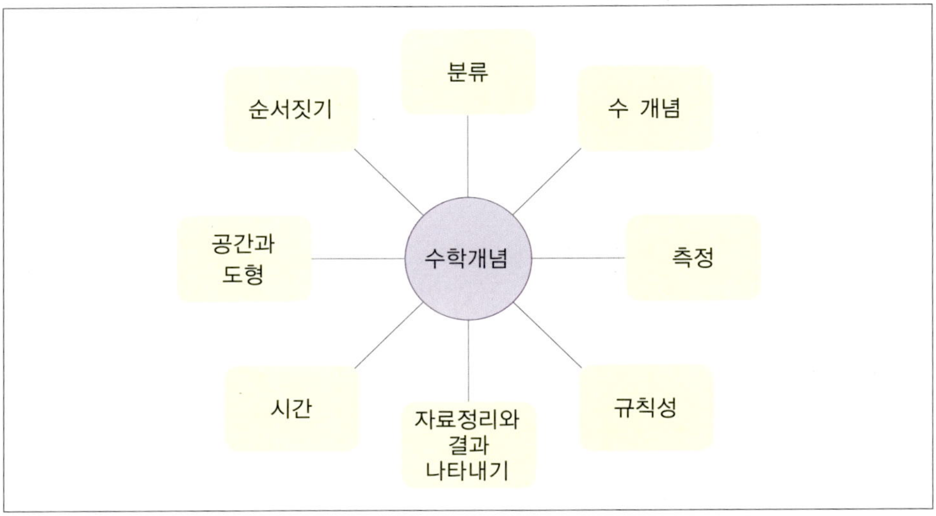

[그림 13-2] 수학개념

1) 분류

분류란 사물을 어떤 기준이나 특성에 따라 일정한 범주나 영역으로 서로 구분하고 유목화하는 지적 과정이다(Ault, 1982). 사물의 공통된 속성을 알아내고 이에 따라 사물을 모아보는 분류능력은 곧, 논리적 사고의 기초가 되며, 수학적 사고의 기초적 기능이 된다.

분류의 내용에는 짝짓기, 단순 분류, 복합 분류, 유목포함 관계 등이 있다.

(1) 짝짓기

짝짓기는 분류의 가장 초보적 단계로 같은 속성이나 유사한 것, 관련 있는 것끼리 일대일 대응시키는 것이다.

유아는 여러 사물이 있을 때 사물들 간의 유사점이나 관련 있는 특성에 따라 짝짓기가 가능하다. 나와 내 장난감, 내 신발, 내 사물함 등 자신과 관련된 물건을 인식하면서 자발적인 짝짓기 활동이 가능하다.

(2) 단순 분류

단순 분류는 물체 간의 공통된 속성 하나를 준거로 하여 물체들을 모아 보는 활동이다. 유아가 가장 자주 사용하는 분류 준거는 색과 모양으로, 다른 속성보다 빨리 나타난다. 보통 유아가 장난감을 정리할 때 단순 분류경험을 한다.

(3) 복합 분류

복합 분류는 한 번에 두 가지 이상의 속성을 고려하여 사물을 분류하는 것을 의미하는데, 이를 위해서 한 사물이 여러 속성을 가질 수 있음을 이해해야 한다. 예를 들어, 어떤 사물은 노랗고 세모이거나 빨갛고 네모일 수도 있다. 이는 한 번에 두 가지 이상의 속성을 고려하는 것으로 복합 분류는 단순 분류보다 어렵다.

일반적으로 유아가 단순 분류 위주의 경험을 하고 복합 분류는 어렵다고 해도 일상생활에서 유아수준의 다양한 복합 분류를 실행하고 있다.

(4) 유목포함 관계

유목포함 관계는 사물을 하위 유목으로 구성할 수 있고, 이 하위 유목은 더 큰 상위 유목에 포함될 수 있다는 것을 의미하는데 이를 위계적 분류라도 한다. 유목포함 관계는 단순 분류나 복합 분류보다 높은 인지적 수준을 필요로 하므로 교사의 지도가 필요하다. 예를 들어, 우리 반 친구 중에 걸어서 등원하는 친구가 몇 명인지 알아봄으로 인해서 '우리 반'이라는 상위 유목, 이 중 '도보로 등원하는 친구'라는 하위 유목을 경험할 수 있다.

2) 순서 짓기

사물의 특성적 속성과 차이를 인식하고, 차이의 정도를 기준으로 순서대로 배열하는 것을 순서 짓기 또는 서열화라고 한다. 서열화는 수와 측정활동의 기초가 되며, 유아에게 논리적 순서가 포함된 문제해결의 경험을 제공하고, 자기 주변의 세계를 조직하고, 사물 간의 관계를 파악하게 되며, 또한 사건이나 사물의 순서를 알고 나아가 일반화의 법칙을 이해하는 경험을 제공한다.

(1) 단순 순서 짓기

단순 순서 짓기는 한 가지 속성에 따라 물체를 순서대로 배열하는 것이다. 순서 짓기를 돕기 위해서 교사는 순서 짓기를 지도할 때 처음에는 세 개 정도의 사물을 제시하고. '가장 긴 것', '가장 짧은 것'과 같이 사물들을 비교하는 경험을 제시하고 세 개의 사물 비교에서 점차 사물의 수를 늘려가는 것이 좋다. 또한, 서열화되어 있는 상태에서 하나 또는 두 개 빠진 것을 제자리에 찾아 넣어 보는 활동을 할 수 있다.

(2) 이중 순서 짓기

이중 순서 짓기란 두 집단의 사물들을 일대일 대응하면서 순서대로 배열하는 것이다. 예를 들어, 아빠 곰, 엄마 곰, 아기 곰의 크기에 따라 순서 짓기 한 후 밥그릇의 크기대로 순서 짓기 하여 일대일 대응하는 것이다.

즉, 두 개의 사물을 순서 짓기 한 후 그것을 서로 대응시키는 것을 의미한다.

(3) 복합 순서 짓기

복합 순서 짓기는 동시에 두 가지를 비교해야 하는 순서 짓기로, 길이와 높이처럼 두 가지 다른 속성을 동시에 고려하여 순서화하는 것이다. 단순 순서 짓기보다는 어려우나 유아가 크기와 굵기를 동시에 고려하여 순서 짓기 하는 것을 볼 수 있다.

[그림 13-3] 복합 순서 짓기 교구

3) 수 개념

수 개념이란 사물에 대한 수량 · 부피 · 크기에 대하여 순차적이고 조직적으로 사고하는 방법이다. 수의 기초개념에 대한 이해는 유아가 단순히 암기적으로 수를 세는 능력이나 숫자를 인지하는 능력 이상을 포함한다.

유아는 일상생활에서 다양하게 활용되는 수를 경험하면서 수 지식을 점차적으로 발달시키는데 이는 수 사이의 관계를 인식하고 수를 여러 가지 방법으로 표상할 수 있는 능력, 그리고 수의 연산에 관한 지식, 실제 생활에서 수를 사용하고 해석할 수 있는 능력이 향상되기 때문이다(이정욱 · 안경숙 · 김소향, 2001).

수 개념에서 수 세기, 수의 부분과 전체, 수 연산을 알아보도록 한다.

(1) 수 세기

수 세기는 숫자를 암기하여 기계적으로 세는 말로 세기와 사물과 수 이름을 일대일로 대응시켜 세는 물체 세기로 구분할 수 있다. 유아의 물체세기는 수를 외워서 세는 것과 수 단어와 사물을 대응하는 이중적인 과제를 수행해야 하기 때문에 말로 세는 것보다 어려운 과정이다. 수 세기는 다음과 같은 원리를 발달시켜야 한다.

〈표 13-1〉 수 세기의 원리

수 세기 원리	내용
일대일 대응의 원리	배열된 하나의 물체에 한 개의 수 단어를 부여하는 것이다. 유아는 하나의 사물에 두 개의 수 단어를 부여하거나, 수 단어를 부여하지 않은 상태에서 사물을 건너뛰어 셈으로써 실수를 하기도 한다.
안정된 순서의 원리	사물의 수를 셀 때 하나 다음에 둘, 셋, 넷과 같이 수 이름을 관습적인 방법으로 일관성 있게 세는 것이다. 유아는 종종 수의 순서를 부정확하게 세어서 안정된 순서의 원리에 위배되는 실수를 하게 된다.
추상화의 원리	서로 다른 물체로 된 집단의 수도 셀 수 있고 구체물만이 아니라 경험이나 사건 등도 수세기 할 수 있다는 것을 의미한다.
기수의 원리	물체의 수를 셀 때 마지막 항목에 적용된 수 단어는 그 집합의 전체 수량을 나타냄을 이해하는 것이다.
순서 무관의 원리	순서 무관의 원리는 한 집합의 물체를 셀 때 어느 쪽부터 세어도 세는 순서와 수량과는 무관하다는 것이다.

(2) 수의 부분과 전체

수의 부분과 전체란 전체가 여러 개의 부분으로 나누어질 수 있고, 이런 부분들이 모여 다시 하나의 전체가 될 수 있다는 개념이다. 수의 부분과 전체에 대한 이해는 이후 더하기, 빼기와 나누기, 곱하기, 분수 개념을 이해하는 데 필수적이다(Charleworth, 2000). 이는 유아가 주변의 구체물을 다양하게 나누어 보는 경험을 통해 부분과 전체의 개념뿐 아니라 이후 다른 수학개념의 기초를 다질 수 있다.

(3) 수 연산

수의 연산이란 두 개 이상의 수를 더하거나 빼는 것으로 유아는 일상생활에서 종종 사물의 수량을 더하거나 덜어내어 보는 비형식적인 경험을 하게 된다. 대략 3세경의 유아는 덜어내면 수가 감소하고 더하면 수가 증가한다는 것을 이해하고 있다(Clements, 2004). 또한, 6세 미만의 유아도 더하기 빼기와 관련된 비형식적인 수 지식을 가지고 있다고 한다(Ginsburg, 1989). 유아의 비형식적인 더하기 빼기 전략은 유아가 수 세기를 할 수 있게 되면서부터 발달한다.

4) 공간과 도형

유아의 공간에 대한 개념은 자신의 몸에 대한 지각에서부터 시작되며 동그라미, 세모, 네모와 같은 도형을 탐색하고 여러 가지 도형으로 그림을 그리는 경험을 통해 도형에 대한 개념을 발전시킬 뿐 아니라 구성능력도 발전시켜 나아간다.

(1) 공간

근접성은 최초로 나타나는 공간적 개념으로 가깝고 먼 것 등 물체의 위치에 대한 인식을 나타낸다. 유아는 자신을 중심으로 가깝고 먼 것을 인식하지만, 그 이후에는 상대방의 관점이나 제 3자의 관점에서 거리를 비교하는 것이 가능해진다. 즉, 나에게서 가까운, 먼 것에 대한 인식에서부터 '저 피아노는 나에게서는 멀지만, 선생님과는 가까운 곳에 있다.'는 개념으로 발전하게 된다.

공간개념 중 순서는 사물의 앞과 뒤, 옆에, 다음에, 사이의, 좌, 우, 위, 아래 등의 개념을 포함한다. 이런 위상학적 개념을 발달시키기 위해서 가장 중요한 것은 유아가 직관적으로 경험할 수 있는 기회를 제공해야 한다는 것이다. 또한, 만 5세경에는 간단한 지도 만들기 경험을 제공함으로써 유아가 공간에 대한 심적 지도를 형성하며, 주요한 지형지물을 사용하여 경로를 설명할 수 있다.

(2) 도형

도형개념은 도형의 특징과 도형 간의 상호 관계, 그리고 도형의 변화를 이해하는 것으로 유아를 대상으로 가르칠 때에는 원, 사각형, 삼각형의 종류와 방향, 크기 등 기하학적 모양과 관련지어 경험하게 하는 내용을 다룬다(NAEYC & NCTM, 2002). Clements(2004)는 어린 유아부터 도형의 개념을 이해하기 시작하여 만 3~6세 시기에는 기하학적 지식을 나름대로 획득하게 된다고 하였다.

교사는 모양의 변별과 인식, 모양의 구성, 모양 그리기, 모양의 특징 순으로 제시하도록 하며, 여러 가지 물체의 모양을 탐색하고 그 특성을 말로써 설명하는 기회를 많이 주도록 한다. 또한, 입체도형과 관련지어서 평면도형을 탐색하고 기본도형에 대한 이해를 발달시키도록 해야 한다. 단, 입체도형과 평면도형을 소개할 때는 정육면체, 삼각형 등의 형식적 용어의 학습을 강조하기보다는 동그라미, 세모 등 일상적인 용어를 통해 모양의 특성을 경험하게 하는 것이 중요하다.

5) 측정

측정은 단위를 사용하여 물체의 연속적인 양을 정하는 과정이다. 측정은 수학적 문제해결과 추론하기 등의 과정기술을 발달시키는 유용한 내용지식으로 유아는 측정활동을 통하여 수 이해와 셈하기와 같이 수와 양에 대한 경험을 하게 된다(이경우 외, 1997). 유아의 측정활동은 길이, 크기, 무게와 같은 물체의 속성을 탐색하고 이를 준거로 두 개의 물체를 직접적으로 비교하는 것으로부터 시작된다.

유아는 사물의 길이를 잴 때 자신의 손이나 발과 같은 신체 부위나 줄과 끈 등의 임의의 단위를 사용하여 측정하다가 점차 표준단위를 이용하여 측정하는 단계로 발전한다. 대부분의 유아는 줄자나 저울과 같은 표준단위를 알고 있지만, 그것을 사용하는 정확한 기술을 가지고 있지는 못한다. 그러므로 교사는 임의의 단위를 사용한 측정경험을 자주 소개하는 것이 필요하다. 즉, 이 시기의 측정은 표준화된 측정 도구를 사용하기보다는 유아에게 익숙한 물체로 길이나 무게 등을 재어 보는 활동을 하면서 측정에 대한 감각을 갖도록 하는 것이 중요하다.

6) 시간

시간개념은 단순히 '시각'을 말할 수 있는 능력뿐 아니라 하루일과의 흐름, 어제와 오늘, 내일 등과 같은 '사건의 순서'를 이해하는 능력을 의미하는 것으로 어떤 사물이나 사건들 간의 관계에서 나타나는 사건이나 사물의 위치 혹은 순서를 뜻하는 개념이다(Althouse, 1994).

시간은 손으로 만지거나 잡을 수 없지만 시계 · 날짜 · 주 · 달 · 계절과 같은 단위로 측정할 수 있다. 유아는 자기중심적이고 비연속적인 이해 수준이기는 하지만 자신의 경험을 통해서 사건의 순서와 시간 간격을 이해하기 시작한다. 시각개념은 그다음으로 나타나는데 일상생활에서 규칙적인 일과시간과 시계를 사용하여 자연스럽게 지도할 수 있다. 즉, 오늘 하루의 일과를 알아보거나 이 시간 다음에 어떤 활동인지를 떠올려보고 바깥놀이는 얼마만큼 할 수 있는지 시계의 바늘을 보며 이야기 나눌 수 있다.

정확한 시계읽기에만 치중하기보다는 일상의 경험을 통해 시계보기 활동에 자연스럽게 관심을 갖도록 하는 것이 중요하다.

7) 규칙성

규칙성은 사물의 모양이나 양상이 일정한 규칙을 나타내며 반복되는 형태를 말하며(이경우 외, 1997), 이를 패턴이라고도 한다. 일정하게 반복되는 규칙성에 대한 인식은 수학적 사고의 중요한 구성요소이다.

규칙성은 신체를 이용하여 여러 가지 움직임을 가진 패턴을 만드는 운동적 패턴, 여러 가지 소리를 이용하여 다양한 규칙성을 표현하는 청각적 패턴, 물체나 그림을 이용하여 규칙성을 만드는 시각적 패턴이 있다.

운동적 패턴은 앉거나 서기, 손뼉치기와 뛰기 등의 동작을 반복하면서 여러 가지 규칙성을 만드는 것이다. 보통 체조나 율동, 리듬치기 활동을 할 때 많이 사용하는 패턴이다. 청각적 패턴은 탬버린, 트라이앵글, 탬버린 트라이앵글처럼 여러 가지 소리를 규칙적으로 만들어내는 것을 의미한다. 시각적 패턴은 그림을 규칙적인 순서로 표현하는 것을 말한다. 대체적으로 규칙성 활동에서 가장 많이 활용되는 방식이다. 유아는 주변의 다양한 사물이나 그림을 이용해서 시각적 패턴을 경험하고 스스로 패턴을 만들어 볼 수 있다.

8) 자료정리 및 결과 나타내기

자료정리 및 결과 나타내기는 필요한 정보를 수집하고 이를 범주에 따라 분류하여 그래프와 같은 형태로 표현한 후 이 자료를 분석 · 해석하는 것을 의미한다. 실제 유아는 일상생활에서 자료를 수집하고 분류하여 분석할 수 있는 경험을 한다.

그래프는 다양한 방식으로 가능한데 바닥에 칸을 만든 후 블록을 늘어뜨리거나, 계란판에 탁구공을 놓고 표현할 수 있으며, 그림을 그려서 붙일 수 있다. 이런 실물 그래프 외에 칸에 색을 칠하거나 스티커를 붙이는 등의 상징 그래프를 활용할 수 있다.

03 유아 수학교육의 교수-학습방법

그동안 수학교육과 관련된 교수-학습방법은 다양하게 제시되어 왔다. 최근 들어 유아가 의미를 갖고 수학교육적으로 가치 있는 활동을 교사 및 또래와 공유함으로써 공동의 의미를 만들어 낼 수 있는 다양한 교수법에 대한 필요성이 제기되고 있다. 이에 전통적인 접근법부터 최근 각광받고 있는 탐구중심 접근법부터 자세히 살펴보기로 한다.

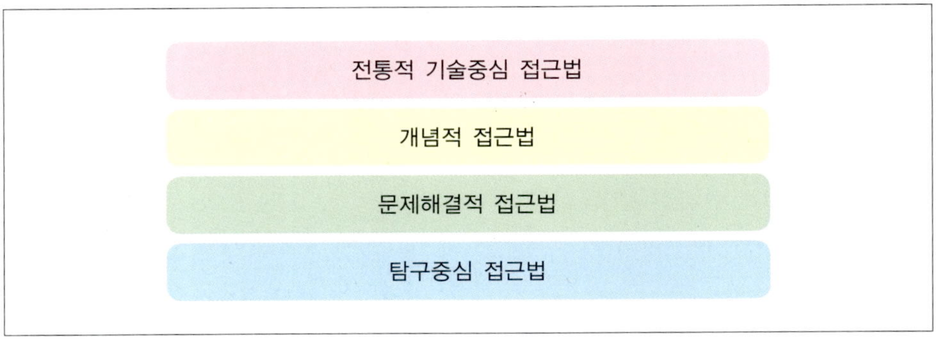

[그림 13-4] 유아 수학교육의 교수-학습방법

1) 전통적 기술중심 접근법

전통적 기술중심 접근법은 객관주의와 절대주의적 지식관을 바탕으로 하며, 학습에 대해서는 행동주의적 관점을 기초로 한다. 따라서 지식의 사회적 전수, 반복과 암기, 훈련을 강조한다. 이러한 접근법에서는 교사가 절대적인 권위를 가진 지식의 유일한 근원지로써 권위적인 교수행동을 갖는다. 교사가 마련한 활동내용에 따라 학습지를 중심으로 하여 교사가 설명하고 유아는 배운 내용을 연습하는 방식으로 진행된다. 교수의 내용은 기초적인 기술에서 시작하여 복잡한 내용으로 논리적으로 순서화 된 방식으로 진행한다.

이 접근법의 장점은 체계적인 교수가 가능하다는 점과 교사가 가르치기에 편리하다는 점이다. 하지만 절차적 지식에만 초점을 맞춤으로써 수학이란 이해될 수 없는 것이라는 잘못된 신념을 키울 수 있고(Baroody & Coslick, 1998), 학습이 위계적이므로 호기심이나 흥미를 유발하기 어렵다. 따라서 수학에 대한 긍정적 성향을 키우는 것이 어렵다. 또한, 문제해결의 기회가 부족하여 수학적 능력을 적절하게 발전시키지 못한다.

2) 개념적 접근법

개념적 접근법은 절차적 지식뿐 아니라 개념적 이해에 관심을 가져 학습자의 흥미와 준비도에 맞추는 교수가 실행되지만, 여전히 수학적 지식이란, 이미 규정되어 유아에게 가르쳐야 할 객관적 지식이기 때문에 유아는 교수내용에 의미를 이해하고 이를 바탕으로 기억해야 한다(Ausubel, 1968; Baroody & Coslick, 1998 재인용). 또한, 교수과정에서 기술중심의 접근법과 비교해 보면 개방적이고 발견 지향적인 교수방법을 사용하여 교수에 대한 유아의 흥미와 호기심을 이끈다. 하지만 이 역시 가르쳐야 할 객관적 지식이 존재하기 때문에 학습자의 발견이 이루어지지 않을 경우 교사는 은연중에 발견해야 할 사실들을 유아에게 지적할 수 있다(Solomon, 1989; Wood, Cobb, & Yackel, 1995/1997 재인용).

3) 문제해결적 접근법

문제해결적 접근법은 수학적 지식에 대한 극단적인 상대주의적 입장을 취하여 유아에게 가르쳐야 할 내용적 측면보다는 문제해결, 추론하기, 관련짓기, 표상하기, 의사소통과 같은 수학적 탐구과정에 초점을 맞춘다. 이 접근법은 앞서 제시한 접근법에 비해 유아의 호기심이나 흥미, 문제해결력이라는 측면에서는 좋은 성과를 갖는다. 하지만 내용적 교수가 유목적적으로 이루어지지 않고 우연적으로 일어나는 경향이 있다(Baroody & Coslick, 1998).

4) 탐구중심 접근법

탐구중심 접근법은 기술중심이나 개념적 접근법과는 달리 문제해결 접근법에서 강조하는 수학적 탐구과정에 초점을 맞추면서도 수학내용의 개념적 이해와 절차적 이해를 목적으로 삼아 문제해결 접근법과는 다르게 내용적 교수가 계획적으로 이루어진다.

이는 탐구중심 접근법이 유아의 수학에 대한 긍정적 성향, 수학적 탐구과정의 참여, 수학적 개념에 대한 이해라는 폭넓은 범위를 목적으로 하고 있기 때문이며, 이러한 이유로 탐구중심 수학교육은 앞에서 살펴본 접근법들과 비교할 때 유아의 수학적 힘을 신장시키기 위해 좀 더 적절한 교수접근법이라 할 수 있다. 탐구중심 수학교육은 각 유아의 개별적 탐색활동이나 비형식적 활동을 중요하게 생각하면서도 정기적으로 교사와 또래와 함께 하는 집단형태의 탐구활동을 갖는다.

04 유아 수학교육의 평가

유아 수학교육에서도 유아가 지닌 수학능력과 학습하는 방법을 파악하여 유아의 개인차를 고려한 효과적인 수학교육과정을 제공할 수 있으며, 시간의 경과에 따른 유아의 변화를 살펴볼 수 있다는 점에서 평가의 중요성이 강조되고 있다.

유아 수학교육평가는 유아 수학교육의 질적 개선과 유아의 수학적 능력발달 및 학습을 위해 체계적이고 지속적으로 이루어져야 한다(Pokay & Tayeh, 2000; Speery-Smith, 2001). 체계적인 수학교육평가를 통해 유아의 수학능력을 평가하기 위해서는 수학교육의 목적 및 내용과 관련된 타당하고 적합한 평가도구를 활용하는 것 또한 중요하다.

즉, 수학교육의 목적인 수학적 지식과 수학적 과정기술, 수학에 대한 태도를 평가할 수 있어야 하며, 수학 내용지식도 내용별로 균형 있게 이루어져야 한다. 유아 수학교육에 대한 평가는 유아의 성취 및 진보 정도와 수학교육 프로그램의 적절성을 평가하여 이후 수학교육과정 계획의 기초자료로 활용하고자 하는 데 목적이 있다. 따라서 수학교육에서의 평가는 수학교육내용에 대한 이해정도만을 측정하는 것이어서는 안 된다. 수학에 대한 유아의 흥미도, 유아 주변환경의 정의적 요소, 그리고 수학활동이 이루어질 때 일어나는 사회적 상호작용 유형 등을 고려하여, 유아의 수학활동에 대해 총체적으로 평가해야 한다.

NCTM(2000)은 수학 학습에 대한 효율적인 평가를 위해 고려하여야 할 사항을 다음과 같이 제시하고 있다.

첫째, 평가는 유아가 학습해야 하는 목표와 기준에 맞는 내용을 평가해서 이것이 학습의 방향을 안내할 수 있어야 한다. 최근 NCTM(2000)은 유아 수학교육의 목표를 수학내용 지식 외에도 문제해결, 의사소통하기, 표상하기, 추론하기 및 연계하기 등의 수학적 과정기술과 수학에 대한 태도를 포함해야 한다고 주장하였다.

둘째, 평가는 수학학습을 고양시켜야 한다. 평가는 '유아가 무엇을 할 수 있는가'와 '무엇을 아는가'를 증명하면서 학습과정의 한 부분으로 통합되어야 한다. 즉, 평가의 과정을 통하여 유아는 자신이 알고 있는 것을 증명하고 강화를 받아 평가가 수학학습에 기여해야 한다.

셋째, 평가는 평등성을 가져야 한다. 즉, 각 유아에게 수학적 힘을 증명할 동등한 기회를 제공해야 한다. 그래서 모든 유아가 공정하게 수학활동에 참여하여 자신이 알고 있거나 할 수 있는 것들을 나타낼 수 있어야 한다.

넷째, 평가는 개방된 과정이어야 한다. 유아, 교사, 부모 및 다른 관계자들에게 어떤 것을 평가하며, 어떤 방법으로 평가할 것인가에 대하여, 그리고 평가의 결과에 대하여 알려야 한다.

다섯째, 평가는 관찰, 인터뷰, 문제해결 상황 및 포트폴리오 등과 같은 다양한 평가자료를 근거로 이루어져야 한다.

여섯째, 평가는 교육과정의 교육목표, 교육내용과 일관성을 가져야 한다. 평가는 평가해야 할 내용을 평가했을 때 효과가 있다. 그러므로 평가내용에는 교육과정의 목표가 실현되었는지, 계획한 교육내용을 수행했는지, 어떻게 수행하였는지 등에 대해서 평가함으로써 일관성 있게 진행되어야 한다.

05 유아 수학활동의 실제

교육현장에서 유아 수학활동은 유아의 관심과 흥미, 생활주제에 따라 다양한 수학적 개념을 적용하여 교구 또는 일상적 경험을 중심으로 전개되고 있다. 이에 음악활동과 접목한 수학활동의 실제를 제시하면 다음과 같다.

〈표 13-2〉 '수 개념' 단위활동 계획안의 실제

<table>
<tr><th>활동명</th><td>발 피아노를 연주해요</td><th>대상연령</th><td>만 4세</td><th>생활주제</th><td>생활 도구</td></tr>
<tr><th>활동목표</th><td colspan="5">• 숫자를 바르게 인식하고 활용해 본다.
• 친구와 함께 협동을 경험한다.</td></tr>
<tr><th>누리과정
관련요소</th><td colspan="5">• 자연탐구〉수학적 탐구하기〉수와 연산의 기초개념 알아보기
• 사회관계〉다른 사람과 더불어 생활하기〉친구와 사이좋게 지내기</td></tr>
<tr><th>활동자료</th><td colspan="5">피아노 모양 판, 1~8까지의 숫자판
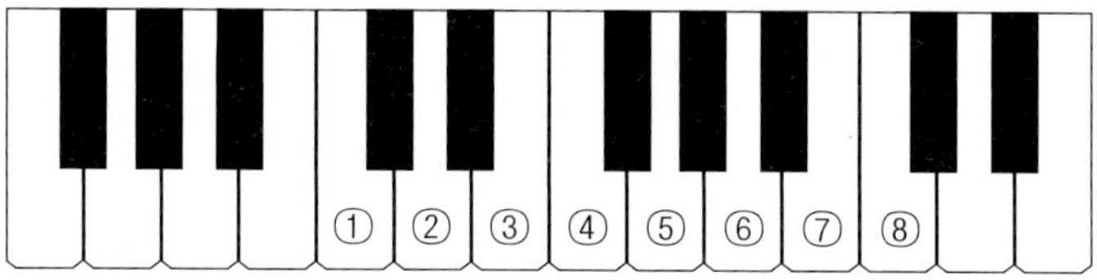
</td></tr>
<tr><th>활동방법</th><td colspan="5">1. 피아노 연주를 들어본 후 이야기 나눈다.
- 어떤 악기로 연주했니?
- 피아노 소리는 어떤 것 같아?
- 피아노를 연주하는 모습을 표현해 볼까?
- 손가락을 이리저리 움직이며 피아노를 연주하는 모습이 너무 멋지다!
- 만약 발로 연주한다면 피아노가 어떻게 변신해야 할까?

2. 발 피아노 건반을 보면서 어떻게 연주할 수 있을지 알아본다.
- 발로 연주할 수 있을 만큼 커다란 피아노를 가지고 왔어.
- 건반의 개수는 몇 개인지 세어 보자. 하얀 건반은 모두 몇 개니?
- 검은색 건반은 모두 몇 개니?
- 모두 합해서 몇 개인지 같이 세어 보자.
- 건반에 숫자는 왜 있는 걸까?
- 숫자를 보고 연주한다면 어떨까?

3. 카드에 적힌 숫자대로 건반을 발로 밟아 본다. 이때 여러 발로 바뀌어 건반을 밟아 본다.
- 숫자를 보고 건반을 어떻게 밟아볼까?
예 두 발로 깡충깡충 뛰면서 / 한 발로 콩콩 뛰면서 등
- 둘이서 함께 할 수도 있을까?
- 선생님은 너희가 건반을 밟으면 입으로 음을 불러 볼게.

4. 피아노 건반의 다양한 활용 방법을 이야기 나눈다.
- 또 다르게 이 건반을 어떻게 활용할 수 있을까?
예 피아노 배울 때 악보에 숫자가 있으니까 악보를 보며 해 봐요. / 게임처럼 친구가 숫자를 부르면 빨리 건반을 밟는 거 해 봐요. 등</td></tr>
</table>

<table>
<tr><td>활동방법</td><td>5. 친구와 함께 발 피아노 연주를 해 본다.
– 너희가 말한 것처럼 피아노를 칠 수 있는 친구가 악보를 보며 피아노를 치면서 숫자를 이야기해 주면 다른 친구가 숫자를 밟도록 해 보자.

6. 활동을 평가해 본다.
– 오늘 발로 피아노를 연주해 보았는데, 어땠니?
– 어떤 점이 재미있었니?
– 조금 힘들거나 어려웠던 점은 없었니?
– 악보와 피아노에서 숫자는 무엇을 뜻했니?

〈제시된 숫자에 따라 발 피아노 건반으로 점프하는 모습〉</td></tr>
<tr><td>참고사항 및 유의점</td><td>• 유아의 수준에 따라 검은색 건반에도 숫자를 붙여서 #, ♭의 음도 표현할 수 있도록 한다.
• 발 피아노는 유아가 뛸 때 쿠션감을 위해 속에 사용하지 않는 패드나 매트를 넣어서 제작하도록 한다.</td></tr>
</table>

앞서 살펴보았듯이 유아는 학습으로서의 수학이 아니라 일상생활, 또는 자발적인 필요에 의해서 수학을 경험하며 배워 나간다. 그러므로 수 세기와 계산 위주의 수학활동에서 벗어나 다양한 수학적 개념을 즐겁게 습득할 수 있는 분위기와 환경 마련이 뒷받침되어야 할 것이다.

CHAPTER 14

유아 사회교육

인간은 태어나면서부터 사회적 관계에서 살아간다. 그러므로 유아도 태어나서 자기를 돌봐 주는 양육자와의 관계에서 신뢰감을 형성하고 주변과의 관계 속에서 성장하며 자아가 성립된다. 유아는 관계 속에서 확립된 자아를 통해 자신감과 성취감을 느끼게 되며, 유아가 속한 사회에 적응하기 위해 규칙을 습득하고 또래를 사귀는 방법을 터득하면서 사회성을 익히게 된다.

사회성 발달은 성인이 되어서까지도 영향을 준다는 점에서 유아기의 사회성 발달을 위한 환경은 매우 중요하다. 최근 자신의 감정과 타인의 감정을 위한 정서조절과 자기표현능력을 기초로 정서지능과 감성지능에 대한 관심이 높아지고 있으며, 자기를 인식하고 감정을 조절하여 자기를 동기화하는 능력이 필요하다. 자신의 감정을 조절하여 만족을 지연할 수 있는 능력과 타인에 대한 배려 등을 길러 줄 수 있는 방법에 관심을 기울이고 있다.

그러므로 유아 사회교육은 이러한 사회화를 목적으로 유아가 자신과 주변과의 관계를 이해하고 여러 가지 활동경험을 바탕으로 유능한 사회생활을 할 수 있도록 도와주며, 사회적 가치판단을 통해 필요한 자질을 키워주는 영역이라 할 수 있다. 그러므로 유아 사회교육을 좀 더 구체적으로 알아보기 위해 목표와 내용, 교수-학습방법, 평가와 실제 등으로 나누어 살펴보기로 한다.

01 유아 사회교육의 목적과 목표

사회교육의 내용과 범위는 상당히 광범위하다. 또한, 유아가 속한 사회나 집단이 추구하는 가치에 따라 각기 다른 사회교육의 목적과 목표를 갖는다. 유아 사회교육의 목표를 미국의 경우 전미사회교육위원회(NCSS, 1994)에서는 다음의 다섯 가지 목표를 제시하였는데, 첫째, 개인의 발달을 돕는 것, 둘째, 사회적 시민 능력을 기르는 것, 셋째, 사회적 지식의 습득, 넷째, 사회적 다양성에 대한 이해와 존중, 다섯째, 세계적 시민 의식을 기르는 것이다.

우리나라의 경우 유아 사회교육은 누리과정과 표준보육과정에서 사회관계영역에서 다뤄지고 있다. 사회관계영역의 목표는 유아 자신에 대한 긍정적인 자아 존중감을 형성하고 자신 및 다른 사람의 정서가 나와 다를 수 있음을 느끼거나 이해하며 자신의 감정을 조절하고 적절한 방법으로 표현하게 함으로써 더불어 살아가는 능력과 바른 인성을 기르는 데 있다. 또한, 지역사회와 우리나라 및 세계 여러 나라에 관심을 갖고 공동체 의식을 갖춘 유능한 시민 의식을 유아기부터 기르는 데 목표를 두고 있다(교육부, 누리과정, 2015).

그러므로 유아 사회교육은 이러한 국가수준의 교육과정에서 명시하는 것처럼 유아가 자신과 다른 사람을 존중하고 더불어 생활하는 경험을 통해 책임 있는 민주시민으로 성장하도록 하기 위해 사회교육이 실시되어야 한다.

02 유아 사회교육의 교육내용

유아 사회교육의 교육내용은 사회교육의 목표를 바탕으로 누리과정과 표준보육과정에서의 사회관계영역뿐만 아니라 더불어 사는 민주시민 양성의 기초교육으로 인성교육과 기본생활습관교육, 경제교육도 사회교육의 교육내용에 첨부하였다. 우선 누리과정과 표준보육과정의 사회관계영역의 내용은 다음과 같다.

1) 누리과정에서의 사회관계영역

우리나라에서는 유아교육의 질을 보장하고 유아교육의 선진화 실현을 목적으로, 이원화되어 있던 보육과 교육내용을 통합한 공통의 누리과정이 시행되었다. 만 3세부터 만 5세까지 연계된 공통과정이 완성됨으로써 보편교육 제도의 일환으로 3~5세 연령별로 적용할 수 있는 국가수준의 공통과정을 마련하였다(교육과학기술부, 2013). 그중 사회관계영역은 자신을 알고 소중하게 생각하며, 가족, 친구와 함께 지내는 방법뿐 아니라 공동체에서 함께 살아가는 방법을 익히고, 주변 세계에 관심을 가지고 적응해 나갈 수 있는 기초능력과 인성을 기르기 위한 영역이다.

누리과정의 사회관계영역에서는 유아가 자신에 대해 긍정적으로 생각하고, 자신과 함께 생활하는 사람들과 원만한 사회적 관계를 맺고 더불어 생활할 수 있는 능력과 태도를 기르는 것을 목표로 하고 있다(교육과학기술부, 2012). 사회관계영역은 나를 알고 존중하기, 나와 다른 사람의 감정 알고 조절하기, 가족을 소중히 여기기, 다른 사람과 더불어 생활하기, 사회에 관심 갖기의 다섯 가지 범주로 구성되며, 범주별 내용은 다음 〈표 14-1〉과 같다.

〈표 14-1〉 3~5세 누리과정 사회관계영역 내용 체계

범주	내용	3세	4세	5세
나를 알고 존중하기	나를 알고 소중히 여기기	나에 대해 관심을 갖는다.	나에 대해 알아본다.	
		나와 다른 사람의 차이에 관심을 갖는다.	나와 다른 사람의 차이점을 알아본다.	나와 다른 사람의 신체적·사회적·문화적 차이를 존중한다.
		나를 소중하게 여긴다.	나에 대해 긍정적으로 생각하고 나를 소중하게 여긴다.	
	나의 일 스스로 하기	내가 할 수 있는 일을 알아본다.	내가 할 수 있는 일을 해 본다.	내가 할 수 있는 일을 스스로 한다.
		내가 하고 싶은 일을 선택해 본다.	하고 싶은 일을 계획하고 해 본다.	
나와 다른 사람의 감정 알고 조절하기	나와 다른 사람의 감정 알고 표현하기	자신에게 여러 가지 감정이 있음을 안다.	자신의 감정을 알고 표현한다.	
		다른 사람의 감정에 관심을 갖는다.	다른 사람의 감정을 안다.	다른 사람의 감정을 알고 공감한다.
	나의 감정 조절하기	자신의 감정을 조절해 본다.		자신의 감정을 상황에 맞게 조절한다.
가족을 소중히 여기기	가족과 화목하게 지내기	가족의 소중함을 안다.		가족의 의미와 소중함을 안다.
				가족과 화목하게 지낸다.
	가족과 협력하기	가족 구성원을 알아본다.	가족 구성원의 역할에 대해 알아본다.	다양한 가족구조에 대해 알아본다.
		가족을 위하여 내가 할 수 있는 일을 알아본다.	가족을 위하여 내가 할 수 있는 일을 알아보고 실천한다.	가족은 서로 도와야 함을 알고 실천한다.
다른 사람과 더불어 생활하기	친구와 사이좋게 지내기	친구와 함께 놀이한다.	친구와 협동하며 놀이한다.	
		나와 친구의 의견에 차이가 있음을 안다.	친구와의 갈등을 긍정적인 방법으로 해결한다.	
	공동체에서 화목하게 지내기		도움이 필요할 때 다른 사람과 도움을 주고받는다.	다른 사람과 도움을 주고받고, 서로 협력한다.
		교사 및 주변 사람과 화목하게 지낸다.		
사회에 관심 갖기	지역사회에 관심 갖고 이해하기	우리 동네 이름을 안다.	우리 동네에 대해 알아본다.	
		우리 동네 사람들에 관심을 갖는다.	우리 동네 사람들이 하는 일에 관심을 갖는다.	다양한 직업에 관심을 갖는다.
			물건을 살 때 돈이 필요함을 안다.	일상생활에서 돈의 쓰임에 대해 안다.

<table>
<tr><th>범주</th><th>내용</th><th>3세</th><th>4세</th><th>5세</th></tr>
<tr><td rowspan="11">사회에 관심 갖기</td><td rowspan="3">우리나라에 관심 갖고 이해하기</td><td>우리나라를 상징하는 것에 관심을 가진다.</td><td>우리나라를 상징하는 것을 안다.</td><td>우리나라를 상징하는 것을 알고 예절을 지킨다.</td></tr>
<tr><td colspan="2">우리나라의 전통놀이와 풍습에 관심을 갖는다.</td><td>우리나라의 전통, 역사, 문화에 관심을 갖는다.</td></tr>
<tr><td></td><td colspan="2">우리나라에 대해 자부심을 갖는다.</td></tr>
<tr><td rowspan="2">세계와 여러 문화에 관심 가지기</td><td></td><td>세계 여러 나라에 대해 관심을 갖는다.</td><td>세계 여러 나라에 대해 관심을 갖고, 서로 협력해야 함을 안다.</td></tr>
<tr><td></td><td>다양한 인종과 문화에 관심을 갖는다.</td><td>다양한 인종과 문화를 알아보고 존중한다.</td></tr>
<tr><td rowspan="5">사회적 가치를 알고 지키기</td><td></td><td colspan="2">정직하게 말하고 행동한다.</td></tr>
<tr><td>다른 사람의 소유물을 존중한다.</td><td>다른 사람의 생각 행동을 존중한다.</td><td>다른 사람을 배려하여 행동한다.</td></tr>
<tr><td></td><td colspan="2">친구와 어른께 예의 바르게 행동한다.</td></tr>
<tr><td>약속과 규칙을 지켜야 함을 안다.</td><td colspan="2">다른 사람과 한 약속이나 공공규칙을 지킨다.</td></tr>
<tr><td></td><td colspan="2">자연과 자원을 아끼는 습관을 기른다.</td></tr>
</table>

2) 표준보육과정에서의 사회관계영역

표준보육과정의 사회관계영역에서는 영아의 자기 존중감 형성을 격려함으로써 영아가 스스로의 소중함을 알고 주도적으로 자신의 일을 계획하고 실천할 수 있는 능력을 향상시키는 데 도움을 주고자 한다. 그리고 영아가 자신과 다른 사람의 정서를 올바르게 이해할 수 있도록 하여 다양한 사회적 관계에서 이러한 정서이해능력을 적절히 활용할 수 있도록 한다.

또한, 이 영역에서는 영아가 가족 및 또래와 긍정적인 관계를 형성함으로써 능력 있는 공동체 구성원으로서의 자질을 계발하는 데 도움을 주고자 한다. 표준보육과정에서의 세부 내용은 다음과 같다.

(1) 0~1세 세부 내용

사회관계영역의 0~1세 세부 내용은 〈표 14-2〉의 내용 체계를 소개한다.

〈표 14-2〉 0~1세 표준보육과정 사회관계영역 내용 체계

<table>
<tr><th>내용범주</th><th>내용</th><th>1수준</th><th>2수준</th><th>3수준</th><th>4수준</th></tr>
<tr><td rowspan="3">나를 알고 존중하기</td><td>나를 구별하기</td><td colspan="2">거울 속의 나에게 관심을 가진다.</td><td colspan="2">거울 속의 나를 알아본다.</td></tr>
<tr><td rowspan="2">나의 것 인식하기</td><td colspan="4">자기 이름을 부르는 소리에 반응한다.</td></tr>
<tr><td colspan="2"></td><td colspan="2">친숙한 자기 물건을 안다.</td></tr>
<tr><td rowspan="2">나와 다른 사람의 감정알기</td><td>나의 감정을 나타내기</td><td colspan="4">나의 욕구와 감정을 나타낸다.</td></tr>
<tr><td>다른 사람에게 주의 기울이기</td><td colspan="2">다른 사람의 말과 표정, 몸짓에 주의를 기울인다.</td><td colspan="2">다른 사람이 나타내는 여러 가지 감정에 주의를 기울인다.</td></tr>
<tr><td rowspan="6">더불어 생활하기</td><td rowspan="2">안정적인 애착 형성하기</td><td>양육자와 시선을 맞춘다.</td><td colspan="3">양육자에게 적극적으로 관심과 욕구를 표현한다.</td></tr>
<tr><td colspan="2">주변의 친숙한 사람의 얼굴과 목소리를 인식한다.</td><td colspan="2">주변의 친숙한 사람에게 애정을 표현한다.</td></tr>
<tr><td>또래에 관심 갖기</td><td colspan="4">다른 영아와 함께 지내는 것을 경험한다.</td></tr>
<tr><td>자신이 속한 집단 알기</td><td colspan="2">담임교사를 구별한다.</td><td colspan="2">자기 반에서 지내며 안정감을 가진다.</td></tr>
<tr><td rowspan="2">사회적 가치를 알기</td><td colspan="2"></td><td colspan="2">친숙한 물건의 자리를 안다.</td></tr>
<tr><td colspan="4">만나고 헤어지는 인사를 해 본다.</td></tr>
</table>

(2) 2세 세부 내용

사회관계영역의 2세 세부 내용은 〈표 14-3〉에서 내용 체계를 소개한다.

〈표 14-3〉 2세 표준보육과정 사회관계영역 내용 체계

<table>
<tr><th>내용범주</th><th>내용</th><th>1수준</th><th>2수준</th></tr>
<tr><td rowspan="3">나를 알고 존중하기</td><td>나를 구별하기</td><td colspan="2">나와 다른 사람의 모습을 구별한다.</td></tr>
<tr><td rowspan="2">좋아하는 것 해보기</td><td colspan="2">내가 좋아하는 것을 찾아본다.</td></tr>
<tr><td>좋아하는 놀이나 놀잇감을 선택해 본다.</td><td>스스로 선택한 놀이나 놀잇감을 즐긴다.</td></tr>
<tr><td rowspan="2">나와 다른 사람의 감정알기</td><td>나의 감정을 나타내기</td><td colspan="2">여러 가지 감정을 말과 행동으로 나타낸다.</td></tr>
<tr><td>다른 사람의 감정에 반응하기</td><td colspan="2">다른 사람이 나타내는 여러 가지 감정에 반응을 보인다.</td></tr>
<tr><td rowspan="9">더불어 생활하기</td><td>내 가족 알기</td><td>내 가족에게 애정을 표현한다.</td><td>내 가족에게 다른 사람과는 구별된 특별한 감정을 갖는다.</td></tr>
<tr><td rowspan="2">또래와 관계하기</td><td>또래에게 관심을 보인다.</td><td>또래의 모습과 행동을 모방한다.</td></tr>
<tr><td>또래의 이름을 안다.</td><td>또래가 있는 것에서 놀이를 한다.</td></tr>
<tr><td>자신이 속한 집단 알기</td><td>자신이 속한 반과 교사를 안다.</td><td>자신이 속한 반의 활동에 즐겁게 참여한다.</td></tr>
<tr><td rowspan="4">사회적 가치를 알기</td><td>도움 받아 물건을 정리한다.</td><td>스스로 물건을 정리한다.</td></tr>
<tr><td>자기 순서를 안다.</td><td>순서를 기다린다.</td></tr>
<tr><td colspan="2">바른 태도로 인사한다.</td></tr>
<tr><td colspan="2">간단한 약속을 지킨다.</td></tr>
</table>

3) 인성교육

인성교육이란 도덕성 · 사회성 · 정서를 포함한 바람직한 인간으로서의 성품을 기르는 교육이며, 덕성을 바탕으로 교양과 능력이 겸비한 인간으로 기르는 교육이다. 또한, 기존의 인지적으로 편중된 교육 상황에서는 별로 다루지 않는 정의적 측면 및 인간의 본성과 관련한 것으로 학습자로 하여금 건강한 전인적인 민주시민으

로 성장하고 생태적인 본성을 실현함으로써 보다 풍부하고 자유로운 삶을 살 수 있도록 하기 위한 교육적 경험을 제공해 주는 것이다. 21세기 글로벌 인재양성에 필요한 인성을 길러주기 위하여 기존의 가치교육이나 가치전수가 아닌 창의성과 인성을 유기적으로 연결 또는 통합하는 교육으로서 주로 인간관계와 관련된 덕목과 도덕적인 판단에 필요한 능력을 교육하는 것이라고 볼 수 있다.

따라서 유아기의 인성교육을 통해 유아는 긍정적인 자아감을 형성하고 남을 배려하면서 서로가 다름을 인정할 수 있는 소양을 함양함으로써 더불어 즐겁게 삶을 영위할 수 있는 품성의 기초를 형성하게 된다(교육과학기술부, 2011). 이를 위한 인성의 6가지 덕목별 유아 인성교육의 내용은 다음의 〈표 14-4〉와 같다.

〈표 14-4〉 인성 덕목별 유아 인성교육의 내용

덕목	정의	하위내용
배려	타인의 필요와 요구에 민감하게 반응, 공감하는 것	친구, 가족, 이웃, 동식물에 대한 배려
존중	사람이나 사물은 기본적으로 그들의 존재만으로 존중할 가치가 있음을 인식하고, 그 가치에 대하여 소중히 여기는 것	자신과 전통 문화에 대한 존중, 다른 사람들과 다른 문화에 대한 존중, 생명과 환경에 대한 존중
협력	두 명 이상의 구성원이 공동의 목표를 설정하고, 이를 달성하기 위하여 개인적 책임을 다하고 서로 조언 및 조력을 주고받는 것	긍정적인 상호 의존성, 개인적 책임감, 집단 협력
나눔	자기 스스로 우러난 마음에서 남을 돕기 위해서 하는 일로, 대가를 바라지 않고 지속적으로 도와주는 것	나눔의 의미 알기, 나눔을 실천하기, 나눔에 참여하기
질서	민주주의 사회에서 책임감 있는 민주시민으로서 살아가기 위해 필요한 사회규범을 지키는 것	기초 질서, 법 질서, 사회 질서
효	자식으로서 인간된 도리를 충실히 하는 것	부모, 조부모, 지역사회 어른에 대한 효

4) 기본생활습관교육

기본생활습관이란 한 개인이 생명을 유지하거나 사회에 적응하기 위해서 가지고 있어야 할 생활습관을 말한다. 기본생활습관은 아동기와 청소년기를 비롯하여 성인이 된 이후에도 세상을 살아가는 기본원칙이 된다. 일단 한번 형성되면 다음에는 바꾸기가 어려우므로 유아기에 올바른 습관을 형성하는 것이 매우 중요하다(정경미, 2002).

또한, 유아기 때부터 사회의 규범을 이해하고자 하는 동기를 충족시켜 줄 뿐만 아니라 여러 유형의 지식을 탐구하려는 학습 태도를 기르는 데 중요한 토대가 된다는 점에서 오랫동안 유아교육의 기본적인 교육내용으로 중요하게 다루어져 왔다. 그리고 최근 들어서는 시기적으로도 유아가 유아교육기관에 입학하는 연령이 점차 하향화되고, 유아교육기관에 머무르는 시간이 증가함에 따라 유아의 기본생활습관 교육은 더욱 강조되고 있는 추세이다(교육과학기술부, 2011). 따라서 유아교육기관에서 유아를 지도하는 교사는 부모와 협력하여 유아가 건강하고 안전하게 생활하며, 자신과 타인을 소중히 여기고 존중하며, 다른 사람들과 더불어 사회를 살아가는 데 필요한 올바른 기본생활습관을 기르도록 도와주어야 한다(이순천, 2012; 정미라 외, 2012). 이를 위한 기본생활습관의 연간계획을 누리교육과정 이론적 근거로 예절, 청결, 절제, 질서와 관련하여 구성하고 지도하고자 하는 내용은 다음의 〈표 14-5〉와 같다.

〈표 14-5〉 기본생활습관 교육내용

덕목	활동명	활동방법
예절	바르게 인사해요	이야기 나누기 / 새 노래
	정해진 시간에 바르게 앉아 식사해요	이야기 나누기 / 역할놀이
	적당한 크기의 목소리로 말해요	이야기 나누기
	바른 말 고운 말을 사용해요	이야기 나누기 / 언어활동
	화장실을 사용할 때는 노크를 해요	이야기 나누기 /
	어른께 먼저 인사드려요	이야기 나누기
청결	옷을 단정하게 입을 수 있어요	이야기 나누기
	손을 깨끗이 씻어요	이야기 나누기 / 새 노래
	바르게 이를 닦아요	이야기 나누기 / 신체표현
	제자리에 정리해요	이야기 나누기 / 게임
	놀이영역을 정리해요	이야기 나누기 / 게임
	스스로 몸을 깨끗이 할 수 있어요	이야기 나누기 / 신체표현
절제	아껴 쓸 수 있어요	이야기 나누기
	나의 감정을 조절할 수 있어요	이야기 나누기 / 게임
	바른 태도로 들어요	이야기 나누기
	화가 날 때 어떻게 하지?	이야기 나누기 / 동시
	음식을 남기지 않고 먹어요	이야기 나누기 / 수 활동
	컴퓨터와 텔레비전을 바르게 사용하려면	이야기 나누기 / 새 노래
질서	약속된 시간을 지켜요	이야기 나누기 / 동시
	한 줄 서기를 할 수 있어요	이야기 나누기 / 동시
	자신의 소지품을 스스로 챙겨요	이야기 나누기
	휴지는 휴지통에 버려요	이야기 나누기 / 게임
	우측통행을 해요	이야기 나누기 / 새 노래
	공연 관람 시 지켜야 할 약속	이야기 나누기

5) 경제교육

우리의 일상생활은 매일 반복되는 경제생활의 연속으로 의식주에서부터 문화생활 등 끊임없이 재화와 용역을 생산 또는 소비하며 살아가고 있다. 이렇게 매일 반복되는 경제생활에서 모든 사람이 원하는 것을 원하는 때에 원하는 만큼 가질 수 있다면 문제가 없겠지만, 자원은 한정되어 있어 인간의 무한한 욕구를 무한정 채울 수 없기에 경제문제가 시작된다.

경제교육이란, 경제지식을 바탕으로 일상생활에서 일어나는 경제문제들을 올바르게 이해하고 분석하며, 합리적인 의사결정을 통해 경제활동을 할 수 있는 능력을 길러주는 것이다(교육과학기술부, 2011). 유아를 위한 경제교육은 단순히 경제개념이나 경제현상을 학습하는 차원에서 벗어나 유아의 생활주변에서 일어나는 사회적인 경제현상에 관심을 갖도록 하는 데서 출발하여 기본적인 경제지식과 경제가치에 대한 교육이 함께 이루어져 합리적인 의사결정을 함양하고 바른 경제 가치관을 기르는 지속적인 생활교육이 되어야 한다(성영란, 2016).

이를 위한 경제교육의 9가지 개념 요소의 내용은 다음의 〈표 14-6〉과 같다(교육과학기술부, 2011).

〈표 14-6〉 경제교육개념 요소의 교육적 의미

개념요소	교육적 의미
희소성과 선택	희소성이란 사람들의 무한한 욕망에 비해 그 욕망을 충족시켜주는 재화나 서비스가 부족한 현상임. 사람마다 욕구와 필요로 하는 것이 다르기 때문에 희소성도 사람마다 다르게 작용하며, 사람들은 선택의 문제에 직면하게 됨을 이해해야 함.
기회비용	기회비용이란 어떤 것을 얻기 위해 포기한 대가로, 실제로 지출하지는 않았다고 해도 비용의 성격을 가지고 있으면 모두 비용에 포함됨. 선택을 해야 하는 상황에서 되도록 포기한 것에 대한 기회비용이 작은 것을 선택하는, 즉 합리적 선택을 할 수 있어야 함.
의사결정	희소한 것일수록 가격이 비싸기 때문에 자신에게 가장 필요한 것이 무엇인지를 심사숙고하여 구매하는 합리적인 의사결정을 통해 효용 극대화를 경험할 수 있어야 함.
화폐가치	화폐로 살 수 있는 재화와 용역의 양을 말하며, 모든 경제 활동의 기본이 됨. 화폐의 종류와 기능에 대한 기본적 이해가 선행되어야 함.

개념요소	교육적 의미
생산	다양한 상품이 나에게 오기까지의 과정을 이해하고 우리는 누구나 생산자인 동시에 소비자임을 이해해야 함.
소비	계획적이고 합리적인 소비 행위를 경험하고 소비자의 권리와 책임을 이해하고 실천해야 함.
분배	생산된 재화와 용역이 그 사회구성원 개개인 또는 집단에 귀속되는 일을 말함. 분배의 의미와 가티를 경험하고 이해해야 함.
절제	계획적인 소비 생활을 위해 기초가 되는 절제의 필요성을 인식하고, 절약과 저축하는 습관을 형성해야 함.
재활용	제품을 다시 자원으로 만들어, 새로운 제품의 원료로 이용하는 일로 자원이 한정되어 있기 때문에 재활용(recycling)은 필수적임, 리듀스(reduce, 쓰레기 줄이기), 리유스(reuse, 재사용하기)와 함께 3R을 실천할 수 있어야 함.

03 유아 사회교육의 교수-학습방법

유아 사회교육은 우리가 민주시민으로 육성되고 도덕적인 인간으로 성장하기 위한 밑거름으로 사회교육이라는 별도의 교과보다는 통합적인 교육과정 속에 많은 부분 내포되어 있다. 교육활동은 구체적인 것에서 추상적인 것으로 간단한 것에서부터 복잡한 것으로, 지금 현재로부터 시간과 공간의 개념으로 전개된다. 이제는 사회교육의 개념을 사회관계만이 아닌 인성과 기본생활습관 나아가 경제개념까지를 포함하여 사회교육에 대한 인식과 그 접근방법에 관심을 가져야 할 것이다. 그러므로 사회교육의 지도방법 몇 가지를 소개하고자 한다.

1) 지도방법

이은화와 김영옥(2000)은 유아 사회교육에 적합한 교수-학습방법을 자기표현, 모델의 제시와 동기부여, 감정이입 및 역할 담당능력, 토의와 탐구, 가치 명료화 및 분석, 문제해결과 의사결정 과정, 작업 또는 행사에 참여하기, 협동의 경험, 총 8개의 범주로 나누어 제시하였다.

이와 같은 교수-학습방법은 자신의 감정을 자연스럽게 표현할 수 있는 능력을 기초로 타인에 대한 감정이입 및 역할 담당능력을 증진시키는 동시에 토의와 탐구를 통한 문제해결능력을 강조하고 있다.

(1) 자기표현

유아는 자유롭게 활동하는 과정에서 자신의 감정을 자연스럽게 표출하며, 또한 다른 사람의 느낌과 생각을 조망할 기회를 갖게 되어 정서 조절능력과 원만한 대인관계 형성능력을 향상 시킬 수 있게 된다(김영옥 외, 2000).

유아가 자기표현을 할 때 교사는 유아의 사회성 발달수준을 판단할 수 있으며, 유아들 간에 일어나는 사회적 문제상황을 파악할 수 있다. 따라서 교사는 유아가 주도적으로 자신의 느낌과 생각을 자유롭게 표현하고 다른 사람들과 함께 협동하여 표현할 수 있도록 다양한 기회를 마련해 주어야 한다(박찬옥 외, 2006).

(2) 모델의 제시와 동기 부여

사회적으로 가치 있는 행동을 유아에게 제시하고 유아 스스로 학습하도록 하는 모델링 방법은 새로운 행동양식을 처음으로 익히게 할 때, 바람직한 행동양식을 강화하고자 할 때, 그리고 기존의 행동양식을 촉진시키고자 할 때 사용할 수 있다(박찬옥 외, 2005).

유아는 모방과 모델링을 통해 그들의 행동수정에 강한 영향을 받는다(이기숙, 2008). 그들 주변의 영향력이 있는 사회적 인물들 중에서 유아 자신이 존경하고 친밀감을 느끼고 신뢰하고 멋있고 매력적이라고 생각하는 모델들, 주로 부모, 형제, 자매, 선생님, 또래 등을 보고 학습하게 된다. 그중에서도 교사는 유아가 다양한 상황에서 행동과 반응을 관찰하는 대상이다. 그러므로 교사는 유아가 학습하기를 바라는 행동에 대해 지시가 아닌 교사 스스로가 먼저 모범적인 행동을 보여 준다면, 유아는 이를 관찰하고 모방하게 될 것이다.

(3) 감정이입 및 역할 담당능력

유아는 상대방의 입장을 바꾸어 생각해보는 언어적 동기와 경험을 통해 친사회적 행동의 동기인 감정이입을 발달시킨다. 타인에 대한 관심과 배려를 나타내는 감정이입(또는 공감적 이해)과 타인의 입장이 되어 보는 역할 담당능력을 북돋워 줄 수 있는 접근이 필요하다(김영옥 외 2000).

(4) 토의와 탐구

토의는 유아가 서로의 생각을 교환함으로써 자신의 입장을 효과적으로 전달하고 타인의 의견을 경청하며, 서로의 다른 입장을 동시에 고려하도록 하는 데 효과적인 방법이다(서동미 외, 2013). 유아는 토의를 통하여 문제를 해결하거나, 게임 규칙을 만들기도 하며, 새롭고 재미있는 활동을 제안하기도 한다.

그 과정을 통해 유아는 집단에 대한 소속감과 협력하는 태도를 기를 수 있다. 교사는 유아가 다른 사람과 자유롭게 의견을 나눌 수 있도록 토의를 이끌거나 참여를 촉진하는 역할을 담당한다. 사소하고 단순한 상황일지라도 나열하고 분류, 설명, 추리, 결과 예측, 가정 및 일반화에 이르는 탐구적 발문과 대화를 통하여 중심개념에 보다 밀도 있게 접근해 갈 수 있도록 한다(박화윤 외, 2010).

(5) 가치 명료화 분석

유아에게 문제사항에 관련된 추론을 자극하는 가설적 갈등상황을 제시한 후 상황 속의 주인공이 어떻게 해야 할까? 또는 왜 그렇게 해야 하는가를 이야기하도록 하는 방식이다(김영옥 외, 2000). 교사는 옳은 대답을 제시하기 보다 유아 자신의 사고단계에서 풍부한 사고와 추론을 하게 한다.

(6) 문제해결과 의사결정 과정

유아로 하여금 현실의 주변에서 발생하는 작은 문제에 직면하고 해결해보게 함으로써 합리적으로 사고할 수 있도록 도울 수 있다. 협동적 계획하기는 유아로 하여금 규칙에 대한 개념과 공동체 의식을 발달시킴으로써 자신의 감정을 조절하고 타인의 감정 및 권리를 이해하게 하는 데 도움을 준다.

(7) 작업 또는 행사에 참여하기

자기가 해야 할 일을 끝까지 해내는 것은 정신적인 소모와 노동을 참고 견디며 그 기쁨을 느끼는 성취감이 포함된다. 그러므로 많은 인성교육이나 시민교육프로그램은 배추나 감자 길러 보기, 꽃씨 뿌리고 가꾸기 등과 같은 일에 열중하는 경험을 포함하여 '작업'에 참여하도록 권한다.

또한, 교육기관에서 실시하는 행사를 직접 계획해 보고 함께 프로젝트를 수행하거나 활동에 적극적으로 참여해 보는 활동도 생활경험을 풍부히 하여 공동체 의식을 함양하는 통합적 학습의 장을 제공하게 된다. 이때 교사는 유아와 함께 프로젝트를 수행하면서 공동의 학습자가 되어 참여한다(윤희경 외, 2009).

(8) 협동의 경험

혼자보다는 여럿이 함께해 보는 경험, 작은 생각이 모여 큰일을 완성하는 경험, 또 친구나 가족이 각자 만들고 구성한 것을 모아 다양하고도 큰 그림이나 작품이 되는 일을 장려하여 성취감을 느끼게 한다.

2) 교사의 역할

윤희경 등(2009)은 유아 사회교육에 있어 교사의 역할을 다음과 같이 제시하고 있다.

(1) 양육자로서의 역할

교사는 유아를 신체적 · 정신적인 위험에서 안전하게 보호하고 정상적인 발달을 보조하여 주는 양육자의 역할을 수행해야 한다. 이러한 경향은 최근 유아교육 대상연령이 하향화되고, 유아교육기관의 운영시간이 늘어남에 따라 더욱 중요하게 부각되고 있다.

양육적인 역할을 수행하기 위하여 교사는 가정과 같은 편안한 물리적 환경을 구성하고, 유아를 있는 그대로 수용해 주는 태도를 가져야 한다. 유아가 처음으로 집단생활을 시작하게 되는 유아교육기관을 편안한 곳으로 느끼고 잘 적응할 수 있게 된다면, 이후의 학교생활에의 적응도 무리가 없을 것이다. 이와 함께 교사는 유아가 생활하는 환경에 위험요소는 없는지 사전에 관찰하고, 점검함으로써 안전한 환경에서 활동할 수 있게 해야 한다.

(2) 관찰자로서의 역할

교사는 유아의 개인적인 능력이나 요구, 개인차를 파악하여 개별화된 교육을 수행해야 한다. 따라서 유아교사는 항상 유아의 건강상태나 행동, 생각, 느낌을 유심히 관찰한 후 기록하고, 그 결과를 교육계획에 반영해야 한다. 관찰은 유아의 성장발달에 대한 정보를 제공하여 줌으로써 발달에 적합한 활동을 계획하고, 유아의 발달과정에서의 문제적응을 밝혀내며, 학부모에게도 필요한 정보를 제공해 줄 수 있게 한다. 또한, 관찰은 교사에게 자신의 교수-학습방법과 과정을 반성하여 보고 개선할 수 있는 기초자료를 마련해 준다.

(3) 교육프로그램 개발자로서의 역할

교육프로그램 계획자로서의 교사의 역할은 교수의 가장 중요한 측면인 학습활동의 계획 및 조직, 평가에 이르는 일련의 과정을 계획하고 수행하는 것이다. 우선 교사는 유아의 발달수준과 유아교육기관의 상황, 부모나 지역사회의 요구, 국가수준의 교육과정 등을 기초로 교육계획을 수립한다.

교사가 수립한 교육계획은 유아의 요구나 흥미, 상황에 따라 융통성 있게 운영되어야 하며, 교육계획에 따라 활동을 수행하고 난 후, 교사는 반드시 활동에 대한 유아의 반응을 관찰하면서 그 결과를 다음 교육계획에 반영해야 한다.

(4) 교수조력자로서의 역할

교사의 가르치는 역할은 유아를 어떤 존재로 이해하느냐에 따라 달라진다. 유아를 수동적인 존재로 본다면, 교사의 올바른 지식이나 정보 전달자, 평가자, 행동 강화자로서의 역할이 강조되나, 유아를 스스로 발달 가능성이 있는 존재로 이해한다면 교사의 역할에서 유아의 학습을 관찰하고, 환경을 구성하며, 필요할 때 적절히 도와주는 조력자로서의 역할을 강조하게 된다.

교사는 유아에게 적절한 질문이나 동기를 유발시켜 유아 스스로 문제를 해결하여 나갈 수 있게 격려해 주고 그들의 학습을 적절히 보조하여 주는 조력자로서의 역할을 수행하며, 풍부한 교재교구를 포함한 물리적 환경을 구성해 주어야 한다.

(5) 상호작용자로서의 역할

유아교사는 유아의 개별성이 고려되는 교육을 위하여 상호작용자로서의 역할을 수행한다. 유아가 놀이나 활동을 하는 동안에 보이는 개별적인 요구와 흥미를 잘 관찰한 후에 적합한 교재교구와 교육활동을 마련해 주고 유아와 상호작용을 하는 일은 유아교사의 중요한 역할이다.

유아교사는 유아를 신뢰하고 그들의 가능성에 대해 기대를 가짐으로써 언어적 · 비언어적으로 유아와 원활한 상호작용을 할 수 있다. 특히, 유아교사는 언어적 상호작용자로서의 역할이 가지는 중요성을 인식하여 교사와 유아 간의 상호적 교수법을 기초로 하는 질문, 토의, 이야기 나누기의 전략 등에 대한 연구를 계속적으로 추진해야 한다.

(6) 모방과 동일시 대상으로서의 역할

유아교사는 유아가 모방하고 동일시하는 대상으로서도 중요한 존재이다. 유아는 교사의 언어, 행동, 생각, 태도 등 거의 모든 면을 닮으려고 한다. 유아교사는 유아의 사회화 모델로서 대표적인 위치에 있으므로, 그의 말투, 동작, 태도 등은 유아의 놀이 가운데 그대로 표현되기도 한다.

유아는 교사에게서 발견할 수 있는 좋은 행동양식이나 태도 등을 자신의 것으로 삼아서 본받으려고 한다. 모방과 동일시 대상으로서의 교사는 자신의 역할이 단순한 지식의 교수자가 아님을 인식하여 도덕적 · 윤리적으로 건전한 모범을 보이도록 노력해야 한다.

(7) 의사결정자로서의 역할

의사결정은 행위 그 자체로 끝나는 것이 아니라 책임을 수반하는 일이므로, 교사에게 상당한 부담이 된다. 교육의 현장은 끊임없이 일어나는 의사결정상황의 연속이며 교사는 그 속에서 적절한 역할을 수행할 수 있어야 한다.

유아교사는 유아를 가르치는 상황에서뿐만 아니라 유아교육기관의 운영방법이나 정책마련에 있어서도 의사결정자의 역할을 해야 한다. 비록 교육계획, 교수방법, 교육내용은 미리 결정되어 있다 하더라도 실제적인 교육현장의 갖가지 문제에 융통성 있게 대처해야 교육적 효과를 거둘 수 있다.

이러한 상황에서 교사는 여러 가지 갈등을 경험하면서 시행착오를 거듭하기도 한다. 의사결정이 올바른가의 여부는 교육의 전반에 걸쳐 큰 영향을 미치므로 교사는 항상 의사결정의 효과적 방법 모색에 힘써야 할 것이다.

04 유아 사회교육의 평가

여기서는 유아 사회교육평가의 목적과 구체적인 평가방법에 대하여 알아봄으로써 유아의 사회적 기술과 가치와 태도, 유아의 현재 사회성 발달수준을 알 수 있으므로 교사를 이를 근거로 유아 지도에 중요한 자료로 활용할 수 있게 된다.

1) 평가의 목적

평가는 유아교육의 교수과정에서 중요하고 필수적인 과정이다. 유아 사회교육 교수과정에서 교사는 평가를 통해 유아의 사회적 기술, 가치와 태도, 기본적인 개념획득에 대한 유아의 현재 발달수준과 발달과정, 그리고 활동 후 교육적 경험의 효율성을 파악한다. 그리고 교사는 평가의 결과를 학습계획, 학습범위 결정, 교수자료 선정, 교수방법 평가, 프로그램의 평가. 학습목표 재진술 등에 활용하며, 부모와 상담 시 사회교육 교수-학습과정에서 유아의 현재 발달수준과 진전상황을 알려주는 자료로 활용한다(박찬옥 외, 2013).

2) 평가의 방법

평가방법은 다양하지만, 유아 사회교육에서의 사용하는 평가는 대체로 다음과 같다. 유아를 관찰하여 평가하는 관찰법, 사회관계 속에서의 여러 가지 문제상황을 사건별로 표집하여 관찰하는 사건표집법, 유아들의 기본생활습관 등을 척도를 활용하여 관찰하는 평정척도법, 유아의 행동과 상황 모두를 구체적으로 관찰하는 행동목록법 등을 들 수 있다.

(1) 관찰법

관찰법은 유아를 대상으로 평가하는 가장 오래되고 보편적인 평가방법이다. 유아의 자연스러운 일상생활을 교사가 관찰하여 기록하는 것으로 교사는 관찰을 통하여 유아에게 어떤 도움이 필요한지 판단하고 결정할 수 있게 된다.

① 일화기록법

한 가지 행동이나 상황에 초점을 맞춰서 사건에 대해 서술적으로 기록하는 방법이다. 관찰자는 행동의 패턴이나 변화, 발전, 특기할 만한 사건을 미리 정해진 범주에 따라 관찰하며, 관찰자의 관찰 목적에 따라 일화기록의 범주들은 달라질 수 있다. 일화기록관찰의 양식은 다음과 같다(박찬옥 외, 2013).

〈표 14-7〉 일화기록 양식

일화기록 관찰의 양식					
관찰유아		생년월일		성별	남 / 여
관찰일시					
장면					
기록					
관찰자의 개인적 견해					

② 사건표집법

관찰자가 관심을 갖고 있는 어떤 행동이나 사건이 나타나면 그때마다 일정한 형식에 따라 기록하는 방법이다. 어떤 행동이 일어난 원인이 무엇인지를 알아내는 데 관찰의 목적이 있다.

어떤 사건이나 행동이 일어나기 전의 상황, 사건이나 행동, 사건이나 행동이 일어난 후 결과의 반응을 순서대로 기록하는 ABC 서술식 사건표집법과 도표를 가지고 미리 정해진 범주의 행동이 일어날 때마다 기록하는 빈도 사건표집법이 있다. ABC 사건표집법에 의한 관찰기록의 양식은 다음과 같다(박찬옥 외, 2013).

〈표 14-8〉 사건표집법 양식

<table>
<tr><th colspan="7">ABC 사건표집 양식</th></tr>
<tr><td>관찰 아동</td><td></td><td>생년월일</td><td></td><td>성별</td><td colspan="2">남 / 여</td></tr>
<tr><td>관찰자</td><td></td><td>관찰일</td><td colspan="4"></td></tr>
<tr><td rowspan="2">날짜</td><td colspan="2">사건 전</td><td colspan="2">사건(갈등 상황)</td><td colspan="2">사건 후</td></tr>
<tr><td colspan="2"></td><td colspan="2"></td><td colspan="2"></td></tr>
<tr><td>요약 및
해석</td><td colspan="6"></td></tr>
<tr><td>결과</td><td colspan="6"></td></tr>
</table>

③ 평정척도법

연구대상의 행동을 관찰한 후 일정한 위치에 평정하도록 하여 수량화된 점수를 부과한다. 사회적 적응을 평가하는 데 자주 사용되며 대개 행동이 끝난 후에 하거나 유아가 없을 때 기록한다. 사회생활영역의 기본생활습관을 평가하기 위한 숫자 평정척도법의 양식은 다음과 같다(박찬옥 외, 2013).

〈표 14-9〉 기본생활습관 숫자 평정척도 양식

기본생활습관 숫자 평정척도 양식						
관찰유아		생년월일		성별	남 / 여	
관찰자		관찰일				
유아의 기본생활습관에 대하여 다음과 같이 1~5로 평가하여 해당 숫자에 O표 하시오.						
	아주 못함	못함	보통	잘함	아주 잘함	
1. 바른 자세와 태도로 식사한다.	1	2	3	4	5	
2. 옷차림을 단정히 한다.	1	2	3	4	5	
3. 대상과 상황에 따라 적절하게 인사한다.	1	2	3	4	5	
4. 대상에 따라 예절 바른 언어를 사용한다.	1	2	3	4	5	
5. 정직하게 말하고 행동한다.	1	2	3	4	5	
6. 도움을 받았을 때 고마움을 표현한다.	1	2	3	4	5	
7. 실수나 잘못에 대하여 사과한다.	1	2	3	4	5	
8. 하루일과에 적응한다.	1	2	3	4	5	
9. 자기 물건을 정리한다.	1	2	3	4	5	
10. 차례를 지킨다.	1	2	3	4	5	
11. 물건을 잘 간수하고 아껴 쓴다.	1	2	3	4	5	

④ 행동목록법

관찰대상, 장면, 시간을 미리 선정한 후 그 장면에서 일어나는 유아의 행동과 상황을 모두 집중적으로 기술한다. 대개 표본기록은 상황이나 행동을 자세히 묘사하기 때문에 발달이나 행동의 작은 변화를 기록하는 데 유용하다. 행동목록법의 양식은 다음과 같다(박찬옥 외, 2013).

〈표 14-10〉 행동목록법의 양식

<table>
<tr><th colspan="6">행동목록법의 양식</th></tr>
<tr><td>유아</td><td></td><td>생년월일</td><td></td><td>성별</td><td>남 / 여</td></tr>
<tr><td>평가자</td><td></td><td>평가일</td><td colspan="3"></td></tr>
<tr><td colspan="6">다음의 행동이 나타나면 V로 표시한다.</td></tr>
</table>

번호	내용	예	아니오
1	친구들과 함께 놀이한다.		
2	다양한 놀이에 참여한다.		
3	친하게 지내는 친구가 많다.		
4	친구에게 놀이를 하자고 제안한다.		
5	새로운 교구에 흥미를 보인다.		
6	새로운 환경에 적응을 한다.		
7	이미 진행되고 있는 놀이에 자연스럽게 끼어든다.		
8	친구의 놀이나 행동을 방해하지 않는다.		
9	문제 상황이 생기면 말로 해결한다.		
10	다른 친구의 물건을 사용할 때 허락을 구한다.		
11	자기보다 약한 친구를 도와준다.		
12	친구가 도와주면 고맙다는 인사말을 한다.		
13	집단 활동에서 여러 친구들과 협동한다.		
14	친구와 약속을 지킨다.		
15	친구들이 좋아한다.		
16	집단생활에서 규칙을 지킨다.		
17	차례를 잘 지키고 자기 순서를 기다릴 수 있다.		
18	내 물건과 다른 사람의 물건을 구별하여 사용한다.		
19	활동에 자신감을 느끼고 참여한다.		
20	친구들의 이름을 알고 가끔 친구에 대해 이야기한다.		

⑤ 면담

면담은 교사가 개별 유아 혹은 소집단의 유아들과 대화를 나누어 여러 가지 자료를 수집하는 방법으로 유아와의 형식적 · 비형식적 면담을 통해 교사는 유아의 관심사와 사고과정을 이해할 수 있다. 교사는 유아의 사회적 지식수준이나 사회적 가치 및 기술을 알아보기 위한 목적을 가지고 면담을 할 수도 있고, 자연스러운 상황에서의 대화를 통해 유아의 사회적 기술과 가치관을 파악할 수 있다.

면담은 관찰만으로 얻기 어려운 구체적인 정보를 파악할 수 있다는 장점이 있으나, 유아의 언어적 · 인지적 능력에 따라 질문을 이해하는 정도가 다를 수 있으므로 이를 유의해야 한다. 또한, 교사는 유아의 말이 유아의 사고 전체를 나타낸다고 평가해서는 안 된다.

유아의 개념과 사고과정을 보다 정확하게 파악하기 위해서 교사는 유아의 대답을 기초로 유아의 생각을 알아보기 위한 질문을 하거나, 애매한 유아의 대답에 대해 "조금 더 말해 줄 수 있니?", "네 말은 ~ 뜻이니?"와 같이 질문을 하여 유아의 사고를 종합적으로 판단하려는 노력을 해야 한다. 그러므로 유아와 면담을 할 때는 일관성과 정확성, 명료함과 충분함, 광범위함을 고려해야 한다(조순옥 외, 2002).

- 일관성: 유아가 같은 유형의 질문에 같은 방법으로 안정되게 반응하는가를 본다.
- 정확성: 유아는 모든 가능한 반응을 다 포함하여 반응할 수 없으니, 비교적 정확하게 반응하는가를 관찰한다.
- 명료함: 반응이 분명하고 받아들일 수 있는지 평가한다.
- 충분함: 관련 개념이 얼마나 많은 반응으로 나타났는가를 살펴본다.
- 광범위함: 나타난 개념의 범위를 보는 것이다.

05 유아 사회활동의 실제

다음의 유아 사회교육 활동사례는 사회관계 속에서 더불어 생활하는 데 중요한 질서와 양보뿐만 아니라 인성교육과 관련하여 가족을 배려하고 화목하게 지내기 위한 방법, 그리고 경제활동의 일환으로 지역사회에 관심 갖기 위한 활동들로 구성하여 보았다. 소개된 활동을 참고하여 더 많은 활동을 개발할 수 있을 것으로 생각한다.

〈표 14-11〉 유아 사회교육활동의 예

<table>
<tr><td>활동명</td><td>도움을 줄 수 있어요</td><td>대상연령</td><td>만4, 5세</td><td>활동형태</td><td>게임활동</td></tr>
<tr><td>활동목표</td><td colspan="5">• 도움을 주고받는 경험을 한다.
• 서로 돕는 경험의 기쁨을 느낀다.</td></tr>
<tr><td>누리과정 관련요소</td><td colspan="5">• 사회관계>나와 다른 사람의 감정 알고 조절하기>나와 다른 사람의 감정 알고 조절하기
• 사회관계>다른 사람과 더불어 생활하기>공동체에서 화목하게 지내기
• 사회관계>나를 알고 존중하기>나를 소중히 여기기</td></tr>
<tr><td>활동자료</td><td colspan="5">안대, 반환점, 장애물</td></tr>
<tr><td>활동방법</td><td colspan="5">1. 교사는 짧은 이야기를 들려준다.
- 어느 날 버스를 타려고 정류장에서 서서 기다리는데, 어떤 분이 앞이 잘 보이시지 않는지 지팡이로 여기저기를 짚어가며 길을 찾고 계시는 모습을 본 적이 있어요. 버스를 타고 싶은데 버스 정류장이 어디 있는지, 버스의 번호가 몇 번인지 알 수가 없어서 한참을 기다리시던 모습을 볼 수 있었어요.

2. 이러한 상황에서 어떻게 도움을 줄 수 있을지 생각해 보고 이야기 나눈다.
- 그분께 어떤 도움을 줄 수 있을까요?
- 우리도 그런 도움을 나눌 수 있을까요?

3. 게임 방법을 알아보도록 한다.
- 두 명이 짝으로 한 명은 안대로 눈을 가리고, 다른 한 명은 친구의 손을 잡고 친구가 안전하게 통과할 수 있도록 이야기로 인도해 주며, 둘이서 함께 반환점을 지나 들어오는 게임이에요.

4. 게임을 진행한다.
- 승부가 정해지지 않는 게임으로 모든 유아가 안전하게 경험해 볼 수 있도록 한다.</td></tr>
</table>

활동방법	5. 게임활동 후 소감을 나눈다. 6. 우리의 도움이 필요한 사람에게 적절한 도움을 줄 수 있도록 한다. - 우리가 줄 수 있는 도움은 어떤 것이 있을까?  
참고사항 및 유의점	• 배려를 할 때에는 무조건적인 배려보다는 우선 상대방의 입장에서 생각해 보는 것이 필요함을 강조하여 이야기를 나눌 수 있다. • 타인을 배려하고 도움을 주는 이유에 대해 관심을 갖는지 평가한다. • 실제적인 도움을 줄 수 있는 방법을 적용할 수 있는지 평가한다. • 「기다려 줄게」(김진영 작사/작곡) 노래를 배워 본다.

〈표 14-12〉 유아 인성교육활동의 예

활동명	효도 쿠폰	대상연령	만 4,5세	활동형태	조형활동
활동목표	• 가족들을 배려하는 이유와 방법에 관심을 가진다. • 가족을 배려하는 마음을 그림과 글로 표현할 수 있다.				
누리과정 관련요소	• 사회관계〉가족을 소중히 여기기〉가족과 화목하게 지내기 • 사회관계〉가족을 소중히 여기기〉가족과 협력하기				
활동자료	색지, 색연필, 사인펜 등				
활동방법	1. 우리 부모님은 어떤 분이며, 부모님을 생각할 때 어떤 마음이 드는지 이야기 나눈다. - 우리 부모님은 어떤 분이세요? - 우리를 낳아 주시고, 길러 주시는 부모님께 어떤 마음이 드나요? 2. 감사한 부모님을 기쁘게 해드릴 수 있는 방법을 생각해 본다. - 부모님을 기쁘게 해드릴 수 있는 방법이 무엇이 있을까요? - 부모님이 무엇을 좋아하실까요? 3. 부모님께서 좋아하시는 것을 할 수 있도록 하는 방법을 이야기 나눈다. - 부모님께서 좋아하시는 것을 할 수 있는 방법은 무엇이 있을까? - 부모님께서는 우리가 무엇을 할 때 좋아하실까? 4. 부모님을 위한 쿠폰을 만들어 좋아하시는 일을 하실 수 있도록 한다. - 부모님께 해드릴 수 있는 일을 종이에 그려 보아요.				

활동방법	(안마하기, 즐겁게 해드리기, 내 방 청소하기, 심부름하기 등) 5. 쿠폰을 예쁘게 꾸며서 가정에서 활용할 수 있도록 한다. 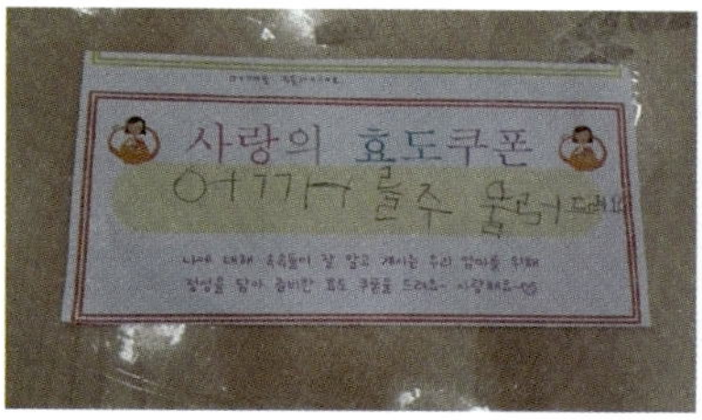 
참고사항 및 유의점	• 가족들을 기쁘게 해 줄 후 있는 방법을 다양하게 생각해 볼 수 있도록 상호작용한다. • 효도 쿠폰을 가정에서 부모님이 활용하실 수 있도록 활용 방법을 안내한다. • 가족을 배려하는 이유에 대해 이해하는지 평가한다. • 가족을 배려하는 다양한 방법에 대해 관심을 갖는지 평가한다. • 가정에서 쿠폰을 활용해 본 후, 가정에서 있었던 일을 유치원에서 소개할 수 있도록 한다. • 교실에서 친구와 활용할 수 있는 사랑 쿠폰, 배려 쿠폰 등을 만들어 적용해 보도록 한다.

〈표 14-13〉 유아 경제교육활동의 예

활동명	물건을 구입해요	대상연령	만 5세	활동형태	견학
활동 목표	• 물건을 사기 전에 우선순위를 생각해 보는 경험을 한다. • 돈(3,000원)의 가치와 쓰임에 대해 알아본다.				
누리과정 관련요소	• 사회관계〉사회에 관심 갖기〉지역사회에 관심 갖고 이해하기 • 사회관계〉다른 사람과 더불어 생활하기〉사회적 가치를 알고 키지기				
활동자료	현금 3,000원, 지갑, 장바구니, 구매 계획서(가정 연계: 저녁식사 메뉴를 정하고 이에 필요한 품목을 3,000원 내로 구매 계획을 세워 기록)				
활동방법	1. 미리 가정에서 기록해 온 구매 계획서를 살펴본다. – 오늘 우리 집 저녁 식사 메뉴는 무엇이니? – 저녁 식사를 준비하기 위해 어떤 것들이 필요하니? – 그중에 내가 구입해야 하는 것은 어떤 것이 있니? 2. 준비물을 챙겨 유치원 주변의 마트에 간다. – 내가 구입하려고 하는 물품은 어디에 있을까? 3. 여러 물품을 비교하며 구입 물품을 결정한다. – 비슷한 물품 가운데 어떤 것을 구입하면 좋을까? – 왜 그것을 골랐니? 4. 물품마다 비교하며 고르는 기준이 있음을 알고, 구매를 확정한다. : 유통기한, 금액 비교, 신선도, 양, 원재료 등				

활동방법	5. 구입할 물품을 장바구니에 담아 계산대에서 스스로 계산한다. - 내가 구입한 물품은 모두 얼마니? - 내가 갖고 있는 돈으로 살 수 있니? 6. 구매 후, 거스름돈과 영수증을 받아 영수증과 구매 품목을 확인한다. - 내가 고른 물건을 다 담았니? - 영수증에는 있지만, 봉투에 없는 물건이 있는지 확인해 보자. 7. 유치원으로 돌아와 구매 계획서와 영수증을 비교한다. - 구매 계획서에 있는 물건을 모두 구입했니? - 내가 준비한 돈으로 구입할 수 있었니? - 준비한 돈으로 구입할 수 없다면 어떻게 해야 할까? - 물건을 살 때는 계획을 세워 구입해야 한단다.  
참고사항 및 유의점	• 가정 연계 활동으로 구매 계획서를 기록하여 계획에 따라 구입할 수 있도록 준비한다. • 마트에서의 질서 및 안전 규칙을 사전에 이야기 나눈다. • 유아가 준비해 온 현금 및 구입 물품이 분실되지 않도록 관리한다. • 갖고 싶은 것과 필요한 것을 구분할 수 있는 지 평가한다. • 물품을 비교하여 더 좋은 것으로 구입할 수 있는지 평가한다. • 유아가 직접 물건을 팔고, 사는 경험을 하는 시장잔치 등을 계획하여 진행한다.

위의 여러 사회교육의 활동사례를 살펴보았다. 예전에는 사회관계라고 하는 누리과정의 사회관계영역만을 중심으로 교육하고 인성교육이나 기본생활습관교육, 경제교육 등은 별도로 교육하였다. 그러나 포괄적인 의미의 사회관계에서는 또래와 가정뿐만이 아니라 지역사회, 다양한 민족 간의 모든 관계를 사회교육에서 이야기할 수 있다. 그러므로 위의 사례뿐만 아니라 보다 다양한 지역사회와의 관계 속에서의 사회교육활동을 계획하고 실천한다면 폭넓은 유아 사회교육활동이 될 수 있을 것이다.

CHAPTER 15

교과교육의 평가

평가는 유아의 인지적 · 사회적 · 신체적 발달을 지속적으로 관찰함으로써 유아에게 발달적으로 적합한 프로그램을 계획할 수 있도록 한다. 또한, 교육활동프로그램이 유아발달에 적합한 프로그램인지, 얼마나 유아와 교사와의 상호작용이 효율적으로 이루어졌는지 등을 평가함으로써 질 높은 교육프로그램을 운영하는 데 도움을 주기 위한 과정이기도 하다.

01 평가의 개념 및 필요성

교육과정의 효율적인 교수-학습과 유아 개개인의 학습과정에 있어 평가는 필수적이다. 평가(assessment)는 검사(testing)와는 엄밀한 의미에서 다르다(Brewer, 2006, 권영례, 2011 재인용). NAEYC(미국유아교육협회)에 의하면, 평가란 프로그램 참여자에게 프로그램이 어떻게 이행되는지 또는 제공된 프로그램의 결과가 무엇인지 알기 위해 사용될 수 있는 관련 자료의 체계적인 분석이라고 정의하고 있다(NAEYC, 1998, 권영례, 2011 재인용).

평가가 유아나 프로그램에 도움을 주기 위해서는 평가의 목적이 분명해야 한다. 교육과정이나 교육프로그램, 교사와 유아 자신의 평가가 이루어져야 한다. 평가가 목적을 갖고 각 분야가 성장할 수 있도록 도와줄 수 있을 때 진정한 평가의 가치가 나타날 수 있다. 그러므로 중요한 것은 평가 자체보다 평가결과를 기초로 교육활동이 개선되어야 한다는 것이다.

임재택(1995)은 평가가 교육현장에서 필요한 이유를 다음과 같이 설명한다.

첫째, 평가는 유아 개개인의 전인적 성장과 발달을 도와주기 위한 것이다. 평가라고 하면서 점수나 등급을 매겨 우수한 유아와 열등한 유아로 구분하고 선발하는 데 목적이 있는 것은 진정한 평가라고 볼 수 없다.

둘째, 평가는 교육활동의 전반적인 과정을 개선하기 위해서 교육의 목표가 제대로 성취되었는지의 여부를 밝히고 교육의 전반적인 과정에 대하여 평가하는 것이다. 특히, 교육활동이 전개된 후 설정된 교육목표에 실제로 어느 정도 도달하였는지, 만약에 교육목표가 달성되지 않았다면 그 이유는 무엇이며, 어떻게 수정 보완해야 할 것인가에 대한 합리적 근거는 평가를 통해서 찾을 수 있기 때문에 효과적인 프로그램을 운영하기 위해서 평가과정은 꼭 필요하다.

셋째, 일반적으로 유아교육기관에 자녀를 보내는 부모라면 교육의 효과에 대하여 알고 싶어 한다. 그러므로 유아교육기관에서는 교육의 효과에 대한 실증적이고 과학적인 증거를 수집 · 정리하여 그 결과를 부모에게 알려 줄 필요가 있으므로 다양한 종류의 평가활동이 필요하다.

02 평가내용

평가의 내용으로는 교육과정의 평가, 일일교육활동의 평가, 특별활동 평가, 교사 평가, 유아평가 등으로 구분할 수 있는데 평가를 위해서는 우선 다음과 같은 사항이 고려되어야 한다.

첫째, 교육의 목적, 교육내용, 교수-학습방법, 평가가 서로 일관성 있게 연결되도록 해야 한다.

둘째, 활동이 전개되는 상황적 맥락에서 평가를 해야 한다. 유아가 평가에 대해 자연스럽게 활동을 수행하는 과정에서 반응하는 것과 활동과 동떨어진 상황에서 반응하는 것의 결과는 매우 다르다. 그러므로 유아와 익숙한 상황에서 평가가 이루어지는 것이 바람직하다.

셋째, 교수-학습활동과 분리되어 구성되는 것보다 교수-학습활동과 평가가 통합되어 이루어지는 것이 좋다.

넷째, 다면적 평가방법을 이용하여 평가해야 한다(Shaman, Margret, & Ruth, 1998; 나은숙 외, 2014 재인용). 유아는 자신이 이해한 개념이나 지식을 다양한 방식으로 표현하고 나타내기 때문에 평가의 잠재적 범위가 일반적인 평가보다 훨씬 더 넓다. 그러므로 유아교육평가는 단순한 한가지의 평가방법만을 사용하기보다 평가의 영역에 따라 다양한 자료수집 방법을 동원한 평가가 이루어지는 것이 바람직하다.

다섯째, 질적 평가와 양적 평가를 모두 고려한 통합적 평가로 진행되는 것이 좋다. 질적 평가만 할 경우 유아의 개인차를 변별하지 못함으로써 유아의 상대적 강점을 개발하여 학습능력을 향상시키기가 어렵다. 양적 평가만 할 경우 유아의 개인 내 진보에 대한 정확한 정보를 수집하기 어렵다(Chen, Krechevsky, & Viens, 1998; 나은숙 외, 2014 재인용).

그러므로 질적 평가와 양적 평가를 모두 고려하여 활용하는 것이 제안되고 있다(안경숙, 2007; 나은숙 외, 2014 재인용).

1) 교육과정 평가

적절한 평가는 교육환경의 모든 주요 측면을 광범위하게 되짚어 볼 수 있도록 해 준다. 즉, 교육과정 조직, 교사와 유아 관계, 교수-학습과정, 교수자료와 교구 및 설비, 물리적 환경, 등이다(Day, 1994; 권영례, 2011 재인용).

교사는 교육환경의 구성요인을 평가하고 개선을 위해 구체적 영역을 목표로 삼아야 한다. 이러한 전반적인 평가에 덧붙여 교사는 유아의 행동과 학습에 전념하도록 영향을 미친다는 견지에서 학습환경의 효율성을 평가해야 한다. 복합적 측면을 가진 프로그램의 효율성을 정확하게 평가하기 위해서 많은 요인을 관찰하고 분석해야 한다. 발달적으로 적합한 학습이 발생할 수 있도록 하기 위한 교육환경 및 프로그램의 평가는 유아의 성장과 발달을 평가하는 일 못지않게 중요하다

다음은 프로그램에 대한 평가내용으로 발달적으로 적합한 프로그램을 평가하는데 참고할 수 있다.

〈글상자 15-1〉 발달적으로 적합한 프로그램의 평가

1. 평가 절차가 프로그램에 사용된 구체적인 교육과정의 목적, 목표에 근거하였는가?
2. 평가의 결과가 유아에게 유익하게 사용되었는가, 개별 유아를 위해 계획되었는가, 교수법을 향상시키는가, 유아의 흥미와 요구를 알아내는가, 개별화된 수업을 하기 위해 사용되었는가?
3. 평가 절차가 학습에 대한 유아의 느낌과 기질뿐만 아니라 학습과 발달(사회적·정서적·신체적·인지적 발달)에 대해 말하고 있는가?
4. 평가가 교사들에게 많은 도움을 줄 수 있는 유용한 정보를 제공하고 있는가?
5. 평가과정이 교사의 정기적인 관찰과 유아의 매일 활동에 대한 기록에 의거하여 그 결과가 유아의 행동에 반영되는가?
6. 평가 절차가 인위적인 상황에서가 아니라 일상적인 교실 상황에서 이루어지고 있는가?
7. 평가 절차가 특정 기술만 따로 검사한 것이 아니라 수행과정을 전체적으로 평가하였는가?
8. 평가 절차가 유아에 대한 다양한 정보(작품 수집, 교사와의 대화, 관찰 등)를 가지고 이루어졌는가?
9. 평가 절차가 사회계층과 지역적 특성을 반영하는가? 문화적, 사회적, 성적 편견을 배제하는가?
10. 평가가 이루어지는 동안 유아가 화가 나거나 긴장되지 않고 편안해 하는가?
11. 평가 절차가 부모에게 자신의 유아와 부모로서의 능력에 대해 위협감이나 위축감을 느끼게 하지 않고 자신감을 불어넣어 주는 방향으로 이루어지고 있는가?
12. 현재 유아의 약점과 무엇을 알고 모르는지에 대한 평가가 아니라 유아의 장점과 능력을 평가하고 있는가?
13. 주로 교사가 평가를 하는가? 만일 그렇다면 교사는 이 역할을 수행하기 위해 적절한 훈련을 받았는가?
14. 평가과정이 교사, 아동, 행정가, 부모 간의 상호 협력하에 이루어졌는가? 부모에게서 얻은 정보를 수업 계획과 유아의 학습 평가에 사용하는가? 부모에게 평가 정보에 대해 알려주는가?
15. 유아에게 자신의 학습에 반영하고 평가할 기회가 주어지는가?
16. 유아가 스스로 할 수 있는 것과 도움을 받아서 할 수 있는 일을 결정할 수 있는 지지적인 상황 속에서 유아를 평가하고 있는가?
17. 수업 계획과 부모들과의 대화를 할 때 평가를 촉진시키는 평가자료를 모으는 체계적인 과정이 있는가?
18. 편지나 점수로 유아의 발달과정을 알려주는 것이 아니라 의미 있는 언어로 부모와 대화를 하며 결과를 알려 주는 정규적인 과정이 있는가?

출처: 권영례(2011) 재인용.

2) 일일교육 활동계획 평가

유아교육기관이 어떤 교육내용을 선택하느냐에 따라 평가내용은 조금씩 다를 수 있다. 일일교육 활동계획은 월간이나 주간 교육계획에 근거하여 짜여 진다. 일반적으로 유아교육기관의 일일교육활동은 크게 등원, 자유선택놀이, 이야기 나누기, 대 · 소집단 활동, 간식, 실외놀이, 귀가지도 등으로 구분한다(임채식 외, 2014). 그러나 이를 구분하여 평가하는 것보다는 평가내용을 생활화하여 보다 질 높은 일일교육활동이 이루어질 수 있도록 하는 것이 바람직하다.

〈표 15-1〉 일일교육활동 평가

구분	평가내용	Y	N	비고
등원 시	유아가 등원할 때 유아의 정서 상태는 좋은가?			
	통학 차량 안에서 안전 질서는 잘 지켰는가?			
	공사 현장이나 교통 문제에 문제는 없었는가?			
	부모님이나 선생님에게 적절하게 인사를 시행했는가?			
자유선택 활동 시	자유선택놀이를 위한 영역별 선택 방법은 적절한가?			
	자유선택활동 영역별 인원 구성은 적절한가?			
	자유선택활동 영역별 공간구성은 적당한가?			
	생활주제와 당일 수업활동과 관련된 영역의 구성은 적절한가?			
	영역별 주제에 맞는 교구는 적절하게 갖추어졌는가?			
이야기 나누기 및 대 · 소집단 활동 시	주제는 적절한가?			
	학습활동은 유아의 흥미를 적절하게 수용하였는가?			
	유아와의 상호작용은 잘 진행되었는가?			
	선생님이 진행하고자 하는 학습활동은 빠짐없이 이루어졌는가?			
	유아의 반응은 적절히 수용하였는가?			
	효과적인 질문을 통하여 문제해결력이나 창의력 신장에 도움을 줄 수 있었는가?			
	유아의 개성을 최대한 고려하고 있는가?			
간식 시	손 씻기 등 위생 상태는 점검하였는가?			
	식당, 급수대, 식탁 등의 위생 상태는 양호하였는가?			
	차례대로 질서 있게 간식활동이 이루어졌는가?			

구분	평가내용	Y	N	비고
간식 시	먹은 다음 빈 그릇이나 숟가락, 포크 등을 적절하게 반납하였는가?			
	음식에 대한 고마움의 표시는 적절하였는가?			
	식재료는 신선한 것을 사용하였는가?			
실외 놀이 시	실외 위험물은 없었는가?			
	실외놀이 시 사전 예방활동은 충분하였는가?			
	교사가 소외된 유아에 대한 배려는 적절하였는가?			
	실외놀이 시설의 안전 점검을 시행하였는가?			
귀가 지도	귀가지도 시 반별 계획은 잘 이루어졌는가?			
	교사 또는 친구들과 인사는 잘 이루어지고 있는가?			
	귀가 시 지켜야 할 안전 사항에 대하여 적절하게 지도하였는가?			
	차량 귀가 시 유아가 위험 상황으로부터 안전할 때까지 충분한 배려를 하였는가?			

다음은 교실환경에 대한 일일 평가표와 행사나 견학에 대한 평가내용이다. 매일 교실환경을 평가하여 학습활동에 효율성을 증가시키고 행사나 견학 후에는 다음 행사나 견학에 피드백의 역할을 할 수 있도록 꼼꼼히 평가하는 것이 필요하다.

〈표 15-2〉 일일 교실환경 평가표

평가내용	날짜					
	요일	월	화	수	목	금
1. 적정 온도의 온수가 나오고 있는가?						
2. 교실에 환기를 위한 시설(기계 환기 설비)이 있는가?						
3. 실내 온도는 적정 온도를 유지하고 있는가?						
4. 실내 조명 시설이 잘 갖추어져 있는가? 인공 조명에 의한 눈부심이 발생되지는 않는가?						
5. 교실은 햇빛이 잘 들어오는가? 교실 바깥의 반사물로부터 눈부심이 발생되지 않는가?						
6. 창문 주변에는 딛고 올라설 만한 물건이 비치되어 있지 않은가?						
7. 교실 내부에 교사의 시선이 미치지 않는 구석이 있는가?						

평가내용	날짜					
	요일	월	화	수	목	금
8. 창문에 커튼이나 블라인드가 설치된 경우, 커튼이나 블라인드 줄이 짧게 정리되어 있는가?						
9. 날카로운 물건(칼, 송곳, 가위 등)은 잠금 장치가 있는 곳에 보관하고 있는가?						
10. 미술 도구는 안전성이 검증된 것을 사용하고 있는가?						
11. 교구장, 수납장 등에는 아래 부분에 무거운 비품을 보관하고 있는가?						
12. 모든 교구에는 날카로운 부분이나 모서리, 가시, 갈라진 곳, 삼킬 우려가 있는 작은 부속품이 있는가?						
13. 장난감 상자에는 상자 안에 유아가 갇힐 우려가 있는 빗장 등의 장금장치가 있는가?						
14. 교구는 유아가 꺼내고 수납하기 알맞은 높이에 있으며, 크거나 무거운 교구는 교구장 아래에 위치해 있는가?						
15. 책상, 정리장 등 가구들은 바닥과 벽에 안전하게 배치되어 있는가?						
16. 가구의 볼트, 너트, 못 등이 튼튼하게 고정되어 있는가?						
17. 책상, 의자 및 교구장 등 모든 가구에는 돌출된 부분이 없고 모서리가 둥글고 표면이 매끄럽게 처리되어 있는가?						

출처: 경인여자대학교 부속유치원.

3) 특별활동 평가

유아교육기관에서의 특별활동은 기본 교육과정의 교육활동 이외에 방과 후 프로그램이나 기본 교육과정에서의 활동 중 특별히 이루어지는 학습활동을 말한다. 특별활동으로는 외국어 교육, 음악, 미술, 체육, 무용 등을 들 수 있다.

특별활동에 대한 평가는 다음과 같은 점에 주의하여야 한다(임채식 외, 2014).

- 특별활동은 유치원 학습활동과 관련하여 꼭 필요한 활동인가?
- 특별활동에 강제성은 없는가?
- 유아의 개개인 수준에 맞는 활동인가?
- 전시 효과만을 생각하지는 않았는가?

- 유치원 구성원들의 의견은 충분히 수렴하였는가?
- 유치원 시설 · 설비 등은 특별활동하기에 적절한가?
- 특별활동 교사는 유아의 성장과 발달에 대하여 전문적 지식을 가지고 학습활동에 임하고 있는가?

4) 교사 평가

교사들은 교육환경의 각 주요 구성요인의 질을 평가해야 하고 개선을 위해 구체적 영역을 목표로 삼아야 한다. 이러한 전반적인 평가에 덧붙여 교사는 유아의 행동과 학습에 결정적인 영향을 미치므로 학습환경의 효율성을 평가해야 한다. 그러므로 교사는 자신이 운영하는 프로그램에 대한 평가는 물론이거니와 유아에 대한 평가도 해야 한다.

다음은 교사가 학급에서 프로그램을 평가할 때 고려해야 할 사항들이다(Brewer, 2009; 권영례, 2011 재인용)

- 교사는 유아들이 자기만의 유아라고 생각하는가?
- 소집단, 대집단, 개별 활동이 균형을 이루는가?
- 유아가 교사 주도활동보다 자기주도 선택활동에 시간을 더 많이 소비하는가?
- 유아의 흥미가 활동과 학습경험에 영향을 미치는가?
- 모든 유아가 매일 성공하고 도전하는가?
- 지적 · 사회적 · 정서적 · 신체적 성장이 균형을 이루는가?
- 여러 가지 기능이 의미 있는 맥락 속에서 가르쳐지는가?
- 벌을 주지 않아도 끝맺을 때가 되면 자연스럽게 활동을 끝내는가?
- 프로그램 목적과의 관계에 기초하여 활동과 경험이 선정되는가?
- 활동을 계획할 때 관찰과 평가로부터 얻는 정보를 사용하는가?
- 개별 유아가 성장의 준거를 보이는가?
- 부모와의 상호작용이 유아의 성장에 도움이 되는가?

이상의 질문에 대해 교사는 일과계획, 활동, 교수자료, 학급에서의 상호 인간관계를 관찰을 통하여 답을 얻게 된다. 또한, 유아가 입학할 때 제출한 개인 기록서는 유아의 성장과정, 가족관계, 가정환경, 발달특징, 질병의 유무, 유아의 발달과 특성에 대한 부모의 인식 등에 대한 정보를 수집할 수 있는 좋은 평가자료이다.

교사는 새 학기가 시작되기 전에 가정생활 조사서를 면밀히 검토하여 각 유아의 기본적인 성향과 발달특징을 사전에 파악한다. 이를 토대로 교사는 유아가 쉽게 유치원 생활에 적응하도록 돕고, 유아에게 적합한 교육환경과 활동을 마련하며, 여러 가지 문제와 갈등을 효과적으로 해결하기 위한 자료로 활용한다.

다음은 교사가 유아에 대한 평가결과를 기록하여 활용할 때 유의할 점이 있다(Decker & Decker, 2004; 권영례, 2011 재인용).

- 유아에 대해 기록된 평가는 각 유아가 필요로 하는 여러 형태의 교육경험을 계획하는 데 지침으로 활용되도록 해야 한다. 교사는 유아의 평가기록을 면밀히 검토해 봄으로써 그 유아의 장점과 단점을 파악하여 적절한 지도방안을 모색할 수 있다.
- 한 유아의 평가기록을 여러 사람이 서로 다른 관점에서 독자적으로 평가할 수 있는 자료로 활용될 수 있도록 한다.
- 교사는 유아의 발달을 평가하고 기록하는 과정에서 그 유아에 대해 보다 깊이 생각해 보도록 해야 한다.
- 평가기록은 전문가(예 아동상담가, 의사)들이 유아의 문제가 일시적인 것인지 또는 계속적인 것인지를 결정하고, 문제의 원인을 파악하고, 그 문제가 유아의 발달에 미치는 영향을 확인하고, 문제에 대한 해결방안을 모색하는 데 더 효과적으로 활용될 수 있도록 해야 한다.
- 교사는 유아에 대한 평가기록을 통해 각 유아의 발달과정을 이해하도록 노력해야 한다.
- 유아에 대한 평가기록은 부모와의 면담자료로 사용될 수 있으며, 특히 유아

에 대한 불안을 가진 부모를 설득하는 도구로도 활용될 수도 있다.

- 평가기록은 유아교육기관을 자주 옮겨 다니는 유아에게 유익한 자료로 활용될 수도 있다. 또한, 유아교육기관에서의 평가기록은 초등학교에서의 지도 및 교육자료로 활용될 수 있다는 점도 유념해야 한다.
- 유아교육기관을 지도 · 장학하는 행정기관에서는 각 유아교육기관에서 유아의 발달과 교육프로그램 등 여러 가지 평가결과를 기록 · 보관해 둘 것을 요구하고 있음을 알아야 한다.

5) 유아평가

유아평가는 유아의 발달 및 학습상의 변화에 대한 정보를 수집 · 분석하는 것으로 교육과정의 계획 및 실행, 개선을 위한 정보를 제공한다. 따라서 효율적인 유아평가자로서의 역할 수행능력은 교사가 갖추어야 할 기본적인 역량 중 하나이다.

교사는 일과 중에 자연스럽게 이루어지는 관찰과 의도적인 상호작용 등을 통해 유아의 활동영역별 개인 발달 정도를 정기적으로 또는 수시로 파악한다. 또한, 국가수준 교육과정에서 제시하고 있는 연령별 누리과정 유아 관찰척도를 활용하여 유아평가를 실시하며, 이를 생활기록부 작성에 활용한다. 이렇게 이루어진 유아 발달평가자료는 현재 발달수준을 영역별로 이해할 수 있는 자료로, 개별 유아에게 적합한 상호작용과 활동 및 자료 등을 제공하는 데 중요한 기초자료가 되어 교육과정운영과 평가에 활용되고 있다.

또한, 유아인성 평가척도를 통해 유아가 자조능력과 자기조절능력을 갖추고 생활에 필요한 기본생활습관이 잘 형성되어 있는지, 자신을 소중히 여기고 타인을 존중하는 자아개념과 자아 존중감이 잘 확립되어 있는지, 다양한 관계를 맺으며 더불어 살아가기 위해 필요한 공동체 의식과 사회성이 잘 발달하고 있는지 등을 주기적으로 관찰하여 평가한다. 그러므로 유아평가는 유아중심과 과정중심으로 평가되어야 하며, 발달적 · 경험적으로 적절한지 다면적이고 종합적인 평가로 이루어져야 한다.

(1) 자유선택활동 계획 · 평가표

만 4, 5세 학급에서는 '자유선택활동 계획 · 평가표'를 활용하여 자유선택활동이 시작되기 전에 유아가 직접 어떤 활동을 할 것인지를 스스로 계획하고 실천하며, 놀이가 끝난 후에 실행 여부와 만족도를 평가한다.

교사는 매주 혹은 격주로 개별 유아의 자유선택활동계획 · 평가표를 모두 수집하여 유아별로 결과를 정리한다. 교사는 이러한 과정을 통해 개별 유아의 영역별 흥미와 선호도를 파악할 수 있게 되고, 유아가 계획과 실행, 평가의 순환적인 과정을 잘 따르고 있는지, 자신의 놀이에 대해 구체적으로 어떤 평가를 하고 있는지 등을 분석함으로써 유아의 자율성과 주도성, 책임감 및 자유선택활동에 대한 자기 만족도를 파악할 수 있게 된다. 뿐만 아니라, 유아가 자주 선택하지 않은 영역에도 흥미를 느낄 수 있도록 적절히 중재하고, 자유선택활동을 보다 효과적으로 계획 · 운영하기 위한 자료로도 활용하고 있다.

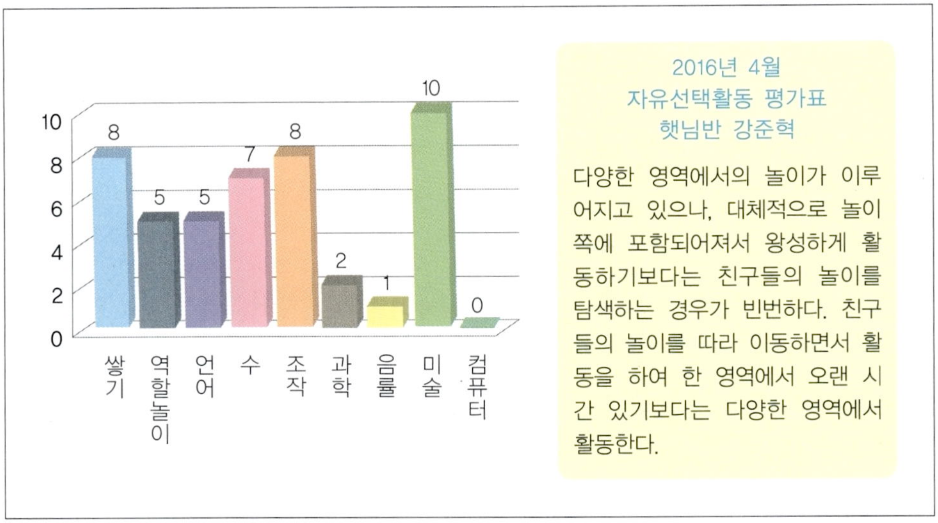

[그림 15-1] 자유선택활동 계획표 사례

[그림 15-2] 자유선택활동 평가표 사례

(2) 유아작업 표본분석

유아작업 표본분석은 일상의 교육활동 속에서 유아의 특정한 능력에 대한 진보 정도를 확인하기 위하여 유아의 작업과정 및 결과에 대한 표본을 누적적으로 수집 · 분석하여 그 변화를 알아보는 것이다. 인물화, 입체 작품, 이야기 나누기 발표 자료 등이 작업표본으로 분석될 수 있으며, 이를 통해 유아의 개별적인 흥미나 성행을 파악할 수 있고 발달상황을 직접적으로 알아볼 수 있는 증거가 된다. 자료수집 시간이 짧으며, 유아의 모든 활동에 대한 평가가 가능하다는 것과 평가결과를 유아나 부모와 공유하기 쉬운 장점이 있다.

또한, 작품분석은 다양한 활동을 통해 얻은 결과물을 체계적으로 수집하여 평가하는 것이다. 누적적으로 수집된 작품은 교사로 하여금 영유아의 작품을 판단하고 발달수준을 파악하게 해 준다. 유아의 작품분석을 통해 평가하기 위해서는 정기적으로 작품을 수집해야 하고, 이름, 날짜, 주변 상황을 기록해야 한다. 그러나 수집된 작품의 표본이 유아의 행동이나 능력을 대표한다고 할 수 없으며, 실제 진행 중인 활동의 표본은 수집하기 어렵다. 어떤 유아는 작품 제출을 꺼려하여 작품수집에 어려움이 생길 수도 있으며, 수집된 작품을 보관하기가 어렵다는 단점도 있다.

그러므로 작업표본 분석 시 다음과 같은 사항을 유의한다.

① 작업표본 분석 시 유의점

- 작업표본의 수집과 분석은 계획된 일정에 따른다.
- 교수-학습활동과 연관된 작업표본을 수집한다,
- 작업 표본에는 반드시 일시와 작업명, 유아의 이름을 기록한다.
- 작업(표본)에 대한 유아의 생각, 특정한 상황적 정보, 교사의 의견을 기록한다.
- 교사가 작업표본에 수정을 가하지 않는다.

〈표 15-3〉 유아 작품 표본사례

유아명	강○○ (만 4세)	일시	2015년 6월 7일
활동	만약에 색이 없다면?		
유아작품			

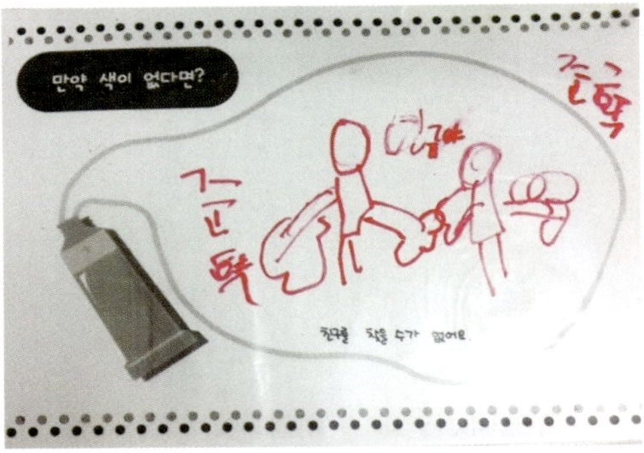

작품이야기	〈○○이의 이야기〉 색이 없으면 친구를 찾을 수가 없어요.
평 가	○○이의 그림은 상황에 대한 묘사력은 있으나 구체적인 그림의 표현은 찾아보기 어렵다. 그림에서도 표정이나 신체의 모습에 묘사는 거의 없고 친한 친구인 "□□"를 부르는 설정으로 친구를 찾을 수 없는 그림을 표현하였다. 그림을 그릴 때도 순간적으로 빠르게 그려내는 편이라 좀 더 상황에 대해 생각하고 묘사를 해 낼 수 있다면 완성도 있는 그림이 되리라 생각된다.

(3) 유아 면담

면담은 특정활동이나 과제에 대해 유아의 생각을 직접 묻고 대합 하도록 하여 평가하는 방법이다. 일상적 활동 중에 비계획적으로 이루어지는 면담도 있으나 평가내용에 따라 질문을 미리 고안해 놓고 면담을 진행한다. 유아는 면담에 익숙하지 않으므로 평소 상호작용이 많은 담임교사가 친숙한 분위기 속에서 자연스럽게 실시한다.

〈유아 면담 시 유의점〉

- 유아의 수준에 맞추어 이해할 수 있도록 질문한다.
- 사진이나 표상활동 결과물을 활용하여 유아의 반응을 촉진한다.
- 다른 유아의 영향을 받지 않고 본인의 생각을 말할 수 있도록 주의한다.
- 사전 기록지를 준비하여 사용한다.
- 면담과 동시에 기록하고 필요시 녹음 또는 녹화하여 활용한다.

03 평가방법

유아의 발달에 관한 평가방법은 수없이 많지만, 유아 개인의 발달을 기초로 하는 수행평가와 표준화 검사를 통하여 측정하는 상대적인 평가방법인 표준화 검사방법으로 크게 나눌 수 있다. 사실 수행평가나 표준화 검사를 통한 비교평가 모두 유아의 발달 전 영역에 속하며, 유아의 발달에 부합되는 평가인 것이다. 수행평가에는 일화기록과 관찰법, 포트폴리오 등이 대표적이며, 표준화 검사를 통한 방법으로는 체크리스트와 평정척도가 가장 많이 쓰이는 방법이다. 그러므로 여기서는 가장 많이 활용되고 있는 이들 평가방법에 대해서 살펴보기로 한다.

1) 일화기록

일화기록은 유아의 특성을 나타내는 하나의 사건에 대해 객관적으로 상세히 기록하는 것이다. 시간이나 틀에 얽매이지 않아도 되는 장점이 있으나, 시간이 많이 소모되는 단점이 있다. 유아의 성격 및 행동양식을 이해하기 위해 구체적인 사례와 상황에 초점을 두는 것이 특징이며, 누적적 일화기록은 개별 유아에 대한 이해뿐 아니라 문제의 발견 및 해결을 돕는다.

(1) 일화기록 시 유의점

- 주관적이거나 감정적인 표현을 배제하고 객관적인 용어를 사용한다.
- 관찰 시 기록에 집착하지 않으며, 일단 기록한 후 누락된 부분을 보완한다.
- 가능한 관찰과 동시 또는 직후, 최소한 당일에 기록한다.
- 관찰기록자에 반드시 유아이름, 성별, 생년월일, 관찰일시, 관찰장면 등을 기록한다.

〈표 15-4〉 일화기록 사례

<table>
<tr><td>유아명</td><td>이현수 (남)</td><td>관찰날짜</td><td>2016. 4. 29. (금)</td><td>관찰자</td><td>교사</td></tr>
<tr><td>관찰시간</td><td colspan="2">오전 10:30~10:50</td><td>관찰장면</td><td colspan="2">이야기 나누기</td></tr>
<tr><td>관찰기록</td><td colspan="5">매트에 모여 앉아 약속을 정하며 종을 울리자 현수가 라이트테이블 영역에 앉아 코팅된 나뭇잎을 만진다.

교사: (교사가 현수를 바라보며) 현수야! 우리 이제 모이는 시간이야! 할 수 있지?
현수: 네! (말한 후 매트에 앉는다.)
현수: 선생님, 저 봐요!
(교사가 현수를 보며 엄지손가락을 보인다.)
놀이터에서의 약속을 이야기하는 중 현수가 일어나 교사 앞으로 나오면서
현수: 여기서는 매달리면 위험하죠! (놀이터 소꿉놀이 집 지붕을 손가락으로 짚는다.)
교사: 맞아. 위험하지요? 그러면 어떻게 하면 좋을까? 선생님은 현수가 자리에서 바르게 이야기하는 모습을 보고 싶은데.
현수: (다시 의자에 앉아 허리를 펴고) 저 봐요. 저 봐요!</td></tr>
</table>

<table>
<tr><td>관찰기록</td><td>교사: 그래, 현수 정말 멋지다! 장난도 안 하고 노력하고 있네!
현수: 네! 저 노력 중이에요!
교사: 이제 현수가 이야기하려고 했던 거 제자리에 서서 이야기해 볼까?
현수: 지붕에 매달리면 위험해요. 왜냐하면, 떨어지니까! (말한 후 자리에 앉아 허리를 편다.)

교사가 현수를 보며 엄지손가락을 보여주자 고개를 끄덕인다.</td></tr>
<tr><td>평가</td><td>• 의사소통 – 듣기 – 바른 태도로 듣기
: 다른 사람의 이야기를 끝까지 주의 깊게 듣는다.
• 사회관계 – 나와 다른 사람의 감정 알고 조절하기 – 나의 감정 조절하기
: 자신의 감정을 긍정적으로 조절한다.

현수는 이전에 대집단으로 모일 때 자리에 앉지 않거나 주변을 돌아다니고 놀이를 하는 모습이 많이 보이는 모습이 자주 보였다. 모이는 시간에도 자신이 흥미로운 경우가 아닐 때에는 다시 장난을 하거나 하는 등, 자리에 모여야 하는 상황에 동기 부여가 없는 모습이 크다. 오늘은 현수가 매트 자리에 모였을 때 교사가 큰 격려와 칭찬으로 현수의 행동에 대한 손짓, 표정, 언어적으로 보상을 하자 칭찬을 받기 위해 자리에 앉거나 허리를 펴고 교사를 부르는 행동들을 보였다. 현수가 칭찬과 격려라는 보상에 대한 큰 흥미를 보이고 반응하는 모습을 보았다. 앞으로 이러한 부분을 고려하여 적절하게 지도하도록 해야겠다.</td></tr>
</table>

2) 관찰

관찰은 가장 오랜 역사를 지닌, 현장에서 기본적이고 일반적으로 사용되는 유아 평가의 방법이다. 일상의 활동에서 나타나는 유아의 행동에 대해 특별한 조작 없이 있는 그대로 기록하는 관찰은 특히 자연스러운 상황 속에서 반복적으로 나타나는 유아의 행동으로부터 개별 유아의 독특한 개성을 발견하여 유아를 객관적으로 이해하도록 돕는다. 관찰을 위해서는 객관적이고 구체적인 기록이 중요하며, 결과를 기록하는 방법에 따라 일화기록, 체크리스트, 평정척도 등으로 구분할 수 있다.

교사의 관찰은 곧 개별 유아의 흥미, 요구, 발달수준을 정확하게 파악할 수 있는 가장 효과적인 방법이기 때문에 교사는 항상 작은 수첩을 가지고 다니거나, 교실 한쪽 벽면에 관찰기록지를 부착하여 일과 동안 지속적으로 유아의 놀이행동, 상호작용, 또래관계 등을 기록하도록 한다.

3) 체크리스트

체크리스트는 관찰할 유아의 행동목록을 미리 만들어 놓고 해당하는 사례가 나타나는지를 기록하는 방법이다. 시간이 절약되고 사용이 간편하나 목록에 포함되지 않은 다양한 측면의 행동을 기록할 수 없다는 문제점이 있다. 기본생활습관, 신체, 인지, 언어, 사회성 등 영역별로 행동발달 체크리스트를 이용해서 주기적으로 그 행동의 존재 여부에 대해 기록하는 방식이 일반적이나, 처음 그 행동이 관찰된 날짜를 표시하는 방식도 있다.

4) 평정척도

평정척도는 미리 정해 놓은 척도에 따라 유아의 특정행동의 성취수준이나 특성의 정도를 평정하는 것이다. 평정척도는 행동이나 특성의 존재 여부를 넘어서 그 정도나 질적 수준을 평가할 수 있다는 장점이 있으나, 일화기록이나 체크리스트와 달리 결과 자체가 아니라 관찰결과에 따른 교사의 판단을 기록하는 것으로 주관성의 배제가 어렵다는 단점이 있다. '매우 그렇다'부터 '전혀 그렇지 않다'와 같은 기술식 척도와 숫자식 척도, 선으로 표시된 도식 척도가 있으며 3점, 5점, 7점 척도가 일반적이다. 기술식 청정척도의 경우 유목 또는 단계로 구분된다.

(1) 평정척도 사용 시 유의점

- 관찰결과에 기초해 척도 간 기준을 제시하여 객관적으로 평정한다.
- 관찰의 대상이 되는 행동을 정확히 이해하여 평정한다.
- 다양한 상황에서 충분히 관찰한 후 평정한다.

〈표 15-5〉 평정척도 사례 - 기본생활습관 평정척도

반 명:			원아 이름:									
영역	번호	내용	1학기(13.06.14)					2학기(13.12.13)				
			5	4	3	2	1	5	4	3	2	1
청결	1	음식을 먹기 전 손을 씻는다.		V				V				
	2	음식을 흘리지 않고 먹는다.		V					V			
	3	옷을 단정하게 입는다.			V				V			
	4	화장실을 깨끗하게 사용한다.			V				V			
	5	스스로 주변을 정리한다.				V				V		
절제	6	장난감을 친구와 함께 가지고 논다.			V			V				
	7	다른 친구의 놀이를 방해하지 않는다.			V				V			
	8	상황에 따라 목소리를 조절하여 이야기한다.				V			V			
	9	물건을 아껴서 사용한다.					V			V		
	10	남의 물건도 소중히 다룬다.				V				V		
질서	11	신발을 똑바로 신는다.	V					V				
	12	물건을 사용한 후 제자리에 정리한다.					V			V		
	13	겉옷 및 소지품을 개인장에 정리한다.			V				V			
	14	식사할 때 차례를 지켜 줄을 선다.			V				V			
	15	놀이할 때 규칙을 지킨다.			V					V		
예절	16	등·하원 시 교사나 어른에게 인사를 잘한다.			V				V			
	17	남의 이야기를 끝까지 듣는다.				V				V		
	18	자기가 잘못한 일에 대해 사과할 줄 안다.				V				V		
	19	바르게 앉아서 식사한다.		V					V			
	20	의자에 바른 자세로 앉는다.			V				V			
계			1	3	9	5	2	3	10	7	0	0
			56					76				

5) 포트폴리오

포트폴리오(portfolios)의 물리적 의미는 유아의 학습에 대한 증거물을 보관하는 서류철, 상자, 컴퓨터 디스켓 등을 말한다. 포트폴리오 평가는 유아의 발달과 학습에 대한 기록과 증거들을 시간의 흐름에 따라 구체적인 목적을 가지고 조직적으로 모아 놓은 것이다. 포트폴리오 평가는 학습자의 지식, 기능, 태도와 성장을 관찰하고 기록하기 위해서 사용하며, 학습자의 여러 수행과정과 결과물을 담은 사진, 비디오테이프, 체크리스트, 일화기록, 또래관계에 관한 관찰기록, 교사와 학생과의 개별 면담과 부모면담을 포함한다(박영충, 1997; Wolf, 1991).

포트폴리오는 유아가 성장하고 활동하는 상황 내에서 검증된다는 점으로 가르치고 배우는 과정에서 나오는 자연스러운 결과물이다. 유아의 활동결과물을 지속적으로 수집하여 분석하는 것은 유아의 발달상황을 파악하는 데 효과적인 평가방법이다. 유아가 하고 있는 활동에서 그 활동을 어떻게 하고 있는지 관찰하고 기록하며 진술하는 과정이 유아에게 영향을 주는 여러 가지 교육적 결정을 할 때 기초가 될 수 있다. 검사나 평가를 위해 별도의 시간을 할애하지 않아도 된다는 점과 유아가 처한 상황, 함께 놀이한 또래, 유아의 상호작용 등을 기록함으로써 발달영역별 유아의 변화과정을 좀 더 객관적으로 분석할 수 있다는 장점을 갖고 있다. 이러한 유아의 활동결과물은 신체운동 · 건강, 의사소통, 사회관계, 예술경험, 자연탐구 영역의 활동을 균형 있게 수집하여 분석할 수 있다. 전통적인 평가체제의 대안은 인간을 규정하는 것이 아니라 인간을 이해하는 결과(out come)뿐만 아니라 과정(process)까지 평가하는 것이다. 따라서 교수와 학습 그리고 평가를 분리하는 것이 아니라, 통합적 관점에서 접근을 시도하는 수행평가가 기존 평가의 대안이 될 수 있다(이기영, 2004). 그러나 포트폴리오 평가가 신뢰도와 타당도가 결여 되어 있다는 제한점과 평가과정에서 인종, 성 등에 관한 편견이 작용할 수 있다는 문제점도 제기되고 있다.

이러한 포트폴리오는 여러 가지 면에서 장점과 단점을 가지고 있는데, 여러 학자들의 내용을 바탕으로 장단점을 정리하면 다음과 같다(조한무, 1998; 황해익,

2004; Martin, 1999).

(1) 포트폴리오의 장점

- 유아가 자신의 작품을 보고 자신의 발달과 진보를 확인할 수 있어 자신감과 성취감을 느끼게 된다.
- 유아의 발달과 학습정보를 다양하게 제공하여 교사가 유아의 능력을 평가하는 데 필요한 다양한 증거자료가 되므로 교육적 효과를 증진시킬 수 있다.
- 포트폴리오는 부모에게 유아의 발달과 활동상황을 좀 더 잘 이해하게 해 주므로 부모상담 시에 유용하게 활용될 수 있다.
- 유아의 장점이 무엇인지, 무엇을 할 수 있는지 등 긍정적인 측면에 초점을 맞추어 평가를 할 수 있다.
- 평가가 매일의 활동 속에서 이루어지므로 평가의 결과가 바로 반영되어 교육과정을 계획하고 수정하는 데 용이하다.

(2) 포트폴리오의 단점

- 표준화 검사처럼 타당성 있는 도구가 아니므로 평가결과에 대한 타당도와 신뢰도의 확보가 어려워 잘못하면 감상적인 기억을 담는 상자가 될 수 있다.
- 계속 수집하고 정리해야 하므로 교사의 시간과 노력이 많이 필요하다.
- 자료의 기록보관에만 중점을 두다 보면 교수-학습이 한쪽으로 치우칠 수 있다.
- 자료수집의 준거가 불분명하며, 자료수집과 평가과정에서 교사의 편견이 작용할 가능성이 많다.

(3) 포트폴리오의 사례

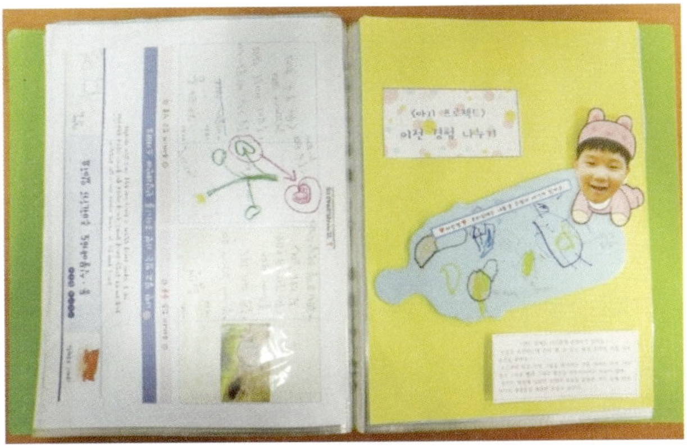

[그림 15-3] 포트폴리오 1

[그림 15-4] 포트폴리오 2

위의 포트폴리오 사례의 경우 유아의 모든 활동영역과 관련한 작품은 정리하여 유아가 작품활동을 하면서 생각했던 것들을 볼 수 있도록 하는 것은 물론 유아의 성장과 관련된 기록물과 여러 가지 관찰기록에 관련된 것들도 함께 정리하여 유아의 발달과정을 한 눈으로 볼 수 있도록 하였다.

참고문헌

고문숙 · 임영심 · 유향선 · 황정숙 · 김은심 (2002). 유아교과교육론. 서울: 창지사.

______________________________ (2010). 유아교과교육론. 서울:창지사.

곽병선 (1992). 교과에 대한 설명적 모형의 탐색. 한국교육, 14(2), 159-176.

곽병선 · 김용숙 · 김재복 · 박문태 · 장석우 (1998). 교과교육원리. 갑을출판사.

교육과학기술부 (2008). 유치원 교육과정 해설 1 (총론).

____________ (2008a). 유치원 교육과정 해설(I). 서울: 교육과학기술부.

____________ (2009). 유치원 지도서 1: 총론. 서울: 두산동아.

____________ (2009). 유치원 지도서 2-5.

____________ (2012). 수학교육 선진화방안(http://www.mest.go.kr)에서 2012년1월 15일 인출.

____________ (2013). 4세 누리과정 교사용 지침서. 유치원/어린이집과 친구. (사)한국시각장애인연합회.

____________ (2013). 국어1~2학년군 교사용 지도서. (주)미래엔.

교육과학기술부 · 보건복지부 (2013). 2~5세 연령별 누리과정 해설서. 서울: 교육과학기술부, 보건복지부.

교육부 (2000). 유치원교육활동 해설. 서울: 교육부.

교육부 · 보건복지부 (2013). 3-5세 연령별 누리과정 해설서

김경배 · 김재건 · 이홍숙 (2001). 교과교육론. 서울: 학지사.

__________________ (2004). 교과교육론. 학지사.

김두범 외 (2008). 영유아 보육 프로그램. 서울: 창지사.

김성균 (1994). 유아음악교육의 실제. 서울: 현대음악.

김세희 (2001). 유아의 그림책 비디오 시청에 관한 연구. 유아교육연구. 21(4), 239-259.

김세희 · 박남숙 (2004). 유아문학의 전달매체. 파주: 양서원.

김소양 · 이경화 · 채종옥 (2001). 그림 이야기책을 통한 유아문학 활동. 파주: 양서원.

김영연 (2010). 유아음악교육론. 서울: 학지사.

김영희 · 유애경 · 이옥섭 (2002). 유아교육과정. 서울 : 동문사.

김은심 · 박성혜 · 정미정 (2004). 동화구연의 이론과 실제. 서울: 창지사.

김은심 · 안숙희 (2008). 영유아를 위한 음악 · 동작교육. 서울: 파란 마음.

김재복 (1983). 교육과정의 통합적 접근에 관한 연구. 동국대학교 대학원 박사학위논문.

김진영 · 백혜리 · 최윤정 (2006). 유아를 위한 교수-학습방법론. 서울: 양서원.

나귀옥 · 김경희 (2004). 유아수학교육의 이론과 실제. 서울: 학지사.

류진희 (2000). 유아교사를 위한 교육실습과 교육활동. 서울: 양서원.

문미옥 · 이해상 (2003). 동서양이 만난 유아교육개론. 서울: 교육아카데미.

문미옥 (2008). 영유아교육과정. 창지사.

박덕숭 (2001). 유아를 위한 균형적 문식성(Balanced literacy) 지도. 교수논문집, 5, 405-435.

박명숙 (2000). 유아의 음악 듣기교육 프로그램 연구. 단국대학교 대학원. 박사학위논문.

박찬옥 외 (2000). 유치원 교육과정에 기초한 생화주제 교육계획. 서울: 창지사.

박화윤 (2010). 미술작품 감상활동이 유아의 창의성 발달에 미치는 영향. 아동학회지. 22(2). 277-290.

박화윤 · 김영애 · 이선원 · 이희자 · 안라리 (2002). 유아를 위한 창의적 교과교육. 서울: 동문사.

방인옥 · 박찬옥 · 이기현 · 김은희 (2010). 유아교육과정. 제3판. 경기: 정민사.

________________ (2013). 유아교육과정. 정민사.

배소연 · 서현아 · 백혜리 · 강민정 (2005). 유아를 위한 수학교육론. 서울: 양서원

서울특별시 교육청 (2007). 유치원 교직 실무편람.

서정숙 · 남규 (2005). 그림책으로 하는 유아 문학 교육. 서울: 창지사.

신현경 (2001). 너희 그림에 대해 말해주겠니?. 서울: 청년사.

신혜경 · 유민임 (2002). 방과후 아동지도. 서울:창지사.

심성경 · 이선경 · 김경의 · 이효숙 · 김나림 · 허은주 (2006). 유아문학의 이론과 실제. 서울: 학지사.

안재신 (2002). 유아음악교육. 서울: 교육과학사.

______ (2005). 유아음악교육. 서울: 교육과학사.

양옥승 (2003). 자유선택활동에서 유아의 선택의 의미. 유아교육연구, 23(3), 131-152.

______ (2004). 유아기 때부터 시작하는 자유선택교육. 서울: 학지사.

엄은나 (2006). 유아의 의사소통능력 향상을 위한 프로그램 구성 및 적용효과. 중앙대학교 대학원 박사학위논문.

오선영 (2002). 대학생들의 동화의 인식에 관한 연구. 미래 유아 교육 학회지. 9(2), 69-86.

옥수정 (2004). 동시 지도에 대한 유아교사의 인식 및 교수방법에 관한 연구 조사, 인제대학교 교육 대학원 석사학위 청구논문.

우수경 · 채미영 · 최미화 · 남옥자 · 고정리 · 유영의 · 강민정 · 이정미 · 김호 · 임진형(2009). 유아교과교육론. 서울: 창지사.

원효헌 (2002). 수업평가의 이해와 적용. 서울: 교육과학사.

유혜령 · 강은희 · 박지영 (2003). 유아 교수공학과 교수-학습방법. 서울: 창지사.

윤삼현 (2005). 아동문학 창작론. 광주: 도서출판 시와 사람.

윤애희 · 김온기 · 이혜경 (2002). 사고 과정을 중심으로 한 유아 수 · 과학 교육. 서울: 창지사.

윤지선 (2010). 동화를 활용한 균형적 언어교육 프로그램이 언어표현력과 친사회적 행동에 미치는 효과. 경희대학교 대학원 석사학위 논문.

윤희경 · 임미혜 · 김애옥 · 이분려 · 장미아 · 고영희 (2003). 현장중심 유아교수학습방법. 서울: 창지사.

이규원 (2002). 동화구연의 이론과 실제. 서울: 동화사랑.

이기숙 (2003). 유아교육과정. 서울: 교문사.

이기영 (2004). 평가 유형과 채점 방식에 따른 중 · 고등학교 과학 수행 평가의 일반화가능도에 관한 연구. 서울대학교 대학원 박사학위 청구논문.

이민경 (2004). 효율적인 방법으로 그림책 읽어주기. 파주: 양서원.

이상금 · 장영희 (2003). 유아문학론. 경기: 교문사.

이성호 (2006). 교수방법론. 서울: 학지사.

이숙재 · 이봉선 · 김경란 (2002). 유아미술교육. 서울: 창지사.

이순형 · 이혜승 · 이성옥 · 황혜신 · 이영미 · 정윤주 · 한유진 · 성미영 · 권기남 · 김지현 (2007). 영유아 교수방법. 서울: 학지사.

이영석 (2001). 유아교육론. 서울: 형설출판사.

이영석 · 임명희 · 박호철 (2001). 탐구학습모형이 유아의 과학적 사고능력에 미치는 영향, 아동학회지, 22(2), 237-248.

이영석 · 임명희 · 이정화 (2003). 현대 유아교육과정. 서울: 형설출판사.

이영자 (2009). 유아 언어 발달과 지도. 경기: 양서원.

이은경 (2000). 동화구연의 이론과 실제. 서울: 창지사.

이은해 (2000). 아동발달의 평가와 측정. 서울: 교문사.

이정욱 · 임수진 (2002). 유아의 입체도형 표상에 관한 연구. 유아교육연구. 22(1). 25-142.

이정환 · 박은혜(1995). 교사들을 위한 유아관찰 워크북. 서울: 한국어린이육영회.

이지현 · 마송희 · 김수영 · 정정희 (2009). 영유아를 위한 언어교육. 경기: 공동체.

이춘희 (2002). 유아문학 교육. 서울: 동문사.

이홍우 (2006). 지식의 구조와 교과. 교과과학사.

임양금 (2005). 유아의 이름글자를 활용한 균형잡힌 문자 언어 접근법의 효과. 원광대학교 대학원 박사학위논문.

임영애 (2010). 유치원 교사의 음악감상활동 지도의 어려움에 대한 영향변인 연구. 부산대학교 교육대학원 석사학위논문.

임원재 (2002). 아동문학 교육론. 서울: 신원문화사.

임혜정 (2004). 유아교육기관에서 선호하는 동요의 적합성에 관한 연구. 유아교육연구, 24(6), 193-212

장은주 (2010). 유아교육과 음악교육의 통합에 기초한 유아음악교육. 파주: 양서원.

전인옥 · 이숙희 (2005). 유아 음악교육. 서울: 한국방송통신대학교 출판부.

정미라 · 홍영희 · 엄정애 · 이순영(2000). 유치원 종일제 프로그램의 운영실태에 대한 연구. 유아교육연구, 20(1), 59-80.

정연희 (2009). 유아수학교육. 서울: 창지사.

조원혜 (2003). 문학교육 활성화 방안 연구. 아주대학교 교육대학원 석사학위 청구논문.

지옥정 (1997). 유아교육현장에서의 프로젝트 접근법. 서울: 창지사.

한국미술교육학회 (2004). 유아미술교육학. 서울: 학문사.

한국산업안전공단 (2003). 안전교육 교사연수. 서울: 한국산업안전공단.

한귀덕 (2002). 유아 미술교육.유아미술교육연구회.

한유미 · 김혜선 · 권희경 · 양연숙 · 박수진 (2006). 영유아언어 교육의 이해. 서울: 학지사.

허미애 (2003). 이야기 나누기의 이론과 실제. 유치원 1급 정교사 자격연수교재. 서울시 교원연수원.

허경철 · 이화진 · 박순경 · 소경희 · 조덕주 (2001). 교과교육학 신론. 문음사.

현은자 · 김세희 (2005). 그림책의 이해. 서울: 사계절.

황규호 (1999). 교원 양성체제 개선방안. 교육부 교원양성 연수체제 개선연구위원회.

Althouse, R. (1994). *Investigating mathematics with young children*. New York: Teachers College Press.

Andersen, H. C. (1998). *The complete Fairy Tales*. NTC: Contemporary Publishing.

Branscombe, Castle, Dorsey, Surbeck, Taylor 저, 강현석 · 임재택 · 이민정 · 유경숙 · 장영숙 · 정정희 · 황윤세 · 이자현 · 도선미 공역(2005). 구성주의 유아교육과정[*Early childhood curriculum : A constructivist perspective*]. 서울: 시그마프레스. (원전 2003 출판).

Brewer. L. (1992) *Introduction to early childhood education: Preschool through primary grades*. MA: Allyn and Bacon.

Bromly, K. D. (1996). *Webbing with Literature: Creating Story Maps with Children's Book*. Boston: Allyn and Bacon.

Bunyan, J. (1998). *The Pilgrim's Progress* (Oxford World's Classics). In N.H. Keeble(Ed). London:

Oxford University Press

Charlesworth, R.(2000). *Experiences in math for young children*. 4th Edition. Delmar.

Clements, D. H.(2004). *Math : A civil right. Scholastic Early Childhood Today*, *17*(4), 4-5.

Defoe. D. (2001). *Robinson Cruose-Signature Classics*. In J.J Grandville.(Ed). Trident Press International.

Dewey, J. 저, 김성숙·이귀학 공역(2008). 민주주의와 교육/ 철학의 개조. 서울: 동서문화사.

Guning, T. G. (2000). *Creating Literacy Instruction for All Children*. Boston: Allyn & Bacon.

Yackel, E., & Wheatley, G. H.(1990). Promoting visual imagery in young people. *Arithmatic Teacher*, *37*(6), 52-28.

- 자유선택활동 선택표. 샛별유치원.

저자소개

이선애

성균관대학교 대학원 아동학과 유아교육전공 철학박사

현, 김포대학교 유아교육과 교수

정현숙

건국대학교 대학원 교육학과 유아교육 전공 교육학 박사

현, 상지영서대학교 유아교육학과 교수

송경섭

중앙대학교 대학원 유아교육학과 문학박사

현, 경인여자대학교 유아교육과 교수

김지혜

중앙대학교 대학원 유아교육학과 문학박사

현, 상지영서대학교 유아교육학과 교수

유은석

중앙대학교 대학원 아동복지학과 박사과정 수료

현, 경인여자대학교 유아교육과 겸임교수

교과교육론

초판 1쇄 인쇄 2016년 8월 29일
초판 3쇄 발행 2019년 1월 10일

지 은 이 | 이선애 · 정현숙 · 송경섭 · 김지혜 · 유은석
펴 낸 이 | 김기섭
편 집 인 | 이혜란
펴 낸 곳 | 창지사 www.changjisa.com
08589 서울시 금천구 가산디지털 1로 83 파트너스타워1차 9층
전화 (02) 719-2211~3
팩스 (02) 701-9386
등 록 | 1977년 4월 28일 · 제1-421호

ISBN 978-89-426-0897-3 (93370)

KOMCA 승인필

값 21,000원

이 도서의 국립중앙도서관 출판예정도서목록(CIP)은 서지정보유통지원시스템 홈페이지(http://seoji.nl.go.kr)와 국가자료공동목록시스템(http://www.nl.go.kr/kolisnet)에서 이용하실 수 있습니다.(CIP제어번호: 2016021201)